Materialien für den Sekundarbereich II · Biologie

Gerhard Hornung · Wolfgang Miram · Andreas Paul

Verhaltensbiologie

Neubearbeitung

Schroedel

Materialien für den Sekundarbereich II · Biologie

Verhaltensbiologie, Neubearbeitung

Herausgegeben und bearbeitet von
Gerhard Hornung, Vellmar
Wolfgang Miram, Hamburg
PD Dr. Andreas Paul, Göttingen
unter Mitarbeit der Verlagsredaktion

Zeichnungen:
Brigitte Karnath-Eidner
Michael Forster
Peter Gaymann
Liselotte Lüddecke
Tom Menzel

CHLORFREI
Gedruckt auf Papier, das nicht mit Chlor gebleicht wurde. Bei der Produktion entstehen keine chlorkohlenwasserstoffhaltigen Abwässer.

ISBN 3-507-10530-6

Druck A $^{5\,4\,3}$ / Jahr 2002 2001 2000

Alle Drucke der Serie A sind im Unterricht parallel verwendbar, da bis auf die Behebung von Druckfehlern unverändert. Die letzte Zahl bezeichnet das Jahr dieses Druckes.

Gesamtherstellung: klr mediapartner GmbH & Co. KG, Lengerich

Bildquellenverzeichnis:

Titelbild NAS/T. Mc Hugh/OKAPIA; 3: Michael Forster, Hannover; 7 links: Winfried Wisniewski/OKAPIA; 7 rechts: Bertrand/SILVESTRIS; 8: TONI ANGERMAYER DGPh; 11: Francois Gohier/OKAPIA; 12: Bildarchiv Preußischer Kulturbesitz; 13 oben: Bildarchiv OKAPIA; 13 unten: Kacher; 14 oben: FOCUS; 14 unten: NAS/P. & T. Leeson/OKAPIA; 17.1: Ursula Röhnert/Süddeutscher Verlag; 17 oben: Süddeutscher Verlag; 18: Deutsches Museum, München; 19 links oben: VCL/BAVARIA; 19 links unten: NAS/T. McHugh/OKAPIA; 19 rechts oben: Tierbildarchiv Angermayer; 19 rechts unten: Clive Bromhall/OKAPIA; 20: Bildarchiv OKAPIA; 21.1: Sybille Kalas, Pöndorf; 21.2: Hank Morgan/Rainbow/OKAPIA; 22: F. Naroska/SILVESTRIS; 23: aus John Alcock: Das Verhalten der Tiere aus evolutionsbiologischer Sicht, Gustav Fischer Verlag 1996; 24: NAS/R. J. Erwin/OKAPIA; 26.1: NAS/T. McHugh/OKAPIA; 26.2: NAS/T. McHugh/OKAPIA; 30: TONI ANGERMAYER DGPh; 31: Johannes Lieder, Ludwigsburg; 33: Johannes Lieder, Ludwigsburg; 34.1: Johannes Lieder, Ludwigsburg; 36.1: NAS M. Reardon/OKAPIA; 36.2: Lummer/SILVESTRIS; 36.3: Christine Steimer/OKAPIA; 37.1: David Thompson/OSF/OKAPIA; 37.2: Moffet/Minden Pictures; 38.1 oben: C. Dani/I. Jeske/SILVESTRIS; 38.1 unten: Dennis/SILVESTRIS; 38.2 links: Kathie Atkinson/OSF/OKAPIA; 38.2 rechts: Belinda Wright/OSF/OKAPIA; 38.3 unten: Hans Pfletschinger/Tierbildarchiv Angermayer; 42: Hans Reinhard/OKAPIA; 45.1: FOCUS; 45.3: Prof. J. Lamprecht, Max-Planck-Institut für Verhaltensphysiologie, Seewiesen; 49: Süddeutscher Verlag; 51.1: Uwe Walz/SILVESTRIS; 53.1: Walter Dawn/NAS/OKAPIA; 53.2: Heiner Müller-Elsner/FOCUS; 54.1: Konrad Wothe/LOOK; 54.2: SILVESTRIS; 55: TONI ANGERMAYER DGPh; 56.2: Sybille Kalas, Pöndorf; 59: Oliver Giel/SILVESTRIS; 62: Michael Nichols/FOCUS; 65.1: Reinhard/MAURITIUS; 65.3: Brockhaus/Zefa; 68: SILVESTRIS; 73.1: Bosch/IFA-Bilderteam; 77.1: Berndt Fischer/OKAPIA; 77.2: NHPA/SILVESTRIS ; 83: SILVESTRIS; 84.1: Oliver Meckes/eye of science; 84.2: Klaus Hilgert/OKAPIA; 84.3: B. Renevey/BIOS/OKAPIA; 85.1: SILVESTRIS; 85.2: Gerlinde Schmidt/OKAPIA; 85.3: Rolf Braun/SILVESTRIS; 86.1: NAS/Tim Davis/OKAPIA; 86.2: NAS/T. McHugh/OKAPIA; 90 oben: Klaus Hilgert/OKAPIA; 90 unten links: Manfred Danegger/SILVESTRIS; 90 unten rechts: Günter Ziesler/Tierbildarchiv Angermayer; Stephen Dalton/OKAPIA; 91: Raymond A. Mendez/FOCUS; 92.1: Peter Gaymann; 94.1: Dr. Anne Rasa/OKAPIA; 94.2: Konrad Wothe/OKAPIA; 94.3: Tierpark Hellabrunn/Tierbildarchiv Angermayer; 95.1 links: Petra Schuchardt; 95.1 rechts: Aberham/IFA-Bilderteam; 98.1: Hans Reinhard/OKAPIA; 98.2: H. Pooley/OSF/OKAPIA; 99: Jörg Wischmann/FOCUS; 100.1: TCL/BAVARIA; 100.2: Hans Reinhard/OKAPIA; 100.3: NAS/G. Dimijian/OKAPIA; 102: Wolf Schuchardt; 106.1: Dr. Brehm/SILVESTRIS; 114.1: Stefan Meyers/OKAPIA; 114.2: SIlVESTRIS; 115.1: aus John Alcock: Das Verhalten der Tiere aus evolutionsbiologischer Sicht, Gustav Fischer-Verlag 1996; 115.2: John Cancalosi/OKAPIA; 118.1: aus John Alcock: Das Verhalten der Tiere aus evolutionsbiologischer Sicht, Gustav Fischer-Verlag 1996; 119.1: Günter Ziesler/Tierbildarchiv Angermayer; 124.1: Maximilian Weinzierl/SILVESTRIS; 129.1: Alex Webb/FOCUS; 132.1: Kelvin Aitken/SILVESTRIS; 132.2: Martyn Colbeck/OKAPIA; 135.1– 135.3: Ernst Kullmann; 136.1: NAS/T. McHugh/OKAPIA; 138: Pölking/MAURITIUS; 139.1: Rudolf Schmidt/Tierbildarchiv Angermayer; 140.1: Franz Pfeffer; 140.2: Layer/Zefa; 141 links oben: Beth Davidow/OKAPIA; 141 links unten: Hans Schweiger/OKAPIA; 141 rechts unten: Nils Reinhard/OKAPIA; 142: REINHARD TIERFOTO; 147 links: Lichtbild-Archiv Dr. Keil; 147.1 oben: Lichtbild-Archiv Dr. Keil; 147.1 unten: aus Wolfgang Köhler: Intelligenzprüfungen am Menschenaffen, Springer Verlag 1973; 147.2: Lichtbild-Archiv Dr. Keil; 148.1: Dr. Andreas Paul; 148.2 oben: Rutz/MAURITIUS; 148.2 unten: Prof. Dr. J. Lethmate, Ibbenbüren; 149.2: Jeff Foott/OKAPIA; 149.3: Günter Ziesler/Tierbildarchiv Angermayer; 151.1: SILVESTRIS; 152.1 A: APFC/BAVARIA; 152.1 B und C: Dr. Andres Paul; 155.1: aus James L. Gould/Carol Grant Gould: Bewusstsein bei Tieren, Ursprung von Denken, Lernen und Sprechen, Spektrum Akademischer Verlag Heidelberg 1997

Das ABC der Verhaltensforschung

Voraussetzung für erfolgreiche Verhaltensforschung ist die genaue Beobachtung des Untersuchungsobjektes.

Die Forscher dürfen unter keinen Umständen Angst zeigen, da Raubtiere sie sonst als leichte Beute ansehen.

Vielmehr kommt es darauf an, durch allmähliche Annäherung das Vertrauen der Tiere zu gewinnen.

Allerdings ist es ein methodischer Fehler, sich allzusehr mit den Forschungsobjekten gemein zu machen…

…denn durch Überanpassung können Prägungsexperimente einen ungewollten Ausgang nehmen.

Wenn der Forscher es richtig anpackt, bekommt er zuweilen verblüffende tierische Verhaltensweisen zu sehen.

1 Erste Fragen und Antworten 6

Exkurs: Fortpflanzungsverhalten bei Löwen – proximate und ultimate Erklärungen 7
1.1 Die Verhaltensmechanismen 8
Exkurs: Fakten und Hypothesen 8
1.2 Nutzen-Kosten-Bilanz: Ultimate Ursachen 9
Exkurs: Kluge Baumeister? 10
Exkurs: Verräterische Eierschalen 10
1.3 Evolutionäre Geschichte und individuelle Entwicklung 11
Exkurs: Eine schwierige Frage: Wie verhielten sich ausgestorbene Tiere?- 11
1.4 Methoden der Verhaltensforschung 12
Exkurs: Wer war Kaspar Hauser? 12
Steckbrief: Kaspar-Hauser-Experimente 12
Steckbrief: Attrappenversuche 13
Steckbrief: Versuche mit Zootieren, zahmen Tieren, und Tieren im Labor 13
Steckbrief: Freilandbeobachtungen 14
Steckbrief: Moderne technische und molekularbiologische Methoden 14
Steckbrief: Forschungen am Menschen 15
Glossar 15

2 Von der naiven Tierbeobachtung zur Soziobiologie 16

2.1 Epoche der naiven Tierbeobachtung 16
Exkurs: ALFRED EDMUND BREHM: Fühlen, Denken und Charakter bei Hundsaffen 17
2.2 DARWINs Evolutionstheorie 18
Exkurs: CHARLES ROBERT DARWIN 18
Exkurs: DARWIN als Verhaltensforscher 19
2.3 Die Epoche der Klassischen Ethologie 20
Exkurs: KONRAD LORENZ 20
2.4 Vergleichende Verhaltensforschung contra Behaviorismus 21
Exkurs: Auch in den Methoden völlig verschieden 21
2.5 Einwände gegen die Klassische Ethologie 22
Exkurs: Infantizid (Kindestötungen) 23
2.6 Verhaltensökologie und Soziobiologie 24
Exkurs: Ökologische Bedingungen und Verhalten 24
Exkurs: Widerstände gegen die Soziobiologie 25
2.7 Kognitive Ethologie 26
Aufgaben, Glossar 27

3 Proximate Ursachen von Verhalten 28

3.1 Körperliche Grundlagen des Verhaltens 28
3.1.1 Aufnahme von Informationen 28
Steckbrief: Der Lichtsinn 29
Steckbrief: Der Schallsinn 29
Steckbrief: Chemische Sinne 29
Steckbrief: Der Temperatursinn 29
Steckbrief: Mechanische Sinne 30
Steckbrief: Der Zeitsinn 30
Steckbrief: Der Magnetsinn 30
Steckbrief: Der Schmerzsinn 30
3.1.2 Verarbeitung von Informationen 31
Steckbrief: Das Ruhepotential 31
Steckbrief: Die Nervenzelle (Neuron) 31
Steckbrief: Das Aktionspotential (AP) 31
Exkurs: Verarbeitung von Aktionspotentialen 32
Steckbrief: Die Synapse 32
Exkurs: Rückenmark und Gehirne 33
Steckbrief: Strickleiternervensysteme 33
3.1.3 Speicherung von Informationen 34
Exkurs: Das Gedächtnis-Gas 35
3.1.4 Abgabe von Information 36
Exkurs: Die Roboterbiene 37
3.2 Vererbung und Abstammung von Verhalten 39
3.2.1 Vererbung von Verhalten 39
3.2.2 Entstehung von Verhalten 40
Exkurs: Verarmte Genossen 41
Exkurs: Schnelle, evolutive Verhaltensänderung bei Zugvögeln 42
3.3 Instinktverhalten 43
Exkurs: Schlagwörter zum Instinktverhalten 43
Exkurs: Zur Problematik des Instinktbegriffs 43
3.3.1 Innere Faktoren, die das Verhalten beeinflussen 44
3.3.2 Auslösung von Instinktverhalten 45
3.3.3 Handlungsketten und Instinkthierarchie 47
3.4 Lernverhalten 48
3.4.1 Abwandlung angeborener Reaktionen durch Lernen 48
Exkurs: Nur ein Reflex? 49
3.4.2 Erkundungs- und Spielverhalten 50
Exkurs: Neugier und Hunger 50
Exkurs: Kennzeichen des Spielverhaltens 51
3.4.3 Bedingte Aktionen 52
Exkurs: Ausbildung zum Nussknacker 52
Exkurs: SKINNER-Box – die Lernkiste 53
3.4.4 Gewöhnung 54
3.4.5 Nachahmung und Tradition 55
3.4.6 Prägung 56
Exkurs: Weitere Prägungsarten 57
3.4.7 Nutzen des Lernens 58
Exkurs: Vorsicht und Lebenserfahrung 59
Exkurs: Können und Nicht-Können 59
3.5 Kognitive Leistungen 60
3.5.1 Unterschiede und Ähnlichkeiten – Abstrahieren und Generalisieren 60
3.5.2 Keineswegs eine menschliche Besonderheit – einsichtiges Handeln 61
Exkurs: Kanzi 62
Exkurs: Kann Kanzi denken? 62
Exkurs: Kann Kanzi sprechen? 63
3.5.3 Soziale Intelligenz und Empathie 64

Aufgaben ... 65
Glossar ... 67

4 Ultimate Ursachen von Verhalten ... 68

4.1 Ernährungsverhalten ... 68
Exkurs: Wie viel soll ein Vogel fressen? ... 68
4.2 Revierverhalten ... 70
Exkurs: Reviere – wichtig und umkämpft ... 70
Exkurs: Krieg um das Territorium bei Schimpansen 72
Exkurs: Der Besitzer-Effekt ... 73
Exkurs: Territorial- und Besitzverhalten beim Menschen ... 73
4.3 Umgang mit Beutegreifern ... 74
Exkurs: Welchen Sinn haben Prellsprünge? ... 74
Exkurs: Gefährdung und Konkurrenz ... 76
4.4 Migration ... 77
4.5 Kommunikation ... 78
Exkurs: Was sagt mir mein Hund? ... 78
Exkurs: Was sagt mir meine Katze? ... 79
Exkurs: Die Erforschung der Sprache der Elefanten 82
Exkurs: Das Geschrei der Raben ... 83
4.6 Soziale Strukturen ... 84
4.6.1 Formen sozialer Verbände ... 84
4.6.2 Der „Egoismus der Gene" ... 86
Exkurs: Tiere mit Familiensinn ... 86
Exkurs: Wie Löwen miteinander leben ... 88
Exkurs: Kooperation und Altruismus ... 90
Exkurs: Die Nacktmulle ... 91
4.6.3 Rangordnungen ... 92
Exkurs: Dominante Weibchen ... 94
Exkurs: Despotische und egalitäre Gesellschaften .. 95
Exkurs: Das MILGRAM-Experiment ... 96
4.7 Aggressionsverhalten ... 97
4.7.1 Was ist Aggression? ... 97
Exkurs: Definitionen aggressiven Verhaltens ... 97
4.7.2 Proximate Ursachen aggressiven Verhaltens .. 99
Exkurs: Wie ein Kampfhund gemacht wird ... 99
Exkurs: Abhängigkeit aggressiven Verhaltens von Umweltbedingungen ... 101
Exkurs: Frustrations-Aggressions-Theorie ... 102
Exkurs: Lerntheorie der Aggression ... 102
Exkurs: KONRAD LORENZ und die Triebtheorie der Aggression ... 103
Exkurs: Wissenschaftlicher Streit der Vergangenheit: Warum sind Menschen aggressiv? ... 103
4.7.3 Ultimate Ursachen aggressiven Verhaltens ... 104
Exkurs: Artgenossentötung: Adaptiv oder pathologisch? ... 106
Exkurs: Aggression und Versöhnung ... 107
Exkurs: Dimensionen des Aggressionsverhaltens 107
Exkurs: Gewalt, Mord und Krieg beim Menschen 108
4.8 Verhaltensstrategien ... 109
Exkurs: Strategie und Taktik ... 109
4.8.1 Die Spieltheorie ... 110
Exkurs: Die konkurrierenden Händler ... 110
4.8.2 Das Gefangenendilemma ... 111
4.8.3 Das Turnier ... 112
Exkurs: Die Programme des Turniers ... 113
4.8.4 Aggressiv oder nachgiebig? ... 114
4.8.5 Die evolutionsstabile Strategie ... 116
4.9 Sexualität und Fortpflanzung ... 118
4.9.1 Der kleine Unterschied und seine großen Folgen ... 118
4.9.2 Sexuelle Selektion: Konkurrenz und Partnerwahl ... 120
Exkurs: Erfolg und Risiko ... 123
4.9.3 Paarungssysteme ... 124
Exkurs: Rollenumkehr ... 124
Steckbrief: Monogamie ... 125
Steckbrief: Polygynie ... 125
Steckbrief: Polyandrie ... 125
Steckbrief: Polygynandrie (Promiskuität) ... 125
Exkurs: Treue – ein leerer Wahn? ... 126
4.9.4 Dominanz und Reproduktionserfolg ... 127
4.9.7 Menschliches Sexualverhalten ... 128
Exkurs: Hypothesen zur Evolution des weiblichen Sexualverhaltens beim Menschen ... 128
Exkurs: Partnerwahl beim Menschen ... 130
Exkurs: Homosexualität ... 131
4.10 Investitionen in die Nachkommen ... 132
4.10.1 Quantität oder Qualität? ... 132
4.10.2 Brutpflege ... 134
Exkurs: Aufopfernde Mutterliebe? ... 134
4.10.3. Der Eltern-Kind-Konflikt ... 136
Exkurs: Natürliche Geburtenregelung ... 137
Exkurs: Fitnessmaximierung in Ostfriesland 137
4.10.4 Kooperative Jungenaufzucht ... 138
Exkurs: Brutparasitismus – Methoden wie bei der Mafia? ... 139
Aufgaben ... 140
Glossar ... 143

5 Wie einzigartig ist der Mensch? ... 144

Exkurs: Die vier naturwissenschaftlichen Kränkungen des Menschenbildes ... 144
5.1 Das Gehirn des Menschen im Vergleich ... 145
5.2 Die Vernunft ... 147
5.3 Das Bewusstsein ... 148
5.4 Die Technik ... 149
5.5 Die Sprache ... 150
5.6. Die Kultur ... 151
Aufgaben ... 154

Epilog: Natur, Verhalten und Moral 156

Register ... 158

1 Erste Fragen und Antworten

Warum essen wir so gerne Süßigkeiten? Warum ziehen die Störche im Herbst nach Süden? Warum singen Vögel im Frühling? Warum verlieben sich Menschen ineinander?

Ein Ball, der auf einer schiefen Ebene nach unten rollt, gehorcht einfach den Gesetzen der Schwerkraft. Wenn Tiere oder Menschen ein bestimmtes Verhalten zeigen, liegen die Dinge aber offensichtlich erheblich komplizierter. Zwar unterliegen auch wir den Gesetzen der Physik und Chemie, aber dadurch *allein* lässt sich unser Verhalten nicht erklären. An übersinnliche Kräfte brauchen wir deshalb freilich nicht zu glauben. Der Holländer NIKOLAAS TINBERGEN (1907–1988), der 1973 zusammen mit KONRAD LORENZ (1903–1989) und KARL RITTER VON FRISCH (1886–1982) für herausragende Leistungen in der Verhaltensforschung den Nobelpreis erhielt, hat deutlich gemacht, dass man in der Biologie – anders als in anderen Naturwissenschaften – die Frage nach dem Warum auf ganz unterschiedliche Weise beantworten kann. Spielen wir dies am Beispiel von Vögeln, die im Frühjahr singen, einmal durch.

Frage: **Warum singen Vögel im Frühjahr?**

Antwort 1: Ausgelöst durch Veränderungen in der Tageslänge kommt es im Frühjahr zu einem Konzentrationsanstieg bestimmter Hormone im Blut männlicher Vögel: Sie besitzen eine „innere Uhr". Diese physiologischen Vorgänge veranlassen Vögel, zu bestimmten Tageszeiten und an bestimmten Orten ihren arttypischen Gesang zu singen.
Antwort 2: Der Gesang von Vögeln ist das Ergebnis komplexer Entwicklungsprozesse. Es müssen Gene vorhanden sein, die den Aufbau bestimmter Strukturen steuern, aber es bedarf ebenso bestimmter Umwelteinflüsse, damit Entwicklungsvorgänge zu biologisch sinnvollen Ergebnissen führen. Beim Buchfinken beispielsweise sind gewisse Grundstrukturen des Gesangs in den Erbanlagen vorgegeben, die Feinheiten des arteigenen Gesangs müssen aber erlernt werden.
Antwort 3: Vögel singen sicher nicht nur zum eigenen Vergnügen und schon gar nicht, um uns damit eine Freude zu machen. Allerdings dient ihr Verhalten einem bestimmten Zweck: Durch ihren Gesang verkünden Vögel, dass männliche Rivalen sich von ihrem Revier fernhalten mögen, aber fortpflanzungsbereite Weibchen willkommen sind. Auf diese Weise kann ein Vogelmännchen seinen Fortpflanzungserfolg erhöhen - wobei dies keineswegs ein bewusstes Motiv seines Handelns sein muss (und es aller Wahrscheinlichkeit nach auch nicht ist).
Antwort 4: Lebewesen erben ihre Gene, die die Entwicklung ihrer Körper und Verhaltensmuster kontrollieren, von ihren Vorfahren. Deshalb weisen alle Organismen Spuren ihrer evolutionären Vergangenheit auf. Vögel singen heute so, wie sie singen, weil sie die dazu nötigen Regieanweisungen von ihren Vorfahren geerbt haben.

Um Verhalten zu verstehen, müssen wir also beachten, dass man es auf unterschiedlichen Ebenen erklären kann. Die ersten beiden Antworten zielen auf die unmittelbaren **Mechanismen der Verhaltenssteuerung** und **Verhaltensentwicklung** ab. Man spricht von so genannten **proximaten *Wirk*ursachen.** Warum es aber überhaupt bestimmte proximate Wirkursachen gibt, die Mechanismen der Verhaltensentwicklung und Verhaltenssteuerung so und nicht anders aussehen, verstehen wir freilich erst, wenn wir auch begreifen, welche Selektionsdrücke ihr Entstehen gefördert haben. Daher beschäftigt sich Antwort Nummer 3 mit den **Funktionen** des Verhaltens, seinen so genannten **ultimaten *Zweck*ursachen.** Antwort Nummer 4 schließlich versucht, die **evolutionäre Geschichte** von Verhaltensmustern zu erhellen.

Jede der eingangs gestellten Fragen werden wir nur dann rundum befriedigend beantworten können, wenn wir alle vier Erklärungsebenen – zwischen denen es natürlich viele Wechselwirkungen gibt – berücksichtigen. Warum essen wir so gerne Schokolade? Na klar, sie *schmeckt,* und außerdem setzt sie in unserem Gehirn körpereigene Opiate frei, die uns ein Glücksgefühl verschaffen. Alles richtig - aber das ist eben nur ein Teil der Geschichte.

Fortpflanzungsverhalten bei Löwen – proximate und ultimate Erklärungen

Beobachtungen	proximate Erklärung	ultimate Erklärung
1. Die Fortpflanzungssaison von Löwen erstreckt sich über das ganze Jahr. Zumeist kommen alle Weibchen eines Rudels etwa gleichzeitig zum Östrus.	Weibchen geben mit dem Urin Pheromone – das sind Sexuallockstoffe – ab, die einen Einfluss auf den Östruszyklus der anderen Weibchen haben und so zu einer Synchronisation führen.	Wenn in einem Rudel mehrere Würfe gleichzeitig geboren werden, haben alle Jungen bessere Überlebenschancen durch das Gemeinschaftssäugen. Junge Männchen aus Rudeln mit synchronisierten Geburten finden beim späteren Verlassen des Rudels leichter Partner, möglicherweise sogar Verwandte, mit denen zusammen sie versuchen, ein Rudel zu erobern. Nur zu mehreren haben sie dabei eine Chance.
2. Die Kopulationsrate ist bei Löwen hoch: Die Brunst dauert 2 bis 4 Tage an. In dieser Zeit kopuliert eine Löwin Tag und Nacht etwa alle 15 Minuten. Meist kopuliert sie mit mehreren Männchen eines Rudels.	Weibchen werden oft brünstig, ohne Ovulationen zu haben. Der genaue Zeitpunkt ihrer Ovulation ist äußerlich nicht erkennbar.	Um einen Nachkommen, der überlebt, zu erzeugen, sind etwa 3000 Kopulationen nötig. Damit ist der reproduktive Wert einer Kopulation gering. Es lohnt sich deswegen nicht für ein Männchen, mit anderen Rudelmännchen um Kopulationen zu streiten. Die Rudelmännchen können ihre Kraft voll auf die Abwehr fremder Männchen lenken. Da die Vaterschaft des einzelnen Jungtieres ungewiss ist, kümmern sich die Männchen um jedes Junge.
3. Wenn ein neues Männchen oder eine Gruppe von Männchen ein Rudel erobert, werden manchmal alle vorhandenen Jungtiere von ihnen getötet (Infantizid).	Der Geruch der Jungen löst das Verhalten der Männchen aus. Diese können eigene Junge am Geruch erkennen. Daneben spielt auch das Alter der Jungen eine Rolle: Fast entwöhnte Junge werden seltener getötet.	Nach dem Tod der Jungen werden die Weibchen schnell wieder brünstig. Die neuen Rudelmännchen haben so schnell die Möglichkeit, eigene Nachkommen zu zeugen. Sie müssten sonst lange warten, da die Weibchen erst nach dem Entwöhnen der Jungen wieder brünstig werden. Nach dem Tod aller Jungen wird die Brunst der Weibchen synchronisiert. Die Männchen beseitigen mit den vorhandenen Jungen spätere Konkurrenten ihrer eigenen männlichen Nachkommen.
4. Bei der Übernahme eines Rudels kommt es häufig zu Fehlgeburten noch junger Föten.	Der Geruch des oder der neuen Männchen führt zum Abbruch der Trächtigkeit.	Die Mütter vermeiden es so, in Junge zu investieren, die nach ihrer Geburt von den neuen Rudelmännchen getötet würden. Ihre neu gezeugten Jungen werden von diesen Männchen, die ihre Väter sind, beschützt und gefüttert.

1.1 Die Verhaltensmechanismen

Als Verhalten bezeichnet man die Gesamtheit der Aktionen oder Reaktionen eines Tieres. Um zu reagieren, müssen Tiere in der Lage sein, ihre Umgebung wahrzunehmen. Sinnesorgane und einzelne Sinneszellen oder freie Nervenendungen ermöglichen die Aufnahme von Reizen aus der Umwelt und verarbeiten sie zu Aktionspotentialen. Nervenzellen und Nervensysteme werten diese Aktionspotentiale aus und veranlassen schließlich Muskeln oder Drüsen zu reagieren. So kommen vielgestaltige Verhaltensweisen zustande, die oft von außerordentlicher Komplexität sind.

Tiere sind aber keine rein reaktiven Handlungsautomaten. Ein Tier verhält sich keineswegs immer völlig gleich, wenn es den gleichen Reiz wahrnimmt, sondern reagiert unterschiedlich. Viele Lebewesen können ihr Verhalten an ihre augenblickliche physische Verfassung, an die ökologischen Bedingungen oder die soziale Situation anpassen. Sie können auch spontane Handlungen ausführen. Sofern die oben beschriebenen Verhaltensweisen durch Erbanlagen programmiert sind, bezeichnet man sie als **Reflexe** und **Instinkthandlungen.**

Tiere können weiterhin ihr Verhalten auf die Dauer oder für eine gewisse Zeit ändern, sie sind imstande zu lernen. **Lernen** spielt sich zwar im einzelnen Individuum ab, die Lernvoraussetzungen bzw. Lerndispositionen dafür sind aber artspezifisch und genetisch bestimmt. Durch Lernen können Tiere ihr Verhalten besser an komplexe soziale Konstellationen und wechselnde Umweltbedingungen anpassen.

Manche Tiere wie z. B. Menschenaffen sind imstande, kausale Zusammenhänge zu erkennen und ihr Verhalten daran zu orientieren. Sie können **denken** bzw. **einsichtig handeln.**

Die Erforschung der proximaten Ursachen des Verhaltens hat die Verhaltensmechanismen als Untersuchungsobjekt, welche die Grundlagen für Reflexe, Instinkthandlungen, Lernvorgänge und Denken sind. Dabei wird untersucht, wie angeborene und erlernte Verhaltenselemente zusammenwirken, aber auch, wie Umwelteinflüsse, also z. B. die Verteilung der Nahrung oder die sozialen Verhältnisse in der Gruppe, in der die untersuchten Tiere leben, das Verhalten beeinflussen.

Fakten und Hypothesen

Fakten:
Bei den nordamerikanischen Eisgrauen Murmeltieren verpaart sich oft ein Männchen mit zwei Weibchen. Die Tiere leben in einem sehr rauen Klima, sie haben nur alle zwei Jahre Nachkommen. Eines der beiden Weibchen ist dem anderen überlegen, es gibt zwischen ihnen deutliche Unterschiede im Reproduktionserfolg.

8.1 Wurfgröße und Anzahl der Jungen bei ranghohen und rangniedrigen Müttern

Hypothesen:
Hypothesen über die Ursachen für den unterschiedlichen Reproduktionserfolg:

1. Das ranghöhere Weibchen hat genetische Anlagen, die ihm eine höhere Wurfgröße erlauben.
2. Das ranghohe Weibchen ist dem anderen Weibchen aufgrund seiner Erbanlagen überlegen. Seine Jungen erben einen Teil dieser Gene, durch die sie vitaler und widerstandsfähiger sind. Daher ist ihre Überlebensrate höher.
3. Das stärkere Weibchen verdrängt das schwächere von wertvollen Nahrungsressourcen, ist dadurch besser genährt und kann deswegen mehr Junge bekommen.
4. Das besser genährte Weibchen kann seine Jungen besser mit Milch versorgen, deswegen überleben mehr.
5. Falls Mutter und Jungtiere gemeinsam Nahrung suchen, kommen die Jungen der ranghöheren Mutter an die besseren Nahrungsquellen.
6. Im Bau beansprucht das ranghöhere Tier die am besten geschützten Stellen für sich und seine Jungen.
7. Ganz andere Ursachen.

Nur ausführliche Beobachtungen und Experimente können nachweisen, welche dieser Hypothesen zutreffen.

1.2 Nutzen-Kosten-Bilanz: Ultimate Ursachen

Der Vogelgesang dient der Reviermarkierung und dem Anlocken von fortpflanzungsbereiten Weibchen. Das sind jedoch keineswegs die einzigen Auswirkungen des Singens. Ein singender Vogel macht durch das Singen auf sich und seinen Standort aufmerksam. Damit lockt er auch Fressfeinde regelrecht an. Singen kostet Energie und Zeit, die nicht zum Fressen oder zum Ausruhen genutzt werden kann. Beim Singen kann sich ein Vogel nicht gut auf seine Umgebung konzentrieren, ein Feind kann ihn daher leichter überraschen. Andererseits schreckt ein kräftig singender Vogel Artgenossen ab, die sein Revier einnehmen wollen. Er braucht deswegen nicht oder nicht so oft zu kämpfen, was mehr Energieaufwand erfordern würde und risikoreicher wäre. Er hat also durch sein Singen Vor- und Nachteile oder – wie man auch sagt – **Nutzen** und **Kosten.** Alle Auswirkungen des Singens wurden in der Evolution gleichsam gewichtet und miteinander verrechnet. Die Bilanz dieser Nutzen-Kosten-Rechnung wurde in der „Währung" der wieder reproduktionsfähigen Nachkommen, der **Fitness,** gemessen. Ein Vogel, der etwas anders als seine Artgenossen sang – vielleicht lauter, abwechslungsreicher oder länger – hatte dadurch mehr Nachkommen als seine Konkurrenten. Seine Gene – auch die, die seinen Gesang beeinflussten –, wurden an mehr Nachkommen vererbt als die seiner Konkurrenten. In der Evolution setzten sich Eigenschaften und Verhaltensweisen durch, die ihren Trägern gegenüber konkurrierenden Artgenossen Vorteile verschafften. Das ist der Grund, warum uns viele Handlungen von Tieren so erstaunlich zweckmäßig und sinnvoll vorkommen. Wenn ein drei Monate alter Hamster im August einen Vorratskessel in seinem Bau gräbt und anfängt, große Mengen Nahrung zu sammeln und in den Bau zu tragen, dann ist das sinnvoll, weil es ihm sein Überleben im Winter ermöglicht. Der Hamster weiß dabei nicht, dass sich Wetter und Nahrungsangebot ändern werden. Er ist überhaupt nicht imstande, diese Zusammenhänge zu verstehen, aber das braucht er auch gar nicht.

Es sind die **ultimaten Ursachen** der Verhaltensweise – in diesem Fall der größere Reproduktionserfolg gegenüber den Individuen, die keinen Wintervorrat anlegen –, die ihre Zweckmäßigkeit bedingen, nicht das Wissen des handelnden Tieres.

Um die Auswirkungen festzustellen, die eine bestimmte Eigenschaft von Tieren auf ihre Fitness hat, führen Verhaltensbiologen die folgenden Untersuchungen durch:

Indirekte Maße für den Fortpflanzungserfolg:

Es wird überprüft, ob die Eigenschaft die individuelle Lebenserwartung erhöht. Das ist z. B. der Fall, wenn das Tier

1. Feinden besser ausweichen oder entkommen kann,
2. sich schneller, effizienter und regelmäßiger Nahrung beschaffen kann,
3. Vorteile bei der Revierbesetzung und -verteidigung hat,
4. sich schneller, geschickter und effizienter fortbewegt,
5. besser lernen kann,
6. über ein leistungsfähigeres Gedächtnis verfügt.

Direkte Maße für den Fortpflanzungserfolg:

Es wird überprüft, ob die Eigenschaft dem Tier zusätzliche Möglichkeiten für eine erfolgreiche Fortpflanzung verschafft. Das ist der Fall, wenn

1. mehr und qualitativ bessere Keimzellen erzeugt werden,
2. öfter kopuliert werden kann,
3. mehr Eizellen befruchtet werden,
4. mehr Junge geboren werden oder schlüpfen,
5. mehr Jungtiere von den Eltern unabhängig werden,
6. mehr Jungtiere, die selbst reproduktionsfähig werden, pro Fortpflanzungsperiode erzeugt werden,
7. mehr selbst reproduktionsfähige Junge insgesamt während des individuellen Lebens erzeugt werden,
8. die eigenen Jungen ihrem Konkurrenten bezüglich ihrer individuellen Lebenserwartung und ihrer Fortpflanzungschancen überlegen sind.

9.1 Woran man die Fitness-Konsequenzen von Eigenschaften messen kann

Kluge Baumeister?

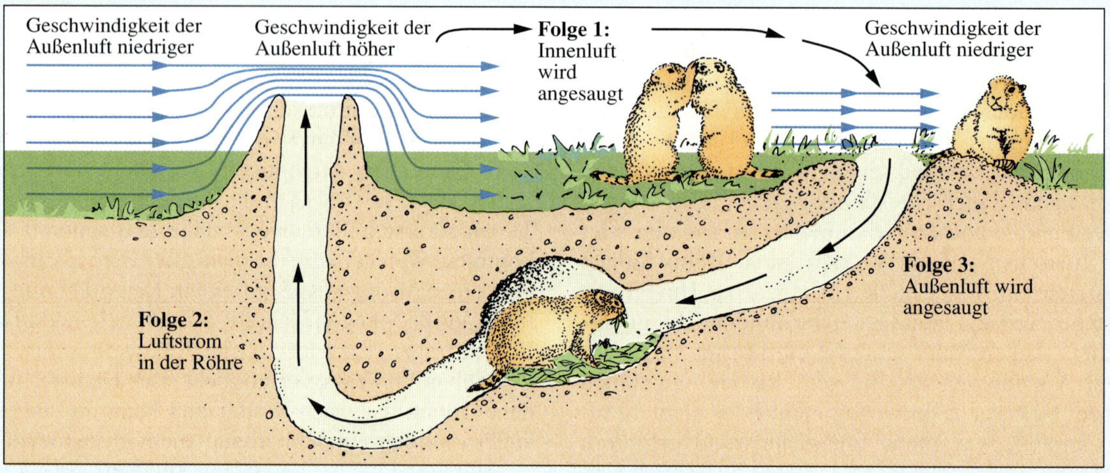

Schwarzschwanz-Präriehunde bilden Kolonien. Sie leben in unterirdischen Gangsystemen von bis zu 15 m Länge. Oft sind ihre Baue U-förmige Röhren mit je einer Öffnung an jeder Seite, um die ein kleiner Erdwall errichtet ist. Man meinte zuerst, diese Wälle seien Schutz vor Überschwemmung oder würden als Aussichtsplattform benutzt. Die Wälle sind aber auf beiden Seiten immer verschieden: Einer ist kraterförmig und hochgezogen, der andere niedriger und kuppelförmig. Diese Besonderheiten sind auf den ersten Blick nicht zu erklären. Die Antwort auf die Frage nach der Funktion, die dem eigenartigen Bau entspricht, wurde gefunden, als man sich für die Luftzirkulation in den Gängen interessierte. Physikalisch beschlagene Biologen erinnerten sich an den BERNOULLI-Effekt: Wenn sich ein Luftstrom an einem Bereich unbewegter Luft vorbeibewegt, wird ruhende Luft angesaugt. Da die Kraeröffnung höher liegt, ist an ihr die Luftbewegung stärker, es wird also mehr Luft aus den Gängen hochgezogen als an der tiefer liegenden Kuppelöffnung, an der der Präriewind nicht so stark ist. Die Form der Öffnungen bewirkt also eine effektive Frischluftzufuhr. Ohne natürlich von Physik etwas zu verstehen, hatten Präriehunde mit ihrem genetisch bestimmten Bauplan ihrer Gänge Vorteile gegenüber ihren Artgenossen in schlechter belüfteten Höhlen.

Verräterische Eierschalen

Lachmöwen tragen nach dem Schlüpfen ihrer Jungen die leeren Eierschalen einige Meter vom Nest fort. Der Grund hierfür scheint sehr einleuchtend: Die auffälligen weißen Eierschalen würden Fressfeinde anlocken, die so die gut getarnten Jungen auffinden. Um diese Vermutung zu überprüfen führte TINBERGEN folgenden Versuch durch: Er legte Möweneier in einem Dünengebiet aus und legte – jeweils in unterschiedlicher Entfernung – Eierschalen mit der weißen Innenseite nach oben dazu.

A 1 Beschreiben Sie anhand der Tabelle das Versuchsergebnis.

A 2 Deuten Sie das Versuchsergebnis.

Abstand zwischen Eierschale und Nest (cm)	gefressene Eier	nicht gefressene Eier
15	63	84
100	48	102
200	32	118

1.3 Evolutionäre Geschichte und individuelle Entwicklung

Die Herausbildung von genetisch festgelegten Verhaltensweisen in der Evolution geschah sicherlich in der gleichen Weise wie die körperlicher Merkmale. Jede Verhaltensweise hat daher ihre spezielle evolutionäre Geschichte.

Auch für Verhaltensweisen könnte man Stammbäume aufstellen, wenn man über das Verhalten ausgestorbener Tiere Bescheid wüsste, was aber nur in bescheidenen Ansätzen möglich ist. Wie bei Organen gibt es auch bei Verhaltensweisen Höherentwicklungen und Rückbildungen. Oft haben genetisch angelegte Verhaltensweisen Funktionswandel erfahren.

Viele Wissenschaftler meinen, dass Verhalten in der Evolution besonders wichtig war, weil viele Organe multifunktionell sind und ihr Nutzen, also auch ihr **Selektionswert,** wesentlich davon abhängt, was die Tiere mit den Organen gemacht haben, wie sie sich also verhalten haben.

Wenn man mit einem ausgewachsenen Tier Versuche durchführt und sein Verhalten analysieren will, ist das sehr schwierig, und eine schlüssige Deutung des Verhaltens ist vielleicht sogar unmöglich, wenn man seine Lebensgeschichte nicht genau kennt. Nur bei ungestörter Entwicklung verhält sich ein Tier normal. Ein Versuchstier, das z. B. in seiner Kindheit keine sozialen Kontakte zu Eltern, Geschwistern und anderen Artgenossen hatte, verhält sich möglicherweise in mancher Hinsicht völlig untypisch. Bei Tieren, die normalerweise ohne Sozialkontakt aufwachsen wie z. B. bei vielen Insektenarten, sind solche Verhaltensanomalien nicht zu erwarten. Tiere einer Art, bei denen Lernverhalten einen großen Anteil im Verhaltensspektrum hat, verhalten sich möglicherweise sehr unterschiedlich, weil sie ganz verschiedene Erfahrungen gemacht haben, die ihr Verhalten veränderten. Deswegen versuchen Verhaltensbiologen, Tiere von ihrer Geburt oder vom Schlüpfen an unter kontrollierten Bedingungen zu halten, was nur im Forschungslabor möglich ist. Außerdem können im Labor Umweltbedingungen – je nach Fragestellung – bestimmt und verändert werden. Bei Freilandbeobachtungen können und sollen die Bedingungen nicht beeinflusst werden, aber man bemüht sich, möglichst genau zu erfahren und zu dokumentieren, was jedes einzelne Tier für Erfahrungen gemacht hat und wie diese sein Verhalten beeinflusst haben.

Eine schwierige Frage: Wie verhielten sich ausgestorbene Tiere?

Verhaltensweisen hinterlassen selten Spuren, schon gar keine, die nach vielen Jahrmillionen als Fossilien erhalten sind. Nur sehr selten gibt es daher direkte Hinweise darauf, wie sich ausgestorbene Tiere verhalten haben. Fraßspuren an Knochen oder Muschelschalen geben Hinweise darauf, wer auf ihnen herumgekaut haben könnte. Verletzungen an Knochen können Zeugen für Kämpfe sein, versteinerte Fußspuren lassen auf die Art der Fortbewegung der Spurenmacher schließen. Spuren können manchmal auch Aufschluss darüber geben, ob Tiere einzeln oder aber als Gruppe nebeneinander oder direkt hintereinander gelaufen sind. Erhaltene Mageninhalte geben Einsicht in das Nahrungsspektrum einer Tierart und eventuell über die Art des Nahrungserwerbs, im Körper gefundene Eier oder Embryonen über die Art der Vermehrung. Man hat z. B. 20 bis 30 Sauriereier dicht nebeneinander in einer Sandmulde gefunden. Sie sahen so aus, als wären sie sorgfältig aneinander gerollt worden. Um das Gelege herum wurden sehr viele Fußspuren gefunden, so als wären Tiere oft im Kreise um die Nestmulde gelaufen. Offensichtlich hat diese Saurierart ihre Eier bewacht und geschützt, also Brutpflege betrieben.

Sauriereier

Bei den meisten ausgestorbenen Tierarten kann aber nur indirekt auf ihr Verhalten geschlossen werden: Wenn ein Tier auffällige Organe oder Körperstrukturen besaß, geht man davon aus, dass sie Funktionen hatten, die denen von ähnlichen heute lebenden Tieren gleichen. Wenn das so vermutete Verhalten mit dem zusammenpasst, was man sonst noch über das Fossil weiß, wird die Hypothese dadurch gestützt.

1.4 Methoden der Verhaltensbiologie

Ehe man darüber nachdenkt, warum ein Tier etwas tut, muss man wissen, was es überhaupt alles tut. Voraussetzung dafür ist die Aufstellung von Ethogrammen. Ein **Ethogramm** ist das Verhaltensinventar einer Tierart. Es kann alles enthalten, von einfachen Muskelbewegungen bis hin zu komplexen Verhaltensabfolgen.

Die Aufstellung eines Ethogramms erfordert intensive Beobachtungsarbeit und genaues Protokollieren. Diese Beobachtungen können im Freiland erfolgen oder unter kontrollierten Bedingungen im Zoo oder im Labor. Wenn das Verhaltensinventar einer Tierart bekannt ist, können einzelne Aspekte näher untersucht werden. Es kommt auf die jeweilige Fragestellung an, welche Methode für die Einzeluntersuchung geeignet ist. Wenn man sich dafür interessiert, welche neurophysiologischen Prozesse bei der Durchführung einer Handlung ablaufen, ist man auf Laborversuche angewiesen. Will man wissen, ob eine Verhaltensweise angeboren ist, wird man versuchen, alle Einflüsse, dies dem Tier ermöglichen, zu lernen oder Erfahrungen zu machen, von ihm fernzuhalten. Dabei ergeben sich allerdings beträchtliche Schwierigkeiten, denn durch die Versuche wird das Tier in eine unnatürliche Umgebung versetzt.

Alle Ergebnisse der Einzelmethoden können also Fehler enthalten, die es sorgfältig zu registrieren gilt. Eine endgültige Beurteilung kann erst erfolgen, wenn man die Ergebnisse verschiedener Methoden zusammenfasst.

Wer war Kaspar Hauser?

Am 25. 5. 1828 taucht in Nürnberg auf dem Unschlittplatz ein absonderlich gekleideter junger Mann auf. Er hält ein Papier in der Hand, das ihn als „Kaspar Hauser" ausweist. Er wirkt verstört, stammelt und ist tagblind. Offensichtlich war er bis zu diesem Zeitpunkt völlig isoliert und in Dunkelheit gefangen gehalten worden. Ärzte und Gelehrte versuchen ihm beizubringen, wie man spricht, aufrecht geht und sich zivilisiert benimmt. Am 14. 12. 1833 wird er im Ansbacher Hofgarten niedergestochen und stirbt. Es bestand lange der Verdacht, dass Hauser der illegitime Spross eines deutschen Adelsgeschlechts sei. In letzter Zeit wurde an einem Blutfleck aus der Unterwäsche, die Hauser getragen haben soll, mit molekulargenetischen Methoden festgestellt, dass der Träger der Wäsche nicht mit der erwähnten Familie verwandt ist. Der Fall ist nach wie vor offen.

Kaspar Hauser-Experimente

Methode: Die Tiere werden sofort, nachdem sie geschlüpft oder geboren sind, isoliert aufgezogen. Es wird dafür gesorgt, dass sie keine Gelegenheit haben, von Eltern, Geschwistern oder anderen Artgenossen zu lernen. Die Umgebung ist völlig reizlos, sodass auch von ihr keine Einflüsse auf das Verhalten ausgehen können. Man spricht von „Aufzucht unter Erfahrungsentzug". So wird sichergestellt, dass das Verhalten, das sie zeigen, ausschließlich auf genetischer Programmierung beruht.

Beispiele: Wenn man erfahrungslose Eichhörnchen mit Pulverfutter aufzieht, haben sie keine Möglichkeit, das Vergraben von Nüssen zu lernen. Sie vergraben dann die erste Nuss, die sie bekommen, mit folgenden Teilbewegungen: Sie scharren, legen die Nuss ab, decken sie zu und stoßen den Boden fest, genau wie ein erfahrenes Tier. Die Bewegungen und ihre Abfolge sind also angeboren.

Probleme: Für komplexere Verhaltensweisen, besonders aus dem Repertoire des Sozialverhaltens, sind Isolationsexperimente ungeeignet, da die Aufzucht unter völlig unnatürlichen Bedingungen stattfindet, in denen der Einfluss der Artgenossen ausgeschlossen ist. So verläuft die Entwicklung des Individuums untypisch und produziert Verhaltensäußerungen, die nichts mit der Natur des Tieres zu tun haben. Von Artgenossen isoliert aufgezogene Affenkinder werden zu Psychopathen, deren Verhaltensstörungen auch im Erwachsenenalter nicht verschwinden.

Attrappenversuche

Methode: Ziel der Attrappenversuche ist es, herauszufinden, auf welche Reizstruktur das Nervensystem des Tieres mit einer Antwort reagiert. Man nimmt an, dass es angeborene Nervenprogramme gibt, die bestimmte Merkmale von Reizen registrieren und daraufhin eine Reaktion auslösen. Man nennt so ein System einen **angeborenen auslösenden Mechanismus (AAM).** Um die Reizstruktur herauszufinden, wird einem Tier zuerst ein realistisches Abbild des reaktionsauslösenden Reizes, eine Attrappe, dargeboten. Dann werden in weiteren Versuchen mehr und mehr Eigenschaften des auslösenden Objektes weggelassen, bis schließlich eine Minimalstruktur übrig bleibt, auf die das Tier gerade noch reagiert. Diese Eigenschaft nennt man dann den **Schlüsselreiz** für das betreffende Verhalten. Eine solche Versuchsserie nennt man einen **abbauenden Attrappenversuch.**

Beispiele: Man fand heraus, dass Rotkehlchenmännchen in Balzstimmung auf einen einfachen roten Wattebausch aggressiv reagierten. Es war nicht nötig, ihnen einen ganzen Vogel mit roter Brust zu präsentieren. TINBERGEN untersuchte die Reaktionen von Silbermöwenküken auf die Schnabelfärbung der Eltern beim Füttern. Er zog den Schluss, dass der rote Fleck an der Unterseite des Elternschnabels ein Schlüsselreiz dafür sei, dass die Küken zum Futterbetteln an den Schnabel der Eltern picken.

Probleme: Die Situation von Attrappenversuchen ist unnatürlich. Außerdem kann es geschehen, dass die Tiere während der Versuche lernen. Die Tiere können ermüden und in diesem Zustand anders reagieren als normal. Es ist auch schwierig zu garantieren, dass die Jungtiere noch keine Erfahrungen bezüglich der untersuchten Situation gemacht haben, besonders, wenn man die Versuche im Freiland an wild lebenden Tieren durchführt.

Versuche mit Zootieren, zahmen Tieren und Tieren im Labor

Methode: Das Dilemma der Verhaltensbiologie ist es, Tiere unter möglichst kontrollierbaren, aber andererseits auch unter möglichst natürlichen Bedingungen beobachten zu wollen. Deshalb wurde schon früh damit begonnen, zahme Tiere zu beobachten und ihre Reaktionen zu beschreiben. Versuche im Labor haben den Vorteil, dass man gezielt Apparaturen benutzen kann, in denen die Tiere unter vorgegebenen Bedingungen bestimmte Handlungen ausführen. Man kann zum Beispiel die Reaktionen des Kreislaufs oder des Nervensystems direkt mit Messinstrumenten aufzeichnen.
Die Beobachtung von Tieren im zoologischen Garten ist ein Kompromiss zwischen der Beobachtung von zahmen Tieren und der Beobachtung im Freiland. Moderne zoologische Gärten sind darum bemüht, den Tieren eine möglichst lebensnahe, artgerechte Umgebung zu bieten, sodass sie sich ähnlich wie in der freien Natur verhalten können.

Beispiele: Das Foto von KONRAD LORENZ, der zusammen mit einer von ihm selbst aufgezogenen Schneegans im Wasser schwimmt, ist inzwischen ein klassischer und anrührender Beleg für die Methode, mit zahmen Tieren zu experimentieren. Das klassische Beispiel für Laborversuche sind die Experimente SKINNERs mit Tieren, die er in der von ihm entwickelten SKINNER-Box durchführte. Ratten lernten dabei zum Beispiel, auf bestimmte Tasten der Apparatur zu drücken, um Nahrung zu bekommen.

Probleme: Das Problem der Experimente mit zahmen Tieren und mit Tieren im Labor ist, dass die Reaktionen der Tiere nicht natürlich sind. Immer spielt der Mensch dabei eine Rolle, am stärksten dann, wenn er durch die extrem unnatürliche Situation in der Apparatur dem Tier Zwang antut. Auch die Sozialstruktur von Gruppen von Zootieren entspricht häufig nicht den natürlichen Bedingungen.

Freilandbeobachtungen

Methode: Die Freilandbeobachtung ist die beste, aber auch die schwierigste Art und Weise, das natürliche Verhalten der Tiere zu studieren. Die Forscher und Forscherinnen opfern für diese Aufgabe häufig Jahre ihres Lebens, die sie fernab jeglicher Zivilisation im Lebensraum ihrer Studienobjekte verbringen. Zuerst beobachten sie die Tiere von ferne, nähern sich ihnen langsam und vorsichtig und gewöhnen die Tiere an ihren Anblick und an ihren Geruch. Es sollte allerdings vermieden werden, dass die Beobachter in die Tiergruppe aufgenommen und wie Artgenossen behandelt werden.

J. GOODALL

Beispiele: Unter den zahlreichen Forscherinnen und Forschern, die lange Zeit in unmittelbarer Nähe der Tiere lebten, die sie beobachteten, sollen hier drei Frauen hervorgehoben werden, die sich um Kenntnisse vom Leben unserer nächsten Verwandten, der Menschenaffen, verdient gemacht haben. – Den Anfang machte die Engländerin JANE GOODALL, die seit 1960 Schimpansen im Gombe Nationalpark in Tansania beobachtet. Zahlreiche Kenntnisse über die Sozialstruktur frei lebender Schimpansen gehen auf ihre Forschungen zurück. – Ebenfalls in Afrika, in Ruanda, baute die Amerikanerin DIAN FOSSEY im Parc des Volcans im Dreiländereck Zaire – Uganda – Ruanda die Forschungsstation *Karisoke* auf, um von da aus die von Ausrottung stark gefährdeten Berg-Gorillas zu beobachten. – Seit Anfang der Siebzigerjahre beobachtet die Kanadierin BIRUTÉ GALDIKAS die Orang-Utans in den Urwäldern Borneos.

Probleme: Freilandbeobachtungen liefern die authentischsten Informationen. Viele Fragestellungen sind allerdings nur experimentell zu klären.

Moderne technische und molekularbiologische Methoden

Methoden: Die rasante Entwicklung der Technik, der Elektronik und der Molekularbiologie lieferte in den letzten Jahrzehnten neuartige Instrumente, mit denen man Ergebnisse erzielte, die mit den bisherigen Methoden nicht zu erreichen waren. Tragbare Kleinsender zum Beispiel erlauben die Verfolgung von Tieren aus großer Entfernung oder in uneinsehbarer Umgebung. Fliegende Tiere können dabei mit Kleinflugzeugen begleitet werden. Endoskopische Kameras, die bei medizinischen Operationen verwendet werden, ermöglichen Beobachtungen in engen Bausystemen sehr kleiner Tiere. Mit empfindlichen chemischen Nachweismethoden lassen sich Hormonspuren in Kotproben analysieren, die Schlüsse auf Stresssituationen oder den Hormonspiegel der Tiere allgemein zulassen. Eine wichtige Methode, verwandtschaftliche Beziehungen festzustellen, ist die des **„genetischen Fingerabdrucks“.** Dazu braucht man DNA-Spuren der Einzeltiere, die aus Haaren oder Kotproben gewonnen werden können.

Beispiele: Vaterschaftstests, die mit der Methode des „genetischen Fingerabdrucks“ durchgeführt werden, liefern wichtige Erkenntnisse über den Fortpflanzungserfolg männlicher Tiere.

Probleme: Die Methoden sind teilweise sehr aufwendig und teuer. Da ein Forscher nicht Spezialist auf allen Gebieten sein kann, ist er häufig auf die Hilfe anderer Forscher angewiesen.

Forschungen am Menschen

Schon in den vierziger Jahren des 20. Jahrhunderts formulierte KONRAD LORENZ das eigentliche Ziel der Vergleichenden Verhaltensforschung: Im Grunde gehe es nicht um eine „Tierseelenkunde", sondern um *den Menschen selbst!* Forschungsergebnisse, die an Tieren gewonnen wurden, kann man selbstverständlich nicht einfach auf Menschen übertragen. Daher beschäftigen sich Verhaltensbiologen ebenso wie Psychologen, Anthropologen, Ethnologen und Soziologen auch intensiv mit dem Verhalten des Menschen.

Humanethologen sind in erster Linie an genetisch fixierten *Verhaltensuniversalien,* also Verhaltensmustern, die bei allen Menschen ungeachtet kultureller, ökologischer oder gesellschaftlicher Unterschiede in gleicher Weise auftreten, interessiert. **Beispiel:** Bestimmte Formen des menschlichen Ausdrucksverhaltens wie das Lächeln, Weinen oder der so genannte „Augengruß" (ein sekundenschnelles Heben der Augenbrauen) sind auf der ganzen Welt verbreitet. Untersuchungen an taubblind geborenen Kindern bestätigten DARWINs Vermutung, dass es sich hierbei um genetisch fixierte Verhaltensmuster handelt.

Mit den genetischen Grundlagen menschlichen Verhaltens und der menschlichen Persönlichkeit befassen sich auch viele **Psychologen,** zu deren methodischem Rüstzeug unter anderem Zwillings- und Adoptionsstudien zählen. **Beispiel:** Untersuchungen an getrennt aufgewachsenen eineiigen (also erbgleichen) Zwillingen erbrachten verblüffende Übereinstimmungen in Persönlichkeitsmerkmalen und geradezu skurrilen Verhaltensmarotten, die sich bei gemeinsam aufgewachsenen unverwandten Personen nicht finden – ein Beleg für den starken Einfluss von Erbanlagen.

Humansoziobiologen und -verhaltensökologen sind dagegen eher an den *Fitnesskonsequenzen* menschlichen Verhaltens interessiert. Dabei gehen sie von der Prämisse aus, dass Verhaltensunterschiede in erster Linie durch flexible Reaktionen ähnlicher Genotypen auf verschiedene Umwelten zustande kommen. **Beispiel:** Untersuchungen zur Säuglingssterblichkeit im schleswig-holsteinischen Leezen des 18. und 19. Jahrhunderts ergaben, dass dort 23% der Töchter, aber nur 16% der Söhne reicher Bauern im ersten Lebensjahr starben. In den ärmeren Bevölkerungsschichten fand sich der entgegengesetzte Trend. Gleichzeitig zeigte sich, dass, anders als in den anderen Gesellschaftsschichten, Bauernsöhne bessere Heiratschancen hatten als Töchter. Die unterschiedliche Behandlung ihrer Kinder brachte den Leezenern also Fitnessvorteile.

Evolutionäre Psychologen gehen davon aus, dass die menschliche Psyche ebenso wie andere Merkmale das Ergebnis eines Anpassungsprozesses ist, der in der Vergangenheit stattgefunden hat. In einer radikal veränderten Gegenwart müssen solche Merkmale aber keineswegs mehr fitnessfördernd sein. **Beispiel:** Warum erfreuen sich Hamburger so großer Beliebtheit? Hamburger bestehen zu einem nicht geringen Teil aus Fett, Zucker und Salz – lauter Stoffe, die für die Menschen der Steinzeit ebenso wichtig wie schwer zu erlangen waren, aber bei dem heutigen Überangebot eher zu Fettleibigkeit, Karies und Herz-Kreislauf-Erkrankungen führen.

GLOSSAR

AAM: **a**ngeborener **a**uslösender **M**echanismus; heute kaum noch gebräuchlicher Begriff aus der Klassischen Ethologie

Attrappenversuch: Experiment, bei dem mithilfe von Objekten, die bestimmte Eigenschaften eines Gegenstandes wiedergeben, untersucht wird, welche Eigenschaft einen Schlüsselreiz hat

Ethogramm: Verhaltensinventar einer Tierart

Fitness: Maß für den genetischen Beitrag eines Individuums zur nächsten Generation

Instinkt: aus der älteren Verhaltensbiologie stammender Begriff, der angeborene Verhaltensweisen charakterisiert

Kaspar-Hauser-Experiment: Lebewesen werden isoliert aufgezogen mit dem Ziel, angeborenes und erlerntes Verhalten zu untersuchen

Lernen: Veränderung der Verhaltenssteuerung aufgrund individueller Erfahrung

Proximate Ursachen: unmittelbare (physiologische oder psychologische) Mechanismen der Verhaltenssteuerung bzw. -entwicklung

Reflexe: angeborene Mechanismen der Reizbeantwortung

Schlüsselreiz: Reiz, der über einen AAM ausgewertet wird

Selektion: „Natürliche Auslese"; zentraler Begriff der DARWINschen Evolutionstheorie; bewirkt die Ausbreitung des Erbgutes jener Individuen, die an bestimmte Umweltbedingungen besser angepasst sind als konkurrierende Individuen

Ultimate Ursachen („Zweck-"): beziehen sich auf den Selektionsvorteil, der mit einer Struktur oder einem Verhaltensmuster verbunden ist

2 Von der naiven Tierbeobachtung zur Soziobiologie

2.1 Epoche der naiven Tierbeobachtung

Die wissenschaftliche Verhaltensbiologie hat sich, verglichen mit anderen Teildisziplinen der Biologie, relativ spät entwickelt. Erste meist punktuelle Ansätze der wissenschaftlichen Untersuchung des Verhaltens von Tieren gab es allerdings schon im Altertum: ARISTOTELES (384–322 v. Chr.) beschäftigte sich mit Instinkthandlungen von Tieren, deren Triebhaftigkeit und Zweckmäßigkeit er erkannte. Die erstaunliche Zweckmäßigkeit tierischen Verhaltens erklärte er durch transzendente Kräfte, die *Entelechien,* die auf die Organismen wirken.

Seine Deutungen standen im Widerspruch zu denen der Atomisten wie DEMOKRIT (460–370 v. Chr.), die Verhalten wie alle Eigenschaften von Lebewesen auf kausale Wirkungen aus deren kleinsten Teilchen ableiteten. Der Streit dieser völlig entgegengesetzten Denkweisen zog sich durch die nächsten 2 000 Jahre. Christliche Wissenschaftler ersetzten dabei die Entelechien durch den Willen Gottes. Für sie waren die Zweckmäßigkeit von Instinkthandlungen und die Triebe zum Überleben und zum Vermehren, die man bei allen Tieren beobachten konnte, Zeugen des göttlichen Hauches bei der Erschaffung der Kreaturen.

Im 19. Jahrhundert wurden viele Ergebnisse von Verhaltensbeobachtungen zusammengetragen. Oft konnte man große Ähnlichkeiten mit menschlichen Verhaltensweisen erkennen, z. B. wie Tiere Nahrung suchen, jagen, sich vor Feinden schützen, sich verpaaren und Junge aufziehen. Es setzte sich ein wissenschaftliches Paradigma durch, das von der Übereinstimmung von tierischem und menschlichem Verhalten und deren Ursachen ausging. Tierisches Verhalten wurde daher ähnlich interpretiert wie das Verhalten von Menschen, dessen Erforschung vor allem von der Psychologie betrieben wurde.

Naive Tierbeobachtung. Man nannte folgerichtig die Wissenschaft vom Verhalten der Tiere **„Tierpsychologie“.** Als Basis für das Verhalten von Tieren wurde die Vernunft gesehen, tierische Handlungen wurden als Ergebnis von Erfahrungen, Reflexionen und Entscheidungen betrachtet. Tiere wurden wie Menschen gesehen, zumeist nicht als voll leistungsfähige Erwachsene, aber zumindest wie beseelte menschliche Kleinkinder, die Mitleid, Liebe, Sympathie, Stolz und Hass empfinden und aus diesen Empfindungen heraus handeln. Der heute noch bekannteste Biologe dieser Phase, ALFRED BREHM, trug in seinem Werk „Tierleben“ und in zahlreichen anderen Veröffentlichungen diese Auffassungen von Tierverhalten zusammen. Aufgewertet wurde die Vermenschlichung tierischen Verhaltens und die dadurch unzutreffenden Erklärungen tierischer Handlungen durch die sonst hohe Qualität des Werkes, das umfangreiche biologische Kenntnisse an weite Kreise der Bevölkerung vermitteln konnte.

Die sich anschließende weitere Erforschung tierischen Verhaltens ließ dann aber Zweifel an der Betrachtungsweise der „frühen Tierpsychologie“ aufkommen. Es wurde eine konsequente Abkehr von der vermenschlichenden Betrachtung tierischen Verhaltens vollzogen. Man beobachtete Tiere nun unvoreingenommen und führte Experimente durch, die eindeutige Schlüsse erlaubten. Die anthropomorphe Interpretation tierischen Verhaltens wurde durch naturwissenschaftliche Forschung mit streng wissenschaftlicher Begrifflichkeit ersetzt. Das führte manchmal zu übertriebenen Gegenpositionen: So wurde es z. B. als anthropomorph verpönt, auch Säugetieren Empfindungen wie Hunger oder Schmerzen zuzuschreiben.

Außerhalb der Wissenschaft wirken BREHM und die naive Tierbetrachtung noch heute nach: Die Vermenschlichung tierischen Verhaltens führt dazu, dass Berichte und Beschreibungen von Tieren auf die Zuhörer oder Leser sehr spannend und anschaulich wirken. Biologisch weniger informierte Menschen verstehen eine derartige vermenschlichende Ausdrucksweise besser als eine wissenschaftlich korrekte. Oft erinnert sie zudem an Tiergeschichten, die man als Kind gelesen hat. Falsche Vermenschlichung ist daher eine dauernde Versuchung für alle, die mit Berichten über Tiere und mit Tierfilmen gut beim Publikum ankommen wollen.

Fühlen, Denken und Charakter bei Hundsaffen

(...) Daher handeln sie unverkennbar mit vollem Bewußtsein dessen, was sie thun, den Umständen gemäß, nicht als willenlose Sklaven einer von außen her auf sie einwirkenden Kraft, sondern selbständig, frei und wechselvoll, nehmen schlau und listig ihren Vortheil wahr und bedienen sich jedes Hilfsmittels, welches sie irgendwie benützen zu können glauben. Sie unterscheiden Ursache und Wirkung, versuchen letztere zu erzielen oder zu vereiteln, indem sie erstere schaffen oder aus dem Weg räumen; sie erkennen nicht allein, was ihnen frommt oder schadet, sondern wissen auch, ob sie recht oder unrecht handeln, gleichviel, ob sie dabei den Standpunkt des eigenen lieben Ich oder den eines ihnen übermächtigen Wesens einnehmen. Nicht blinder Zufall, sondern Erkenntniß der Ersprießlichkeit regelt und leitet ihr Thun, ordnet sie dem Ermessen des Befähigteren unter, bewegt sie, gemeinschaftlich zu wirken und zu handeln, lehrt sie, gemeinsam einzustehen für das Wohl und Wehe des Einzelnen. Freud und Leid, Glück und Unglück, Sicherheit und Gefahr, Wohlbefinden und Noth mit ihm zu theilen. (...)

Leidenschaften aller Art tragen freilich oft genug den Sieg über ihre Besonnenheit davon; gerade diese Leidenschaften aber sprechen wiederum für die Lebhaftigkeit ihrer Empfindungen oder, was dasselbe, für die Regsamkeit ihres Geistes. Sie sind empfindsam wie Kinder, reizbar wie schwachgeistige Menschen, daher äußerst empfänglich für jede Art der Behandlung, welche ihnen angethan werden kann: für entgegenkommende Liebe wie für abweisenden Haß, für anspornendes Lob wie für verletzenden Tadel, für befriedigende Schmeichelei wie für kränkenden Hohn, für Liebkosungen wie für Züchtigungen. Demungeachtet lassen sie sich nicht so leicht behandeln, noch weniger leicht zu etwas abrichten, wie beispielsweise ein Hund oder ein anderes kluges Hausthier: denn sie sind eigenwillig in hohem Grade und fast ebenso selbstbewußt wie der Mensch. Mühelos lernen sie, immer aber nur , wenn sie wollen, und keineswegs stets dann, wenn sie sollen; denn ihr Selbstbewußtsein lehnt sich auf gegen jede Unterordnung, welche ihnen nicht als für sie selbst ersprießlich erscheint. (...)

Auszug aus: „Die Gartenlaube“, Jahrgang 1886, S. 51/52

ALFRED EDMUND BREHM: 1829–1884, seit 1863 Zoodirektor in Hamburg, Gründer und Leiter (1869–1875) des Berliner Aquariums. Bekannt durch sein „Illustriertes Tierleben“: 1. Auflage 1864–1869, 6 Bände; 2. Auflage 1876–1879, 10 Bände. Die Basis für das berühmte BREHMS Tierleben waren zahlreiche Reisen nach Afrika, Spanien, Skandinavien, Sibirien und viele andere Länder. Als Zoodirektor hatte BREHM gute Möglichkeiten, verschiedene Tierarten zu beobachten, wissenschaftlich zu untersuchen und zu zeichnen. Er profitierte auch von den Untersuchungen seines Vaters CHRISTIAN LUDWIG BREHM, eines bedeutenden Ornithologen, der zahlreiche Monografien von Vogelarten veröffentlichte. Sein Sohn machte schließlich das Gesamtwissen über Tiere in Deutschland populär.

17.1 BREHMS Tierleben: 1. Ausgabe (1864)

2.2 DARWINs Evolutionstheorie

1859 veröffentlichte CHARLES DARWIN in seinem Buch „Die Entstehung der Arten durch natürliche Zuchtwahl" die **Theorie der natürlichen Selektion.** DARWINs Theorie kann man folgendermaßen zusammenfassen:

1. Lebewesen haben eine enorme Kapazität, Nachkommen zu erzeugen. Fast immer übertrifft die Zahl der Nachkommen die Anzahl ihrer Eltern beträchtlich.
2. Die Ressourcen, welche die Lebensgrundlagen für Tiere sind, also z. B. Nahrung, Paarungspartner und Lebensraum, sind begrenzt.
3. Es muss daher Konkurrenz zwischen Tieren um knappe Ressourcen geben. Die Konkurrenz besteht zwischen Tieren einer Art und zwischen verschiedenen Arten.
4. Tiere einer Art unterscheiden sich in ihrer Morphologie, Physiologie und in ihrem Verhalten geringfügig.
5. Die Unterschiede zwischen den Tieren einer Art sind zum Teil erblich.
6. Als Folge der Konkurrenz und der individuellen Unterschiede haben einige Tiere einer Generation mehr Nachkommen als die konkurrierenden Artgenossen. Da die Nachkommen Eigenschaften ihrer Mutter und ihres Vaters erben, kommen die Merkmale der erfolgreicheren Tiere in der nächsten Generation häufiger vor. Es kommt so zu einem evolutionären Wandel durch **natürliche Selektion.**
7. Durch natürliche Selektion werden Tiere besser an die Anforderungen ihrer Umwelt angepasst. Die Eigenschaften, deren Träger z. B. besser Nahrung oder Paarungspartner finden können, breiten sich aus.

Als DARWIN diese für seine Zeit revolutionären Gedanken formulierte, wusste er noch nichts von den Mechanismen der Vererbung. Die moderne Beschreibung seiner Theorie der natürlichen Selektion erfolgt auf der Ebene der Gene. Die natürliche Auslese wirkt durch Unterschiede im Fortpflanzungserfolg. Sie betrifft Individuen, also Phänotypen. Die Individuen mit phänotypischen fortpflanzungsfördernden Merkmalen konnten ihre Gene von Generation zu Generation weitertragen und vervielfachen.

In der Sprache der modernen Genetik kann man DARWINs Theorie, auf die Evolution von Verhaltensweisen bezogen, so beschreiben:

1. Alle Organismen haben Gene, die die Proteinsynthese kodieren. Proteine regulieren den Aufbau und die Entwicklung des Nervensystems und der Muskeln und sind somit die Grundlage des Verhaltens.
2. Innerhalb einer Population gibt es viele Gene mit mehreren alternativen Formen (Allele), die jeweils etwas unterschiedliche Verhaltensweisen bewirken.
3. Jedes Allel, das mehr überlebende Kopien von sich selbst herstellen lassen kann als die konkurrierenden Allele, vergrößert dadurch seinen Anteil an den Genen der Population (Genpool). Die natürliche Selektion ist also das unterschiedliche Überleben alternativer Allele.

DARWINs Selektionstheorie ist die Grundlage für die dritte und vierte Anwort auf TINBERGENs Frage (s. S.6). Genetisch bestimmte Verhaltensweisen, die bewirkten, dass ein Tier sich erfolgreicher fortpflanzen konnte als seine Konkurrenten, kamen von Generation zu Generation häufiger vor. Sie setzten sich in der natürlichen Auslese durch.

CHARLES ROBERT DARWIN: 1809–1882, ab 1825 fehlgeschlagenes Studium der Medizin, dann Studium

der Theologie und Naturwissenschaften in Edinborough und Cambridge; 1831–36 fünfjährige Expedition auf dem königlichen Forschungsschiff „Beagle" zu verschiedenen Atlantikinseln, zur Ost- und Westküste von Südamerika, zu den Galapagosinseln, nach Neuseeland, Tasmanien, Australien und nach Südafrika; auf der Reise zahlreiche Landexkursionen, dabei die Anlage einer umfangreichen Sammlung von Tieren, Pflanzen und Gesteinen der besuchten Gebiete; Auswertung dieser Sammlung, Veröffentlichung vieler Schriften über Riffe, Tier- und Pflanzengruppen; 1859 Erscheinen der „Entstehung der Arten", durch die seine Evolutionstheorie begründet wurde. Durch DARWIN kam es zu einer kopernikanischen Wende in der Biologie, die bis heute auch in der Verhaltensbiologie nachwirkt. Viele der revolutionären Ideen DARWINs mussten sich gegen schwerste Widerstände durchsetzen.

DARWIN als Verhaltensforscher

„So lange man den Menschen und alle übrigen Thiere als besondere Schöpfungen betrachtet, wird ohne Zweifel dadurch unserem natürlichen Verlangen, den Ursachen des Ausdrucks so weit wie möglich nachzuforschen, eine wirksame Schranke gesetzt. Nach dieser Theorie kann Alles und Jedes gleichmäßig gut erklärt werden; in Bezug auf die Lehre vom Ausdruck hat sie sich ebenso verderblich erwiesen, wie in Bezug auf jeden andern Zweig der Naturgeschichte. Beim Menschen lassen sich einige Formen des Ausdrucks, so das Sträuben des Haares unter dem Einflusse des äußersten Schreckens, oder des Entblößens der Zähne unter dem der rasenden Wuth, kaum verstehen, ausgenommen unter der Annahme, daß der Mensch früher einmal in einem viel niedrigeren und thierähnlicheren Zustande existiert hat. Die Gemeinsamkeit gewisser Ausdrucksweisen bei verschiedenen, aber verwandten Species, so die Bewegungen derselben Gesichtsmuskeln während des Lachens beim Menschen und bei verschiedenen Affen, wird etwas verständlicher, wenn wir an deren Abstammung von einem gemeinsamen Urerzeuger glauben. Wer aus allgemeinen Gründen annimmt, daß der Körperbau und die Gewohnheiten aller Thiere allmählich entwickelt worden sind, wird auch die ganze Lehre vom körperlichen Ausdrucke der Seelenzustände in einem neuen und interessanten Lichte betrachten.“

19.1 Ausdrucksweisen bei Schimpansen

…

„Daß die hauptsächlichsten ausdruckgebenden Handlungen, welche der Mensch und die niederen Thiere zeigen, jetzt angeboren oder angeerbt sind, – d.h. daß sie nicht von dem Individuum gelernt worden sind, – wird von Jedermann zugegeben. Ein Erlernen oder Nachahmen hat mit mehreren derselben so wenig zu thun, daß sie von den frühesten Tagen der Kindheit an durch das ganze Leben hindurch vollständig außer dem Bereiche der Controle liegen: so z. B. die Erschlaffung der Arterien der Haut beim Erröthen und die erhöhte Herzthätigkeit beim Zorn. Wir können Kinder, nur zwei oder drei Jahre alt und selbst blindgeborene, vor Scham erröthen sehen; und die nackte Kopfhaut kleiner Kinder wird in der Leidenschaft roth. Kinder schreien vor Schmerz unmittelbar nach der Geburt und dann nehmen ihre Gesichtszüge sämmtlich dieselbe Form an, wie während späterer Jahre. Schon diese Thatsachen allein reichen hin, um zu zeigen, daß viele unserer bedeutungsvollsten Ausdrucksweisen nicht gelernt worden sind; es ist indessen merkwürdig, daß einige derselben, welche sicherlich angeboren sind, Übung beim Individuum erfordern, ehe sie in einer vollständigen und vollkommenen Art und Weise ausgeführt werden: so z. B. das Weinen und das Lachen. Die Erblichkeit der meisten unserer ausdruckgebenden Handlungen erklärt die Thatsache, daß Blindgeborene, wie ich von Mr. R. H. BLAIR höre, dieselben ebenso gut zeigen, wie die mit dem Augenlicht begabten Kinder. Wir können hieraus auch die Thatsache verstehen, daß sowohl die jungen als die alten Individuen weit voneinander verschiedener Rassen, sowohl beim Menschen als bei Thieren, denselben Seelenzustand durch dieselben Bewegungen ausdrücken.“

Auszug aus: CHARLES DARWIN: Der Ausdruck der Gemüthsbewegungen bei dem Menschen und den Thieren, Stuttgart 1901, (S. 10, S. 308)

2.3 Die Epoche der Klassischen Ethologie

Am Anfang des 20. Jahrhunderts wurde tierisches Verhalten von vielen Wissenschaftlern untersucht. In dieser Zeit hatte sich in der Verhaltensbiologie exaktes Forschen durchgesetzt. Anthropomorphe Deutungen von Verhalten – wie wir sie in „BREHMS Tierleben" finden – wurden meist vermieden. Man erforschte das Verhalten zahlreicher Tierarten und verglich die herausgefundenen Ergebnisse mit dem Ziel, stammesgeschichtliche Zusammenhänge zu finden. Deshalb bezeichnete man diese Phase als **Vergleichende Verhaltensforschung.** Insbesondere wurden nahe verwandte Tierarten untersucht. Die Übereinstimmungen und Unterschiede in ihrem Verhalten ließen Schlüsse auf die stammesgeschichtliche Entwicklung von Verhaltensweisen zu.
OSKAR HEINROTH (1871–1945) untersuchte das Verhalten vieler Vogelarten. Als Direktor des Berliner Tiergartens hatte er Zugang zu einer Fülle von Tierarten. Er war Lehrer und väterlicher Freund des jungen KONRAD LORENZ (1903–1989) und hatte auf ihn großen Einfluss. LORENZ entwickelte eine wichtige Methode HEINROTHs, die Untersuchung zahmer, frei gehaltener Tiere weiter. Er war bemüht, die Tiere unter möglichst naturnahen Bedingungen zu halten. Oft zog er die Tiere selbst auf, sodass sie an ihn gewöhnt waren, keine Scheu hatten und zumeist bei ihm blieben.
Anfang der 50er Jahre lag ein kunterbuntes Stückwerk zahlreicher Verhaltensbeobachtungen vor, die von vielen verhaltensphysiologischen Experimenten gestützt wurden. Die Funktionsweise von Sinneszellen und Organen wurde intensiv untersucht, ebenso Orientierungsmechanismen. Lediglich die Erforschung der Vorgänge in arbeitenden Nervenzellen war zu dieser Zeit noch nicht weit fortgeschritten.
Eine Gruppe von Wissenschaftlern, neben LORENZ vor allem ERICH VON HOLST (1908–1962) und NIKOLAAS TINBERGEN (1907–1989), versuchte seit den 50er Jahren, die vielen Einzelbeobachtungen und Erklärungsansätze zu einem tragfähigen theoretischen Gebäude zu vereinigen. Die insbesondere auf den Arbeiten von LORENZ und TINBERGEN beruhende Theorie bestimmte für drei Jahrzehnte die Vergleichende Verhaltensforschung. Man bezeichnet diese Phase auch als **Klassische Ethologie.**

Ein wichtiger Inhalt der Klassischen Ethologie war die Erklärung des Zustandekommens von **Instinkthandlungen,** das sind meist klar identifizierbare, relativ formkonstante Handlungen, die nur von handlungsbereiten Tieren auf bestimmte auslösende Reize hin ausgeführt werden. Genetisch angelegt sind die ausgeführten Handlungen ebenso wie das Erkennen der Objekte, auf die reagiert wird. Instinktverhalten kann starr festgelegt und kaum veränderbar sein oder durch Lernen abgewandelt werden. Dabei können genetische Anlagen für Verhaltensbausteine flexibel kombiniert und verändert werden. Es können aber auch ganz neue Handlungen erlernt und in offene Verhaltensprogramme eingebaut werden.

Die Klassische Ethologie sieht keinen grundsätzlichen Unterschied im Verhalten von Tieren und Menschen. Insbesondere IRENÄUS EIBL-EIBESFELDT wandte die Methoden der Vergleichenden Verhaltensforschung überwiegend auf Menschen an.
Auch geistig-kognitive und seelisch-subjektive Vorgänge, das war für LORENZ und TINBERGEN wichtig, kommen auf der Grundlage physiologischer Vorgänge im Nervensystem zustande.

KONRAD LORENZ: österreichischer Verhaltensforscher, 1903–1989, Studium der Medizin und Zoologie; 1940 Professur in Königsberg, dann Soldat, 1949 Gründung einer Station für Vergleichende Verhaltensforschung in Altenberg (Niederösterreich), 1950 Leiter der Forschungseinrichtung für Verhaltensphysiologie der Max-Planck-Gesellschaft in Buldern (Westfalen), 1955 Gründung des Instituts für Verhaltensphysiologie in Seewiesen (Oberbayern), das nach seinen Plänen eingerichtet wurde und dessen Leiter er bis 1973 war; danach Leiter der tiersoziologischen Abteilung am Institut für Vergleichende Verhaltensforschung der österreichischen Akademie der Wissenschaften in Grünau und in Altenberg; 1973 zusammen mit KARL V. FRISCH und NIKOLAAS TINBERGEN Nobelpreis für Medizin

2.4 Vergleichende Verhaltensforschung contra Behaviorismus

Aus der naiven Tierbeobachtung entwickelte sich in Europa die **Vergleichende Verhaltensforschung.** Die amerikanische, vor allem US-amerikanische Forschung ging dagegen einen völlig anderen Weg. Gemeinsames Bestreben war die Abkehr von der anthropomorphen Betrachtung tierischen Verhaltens und die Einführung wissenschaftlich exakter Methoden, Standards und Fachsprachen. Außerdem führten beide zunächst Verhalten überwiegend auf angeborene (unbedingte) und erlernte (bedingte) Reflexe zurück (PAWLOW, 1849–1936). Dann jedoch lief die Entwicklung der Verhaltensbiologie in Amerika in eine völlig andere Richtung als in Europa, was zu erbitterten Auseinandersetzungen zwischen beiden wissenschaftlichen Schulen führte. In Amerika entwickelte sich die Schule des **Behaviorismus.** Man entdeckte und erforschte das Lernen durch Versuch und Irrtum. Dies findet z.B. statt, wenn eine Ratte in einem Versuchskäfig ganz zufällig einen dort installierten Hebel drückt und dafür mit Futter belohnt wird. Nach mehrmaliger Belohnung wird die Ratte immer, wenn sie hungrig ist, den Hebel drücken, um Futter zu erhalten. Man kann durch komplexere und raffinierte Versuchsanordnungen Tieren auf diese Weise umfangreiche Handlungsfolgen andressieren. Vergleichbare Experimente führten auch europäische Verhaltensbiologen durch, die Wirksamkeit derartiger Lernvorgänge war bei ihnen ebenfalls unumstritten. Amerikanische Biologen und Psychologen wie E. L. THORNDIKE (1874–1949) und B. F. SKINNER (1904–1990) waren aber der Meinung, Tiere besäßen angeborenerweise lediglich einige Reflexe und lernten dann im Laufe ihres Lebens als Reaktion auf die Umwelteinflüsse, mit denen sie konfrontiert werden, durch Versuch und Irrtum ihr gesamtes Verhaltensrepertoire. Sie bestritten die Existenz genetisch angelegter Verhaltensweisen ebenso wie die Möglichkeit zu spontanem Verhalten, das also nur durch innere Antriebe abläuft und nicht als direkte Reaktion auf Außeneinflüsse. Sie behaupteten weiter, dass es keinen Unterschied mache, ob man Lernvorgänge bei Tauben, Ratten oder Affen studiere, weil die Stammesgeschichte bei der Entwicklung von Verhaltensweisen keine entscheidende, zu Artunterschieden führende Rolle gespielt habe. Sie führten Versuche in großen Serien mit zahlreichen Versuchstieren durch, die sie ausführlich dokumentierten und statistisch absicherten. Die Behavioristen kritisierten die Forschungsergebnisse der Vergleichenden Verhaltensforschung, weil sie oft statistisch nicht abgesichert waren. Sie behaupteten weiterhin, dass auch der Mensch alle seine Verhaltensweisen durch Erziehung und sein soziales Umfeld erlernt. Sie bestritten folgerichtig sogar die Existenz von erblich bedingten Lerndispositionen und Begabungen. Menschen waren für sie uneingeschränkt formbar und manipulierbar.

Heute ist die heftige wissenschaftliche Kontroverse zwischen Vergleichender Verhaltensforschung und Behaviorismus Geschichte. Der radikale Ausschließlichkeitsanspruch des Behaviorismus hat sich als falsch erwiesen. Geblieben sind jedoch viele wichtige Erkenntnisse über Lernverhalten und exzellente experimentelle Verfahren, die auch in anderen Zusammenhängen Anwendung finden. Grundlegende Konzepte der Vergleichenden Verhaltensforschung wie z.B. das Instinktkonzept und die arterhaltende Zweckmäßigkeit wurden ebenfalls zu Grabe getragen.

Auch in den Methoden völlig verschieden

K. LORENZ arbeitete oft mit zahmen frei lebenden Tieren, während Behavioristen meist mit Labortieren forschten, die in völlig unnatürlicher Umgebung lebten. Auch die ihnen andressierten Verhaltensweisen kamen in der Regel im natürlichen Verhaltensrepertoire nicht vor.

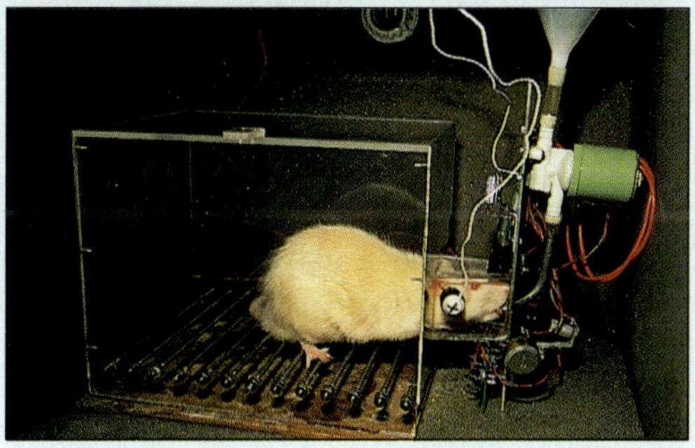

2.5 Einwände gegen die Klassische Ethologie

Nach Rangordnungskämpfen kann man bei vielen Tierarten beobachten, dass die Sieger die Verlierer nicht töten, obwohl sie dazu in der Lage wären. Sie verzichten also darauf, sich eines Rivalen endgültig zu entledigen, und riskieren damit, dass dieser nach einiger Zeit wieder mit ihnen kämpft.
Bei vielen Vogelarten liegt die am häufigsten gefundene Gelegegröße deutlich unter der maximalen Größe.
Bei manchen Vogelarten haben brütende Paare Bruthelfer, die bei der Jungenaufzucht helfen.
Bei vielen in Gruppen lebenden Tierarten kommen nur die ranghöchsten Tiere zur Fortpflanzung. Rangniedere Tiere ordnen sich oft über lange Zeit unter. Dadurch kommt es nur selten zu weiteren Kämpfen.

22.1 Rangordnungskampf

Arterhaltung und Gruppenwohl. Die Gründe für diese geschilderten Verhaltensweisen wurden lange Zeit folgendermaßen erklärt: Dieses Verhalten dient dem Wohl der Art und nützt der Gruppe, in der die handelnden Tiere leben: Die Sieger im Rangordnungskampf schonen die Verlierer. Das ist arterhaltend und nützt der Gruppe, die so größer und wehrhafter bleibt. Das kleinere Gelege verhindert eine übermäßige Ausbeutung der Ressourcen, was der Art schaden würde. Bruthelfer sorgen dafür, dass mehr Artgenossen durchkommen. Rangordnungsverhalten nutzt gleich in vielfacher Weise der Gruppe und der Art: Wenn sich nur die stärksten Tiere fortpflanzen, ist das gut für die Art, weil deren vorteilhafte Erbanlagen verbreitet werden. Wenn die Rangniederen auf eigene Fortpflanzung verzichten, nützen auch sie damit der Art, da ja die besseren Erbanlagen der Ranghohen weitergegeben werden. Dass sich die rangniederen Tiere unterordnen, nützt der Gruppe, die sich nicht in dauernden Kämpfen verschleißt. Diese Verhaltensweisen nützen anderen Tieren und bringen den handelnden Tieren Nachteile oder verursachen ihnen Kosten. Die Tiere handeln also **uneigennützig** oder **altruistisch.** K. LORENZ beharrte jahrzehntelang auf dem Prinzip der Arterhaltung. Seiner Ansicht nach war Verhalten selektioniert worden, wenn und weil es arterhaltend war.

Gruppenselektion. V. C. WYNNE-EDWARDS stellte 1962 die These auf, bei Tierarten, die in Gruppen leben, gäbe es einen Verzicht vieler Tiere auf Fortpflanzung, wenn durch Überbevölkerung die natürlichen Ressourcen überbeansprucht seien und dadurch die ganze Gruppe in die Gefahr gerate zu verhungern. Er meinte, dass sich für Gruppen, deren Mitglieder auf eigene Fortpflanzung verzichteten, die Überlebenschancen verbesserten. Solche Gruppen setzen sich gegenüber Gruppen ohne dieses Verhalten durch. WYNNE-EDWARDS postulierte damit, dass sich die DARWINsche Selektion zwischen Gruppen vollziehe.

Individualselektion. WYNNE-EDWARDS Thesen führten dazu, dass sich verschiedene Wissenschaftler das erste Mal kritisch mit dem Konzept der Gruppenselektion auseinander setzten. Insbesondere W. D. HAMILTON, J. MAYNARD SMITH, G. WILLIAMS und E. O. WILSON wandten die DARWINsche Evolutionstheorie konsequent auf die Entstehung von Verhaltensweisen an. Danach greift die Selektion am **Individuum** und nicht an der Gruppe oder der Art an. Selbst wenn der individuelle Verzicht auf Fortpflanzung einzelner Individuen einer Gruppe hilft, bei knappen Ressourcen aus einer Generation in die nächste zu kommen, kann sich dieses Verhalten nicht durchsetzen. Die Träger der Erbanlagen für dieses Verhalten haben keine Nachkommen oder zumindest weniger als die anderen Gruppenmitglieder. Die relative Häufigkeit der Gene für das Verzichten auf eigene Nachkommen wird also von Generation zu Generation abnehmen. Vom Verzicht dieser Tiere werden im Gegenteil die Individuen profitieren, die viele Nachkommen erzeugen. Sie werden die verzichtenden Tiere schließlich ganz verdrängen.

Fitnessmaximierung als ultimate Ursache von Verhalten. Es müssen also andere Gründe sein, warum sich die Tiere in den eingangs beschriebenen vier Beispielen so verhalten, wie sie sich verhalten: Die Sieger im Rangordnungskampf haben die Position gewonnen, um die sie kämpften. Für sie rechnet es sich nicht, den geschlagenen Gegner weiter zu bekämpfen. Der würde sich, weil es um sein Leben ginge, mit letztem Einsatz verteidigen. Das wäre für den Sieger ein großes Risiko. Schon eine geringfügige Verletzung könnte ihn um den Erfolg seines Sieges bringen, wenn er es mit dem nächsten Konkurrenten zu tun hat. Die Gelegegröße entspricht dem jeweiligen persönlichen Optimum der beteiligten Tiere. Mehr Junge würden die Leistungsfähigkeit der Eltern überfordern, die dann wahrscheinlich den nächsten Winter nicht überleben würden. Die Ranghohen nutzen ihre Paarungschancen voll aus, es geht ihnen um ihren Vorteil. Die rangniederen Tiere verzichten keineswegs des Gruppenfriedens und der Art wegen auf eigene Nachkommen. Sie kommen nur nicht zum Zuge, weil sie schwächer sind. Sie bleiben in der Gruppe, weil dort ihre Überlebenschancen besser sind, als wenn sie einzeln leben würden. Lediglich das Verhalten der Bruthelfer lässt sich nicht so einfach begründen. Sie helfen ja wirklich unter eigenen Kosten und Risiken anderen Individuen. HAMILTON erklärte 1964 dieses Problem folgendermaßen: Bruthelfer helfen Verwandten, mit denen sie Gene gemeinsam haben. Dadurch bewirken sie, dass der Anteil ihrer Gene in der nächsten Generation vergrößert wird. Außerdem können sie eventuell auch das Revier erben, in dem sie helfen, bei der Bruthilfe viel lernen und in der Familie besser überleben, als wenn sie alleine blieben. Alle vier Verhaltensweisen lassen sich also durch Individualselektion erklären. Sie nutzen den handelnden Tieren selbst oder aber auch dem Reproduktionserfolg der Verwandten. Indirekt nutzen zwar alle vier Verhaltensweisen auch der Gruppe, aber das ist nur eine Folge des Verhaltens und nicht seine Ursache.

Die Wunschvorstellung von der guten Natur.
K. LORENZ hielt viele Jahre lang am Prinzip der Arterhaltung fest. Die Soziobiologie, die konsequent von der Individualselektion und dem Eigennutz von Verhalten ausgeht (altruistisches Verhalten wurde nicht länger als arterhaltend verstanden, sondern als fitnessmaximierend, ganz dem Egoismus der Gene unterworfen), hat mit ihren Thesen einen tief greifenden Paradigmenwechsel in der Verhaltensbiologie herbeigeführt. LORENZ, der ansonsten DARWINs Gedanken konsequent gefolgt ist, ignorierte diese Erkenntnisse. Er hatte in vielen Schriften den sich natürlich verhaltenden Menschen als überwiegend gut angesehen und viele negative Erscheinungen im menschlichen Sozialverhalten auf den Einfluss der Zivilisation zurückgeführt.

Infantizid (Kindestötungen)

Ein schwerer Einwand gegen das Paradigma von der Arterhaltung war die Beobachtung von Kindestötungen, die man bei Löwen machte. Wenn ein Rudel von einem neuen Männchen oder einer Gruppe von Männchen übernommen wurde, töteten die Männchen oft alle noch von ihren Müttern abhängigen Jungen. Zunächst deuteten die Wissenschaftler, die Arterhaltung als Ursache von Verhalten ansahen, das Töten der Jungtiere als pathologisch oder als Folge besonderer unnormaler ökologischer Bedingungen. Kindestötungen wurden aber noch bei anderen Arten beobachtet, vor allem bei Primaten, und immer unter ähnlichen Bedingungen, nämlich nach einem Wechsel des Rudel- oder Gruppenführers. Damit war sicher, dass es keine Psychopathen waren, die die Jungen töteten. Die angeblichen Psychopathen verhielten sich zudem gegenüber ihren eigenen Jungen, die sie nach dem Mord zeugten, sehr freundlich. Die ultimaten Ursachen der Kindestötungen mussten also andere sein.

Löwenmännchen mit getötetem Jungtier

2.6 Verhaltensökologie und Soziobiologie

Verhaltensökologie. Ein Individuum ist in der DARWINschen Selektion erfolgreich, wenn es – verglichen mit seinen konkurrierenden Artgenossen – mehr Nachkommen hat als diese und wenn auch die Nachkommen wiederum erfolgreiche Nachkommen haben. Dabei darf man den reproduktiven Erfolg jedoch nicht nur auf die Vorgänge der Partnersuche, Produktion von Keimzellen, Befruchtung, Eiablage, Brutvorsorge und Brutpflege zurückführen. Der Erfolg wird nämlich wesentlich davon bestimmt, ob ein Tier gesund, kräftig, gut genährt und gut trainiert ist. Die Zahl seiner Nachkommen hängt auch davon ab, ob es nützliche Erfahrungen gemacht und daraus gelernt hat und ob es in Konfliktsituationen richtige Entscheidungen trifft. Im Endeffekt bestimmt der gesamte Lebensablauf eines Tieres seinen Reproduktionserfolg. Nicht nur das reproduktive Verhalten, sondern auch die Verhaltensweisen, die insgesamt das Überleben des Individuums bewirken, bestimmen die Fitness. Auch die Umwelt, in der Tiere leben, muss in die Betrachtungen einbezogen werden.
Zumeist sind die Ressourcen, die ein Tier braucht, um zu überleben und in einem guten Zustand zu sein, begrenzt und umkämpft. Daher ist es vorteilhaft, diese Ressourcen möglichst ökonomisch zu nutzen.

Schon TINBERGEN untersuchte tierisches Verhalten unter direkter Einbeziehung der Umwelt. Es dauerte aber recht lange, bis sich diese Sichtweise, die man wegen des Bezugs zur Ökologie als Verhaltensökologie (oder Ökoethologie) bezeichnete.

Relativer Ressourcenwert. Eine sehr wichtige Forschungsgrundlage der ökologisch orientierten Ethologen war die Erkenntnis, dass bestimmte Ressourcen für Lebewesen einen sehr unterschiedlichen Wert haben können, der nicht nur von der Ressource selbst, sondern von den jeweiligen Umweltbedingungen bestimmt wird. Das ist bei Ressourcen, die wir Menschen nutzen, ganz genauso: Fünf Liter Benzin haben für mich nur den Wert, der dem aktuellen Preis entspricht, wenn der Tank meines Autos voll ist und in geringer Entfernung Tankstellen sind. Fünf Liter Benzin haben dagegen einen viel größeren, einen geradezu unschätzbaren Wert, wenn ich mit leerem Tank nachts bei Sturm und Schneefall auf einer einsamen Straße durch ein großes Waldgebiet stehe. Genauso hat ein Stück Fleisch für einen fast satten Wolf einen geringeren Wert als für seinen sehr hungrigen Rudelgenossen, der schon lange nichts mehr gefressen hat. Das erklärt auch, warum der satte höherrangige Wolf das Fleisch dem hungrigen überlässt. Für ihn lohnt sich ein Kampf nicht. Der sehr hungrige Wolf ist jedoch bereit, um das Fleisch heftig zu kämpfen, das für ihn einen hohen Wert hat.

Ökologische Bedingungen und Verhalten

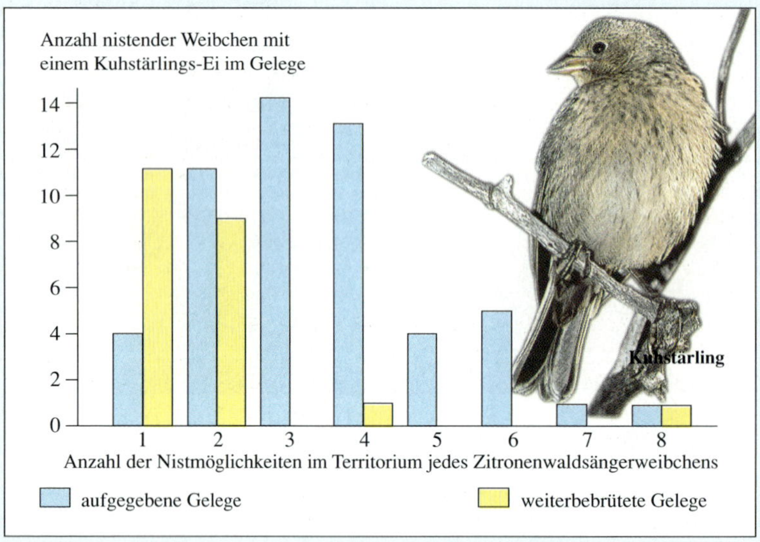

Kuhstärlinge sind Brutparasiten, die Zitronenwaldsänger als Wirtseltern ausnutzen. Zitronenwaldsänger können Kuhstärlingseier erkennen, aber nicht aus ihrem Nest entfernen. Sie haben daher nur die Wahl, das Gelege zu verlassen und in einer anderen Höhle neu zu brüten oder weiterzubrüten und den Kuhstärling aufzuziehen und dadurch die eigenen Jungen zu benachteiligen. Dazu wurde eine Untersuchung durchgeführt, deren Ergebnis links abgebildet ist.

A1 Beschreiben und erklären Sie das Untersuchungsergebnis.

Entscheidungen. Tiere müssen ökonomisch handeln, um ihre Fitness zu maximieren. Tiere, die mehr und bessere Nahrung finden, können mehr Nachkommen durchbringen. Nahrung ist zumeist knapp, oft schwierig zu finden und schwer zu erreichen. Außerdem gibt es noch innerartliche und außerartliche Konkurrenten sowie natürlich Feinde. Tiere haben daher nur selten die Bedingungen des Schlaraffenlandes. Sie müssen vielmehr ständig ökologische Bedingungen abschätzen und Entscheidungen treffen: Wann sollen sie eine Nahrungsquelle verlassen und eine neue suchen? Sollen sie besser eine wenig ergiebige Ressource nutzen, bei der sie nicht oder kaum durch Feinde gefährdet sind? Oder ein hohes Risiko wegen einer sehr guten Futterstelle eingehen? Solche Entscheidungen bzw. Taktiken können Tiere aufgrund von Erfahrungen, die sie bisher gemacht haben, oder der Umwelt, die sie umgibt, treffen. Es muss keineswegs so sein, dass Tiere, die Entscheidungen treffen, die Zusammenhänge durchschauen und deren Ursachen verstehen. Tiere haben aber, das ist eine wichtige allgemeine Einsicht der Verhaltensökologie, viel variablere und flexiblere Verhaltensprogramme, als das die Klassische Ethologie noch angenommen hat.

Alternative Strategien. Oft gibt es mehrere Möglichkeiten, Ressourcen zu nutzen oder Nachkommen zu bekommen. Manche Singvogelweibchen haben z.B. die Wahl, bei einem mäßig attraktiven Männchen in einem durchschnittlich guten Revier einziges Weibchen zu sein und bei der Brutpflege Hilfe zu haben oder aber als Zweitfrau eines attraktiven Männchens in einem Superrevier die Nachkommen alleine aufzuziehen. Die Untersuchung solcher unterschiedlicher Möglichkeiten und der Entscheidungsprozesse ist ein Teilbereich der Verhaltensökologie.

Soziobiologie. Sehr viele Verhaltensweisen von Tieren beziehen sich auf Artgenossen oder werden gemeinsam mit Artgenossen ausgeführt. Das Teilgebiet der **Verhaltensökologie,** das sich mit den ultimaten Ursachen und den Auswirkungen sozialen Verhaltens beschäftigt, bezeichnet man als **Soziobiologie.** Partnerwahl, Brutpflegeverhalten, Konkurrieren und Verhalten in sozialen Verbänden sind wichtige Inhalte soziobiologischer Untersuchungen. HAMILTON begründete 1964 die Soziobiologie, indem er erkannte, dass bei der Fitness-Maximierung nicht nur die direkten Nachkommen zählen, sondern auch Geschwister, Neffen, Nichten und alle Verwandten, mit denen das betrachtete Lebewesen Gene gemeinsam hat. Wichtig für den evolutionären Erfolg ist die **Gesamtfitness** (auch *inklusive Fitness* genannt), die Summe der **direkten Fitness** durch eigene Nachkommen und der **indirekten Fitness** durch Verwandte mit gemeinsamen Genen. Soziales Verhalten von Tieren muss also im Zusammenhang mit den Verwandtschaftsverhältnissen der beteiligten Tiere gesehen werden. Nur dann können seine ultimaten Ursachen richtig erkannt werden. In ihre Argumentationen und Untersuchungen schlossen die Soziobiologen wie bereits die Klassischen Ethologen auch menschliches Verhalten ein.

Widerstände gegen die Soziobiologie

Als DARWIN seine Theorie der natürlichen Auslese veröffentlichte, brach ein Sturm der Entrüstung los. Vom „Amoklauf des laissez-faire" sprachen die Zeitungen, und dass er die Macht ins Recht setze. KARL MARX machte sich darüber lustig, dass er in den Tieren und Pflanzen seine eigene englische Gesellschaft wiederfände, und der angesehene Harvard-Biologe LOUIS AGASSIZ giftete, DARWINs Theorie sei ein „wissenschaftlicher Missgriff, unlauter hinsichtlich der Fakten, unwissenschaftlich in den Methoden und schädlich in der Tendenz".

Als EDWARD O. WILSON und RICHARD DAWKINS gut hundert Jahre später die Ideen der Soziobiologie popularisierten, wiederholte sich die Geschichte. Von der Auferstehung des Sozialdarwinismus sprachen die Zeitungen, dass der Mensch zur Marionette seiner Gene degradiert würde, fürchteten Philosophen, und angesehene Biologen warfen der Soziobiologie vor, ihre „Methode und Theorie" sei „grundlegend fehlerhaft" und sie kombinierte „Vulgärmendelismus, Vulgärdarwinismus und vulgären Reduktionismus im Dienste des Status quo".

Besonnenere Wissenschaftler forderten dagegen, die Theorie beim Wort zu nehmen und sie einem gründlichen Test zu unterziehen: Nur wer ein Pferd besteigt und mit ihm ins Rennen geht, lernt seine Kraft kennen. Diesen Test hat die Soziobiologie bis heute bestanden. Es hat sich nur noch nicht überall herumgesprochen, dass die Vermutung, Tiere würden dieses oder jenes tun, „weil es der Arterhaltung dient", falsch ist. Die Erkenntnis, dass in der Natur Eigennutz vor Gemeinnutz geht, sorgt aber immer noch für heftige Kontroversen – vor allem im Hinblick auf die Biologie des menschlichen Verhaltens.

2.7 Kognitive Ethologie

Die Auswirkungen der anthropomorphen Deutung tierischen Verhaltens in der Epoche der naiven Tierbetrachtung waren sehr unterschiedlich. Zum einen weilen viele Formulierungen BREHMs und die mit ihnen verbundenen Vorstellungen noch immer unter uns. Ganz im Geiste BREHMs machte um 1900 der „Kluge Hans“ als Höhepunkt der Phase der naiven Tierbetrachtung und zugleich wichtiger Anstoß zur Gegenbewegung in Berlin mächtig Furore. Der „Kluge Hans“ war ein Pferd, das angeblich rechnen, lesen, buchstabieren und menschliche Sprache verstehen konnte. Er war vermeintlich in der Lage, Rechenaufgaben zu lösen und Sätze zu formulieren, indem er Zahlen und Buchstaben durch genau zugeordnete Anzahlen von Hufschlägen wiedergab. Lange Zeit gelang es nicht, das Geheimnis des „Klugen Hans“ zu lösen. Schließlich stellte sich heraus, dass das Pferd auf unbeabsichtigte und kaum merkbare Zeichen seines Besitzers und auch anderer Personen reagiert hatte, die jeweils unbewusst den Kopf etwas angehoben hatten, wenn die richtige Anzahl von Hufschlägen erreicht war. Wenn nämlich keine Personen anwesend waren, welche die Lösungen der gestellten Aufgaben kannten, versagte das Tier immer.
Als Gegenreaktion waren nun geistige und seelische Vorgänge bei Tieren lange Zeit kein wissenschaftliches Thema mehr. Sie wurden bewusst als nicht naturwissenschaftlich beweisbar ausgegrenzt. In den folgenden Jahrzehnten beschäftigten sich nur noch wenige seriöse Wissenschaftler mit kognitiven Leistungen bei Tieren, also mit den Fragen, ob manche Tiere denken, ob sie überlegt handeln, Absichten verfolgen, Erwartungen haben, Probleme lösen oder Entscheidungen treffen. Einer von ihnen war WOLFGANG KÖHLER, der 1914 in einer Versuchsstation auf Teneriffa Experimente über den Werkzeuggebrauch und über vorausplanendes Handeln bei Schimpansen durchführte.
Die meisten Biologen beugten sich jedoch der herrschenden Meinung, die am radikalsten von vielen Behavioristen vertreten wurde. Klammerten Behavioristen wie SKINNER Fragen nach kognitiven Leistungen zunächst aus methodischen Gründen aus, entwickelte sich daraus das Dogma, dass es höhere kognitive Leistungen bei Tieren nicht gibt. SKINNER ging sogar so weit, alle über das Lernen durch Versuch und Irrtum hinausgehenden geistigen Vorgänge bei Tieren generell zu bestreiten. Tierbeobachtungen ließen bei anderen Wissenschaftlern aber immer wieder Zweifel an dieser Position aufkommen. Der wirksame Umschwung kam erst 1984 durch den amerikanischen Verhaltensbiologen D. F. GRIFFIN. In seinem Buch „Können Tiere denken?“ forderte er seine Kollegen auf, gleich mit einer Reihe von Tabus zu brechen:

1. Denken und Bewusstsein bei Tieren dürfen nicht von vornherein aus den Betrachtungen ausgeklammert werden.

26.1 Werkzeuggebrauch: Schimpanse benutzt Blätter als Schwamm

26.2 Werkzeuggebrauch: Schimpanse putzt seine Zähne mit einem Stock

2. Als Zugang zum Bewusstsein von Tieren könne ihre Verständigung untereinander dienen. Man solle deswegen genauer untersuchen, was sie sich mitteilen.
3. Auch Handlungen von Insekten, wie etwa von Bienen oder Ameisen, könnten möglicherweise bewusst erfolgen.

GRIFFINs Appell wirkte in zweifacher Weise: Es war eine Ermutigung für Wissenschaftler, die diesen Fragen nachgehen wollten und auch schon damit angefangen hatten. Viele von ihnen hatten vorher wegen der herrschenden Meinung Schwierigkeiten gehabt, ihre Arbeiten in angesehenen Fachzeitschriften zu veröffentlichen.
Andererseits löste das Buch Kritik und Ablehnung aus. Ablehnung kam dabei nicht nur von Biologen. Die Frage, ob Tiere denken können, und die Erwartung, dass Tiere ein Bewusstsein haben könnten, rüttelte auch an den Vorstellungen über die Sonderstellung des Menschen und über seine Einzigartigkeit unter den Lebewesen. Diese Sonderstellung bildet den Kernpunkt bedeutender Religionen und vieler philosophischer Weltbilder.

GRIFFINs Buch hat auf jeden Fall Bewegung in die festgefahrenen wissenschaftlichen Fronten gebracht. Es setzte sich die Einsicht durch, dass nur einmal oder sehr selten beobachtete Handlungen von Tieren, die nicht den naturwissenschaftlichen Kriterien der Reproduzierbarkeit und statistischen Absicherung genügen, nicht von vornherein als Anekdoten abqualifiziert werden sollten, die wissenschaftlich ohne jeden Wert sind. Solche Einzelbeobachtungen und einmalige Handlungen von Einzeltieren oder Tierpersönlichkeiten können im Gegenteil überaus anregend sein. Auf ihrer Basis können die richtigen Fragen gestellt werden und Methoden entwickelt werden, die eindeutige Schlussfolgerungen ermöglichen. Tiere müssen als Individuen angesehen werden, die sich deutlich von Artgenossen unterscheiden und sich mit der Zeit verändern und weiterentwickeln.

AUFGABEN

1. Vogeleltern verlassen oft ein Nest mit Gelege, wenn ein Teil der Eier von Nesträubern gefressen wurde oder durch Sturm aus dem Nest geworfen wurde.

2. Bei zahlreichen in Gruppen lebenden Tierarten warnen Wächter vor Fressfeinden. Sie bringen sich selbst in Lebensgefahr, weil sie nicht so schnell wie möglich fliehen.

3. Beim afrikanischen Strauß teilen sich bis zu sechs Weibchen ein Nest. Der Straußenhahn verteidigt ein etwa 14 km großes Revier, in dem die Weibchen leben. Er scharrt eine Mulde in den Boden, die als Nest dient. Dann wählt er eine Haupthenne, die als Erste mit der Eiablage beginnt. Nach einigen Tagen beginnen weitere Hennen (Nebenhennen), ihre Eier ebenfalls in das Nest zu legen. Die Nebenhennen sind nicht näher mit der Haupthenne verwandt. Sie beteiligen sich weder am Brüten noch am Bewachen des Geleges. Die Haupthenne hält die anderen Hennen nicht davon ab, ihre Eier in das Nest zu legen, sie steht sogar auf und wartet neben dem Nest, um ihnen das Legen zu ermöglichen. Das Nest enthält oft bis zu 40 Eier, die die Haupthenne bewacht und beschattet. Die Haupthenne verschiebt die Eier gelegentlich, Beobachter hatten dabei den Eindruck eines sorgfältigen Sortierens. Straußeneier haben alle eine sehr ähnliche weiße gleichmäßige Färbung, unterscheiden sich aber durch ihr Gewicht und durch ihre Oberflächenstruktur.

A1 Wie würde a) ein klassischer Ethologe und b) ein Soziobiologe die geschilderten Verhaltensweisen erklären?

GLOSSAR

Arterhaltung, Prinzip der -: überholte Auffassung, nach der das Verhalten der Tiere (und des Menschen) primär der Erhaltung der eigenen Art dient

Behaviorismus: vor allem in Amerika beheimatete Richtung der Verhaltensforschung; versuchte, Verhalten und Verhaltensänderungen ausschließlich auf Reize aus der Umwelt zurückzuführen

Entelechie: bei ARISTOTELES das Vermögen eines Organismus zur Selbstentwicklung und -vollendung

Gruppenselektion: in der älteren Verhaltensbiologie herrschte die Ansicht, dass Selektion auch an der Gruppe ansetzen könne, dadurch Förderung der Gruppe als Ganzes (Prinzip von der Erhaltung der Art)

Klassische Ethologie: besonders auf den Arbeiten von LORENZ und TINBERGEN beruhende Theorie, die die ersten drei Jahrzehnte der Verhaltensbiologie bestimmte; versucht vor allem die Mechanismen von Instinkthandlungen zu erklären

Kognitive Ethologie: Richtung der Verhaltensforschung, die bewusste Denkvorgänge und überlegtes Handeln als wesentlichen Bestandteil des Verhaltens vieler Tiere betrachtet

Soziobiologie: Wissenschaft, die das Sozialverhalten von Tieren und Menschen konsequent durch Individualselektion und genetischen Eigennutz von Verhalten erklärt

Verhaltensökologie: Wissenschaft, die die Zusammenhänge zwischen tierischen Verhaltensweisen und den ökologischen Umweltbedingungen untersucht

3 Proximate Ursachen von Verhalten

3.1 Körperliche Grundlagen des Verhaltens

Das Reagieren auf die Umwelt gehört zu den wesentlichen Merkmalen aller lebenden Organismen. Das Verhalten ist ein Teil der Reaktionsfähigkeit von Lebewesen. Wir verwenden den Begriff Verhalten allerdings nur in spezieller Einschränkung auf die Tiere. Pflanzen reagieren ebenfalls wie Tiere auf Umwelteinflüsse, aber sie verhalten sich nicht. Das liegt daran, dass Pflanzen in der Evolution keine Nerven und Muskeln entwickelten. Sie besitzen zwar Einrichtungen, mit denen sie Informationen aus der Umwelt aufnehmen, ihre Reaktion aber erfolgt meist unmerkbar langsam. Tiere reagieren dagegen meist sofort. Ihr „Verhalten“ ist durch Bewegungsabläufe charakterisiert, die von mehr oder weniger hoch entwickelten Nervensystemen gesteuert werden. **Muskeln** und **Nervensysteme** – oder bei Einzellern die entsprechenden Organellen – sind also die Grundlage des Verhaltens. Dementsprechend hängt die Komplexität der Verhaltensformen vom Entwicklungsstand dieser Organsysteme ab.

Bei den Schwämmen zum Beispiel, die auf einer sehr niedrigen Stufe in der Entwicklung der Vielzeller stehen, können wir kaum nennenswertes Verhalten feststellen. Nervenzellen kommen bei ihnen kaum vor. Aber schon die gezielten Bewegungsreaktionen bei den Hohltieren, also bei Quallen und Polypen, lassen darauf schließen, dass bei diesen Tieren eine Höherentwicklung des Nervensystems stattgefunden hat.

Die Vielgestaltigkeit und Veränderlichkeit der Umwelteinflüsse brachte es mit sich, dass die Reaktionsformen der Tiere mit ihren immer höher strukturierten **Informationsverarbeitungssystemen** zum Teil sehr komplexe Formen annahmen. Für spezielle Informationsarten entwickelten sich besondere Aufnahmeantennen. Wir finden bei Tieren **Sinnesorgane**, die den Pflanzen völlig fehlen. Die Nervensysteme erreichen Komplexitätsgrade, die ein Durchschauen ihrer Wirkungsmechanismen beträchtlich erschweren.

3.1.1 Aufnahme von Informationen

Die Informationen, die Lebewesen aus der Umwelt bekommen, nennen wir **Reize**. Ein Reiz besteht immer aus einem Energiegefälle, das auf ein Lebewesen einwirkt. Dabei kann es sich um mechanische, elektromagnetische, chemische oder Wärmeenergie handeln. Durch die Energieeinwirkung werden Sinneszellen beeinflusst. Ihre Zustandsänderung führt zu elektrischen Signalen, die das Nervensystem verarbeitet.

Die eingangs gegebene Definition des Reizes ist allerdings zu weit gefasst. Auf ein Lebewesen wirken die mannigfaltigsten Umweltbedingungen ein, ohne dass alle als Reiz wahrgenommen werden. Ultraschall verspüren wir z. B. nicht, auch Radiowellen oder Radarstrahlen lösen in unseren Sinnesorganen keine Empfindungen aus. Lebewesen registrieren nur die Einflüsse, die für ihre Existenz eine Bedeutung haben. Der Grund dafür liegt in dem entwicklungsgeschichtlichen Gewordensein der Lebewesen: Nur die „Neuerwerbungen“ setzten sich durch, die einen positiven Selektionswert hatten. Da kosmische Strahlen normalerweise keine Nachrichten für Pflanzen oder Tiere enthalten, haben sich dafür auch keine Rezeptoren entwickelt.

Jedes Sinnesorgan ist besonders gut an den Reiz angepasst, den es aufnehmen soll, allerdings aber eben auch nur an diesen. Schalleinwirkung ruft keine optischen Eindrücke im Auge hervor, und umgekehrt merken wir nichts, wenn man auf das Ohr leuchtet. Die Spezialisierung der Sinnesorgane auf bestimmte Reize drücken wir durch den Begriff **adäquater Reiz** aus: Jedes Sinnesorgan wird durch diesen in optimaler Weise angesprochen.

Als Unterstützung der Sinnesorgane gibt es vielfältige Hilfseinrichtungen, die das Einfangen der Reizimpulse erleichtern, z. B. Ohrmuscheln, Linsen und weit gefächerte Antennen.

Die untere Empfindlichkeitsgrenze der Sinnesorgane nennen wir **Reizschwelle.** Sie kann bei verschiedenen Lebewesen unterschiedlich hoch liegen. Der Unterschied zwischen der Leistungsfähigkeit unserer Nase und der eines Hundes ist ein bekanntes Beispiel.

Der Lichtsinn

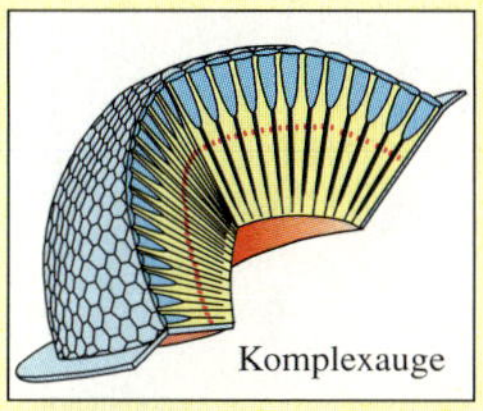

Komplexauge

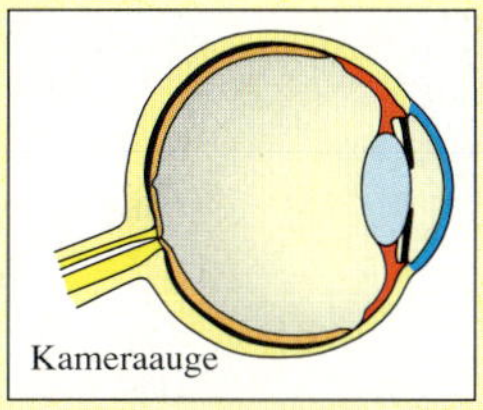

Kameraauge

Struktur: Ein optischer Apparat bündelt Lichtstrahlen auf Sinneszellen. Darin enthaltene Sehfarbstoffe verändern dabei durch die Einwirkung elektromagnetischer Wellen des Lichtes ihre Struktur. Dadurch werden chemische Reaktionen und Ionenwanderungsmechanismen ausgelöst, die zu elektrischen Potentialänderungen (Aktionspotentialen) führen. Diese werden über Nervenfasern (Sehnerven) weitergeleitet.

Funktion: Aufnahme von Informationen über die Struktur der Umwelt (Bildsehen), bei einfachen Formen nur Helligkeitssehen

Typen: einfache Strukturen: Grubenaugen ohne Linsen; bei Gliedertieren Komplexaugen aus vielen Einzelaugen; Wirbeltiere und Tintenfische: Kameraaugen

Der Schallsinn

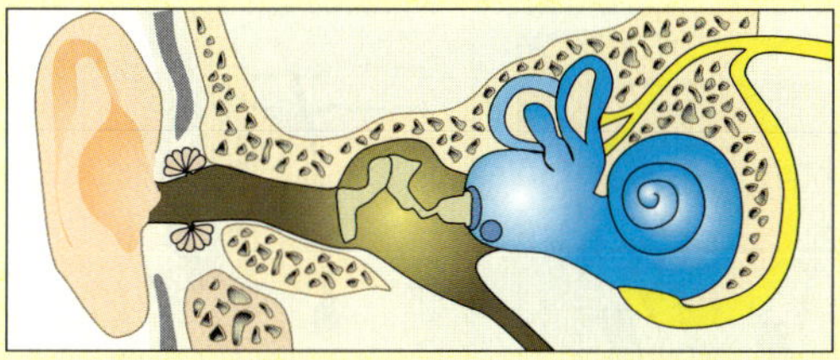

Struktur: Schwingungen des Mediums (Luft, Wasser) werden auf Membranen übertragen. Diese reizen bewegungsempfindliche Sinneszellen, die Aktionspotentiale erzeugen und weiterleiten.

Funktion: Mechanische Schwingungen liefern Informationen über Vorgänge in der Umgebung.

Typen: bei Säugetieren und Vögeln Ohren ähnlich dem Menschenohr: Gehörknöchelchen übertragen die Schwingung auf das Innenohr, wo die Sinneszellen auf einer Membran sitzen; Vorstufen dazu bei Amphibien und Reptilien; bei Fischen Seitenlinienorgan in der Haut; bei Gliedertieren verschiedene Konstruktionen mit schwingungsempfindlichen Chitinmembranen an den Beinen oder am Bauch, die Sinneszellen reizen

Chemische Sinne

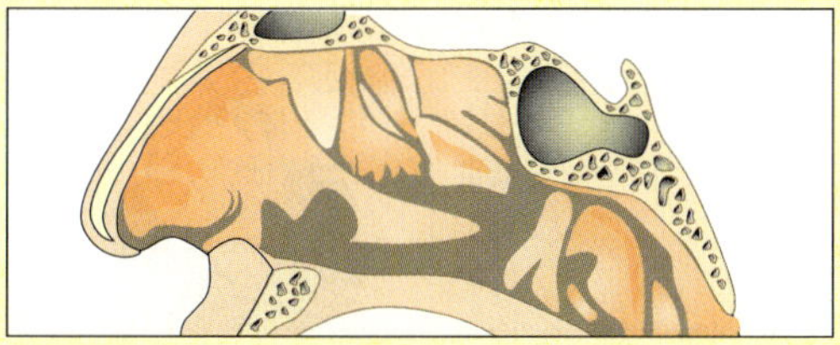

Struktur: Geruchs- bzw. Geschmackssinneszellen; Wirkungsmechanismus bisher noch weitgehend ungeklärt. Wahrscheinlich reagieren Geruchs- und Geschmacksstoffe mit Rezeptoren auf der Membran der Sinneszellen. Dadurch werden Aktionspotentiale ausgelöst und weitergeleitet.

Funktion: Informationen über die chemischen Eigenschaften eines flüssigen oder gasförmigen Mediums werden gesammelt. Die Sinneszellen sind meist so angeordnet, dass sie von dem Medium umspült werden.

Typen: fächerförmige Antennen bei Gliedertieren (strömende Luft), Gruben am Vorderende des Tieres (Fische, strömendes Wasser) oder Nasen (strömende Atemluft bei Wirbeltieren)

Der Temperatursinn

Struktur: temperaturempfindliche Sinneszellen in der Haut zur Messung der Außentemperatur, bei gleichwarmen Wirbeltieren auch im Zwischenhirn zur Messung der Körpertemperatur; meist nur einzelne Sinneszellen ohne größere Hilfseinrichtungen; bei Schlangen Ansammlungen von Sinneszellen in so genannten Wärmeaugen am Kopf

Funktion: Messung von Außentemperatur und Körpertemperatur, bei Schlangen Beuteortung durch Auffangen der Infrarotstrahlung des Beutetiers; Messung der Außentemperatur ermöglicht Aufsuchen geeigneter Lebensräume (Temperaturoptimum)

Typen: Einzelzellen in der Haut und im Körper, Wärmeaugen bei Schlangen

Mechanische Sinne

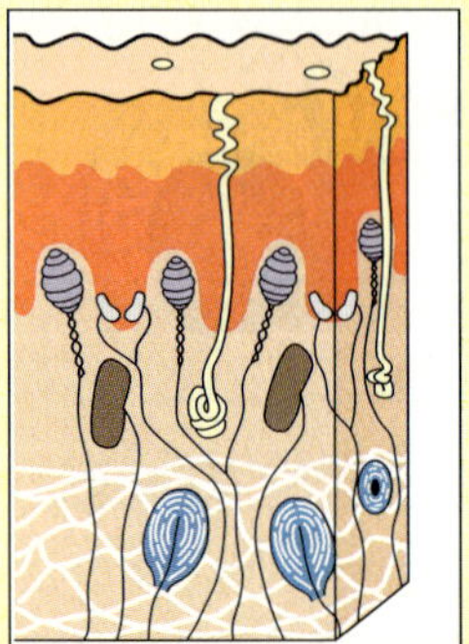

Tastkörperchen in der Haut

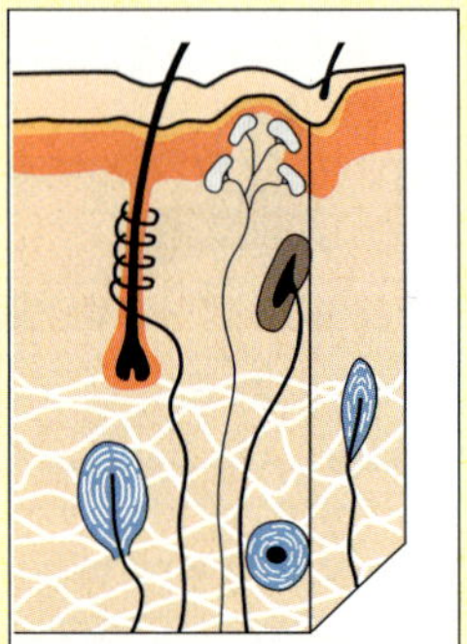

Tasthaare in der Haut

Struktur: Tastkörperchen in der Haut oder von Nervenenden umsponnene Tasthaare; die Sinneszellen sind verwandt mit denen der Schallsinnesorgane. Ihre Wirkungsmechanismen sind bisher nicht geklärt.

Funktion: Aufnahme von Informationen über Bewegungen des Mediums (Luft beim Fliegen) oder über Berührungen mit Objekten in der Umwelt

Typen: Tastkörperchen in der Haut oder von Nervenenden umsponnene Tasthaare

Der Zeitsinn

Struktur: wahrscheinlich rhythmisch sich wiederholende physiologische Prozesse im Zellstoffwechsel; Perioden vom Millisekundenbereich bis zur Jahresperiodik (biologische, innere Uhr); genaue Wirkungsmechanismen bisher ungeklärt

Funktion: Anpassung der Lebensprozesse an periodische Vorgänge in der Umwelt (Gezeiten, Tag – Nacht, Jahreszeiten); die biologische Uhr wird durch Perioden der Umwelt feingesteuert

Vorkommen: gezeitengesteuerte Laich- und Schlüpfvorgänge bei bodenbewohnenden Meerestieren und bei bestimmten Fischen, Vermehrungsprozesse bei vielen Vögeln und Säugetieren, Wanderungen, z. B. bei Zugvögeln (Abbildung)

Der Magnetsinn

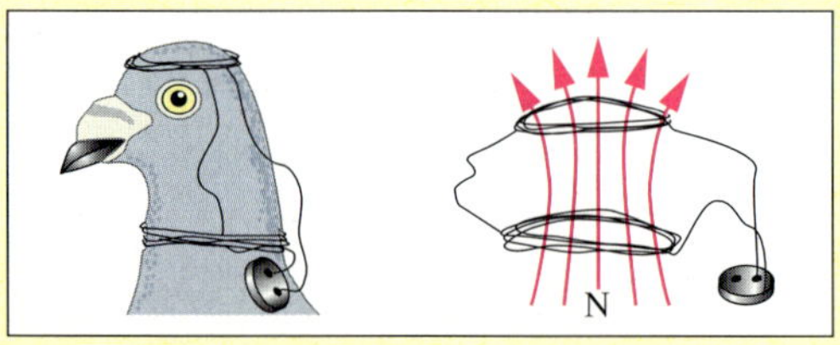

Struktur: bei Bakterien und Bienen Magnetitkristalle (Fe_3O_4) in den Rezeptorzellen; genaue Wirkungsmechanismen bisher unbekannt; Reaktion teilweise auf Polarität des Magnetfeldes, teilweise auf den Einfallswinkel der Feldlinien

Funktion: Orientierung am Magnetfeld der Erde bei freien Ortsbewegungen, z. B. Futtersuche bei Bienen, Orientierung von Brieftauben (Abbildung: Experiment zum Nachweis des Magnetsinns bei Tauben: um Kopf und Hals der Taube sind Spulen gewunden, die das Erdmagnetfeld kompensieren); meist zusätzliche Orientierung zu anderen Sinnen (Lichtsinn, Geruch)

Vorkommen: Bakterien, Algen, höhere Pflanzen, Einzeller, Plattwürmer, Insekten, Weichtiere, Wirbeltiere

Der Schmerzsinn

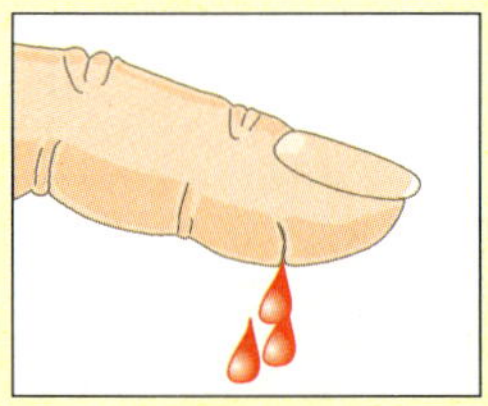

Struktur: meist freie Nervenendigungen in der Haut oder in inneren Organen

Funktion: Informationen für das Bewusstsein über Schädigungen oder mögliche Schädigungen im Körper; beschädigte Organe oder solche, die drohen geschädigt zu werden, sondern schmerzerzeugende Stoffe ab, die von den freien Nervenendigungen aufgenommen und mit Aktionspotentialen beantwortet werden.

Vorkommen: bei Säugetieren und Vögeln nachgewiesen (sichtbare Reaktionen, bestimmte Hirnteile); je größer die verwandtschaftliche Entfernung vom Menschen, desto schwerer der Nachweis, dass Schmerz empfunden wird; Heuschrecken z. B. fressen vorn ungestört weiter, wenn ein Räuber ihnen den Hinterleib abfrisst.

3.1.2 Verarbeitung von Informationen

Alle Lebewesen verarbeiten Informationen. Bei Tieren aber sind für diese Aufgabe besondere Zellen entstanden, die **Nervenzellen.** Ihre Aufgabe besteht darin, Informationen schnell und in komplexer Weise zu verarbeiten. Zusätzlich entstanden dazu bei den Tieren noch die **Muskelzellen,** die auf der Basis der Informationsverarbeitung besonders schnelle Reaktionen erlauben. Verhalten ist zum größten Teil die Reaktion von Muskeln auf das Ergebnis der Informationsverarbeitung der Nervenzellen. Daneben gibt es noch die Reaktionen von Drüsen und anderen inneren Organen auf Nervenaktivitäten, aber das äußerlich sichtbare Verhalten besteht doch meist aus Bewegungen. Pflanzen, Pilze und Einzeller verarbeiten Informationen wesentlich langsamer und sie bewegen sich auch langsamer. Ihre Reaktionen sind nicht so komplex wie die von Tieren, sodass man bei ihnen nicht von Verhalten spricht.

Nervenzellen leiten und verarbeiten Informationen auf elektrischem und auf chemischem Wege. Die Verarbeitung und Leitung auf und innerhalb der Zelle erfolgt elektrisch, die Übertragung von einer Zelle zur anderen chemisch.

Das Ruhepotential (RP)

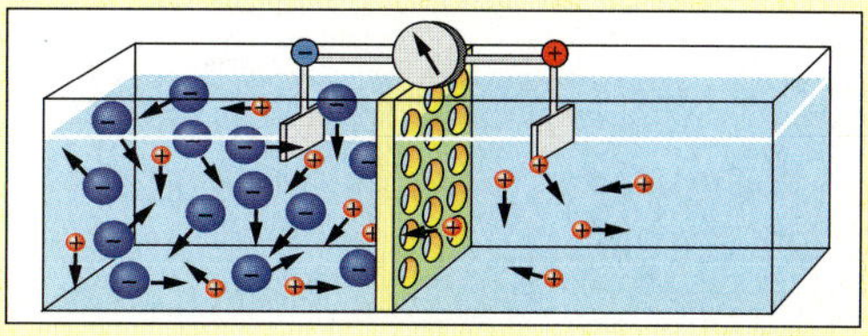

Wirkungsmechanismus: Eine Lösung einer Verbindung mit großen Anionen und kleinen Kationen ist von reinem Wasser durch eine semipermeable Wand getrennt (Abbildung). Kationen diffundieren durch die Poren der semipermeablen Membran. Dadurch entsteht ein Potential: positiv auf der Kationenseite, negativ bei den zurückbleibenden Anionen. Dies ist ein Diffusionspotential. An der Nervenzelle wird es durch die Anionen des Zellstoffwechsels und durch Kaliumionen gebildet, die nach außen diffundieren. Man misst es durch Einstechen von Mikroelektroden und mithilfe eines Oszilloskops. Die Spannung zwischen innen und außen beträgt ca. 80 mV. Die positive Ladung liegt außen. Das Potential heißt Ruhepotential (RP).

Vorkommen: Fast alle Zellen von Lebewesen haben ein RP.

Die Nervenzelle (Neuron)

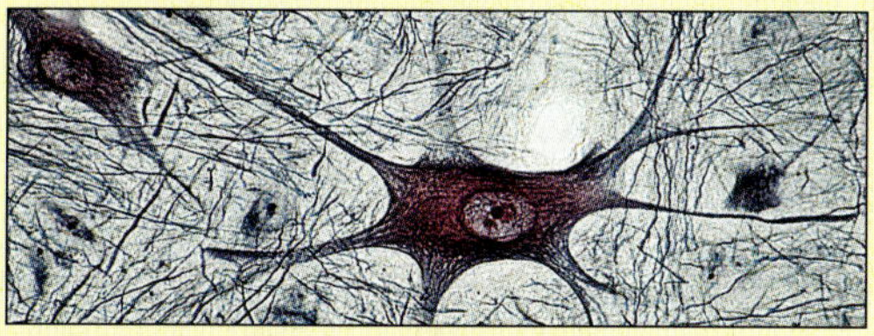

Struktur: Zelle (Soma) mit sehr vielen kleineren Fortsätzen (Dendriten) und einem sehr langen (bis mehrere Meter lang) Axon oder Neurit; in der Zelle sehr viele Mitochondrien, ER und Ribosomen (intensiver Stoffwechsel); Verbindung zwischen Neuronen: Synapsen

Funktion: Aufnahme von Informationen über Synapsen an den Dendriten, Verarbeitung im Soma, Abgabe über das Axon, dessen Synapsen auf den Dendriten der nachgeschalteten Neuronen liegen

Typen: marklose Neuronen: Gliedertiere und Weichtiere; markhaltige Neuronen: Säugetiere und höhere Gliedertiere; das Axon ist von einer protein- und lipidreichen Isolierschicht (Myelin) umgeben (höhere Leitungsgeschwindigkeit)

Das Aktionspotential (AP)

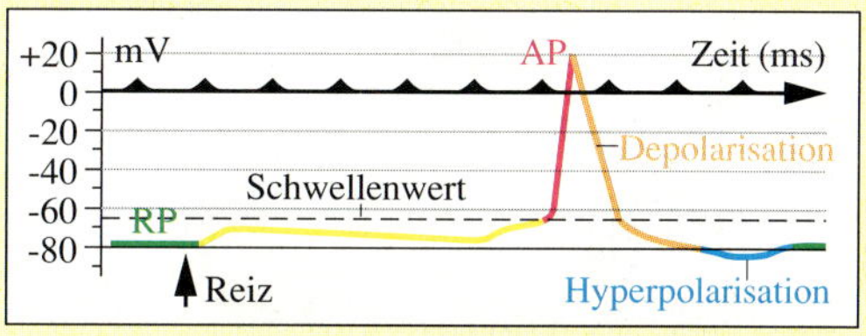

Wirkungsmechanismus: In der Gewebsflüssigkeit im Außenraum um das Neuron gibt es viele Natrium- und Chlorid-Ionen. Auf einen „Reiz" hin öffnen sich für Natrium-Ionen durchlässige Poren der Axonmembran. Es bildet sich ein Diffusionspotential der Natrium- und Chlorid-Ionen, dessen positive Ladung innen liegt (Spannungsumpolung, siehe Abbildung). Nach etwa 1 msec transportiert eine Ionenpumpe die Natrium-Ionen wieder nach außen und stellt das RP wieder her (Refraktärphase). Die kurzzeitige Umpolung an der Axonmembran heißt Aktionspotential (AP).

Funktion: Das AP ist das Informationsquant der Informationsverarbeitung an Nervenzellen. Die Informationen werden frequenzmoduliert verschlüsselt, d.h., je stärker der Reiz, desto mehr Aktionspotentiale pro Zeiteinheit.

Verarbeitung von Aktionspotentialen

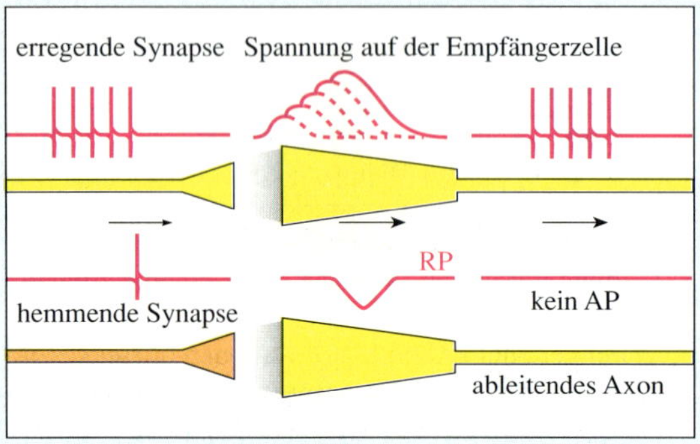

Ein von einer **erregenden Synapse** übertragenes AP bewirkt auf der Empfängerzelle ein neues Potential. Dieses Potential hat zwei prinzipielle Unterschiede zum AP auf dem Axon: 1. Es dauert länger an. 2. Es erlaubt, dass die Potentiale auf der Empfängerzelle addiert werden. An der Ansatzstelle des Axons der Empfängerzelle werden neue Axon-Potentiale proportional zur Amplitude des Neuron-Potentials erzeugt.

Außer den erregenden Synapsen gibt es noch eine andere Sorte: die **hemmenden** (inhibitorischen) **Synapsen.** Sie haben spezielle Transmitter, die nur mit Rezeptoren reagieren, die Chlorid-Ionenporen öffnen. Wenn ein hemmendes Synapsenendknöpfchen ein AP erhält, sendet es seine Transmitter, diese öffnen die Chlorid-Ionenporen, Chlorid-Ionen strömen in die Empfängerzelle und bauen ein Membranpotential auf. Dabei liegt – Chlorid-Ionen sind Anionen – die negative Ladung innen. Das Ruhepotential wird also vertieft (obere Abbildung zweite Zeile).

Die untere Abbildung zeigt ein einfaches Beispiel: links drei Synapsen, zwei erregende und eine hemmende, das große Trapez ist der Zellkörper der Empfängerzelle, rechts das Axon der Empfängerzelle. An der ersten erregenden Synapse kommen drei AP an: AP – AP – AP. Zwischen ihnen liegen zeitliche Zwischenräume (–). Die zweite Synapse liefert zwei AP, die gerade in diese Zwischenräume fallen: – AP – AP –. Diese beiden AP-Folgen würden ohne weitere Informationszufuhr einfach addiert und als AP AP AP AP AP die Zelle über das Axon verlassen. Die dritte, hemmende Synapse liefert aber nun im mittleren zeitlichen Zwischenraum einen hemmenden Impuls, der im informationstheoretischen Sinne subtrahiert wird. Dadurch wird das mittlere AP gelöscht. Die neue Information heißt also AP – AP – – – AP – AP.

Ein weiterer Faktor für die Informationsverarbeitung an der Empfängerzelle ist ihr so genannter **Schwellenwert:** Die Ansatzstelle des Axons, das die neue Axon-AP-Folge codiert, liefert nur Aktionspotentiale, wenn die Amplitude des Potentials auf der Zelle einen bestimmten Wert, den Schwellenwert, überschreitet. Liegt er hoch, dann wird nur bei mehreren ankommenden AP ein neues gesendet, liegt er niedrig, kann jedes ankommende AP ein ausgehendes bewirken.

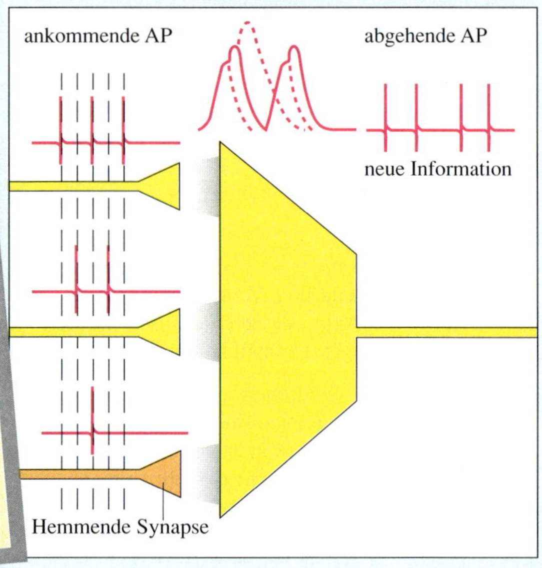

Die Synapse

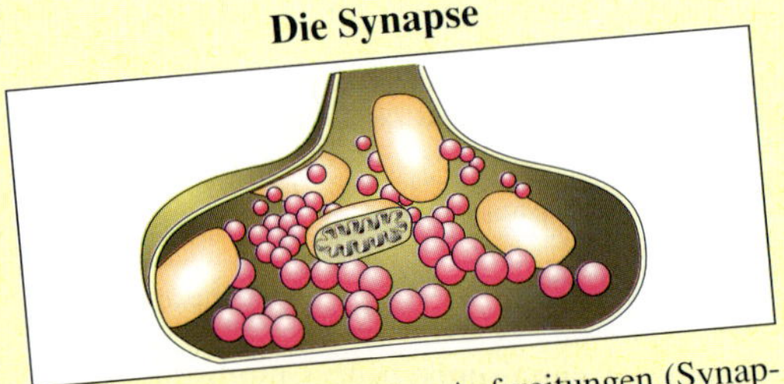

Struktur: bläschenförmige Aufweitungen (Synapsenendknöpfchen) am Ende der Axonverzweigungen, enthalten Mitochondrien (intensive chemische Aktivität!) und Vesikel, die Transmitterstoffe enthalten; zwischen Endknöpfchen und Membran der Empfängerzelle liegt ein schmaler Spalt (synaptischer Spalt).

Funktion: Wenn ein AP auf dem Endknöpfchen ankommt, öffnen sich die Vesikel und die Transmitter diffundieren in den synaptischen Spalt. Sie reagieren mit den Proteinen der Natriumporen der Empfängerzelle (Transmitterrezeptoren). Natrium-Ionen strömen in die Empfängerzelle ein und bauen dort ein Aktionspotential auf.

Typen: erregende (excitatorische) Synapsen und hemmende (inhibitorische) Synapsen

Rückenmark und Gehirne

Das Foto zeigt einen mikroskopischen Querschnitt durch das Rückenmark eines Wirbeltiers. Im Inneren erkennt man die **graue Substanz.** Sie wird von Neuronen gebildet. Von hier aus werden viele Reflexe gesteuert. Die graue Substanz wird von der **weißen Substanz** umgeben, die aus Axonen besteht. Sie leiten die Informationen vom Gehirn in den Körper und umgekehrt.

Wirbeltierrückenmark, Querschnitt

Schon früh in der Evolution der Wirbeltiere entstand am Kopfende des Rückenmarks eine Ansammlung von Nervenzellen, die in der weiteren Entwicklung das Gehirn bildeten. Es lässt fünf Teile erkennen: Vorderhirn, Zwischenhirn, Mittelhirn, Nachhirn und Kleinhirn. Das Vorderhirn ist aus dem Riechhirn der Knorpelfische (z. B. Haie) hervorgegangen. Das Riechhirn nahm im Laufe der Evolution beträchtlich an Größe zu und überwucherte beim Menschen als Großhirn alle anderen Hirnteile. Dabei übernahm es in zunehmendem Maße Funktionen der differenzierten Informationsverarbeitung, beim Menschen vorzugsweise bewusstes Denken und Gedächtnis. Das Zwischenhirn dient der Überprüfung und Verteilung der ankommenden Informationen. Bei uns werden hier die Gefühle gebildet. Auch die Verbindung zum vegetativen Nervensystem (Steuerung der inneren Organe) liegt hier. Unten am Zwischenhirn liegt die Hypophyse. Diese Drüse bildet die Verbindung zwischen Gehirn und Hormonsystem. Vom Nachhirn aus werden komplexere Reflexreaktionen wie zum Beispiel die Atmung gesteuert. Im Kleinhirn findet die Verarbeitung der Informationen des Gleichgewichtssinnes und der Orientierung im Raum statt. Vögel und Fische, die sich schnell in drei Dimensionen bewegen, haben im Verhältnis zum Gesamthirn sehr große Kleinhirne. Reptilien, die an das Bodenleben angepasst sind, haben nur ein sehr kleines Kleinhirn. Im Kleinhirn sind die Automatismen für die Bewegungen gespeichert, die wir unbewusst ausführen.

Zwischenhirn, Mittelhirn und Nachhirn heißen wegen ihres entwicklungsgeschichtlichen Alters Stammhirn. Bei den Säugetieren und hier vor allem bei den Zahnwalen und den Primaten ist das Vorderhirn besonders groß.

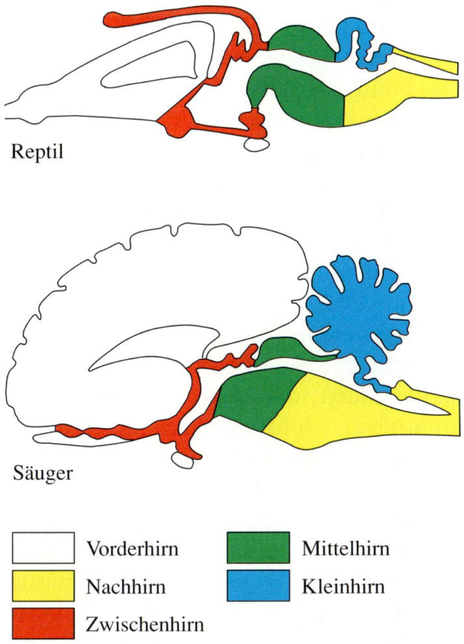

Strickleiternervensysteme

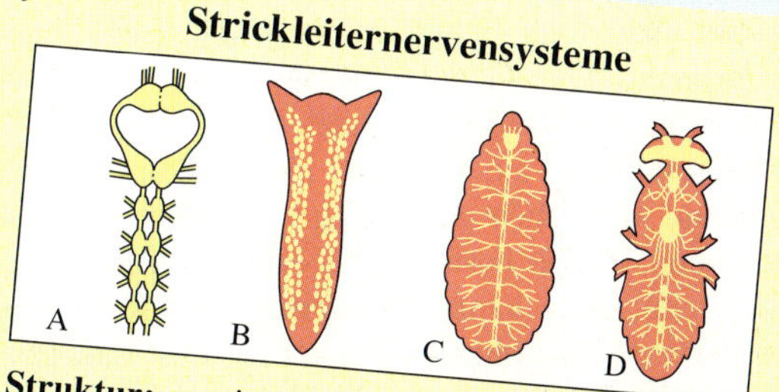

Struktur: zwei parallele Nervenstränge auf der Bauchseite von Gliedertieren; in jedem Segment sind zwei Zellansammlungen (Ganglienknoten) quer miteinander verbunden

Funktion: Steuerung des Körpers von Gliedertieren

Typen: Die Abbildung zeigt links den Grundtypus (A: Regenwurm), daneben eine entwicklungsgeschichtliche Vorstufe (B: Strudelwurm). Die dritte Zeichnung zeigt die einfache Struktur einer Bienenlarve (C). Rechts bei der erwachsenen Biene (D) die Weiterentwicklung mit großen Ganglienknoten in Kopf und Brust; auch Weichtiere haben abgewandelte Strickleiternervensysteme.

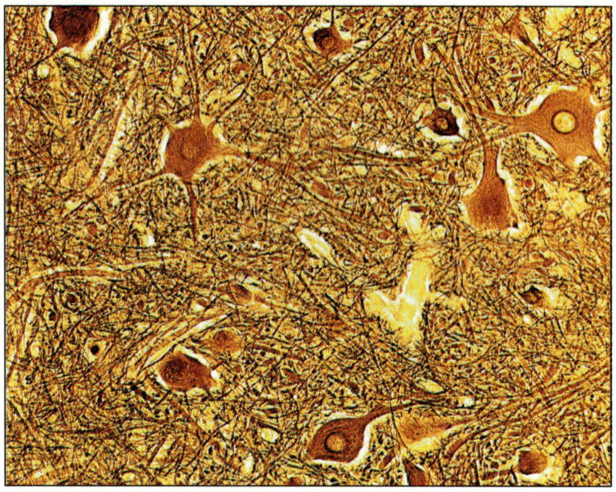

34.1 Mikroskopisches Bild eines Nervennetzes. Die Nervenzellen und ihre Verbindungen wurden mit Hilfe einer speziellen Färbung sichtbar gemacht.

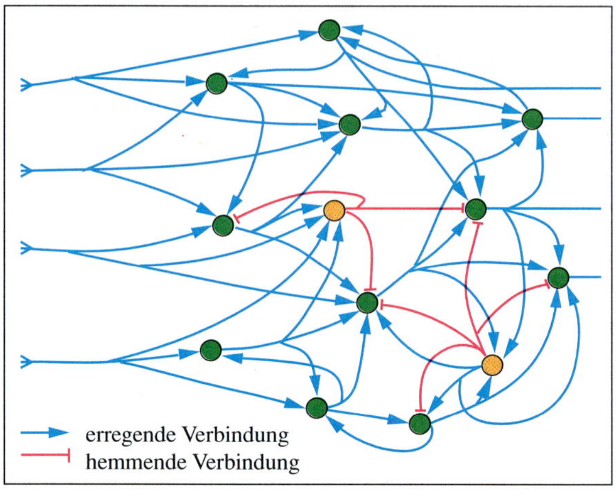

34.2 Schematische Darstellung eines Nervennetzes. Die Abbildung symbolisiert die Komplexität der Verschaltung von Nervenzellen durch erregende und hemmende Verbindungen.

3.1.3 Speicherung von Informationen

Im Jahre 1991 fand im Londoner Athenaeum Club die Weltmeisterschaft im Erinnern statt. Star der Veranstaltung war CREIGHTON CARVELLO, der drei Jahre brauchte, um die Zahl π auf 20013 Stellen auswendig zu lernen. Sein Konkurrent DOMINIC O'BRIEN konnte sich die Reihenfolge von 35 gemischten Kartenspielen zu je 52 Blatt fehlerfrei einprägen.
Es ist bis heute noch nicht klar, wie solche Leistungen funktionieren. Das Gedächtnis von Menschen und Tieren ist nach wie vor ein Rätsel.
Faszinierend dabei ist, dass man in den Gehirnen von Tieren und Menschen genau begrenzte Gebiete feststellen kann, die für bestimmte Körperfunktionen zuständig sind. Man kann bei Menschen oder Tieren „Landkarten" des Gehirns zeichnen, die für den Tastsinn oder die Steuerung von Muskeln sozusagen ein Abbild des Körpers wiedergeben. Für Gedächtnisinhalte dagegen ist das unmöglich. Man kann nicht sagen, wo im Gehirn die deutsche Sprache oder beim Hund die Information über den Geruch seines Herrn gespeichert ist.
1972 veröffentlichte der Amerikaner GEORGES UNGAR einen Aufsatz, dessen Inhalt als Sensation aufgenommen wurde: Er hatte Ratten eine artuntypische Dunkelfurcht andressiert, aus den Gehirnen der Tiere ein Protein isoliert, diesen Stoff anderen Ratten injiziert und das Ergebnis erhalten, dass diese untrainierten Tiere nun auch die Dunkelfurcht zeigten. Der Stoff – man nannte ihn *Skotophobin* – wurde synthetisiert und rief auch als künstlich hergestellte Substanz Dunkelfurcht hervor. Proteine als Gedächtnismoleküle – eine phantastische Vorstellung! Heute spricht niemand mehr über UNGAR, denn seine Ergebnisse hatten keine weiteren Folgen. Seine Experimente waren nur schwer und nicht immer erfolgreich reproduzierbar, und es wurden auch trotz intensiver Suche keine weiteren Gedächtnisstoffe gefunden.
Heute setzt sich mehr und mehr die Anschauung durch, dass Gedächtnisinhalte in Form von komplexen Synapsenverbindungen zwischen vielen einzelnen Neuronen gespeichert sind. Werden Synapsen sehr oft von Aktionspotentialen durchlaufen, werden sie „durchlässiger", das heißt, sie sprechen leichter auf eine Anregung an. Möglicherweise fördern besondere, polar gebaute Moleküle, die sich im synaptischen Spalt ansammeln, den Durchtritt der Transmitter. Auch findet man im Gehirn von Ratten, die in einer reizvollen Umgebung aufwachsen, mehr Synapsen als in Gehirnen von Tieren, die in kahlen Käfigen groß geworden sind. Die These von der Informationsspeicherung durch Synapsenverbindungen wird dadurch gestützt, dass ein ähnliches Prinzip in der elektronischen Informationsverarbeitung genutzt wird, um Computersysteme Strukturen lernen zu lassen. Dabei werden dem Gerät immer wieder ähnliche Formen – Bilder, Buchstaben oder andere Symbole – gezeigt, und das Programm bildet ein allgemeines Muster, anhand dessen es dann andere Formen ähnlicher Struktur erkennt. Diese Art der technischen Informationsspeicherung und Erkennung hat wegen der Ähnlichkeit mit Nervenstrukturen den Namen „neuronale Netze" erhalten.

Das Gedächtnis-Gas

In den achtziger Jahren beschäftigten sich die Krebsforscher mit dem Stickstoffhaushalt des Körpers, da Stickstoffverbindungen im Verdacht standen, bei der Entstehung von Krebs eine große Rolle zu spielen. Man untersuchte, wie viel Nitrat ein Säugetier ausscheidet, und setzte die Werte in Beziehung zum Eiweißhaushalt, der ja ebenfalls mit dem Stickstoffstoffwechsel zu tun hat. Es ergab sich, dass die Säugetiere regelmäßig mehr Nitrat ausscheiden, als sich aus dem Proteinhaushalt ergeben würde. Man vermutete, dass Darmbakterien an dieser Anomalie beteiligt seien, da Bakterien unter bestimmten Umständen Nitrate erzeugen können. Aber möglichst bakterienfrei gehaltene Laborratten, die auch keine Darmbakterien hatten, zeigten ebenfalls die erhöhten Nitratausscheidungen. Es musste also im Körper ein Stoffwechselsystem geben, das als Endprodukt Nitratsalze produzierte.

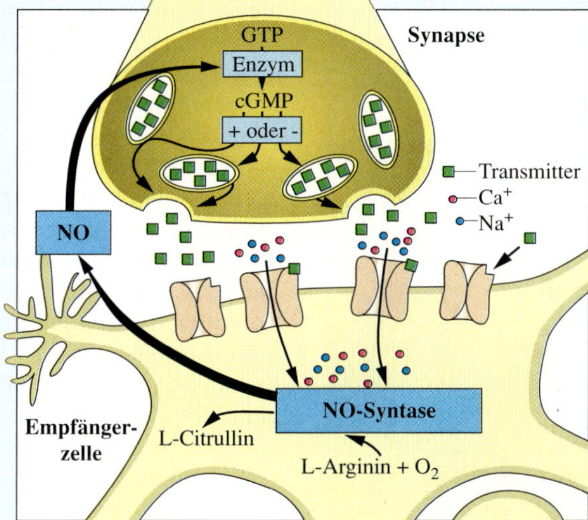

Nach langem Suchen stieß man auf die Quelle: Im Körper der Säugetiere werden Stickstoffoxide produziert, und zwar in besonderem Maße das Stickstoffmonooxid NO. Dies ließ die Wissenschaftler staunen, denn Stickstoffoxide sind für den Körper nicht unbedingt förderlich. NO, das Stickstoffmonooxid, ist ein Radikal. Es hat ein ungepaartes Elektron und ist deswegen ein extrem reaktionsfreudiges Molekül. Ausgerechnet dieser Stoff tauchte immer öfter bei vielen verschiedenartigen Untersuchungen der Wissenschaftler auf. Er hatte sich bisher dem Nachweis entzogen, da die Halbwertszeit der besonders reaktionsfähigen Substanz nur fünf Sekunden beträgt. Das Molekül ist aber so klein, dass es ungehindert Zellen verlassen oder in sie hineindiffundieren kann.

Heute meint man, dass das Gas bei Nervenzellen als ein „retrograder Transmitter“ wirkt, das bedeutet als ein Transmitter, der sozusagen „nach hinten“ wirkt. Die Vorstellungen sind in der Abbildung dargestellt:
An der Synapse kommen Aktionspotentiale an, die die Ausschüttung von Transmittern wie Acetylcholin oder Gammaaminobuttersäure bewirken. Bei der Öffnung der Membranporen der Empfängerzelle strömen neben den Natrium-Ionen auch Calcium-Ionen in die Empfängerzelle. Sie aktivieren das Enzym NO-Synthase. Dieses katalysiert folgende Reaktion: Aus Arginin – einer Aminosäure, die für den Proteinstoffwechsel wichtig ist – und Sauerstoff wird Citrullin gebildet. Dabei entsteht auch Stickstoffmonooxid. Das Citrullin wird im Harnstoffzyklus weiterverarbeitet. Das Stickstoffmonooxid diffundiert aus der Empfängerzelle heraus durch den synaptischen Spalt in das Synapsenendknöpfchen. Hier aktiviert es ein Enzym, das aus Guanosintriphosphat (GTP) zyklisches Guanosinmonophosphat (cGMP) bildet. cGMP hat eine ähnliche Bedeutung wie das zyklische Adenosinmonophosphat cAMP. Es wirkt als second messenger bei der Auslösung zellspezifischer Prozesse. Im Fall der Nervenzelle ist es je nach Zellart eine Förderung oder Hemmung der Transmittersynthese und damit der stärkeren oder schwächeren Aktivitätsbereitschaft der betreffenden Synapse. Wird die Synapse durch diese Rückkopplung immer öfter und intensiver betätigt, steigert sich damit auch ihre allgemeine Empfindlichkeit und Durchlässigkeit. Damit ist die Verbindung zu der Theorie hergestellt, mit der heute das Lernen und das Gedächtnis erklärt werden: Informationsspeicherung erfolgt durch das Zusammenschalten besonders durchlässiger Synapsen. Es entstehen festgebahnte Nervenverbindungen, in deren Struktur die Information verschlüsselt ist. Stickstoffmonooxid spielt dabei als „nach hinten wirkender“, retrograder Transmitter eine entscheidende Rolle. Die häufig benutzten Synapsen werden durch Rückkopplung zusätzlich verstärkt. Das Stickstoffmonooxid kann diese Aufgabe erfüllen, obgleich es wegen seiner Reaktionsfreudigkeit eigentlich giftig sein müsste. Seine Halbwertszeit ist aber so klein, dass es gerade noch über den synaptischen Spalt in die nächste Zelle kommt. Es in dieser kurzen Zeit chemisch nachzuweisen ist extrem schwierig. Experimente an Ratten bestätigten aber die Bedeutung des Stickstoffmonooxids: Wenn man die Tiere mit einem Stoff behandelte, der die NO-Synthase spezifisch hemmte, konnten sie sich Dressuraufgaben nicht mehr merken.

36.1 Vielfältige Kommunikation unter Affen. Das gegenseitige Lausen ist ein wichtiges Kommunikationsmittel unter Affen.

36.2 Akustische Signale. Die Siamangs markieren mit ihren Rufen ihr Territorium.

36.3 Chemische Signale. Das reviermarkierende Tier macht mit der abgesetzten Duftmarke deutlich: „Hier wohne ich!"

3.1.4 Abgabe von Information

In der Abbildung 36.1 sieht man Affen, die einander lausen. Das Lausen dient zum einen, wie das Wort ja sagt, natürlich der Befreiung von Parasiten. Da sich der Gelauste aber dem Lausenden völlig wehrlos ausliefert, drückt er damit sein Vertrauen aus. Er vertraut darauf, dass ihm der andere nichts zuleide tun wird. Der andere ist ihm sympathisch. Der Lausende dagegen drückt ebenfalls durch seine Tätigkeit seine Zuneigung aus. Die Tiere teilen einander durch ihre Handlungen Stimmungen und Haltungen mit. Das Lausen dient also auch der **Kommunikation.** Es ist eine beziehungsfestigende Handlung. Daneben aber haben Affen auch die Möglichkeit, durch differenzierte Laute Informationen zu übermitteln. Es ist nicht wahrscheinlich, dass in der gezeigten Situation aggressive Schreie zu hören sind. Vielmehr wird man ein beruhigendes Grunzen oder Brummen hören.
Kommunikation beruht auf Abgabe und Aufnahme von Informationen. Dadurch treten Artgenossen oder auch Artfremde miteinander in Beziehung. Wo dies vorteilhaft war, sind in der Evolution dafür unterschiedliche Mechanismen entstanden.
Die einfachste und erste Informationsabgabe in der Evolution wird wahrscheinlich die Produktion von **Signalstoffen** gewesen sein, das heißt also Kommunikation auf chemischer Grundlage. Eizellen verschiedener einfacher Lebensformen sondern heute noch chemische Lockstoffe ab, die die männlichen Keimzellen **chemotaktisch** anlocken. Das Prinzip wurde dann auch bei höher entwickelten Tieren beibehalten, die ihre Sexualpartner auf chemischem Wege anlocken. Lockstoffe dieser Art, die ein bestimmtes Verhalten als Antwort haben, nennt man **Pheromone.** Speziell im Sexualverhalten vieler Tiere spielen solche Pheromone eine große Rolle.
Aber auch im nichtsexuellen Bereich haben sich die chemischen Signalstoffe bewährt. Gegenwärtig wird die chemische Kommunikation von Ameisen intensiv untersucht. Dabei stellt sich heraus, dass die Tiere ein weit gefächertes Spektrum von Gerüchen in der Umgebung verteilen können, das Artgenossen eine große Zahl differenzierter Informationen zukommen lässt.
Auch das Reviermarkieren, das wir von Hunden kennen, das aber auch bei anderen revierbesitzenden Tieren wie Antilopen oder Flusspferden anzutreffen ist, beruht auf der Aussendung oder Ablagerung bestimmter Geruchsstoffe, auf die der Artgenosse reagiert.
Eine andere Form der Aussendung von Informationen sind Bewegungen, die der Artgenosse sieht und auf die er reagiert. Ein faszinierendes Beispiel ist der

Bienentanz, mit dem die heimkehrenden Sammelbienen den Artgenossinnen im Stock signalisieren, wo eine Futterquelle liegt.
Andere Bewegungen, die man als gesendete Information auffassen muss, sind Drohbewegungen oder Unterwerfungsgesten, wie wir sie deutlich bei Hunden sehen und die wir auch als Menschen richtig verstehen.
Bewegungen sind koordinierte Muskelreaktionen, ebenso wie die vielfältigen Lautäußerungen, die Tiere als Informationsträger verwenden. Wir Säugetiere haben einen **Kehlkopf,** in dem Membranen in den Weg der Atemluft gespannt sind, die durch Muskeln in unterschiedliche Spannung versetzt werden und so verschiedene Schallfrequenzen produzieren. Bei uns Menschen dient die differenzierte Veränderung des Mundraumes zusätzlich dazu, den Schall zu modulieren. So kommt unsere **Sprache** zustande. Vögel ha-

37.1 Der Bienentanz. Eine Sammelbiene teilt anderen Bienen die Lage der Futterquelle durch einen Tanz mit.

Die Roboterbiene

Im Jahre 1913 veröffentlichte der österreichische Biologe KARL VON FRISCH einen Aufsatz, in dem er erstmals über die erstaunlichen Leistungen der Bienen bei der Übermittlung von Informationen über Entfernung und Lage von Futterquellen berichtete. Die Forschungen ließen 1927 den britischen Genetiker HALDANE in einem Artikel euphorisch schreiben: „Bald können wir vermutlich den Gesprächen der Bienen zuhören und uns später vielleicht daran beteiligen. Vielleicht werden wir imstande sein, unsere Bienen dazu aufzufordern, die Apfelbäume zu bestäuben, die fünf Minuten Flugzeit in südöstlicher Richtung entfernt sind; der Baum des Herrn Johnson auf der anderen Seite der Mauer mag warten! . . .“

Der Bienentanz fand dann allgemein Eingang in die Schullehrbücher der Biologie. Aber eine wissenschaftliche Entdeckung ist erst dann wirklich gesichert, wenn man das Ergebnis auch reproduzieren kann, wenn man bezüglich des Bienentanzes also HALDANEs Prognose ausführen kann. Es dauerte 60 Jahre, bis Wissenschaftler in der Lage waren, den Bienen nicht nur beim Tanzen zuzusehen, sondern auch aktiv mit ihnen zu kommunizieren.

Seit 1987 steht in Würzburg ein Bienenstock, in dem eine künstliche Biene herumtanzt und die Sammelbienen des Volkes dazu veranlasst, bestimmte Futterquellen, die die Forscher in der Umgebung verteilt haben, aufzusuchen. Das Messingmodell ist etwas größer als eine richtige Biene. Es wird durch ein Computerprogramm von einem x-y-Laborschreiber in Form der Bienentanz-Acht über die senkrecht stehende Wabe geführt, wobei das Programm auch den jeweiligen Stand der Sonne berücksichtigt. Ein kleiner Motor simuliert die Schwänzelbewegungen des Hinterleibs beim Tanz. Auf dem „Rücken“ der Messingbiene befinden sich Rasierklingenstücke, die magnetisch zum Schwingen gebracht das Summen der Flügel darstellen. Über die Steuerung können verschiedene Summtöne hervorgebracht werden. Durch einen dünnen Schlauch kann Zuckerlösung mit Aromastoffen als „Honigprobe“ abgegeben werden. So tanzt die künstliche Biene stundenlang über die Wabe und macht für eine Futterquelle Werbung, die zum Beispiel 1 km südlich des Bienenstocks von den Forschern eingerichtet worden ist. Natürlich gibt es in gleicher Entfernung rund um den Stock noch andere Futterquellen mit der gleichen Nahrung. An jeder Futterquelle sitzt ein Mitarbeiter des Forscherteams und registriert, wie viele Bienen zu welchen Zeiten ankommen. So kann direkt gemessen werden, welche Informationen, die das Modell aussendet, von den Tieren auch verstanden und in die Tat umgesetzt werden.

38.1 Optische Signale. Das Chamäleon kann sich der Umgebung perfekt anpassen. Auch seine Stimmung drückt sich in der Farbe aus.

38.2 Optische Signale. Die Kragenechse droht durch Aufstellen ihres Kragens. Dadurch wird ihre Kontur vergrößert.

38.3 Optische Signale. Leuchtkäfer der Gattung *Photinus* blinken arttypisch rhythmisch mit ihrem Leuchtorgan.

ben keinen Kehlkopf. An der Verzweigungsstelle ihrer Bronchien sitzt eine Membranstruktur, die ebenfalls durch Muskeln verändert werden kann. Man nennt diese Struktur einen **Syrinx.** Bei Insekten gibt es keine einheitliche Konstruktion der Schallerzeugungssysteme. Meist werden Chitinleisten über Chitinkämme gezogen, sodass schnarrende Laute entstehen. Bei Heuschrecken sitzen sie an den Beinen, bei verschiedenen Käfern am Bauch.

Sehr verbreitet ist die Anwendung optisch sichtbarer Strukturen in Formen und Farben für die Informationsabgabe. Die Farbenpracht und die spezielle Musterung eines Korallenfisches bedeutet: „Hier wohne ich. Ein Artgenosse möge fernbleiben.“ Andere Tiere können ihre Farbe gezielt wechseln. Chamäleons sind sprichwörtlich für diese Fähigkeit. Farbänderungen dieser Art beruhen darauf, dass die Tiere in der Haut Pigmentzellen besitzen, die sie zusammenziehen oder ausbreiten können. In kontrahiertem Zustand ist die Zelle ein kleiner Punkt, den man kaum sieht. Dann bestimmt die Farbe der anderen Zellen das Aussehen der Haut. Wird die Zelle dagegen ausgebreitet, so wird die gesamte Pigmentmenge auf einer größeren Fläche sichtbar und die Farbe der anderen Zellen wird überdeckt. So kann sich das Chamäleon hervorragend an die Farbe der Umgebung anpassen.

Eine besondere Form der optischen Kommunikation ist die aktive Erzeugung von Licht. Man nennt die Erscheinung **Biolumineszenz.** Meist wird in besonderen Zellen oder Geweben der Stoff Luciferin durch das Enzym Luciferase oxidiert, wobei durch Anregung bestimmter Elektronen im Molekül Licht erzeugt wird. Die Reaktion läuft meist in bestimmten Leuchtorganen ab, die durch spiegelnde Rückwände das ausgesendete Licht noch verstärken. Manche Tiere, wie die Leuchtkäfer, erzeugen das Licht selbst. Andere, wie einige Tiefseefische, leben in Symbiose mit Leuchtbakterien, die – ebenfalls mit Luciferin – das Licht erzeugen. Die Leuchtorgane sind oft mit dem Nervensystem verbunden und können gezielt die Licht erzeugende Reaktion „an- oder ausschalten“. Bei anderen gibt es Kontraktionsmechanismen oder regelrechte Lider, die das Organ öffnen oder schließen. Bei den bekannten Leuchtkäfern tritt das Leuchten in artspezifischen Rhythmen auf, wodurch die Tiere die Möglichkeit haben die richtigen Sexualpartner zu finden. Neben den Insekten findet man Biolumineszenz bei Hohltieren, Tintenfischen, Krebsen und Tiefseefischen. Bei diesen ist die Informationsabgabe direkt „heimtückisch“: Das Leuchtorgan gaukelt anderen Fischen eine Beute vor, es ist aber ein raffiniert ausgelegter Köder.

3.2 Vererbung und Abstammung von Verhalten

3.2.1 Vererbung von Verhalten

Die Abbildung zeigt die Netze mehrerer Spinnengattungen. Es ist für uns selbstverständlich, dass verschiedene Spinnen auch unterschiedliche Netze bauen. Das Radnetz der Kreuzspinne ist uns bekannt, und wenn Tau auf den Wiesen liegt, sehen wir zuweilen die waagerecht flachen Netze der Deckennetzspinnen. Hinter dieser Selbstverständlichkeit steckt aber ein sehr schwer zu verstehender Zusammenhang: Verschiedene Spinnengattungen sehen auch unterschiedlich aus. Das ist verständlich, denn ihre Erbanlagen bestimmen ihre körperlichen Eigenschaften. Der Mechanismus ist uns bekannt: In DNA-Molekülen codierte Erbinformationen bewirken die Synthese bestimmter Proteine, deren Struktur wiederum die Körperformen hervorruft. Der Bau der Netze aber ist ein Verhalten und auch dieses wird offensichtlich art- und gattungsspezifisch durch Erbanlagen bestimmt. Es ist schwer vorstellbar, wie Verhalten durch Proteinsynthese gesteuert wird. Das Verhalten des Netzbaus ist ein festgelegtes Programm von Bewegungsfolgen. Ähnlich wie in einem computergesteuerten Industrieautomaten werden von einem fest verdrahteten Nervenprogramm die Muskeln aufgerufen und bewegt. So entsteht nach dem arttypischen Nervenprogramm das spezifische Netz. Das Nervenprogramm entsteht während der Ontogenese nach Anweisungen der Erbanlagen. Es ist aber kein absolut strenges Programm, sondern die jeweils gegebenen Umstände der Umgebung – Äste, Halme, Steine – müssen in die Konstruktion einbezogen werden.
In den letzten Jahrzehnten wurden Verhaltensweisen gefunden, die eindeutig anlagenbestimmt, also vererbt und angeboren sind. Man hat sogar durch Kreuzungsexperimente nachweisen können, dass die Vererbung von Verhaltensweisen genau wie die Vererbung körperlicher Merkmale den MENDELschen Gesetzen folgt. Bei Schwertträgern zum Beispiel, einer beliebten Zierfischgattung, tritt bei verschiedenen Arten unterschiedliches Balzverhalten auf. Kreuzt man sie, so zeigt die F_1-Generation Merkmale beider Arten, die aber in unterschiedlichen Situationen auftreten.

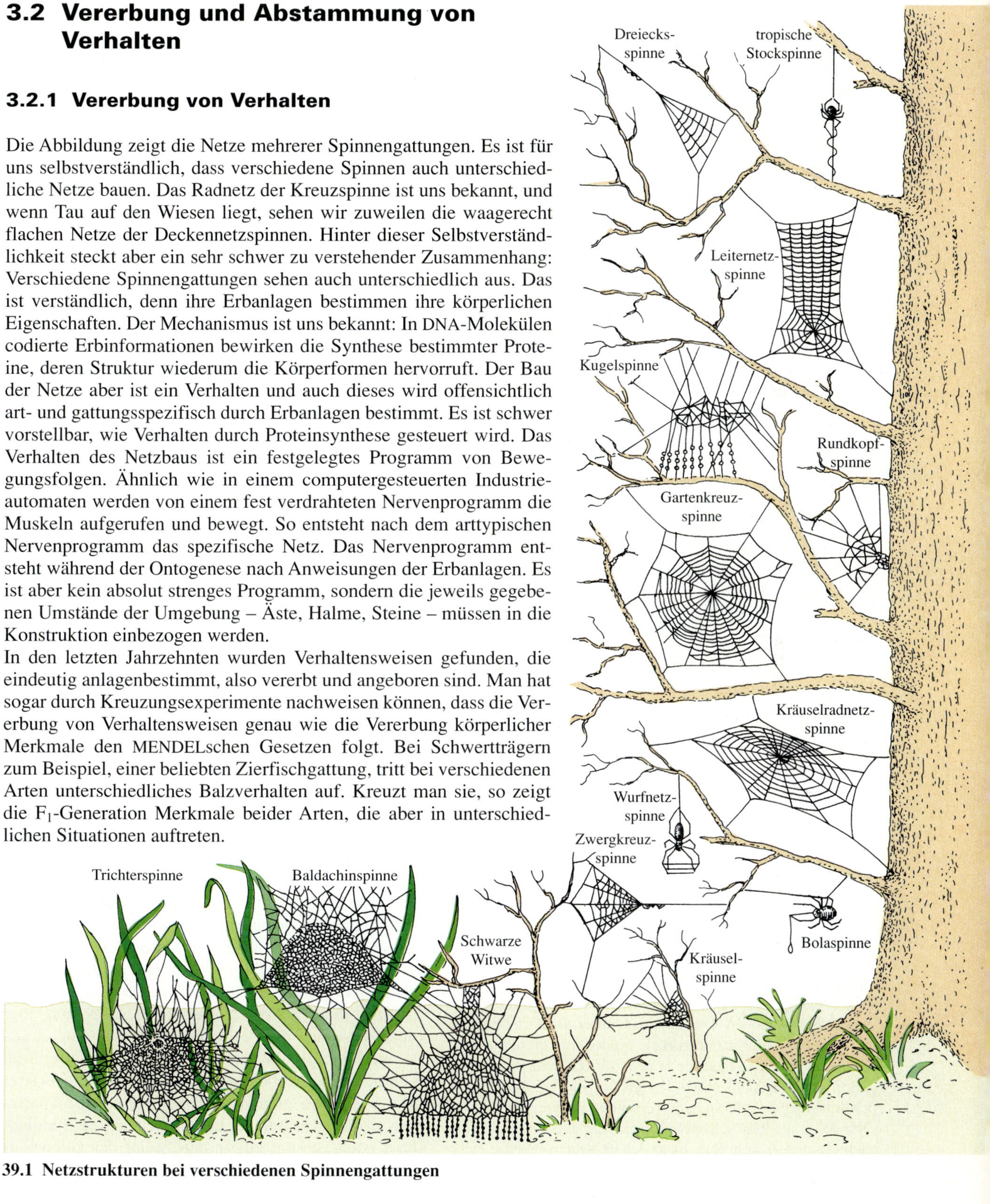

39.1 Netzstrukturen bei verschiedenen Spinnengattungen

40.1 Entstehung der Balz aus dem Futterlocken bei Fasanenvögeln. Der **Haushahn** scharrt bei der Balz einige Male auf dem Boden, tritt dann zurück und pickt unter Locken auf den Boden. Das tut er auch dann, wenn kein Futter vorhanden ist. Die Henne läuft herbei und sucht nach Futter. Das Futterlocken des **Jagdfasans** ist ähnlich. Der **Glanzfasan** scharrt nicht nach Nahrung, pickt aber kräftig auf den Boden. Mit gefächertem Schwanz verneigt er sich in Richtung zur Henne. Läuft sie herbei, verharrt er in hockender Stellung, spreizt die Schwingen und Schwanzfedern und bewegt den Schwanz vor und zurück. Der **Pfaufasan** kratzt, dem Haushahn ähnlich, nach Nahrung, verbeugt sich wie der Glanzfasan unter Anheben der Flügel und Fächern des Schwanzes. Er weist dem Weibchen aber nicht das Futter, sondern bewegt den Kopf schnell hin und zurück. Findet er in dieser Situation Futter, so bietet er es dem Weibchen an. Das zeigt: Fütterungslocken wurde zum Balzlocken. Beim **Pfau** ist die Veränderung am weitesten fortgeschritten: Nur der junge Pfau scharrt und pickt, der ältere spreizt die Schwanzfedern zum Rad, biegt den gefächerten Schwanz nach vorn und weist mit dem Schnabel zu Boden.

3.2.2 Entstehung von Verhalten

Die Abbildung links zeigt, wie sich ein Verhalten langsam von Art zu Art weiterentwickelt und dabei sogar seine Bedeutung ändern kann. Der Haushahn scharrt nach Futter. Das erregt die Aufmerksamkeit der Henne. Dies wiederum freut den Hahn und er wird, um die Aufmerksamkeit von Hennen zu erregen, häufiger scharren. Hähne, die häufiger scharren, um Hennen anzulocken, haben einen Selektionsvorteil gegenüber denen, die das nicht tun. So bekommt das Futterscharren eine neue Bedeutung. Der Selektionsdruck wirkt in die Richtung auf das Anlocken der Weibchen, und so kommen auch andere Merkmale wie die Form und die Farbe der Schwanzfedern ins Spiel, die den Effekt noch verstärken. Schließlich bleibt nur noch die prächtige Gestalt des Pfauenrades als Balzinstrument. Aus dem Futterpicken ist im Laufe der Evolution eine Art Ritus geworden, eine symbolische Handlung, die mit der Ursprungshandlung nur noch wenig zu tun hat. Man spricht bei solchen, vom Ursprung losgelösten Handlungen von ritualisierten Handlungen, der Vorgang der Entstehung heißt **Ritualisierung**.

Bei der Entstehung von Verhaltensweisen treten vielfach auch die Erscheinungen auf, die wir von der Entwicklung körperlicher Merkmale im Evolutionsablauf kennen: Die **Biogenetische Grundregel** lässt sich an jungen Lerchen erkennen, die am Anfang ihres Lebens hüpfen und erst später im Leben zum Laufen übergehen. Baumbewohnende Singvögel hüpfen, bodenbewohnende laufen. Die bodenbewohnenden Lerchen stammen von baumbewohnenden ab.

Bei der evolutionsbiologischen Erklärung der Verhaltensweisen darf man nicht aus dem Blick verlieren, dass die Selektion immer am Phänotyp des Individuums angreift. Die Verhaltensänderung muss die Gesamtfitness erhöhen, sonst setzt sie sich nicht durch. Früher wurde besonders bei der Entstehung von Verhaltensweisen auf das **Prinzip von der Erhaltung der Art** hingewiesen. So wurde dieses besonders dann angeführt, wenn man Kämpfe zwischen wehrhaften Tieren beschrieb, die es vermeiden sich gegenseitig zu verletzen oder zu töten. Das sollte einen Selektionsvorteil für die ganze Gruppe bewirken, die dadurch nicht dezimiert würde. Es lässt sich aber nicht beweisen, dass es unter den Tieren eine Gruppenselektion gibt. Wenn die überlegenen Tiere ihren Kampf vorher abbrechen, ehe der Gegner verletzt oder getötet ist, dann liegt der Selektionsvorteil darin, dass sie sich nicht in die Gefahr begeben, schließlich doch noch verletzt zu werden, wenn der Gegner in letzter Verzweiflung noch einmal angreift.

Haustiere

Verarmte Genossen

Bei Haustieren ist das Hirn stark geschrumpft – schuld ist der Mensch mit seiner Fürsorge.

Die Anrede „Sie blöde Kuh" oder „du dummes Schwein" ruft – außer den gegnerischen Anwalt – gewöhnlich auch die Front beleidigter Tierschützer auf den Plan. Für die biologische Richtigkeit der Wortfügungen aber ließe sich der Hamburger Zoologe NICOLAUS PETERS als Kronzeuge anrufen.

Der Professor kann belegen, was häufig die Lebenserfahrung lehrt: Bei Bello und bei Gonzos Hühnern, beim Esel und beim Rindvieh handelt es sich „um im Kopf minderbemittelte Vertreter ihrer Art" (PETERS). Verglichen mit den entsprechenden Stamm- und Wildformen, weisen Haustiere ein um bis zu 35 Gewichtsprozent verkleinertes Gehirn auf. Besonders drastisch ist das Phänomen bei den schlauesten und ältesten, seit rund 10 000 Jahren domestizierten Hausgenossen des Menschen – bei Hund und Schwein.

Dass der Hirnschwund mittlerweile erblich ist, wurde durch Auswilderungsversuche an zahmen Tieren belegt. Ihr Gehirn wurde, auch wenn sie über mehrere Generationen in freier Wildbahn lebten, kaum wieder größer. Auch Kreuzungen zwischen Haustier und Stammform zeigen, dass der Verlust an grauen Zellen erblich ist.

PETERS und seine Mitarbeiter am Zoologischen Institut der Universität Hamburg fahndeten nach den Ursachen dieses schon seit längerem gesicherten Tatbestands. Dabei kam ihnen ein exotischer Wissenschaftszweig zu Hilfe: die Höhlentierforschung.

Beweiskräftige Befunde lieferte den Hamburgern ein Fisch namens *Astyanax mexicanus*. Diese Fischart ist sowohl in unterirdischen wie in Oberflächengewässern anzutreffen. Die Höhlenfische weisen verkümmerte und unvollständige Augen auf, die meisten Tiere sind völlig blind. Gleichzeitig ist ihr Sehhirn, das so genannte Mittelhirndach, gegenüber den Artgenossen, die im Lichte leben, deutlich verkleinert.

Verirren sich sehende Exemplare in Höhlengewässer, erblinden sie mit der Zeit. Die Rückbildung des Mittelhirns konnten die Forscher auch experimentell bei Flussfischen herbeiführen, bei denen im Larvenstadium die Augen ausgeschaltet wurden. Solche und ähnliche Versuchsanordnungen führten die Hamburger Zoologen zu einem Erklärungsmodell, bei dem neurologische Erkenntnisse und die von DARWIN entdeckten Gesetze der natürlichen Zuchtwahl miteinander in Einklang stehen.

Im anhaltenden Dunkel der Höhlen bieten Sehorgane den Fischen keinen Vorteil mehr im Überlebenskampf. Zufällige, meist nachteilige Mutationen im Gensystem, das für die Augenbildung zuständig ist, werden deshalb bei der Weitergabe des Erbguts an die Nachkommen nicht mehr durch natürliche Auslese beseitigt. In den nachfolgenden Generationen reichern sich derartige Mutationen in der DNS an und bewirken „gleichsam automatisch eine Rückentwicklung der Augen" (PETERS).

Andererseits führt, wenn die Augen verkümmern, der Mangel an „nervösen Inputs" unweigerlich zum Verkümmern des Sehhirns. Die zuständige Hirnregion empfängt vom degenerierten Auge keine Reize mehr und schrumpft dahin.

Bei den Haustieren, so folgert PETERS weiter, war es der Mensch, der den Hirnschwund herbeiführte, indem er die natürliche Zuchtwahl außer Kraft setzte. Nicht nur Schoßhunde und Mastschweine, sondern auch Herdentiere und Federvieh mussten an Hirnsubstanz einbüßen, weil es ihnen zu gut ging: Der Mensch hält ihnen ihre natürlichen Feinde fern, besorgt ihnen Futter und Obdach gegen Wind und Wetter, kuriert ihre Krankheiten und unternimmt die kuriosesten Veranstaltungen, um ihnen bei der Fortpflanzung zu helfen.

So werden die schlechten Gene über Generationen angehäuft: Nicht mehr die Lebenstüchtigkeit entscheidet über die Weitergabe der Erbanlagen, sondern weitgehend der Mensch.

Verschärft wird dieser widernatürliche Erbgang noch durch die gezielte Züchtung bestimmter Merkmale: mehr Milch, mehr Koteletts, mehr Eier. Je größer die Erträge, je zielstrebiger die Züchtung, umso unkontrollierter reichern sich unvorteilhaft mutierte Gene im Organismus an. …

Doch auch deutliche Verhaltensunterschiede sind im Vergleich zu den Wildformen bei vielen Haustieren zu bemerken: Sie sind antriebsschwach und zeigen geringere Neigung zur Flucht. Diese Verhaltensarmut steht mit der Hirnrückbildung im Zusammenhang und ist bereits im Erbgut verankert.

Nur in einem sind die von Menschen verwöhnten Haustiere im Allgemeinen besser drauf als ihre wild lebenden Gevattern. Bei Tieren in freier Wildbahn ist die geschlechtliche Fortpflanzung, entsprechend den Erfordernissen ihres Lebensraumes, normalerweise auf kurze Brunftzeiten und Brutperioden begrenzt. Wurfgröße und Eizahl sind optimal bemessen. Dafür sorgen bestimmte Erbfaktoren, so genannte Modifikatorgene, die sich, wie PETERS ausführt, der tief verankerten Fortpflanzungspotenz „sozusagen überlagern".

Im Erbniedergang der Haustiere blieben die Modifikatorgene offenbar auf der Strecke. „Mit Regelmäßigkeit", so PETERS, seien die Haustiere, verglichen mit ihren in der freien Natur lebenden Stammformen, „sexuell deutlich aktiver und meistens auch fruchtbarer".

DER SPIEGEL 26/1995, Seite 167

Schnelle, evolutive Verhaltensänderung bei Zugvögeln

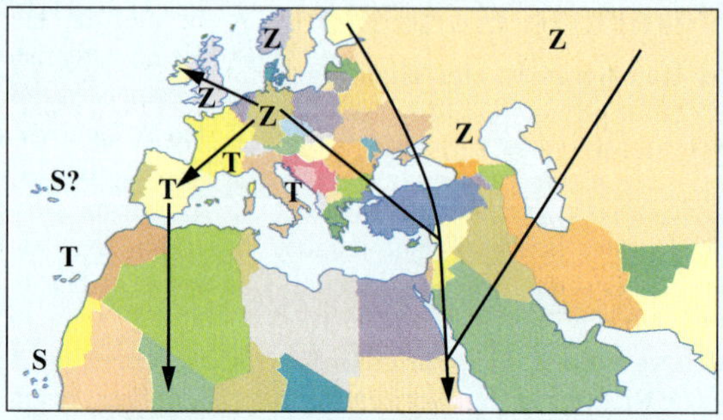

Es gibt Vögel, die wandern nur, wenn sie durch die Umstände dazu gezwungen werden. Wasservögel zum Beispiel verlassen die Ufer und Küsten bei starkem Eisgang. Andere, wie viele Singvögel und Störche, brechen schon zu ihrer Wanderung auf, wenn die Lebensbedingungen noch gut sind, also etwa im Spätsommer. Dieser Wanderzwang wird nicht durch schlechte Lebensverhältnisse hervorgerufen. Das ist ein Hinweis darauf, dass er genetisch bedingt ist.

Man untersucht den Vogelzug mit verschiedenen Methoden: **1.** Man beobachtet optisch und akustisch, wie die Vögel ziehen. **2.** Vögel werden beringt. **3.** Radar- und andere Telemetriemethoden, z.B. von Satelliten aus, stellen Größe und Flugrichtung der Schwärme fest. **4.** Die Tiere werden in Apparaturen gehalten, die bei einsetzender Zugunruhe die Häufigkeit des Auffliegens und die Richtung, in die sich die Vögel bewegen, automatisch protokollieren.

Ein ideales Forschungsobjekt ist die Mönchsgrasmücke. Sie lebt in Europa in drei Populationen: **1.** ausschließlich ziehende Vögel (in der Landkarte mit **Z** markiert), **2.** Teilzieher, das heißt, nicht alle Tiere der Population ziehen (in der Karte **T**) und **3.** Nichtzieher, also Standvögel, die ihren Wohnort nie verlassen (in der Karte **S** und **S?** für fraglich). Kreuzungexperimente mit Standvögeln von den Kapverdischen Inseln und Ziehern aus Südwestdeutschland ergaben, dass die Bastarde zu 37 % eine Zugunruhe zeigten, die halb so groß war wie die ihrer ziehenden Eltern. Das weist darauf hin, dass die Wanderung nicht nur von einem Gen beeinflusst wird, sondern wahrscheinlich von mehreren.

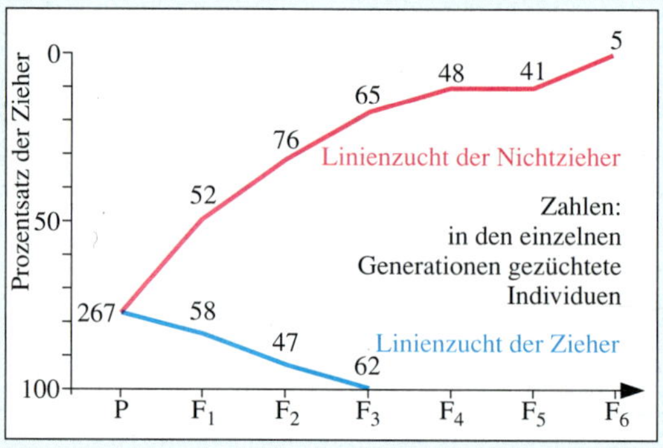

Bei einem Experiment mit südfranzösischen Teilziehern wurden selektiv immer die Zieher und Nichtzieher ausgewählt und miteinander gekreuzt, d. h. Zieher mit Ziehern und Nichtzieher mit Nichtziehern. Nach drei Generationen hatte man schon eine reine Linie von Ziehern erhalten, nach sechs Generationen eine reine Linie von Nichtziehern. Das zeigt, dass der Wandertrieb genetisch festgelegt ist und dass die Population bei einer schnellen Umweltveränderung sehr schnell an die neuen Bedingungen angepasst wird.

Seit etwa 25 Jahren beobachtet man, dass mitteleuropäische Mönchsgrasmücken, die sonst nach Süden ziehen, neuerdings nach Nordwesten fliegen, um in England zu überwintern. Die englischen Grasmücken fliegen nach wie vor nach Süden. Für die neue Zugrichtung gibt es mehrere Selektionsvorteile: **1.** Seit dem Zweiten Weltkrieg gibt es in England mehr künstliche Futterstellen für Vögel als früher, sodass die Tiere leichter überwintern können. **2.** Wenn die Grasmücken in die Brutgebiete zurückkehren, sind sie früher da als die Konkurrenten und finden die besseren Brutreviere. **3.** Sie sind nach der Rückkehr weniger erschöpft als die, die aus Afrika kommen. Möglicherweise ist bei einigen Tieren der Abflugwinkel mutativ leicht abgewandelt worden – es reichen 30° Abweichung nach Westen, um in England anzukommen. Diese Mutante wurde durch die Selektionsvorteile so begünstigt, dass sie heute sehr verbreitet ist. Auch mit diesen Vögeln wurden Kreuzungsexperimente durchgeführt, die zeigten, dass die neue Zugrichtung genetisch festgelegt ist. Die Experimente haben nachgewiesen, dass der Zug der Mönchsgrasmücken auf Erbanlagen beruht. Es hat sich weiterhin gezeigt, dass die Anpassungsgeschwindigkeit außerordentlich hoch ist, das heißt, dass schon wenige Generationen genügen, um eine neue **Rasse** hervorzubringen.

3.3 Instinktverhalten

Ins|tinkt, der; -[e]s, -e(lat.) (angeborene Verhaltensweise [bes. bei Tieren]; *auch für* sicheres Gefühl); **ins|tinkt|haft; Ins|tinkt|hand|lung; ins|tink|tiv** (trieb-, gefühlsmäßig, unwillkürlich); **ins|tinkt|los; Ins|tinkt|lo|sig|keit; ins|tinkt|mä|ßig; ins|tinkt|si|cher.**
(DUDEN, Rechtschreibung der deutschen Sprache, 1996)

Das derzeit umfassendste biologische Nachschlagewerk, das HERDER-LEXIKON DER BIOLOGIE, schreibt – wobei die mit ↗ bezeichneten Wörter unten im Exkurs ebenfalls mit den entsprechenden Abschnitten des HERDER-Lexikons erklärt werden:
„**Instinkt** m. geschichtl. zentraler u. stets umstrittener Begriff der Ethologie, der seiner Vieldeutigkeit wegen heute immer weniger benutzt wird, da er zusätzl. auch in die Umgangssprache eingegangen ist.
Meist wird unter I. ein angeborener Mechanismus (↗ angeboren) der Verhaltenssteuerung verstanden, der durch ↗ Schlüsselreize über einen ↗ angeborenen auslösenden Mechanismus ausgelöst werden kann u. sich in einer geordneten Folge v. ↗ Erbkoordinationen äußert.
In diesem Sinne ist I.handlung mit angeborener Handlung ident., während die I.bewegung der Erbkoordination od. modalen Bewegung entspricht. …“

Schlagwörter zum Instinktverhalten

angeboren, in der Biol. auf genet. Information zurückgehend, im Ggs. zu: auf Information zurückgehend, die im individuellen Leben eines Organismus einwirkte.

Schlüsselreiz, ethologische Bez. für Reize, die bei einem Tier über einen ↗ angeborenen auslösenden Mechanismus (AAM) wirken u. dadurch ein Verhalten auslösen od. aufrechterhalten…

angeborener auslösender Mechanismus, Abk. AAM, ein informationsverarbeitendes Teilsystem („Reizfilter“) des zentralen Nervensystems, das angeborenermaßen dazu imstande ist, bestimmte Reizkonstellationen als Auslöser zu erkennen u. auf ihr Auftreten hin die adäquaten Verhaltensweisen zu aktivieren…

Appetenz, Tendenz zur Durchführung eines bestimmten Verhaltens; Stärke der Bereitschaft, ein Verhalten auszuführen…

Erbkoordination, Instinktbewegung, Bewegungsnorm, aus der älteren Verhaltensphysiologie stammender Begriff, der eine relativ starre (formkonstante) Sequenz v. Bewegungen bezeichnet, …

Bereitschaft, Handlungsbereitschaft, Reaktionsbereitschaft, Bez. für den inneren Zustand des verhaltenssteuernden Systems eines Tieres, der mitbestimmt, welche Handlungen auf äußere Reize hin bevorzugt ausgeführt werden.

Zur Problematik des Instinkt-Begriffs

Dieses Kapitel beginnt mit einer Definition des Instinkts, wie sie im DUDEN enthalten ist. Sie zeigt, dass „Instinkt“ mehr meint, als nur die rein zoologische Bedeutung. Die fett gedruckten Wörter der Umgangssprache zeigen: Instinkt ist im Alltagsdeutsch eine Bezeichnung für ein unklares, aber sicheres Gefühl, ein Wort für etwas, das wir nicht begründen können, dessen wir aber gleichwohl sicher sind. Instinktlos ist, wer dieses Gefühl für das, was sich gehört, nicht hat. Der Instinktsichere trifft automatisch das Richtige.

Schon KONRAD LORENZ sah diese Ungenauigkeit des Instinktbegriffs, denn er schrieb 1932: „Wenn ich […] das Wort Instinkt vermeide und stattdessen den deutschen Ausdruck Triebhandlung verwende, so geschieht dies aus dem Grunde, dass das Wort Instinkt schon in zu vielen verschiedenen Bedeutungen gebraucht wurde […] Das, was ich unter Triebhandlung verstehe, ist ein an sich durchaus starres Gebilde, dem gar nichts Verstandesmäßiges anhaftet […]“

Trotzdem hat sich in der Vergangenheit eingebürgert, das Wort Instinkt für die Triebhandlung zu verwenden. Da aber beginnt die Problematik: Das „durchaus starre Gebilde“ existiert zwar in manchen Fällen. Es hat aber nicht die allgemeine Verbreitung, wie sie die alten Verhaltensbiologen annahmen. Die angeborenen Verhaltensweisen sind in den meisten Fällen flexibel und durch mannigfaltige äußere Faktoren abwandelbar und werden insbesondere bei Säugetieren in vielfältiger Weise durch Lernen verändert.

3.3.1 Innere Faktoren, die das Verhalten beeinflussen

„... Meist wird unter Instinkt ein angeborener Mechanismus der Verhaltenssteuerung verstanden, der durch Schlüsselreize über einen angeborenen auslösenden Mechanismus ausgelöst werden kann und sich in einer geordneten Folge von Erbkoordinationen äußert..." So definiert ein Lexikon das Instinktverhalten. Der Satz darf aber nicht so verstanden werden, dass ein bestimmter Schlüsselreiz unter allen Umständen das dazugehörige Verhalten auslöst. Ein noch so attraktiver Starkasten wird keinen Star dazu verleiten, im Herbst ein Nest darin zu bauen. Der Star ist vielmehr damit beschäftigt, sich auf den Zug vorzubereiten. Man sieht die Vögel in großen Schwärmen am Himmel kreisen, die bald wegziehen. Untersucht man die Inhaltsstoffe in ihrem Blut, so wird man finden, dass bestimmte **Hormone,** die im Frühjahr in hoher Konzentration auftreten, jetzt nur spärlich vorhanden sind. Im Frühjahr sorgen sie dafür, dass der Star in der „Stimmung" ist, ein Nest zu bauen. Man bezeichnet diesen Zustand als **Bereitschaft.** Die Handlungsbereitschaft zum Nestbau zum Beispiel bezieht sich aber immer nur auf dieses Verhalten.

Ein Hormon, das Verhalten beeinflusst, ist zum Beispiel das männliche Sexualhormon **Testosteron.** Wenn man männliche Tiere kastriert, sinkt die Konzentration des Hormons stark und dadurch wird ihre Bereitschaft zu aggressivem Verhalten vermindert.

Das Nebennierenhormon **Adrenalin** erhöht bei Säugetieren Blutdruck, Blutzuckerspiegel und Puls. Der Körper wird so in eine höhere Leistungsbereitschaft versetzt.

Endogene Rhythmen sind ein weiterer Faktor, der das Verhalten beeinflusst. Tiere haben die Fähigkeit, die Zeit zu messen, ohne dabei direkt auf äußere Ereignisse angewiesen zu sein. Wahrscheinlich gibt es chemische Reaktionen im Stoffwechsel, die zeitkonstant ablaufen und nach Verstreichen einer bestimmten Periode eine Konzentration erreichen, die das Ausführen einer bestimmten Handlung veranlasst.

Endogene Rhythmen, die tagesperiodisch ablaufen, nennt man **circadiane Rhythmen** (circa = lat. ungefähr, dies = lat. Tag). Sie treten bei nachtaktiven Tieren auf, wie zum Beispiel bei Mäusen, Schaben, Skorpionen, Motten, Nachtfaltern, Eulen, Fledermäusen, Stinktieren, Dachsen und Waschbären. Tagaktive Tiere sind Eidechsen, Tagschmetterlinge und Bienen. Auch der Mensch hat einen circadianen Rhythmus, der etwa 25 Stunden beträgt. Auch bei Tieren mit circadianen Rhythmen lassen sich diese Schwankungen unter Isolationsbedingungen nachweisen.

Gezeitenrhythmen zeigen Krebse, Schnecken und Muscheln, die nur bei Flut aktiv sind. Monatsrhythmen finden wir bei Tieren, die nur bei bestimmten Mondphasen bestimmte Handlungen ausführen.

Die Bereitschaft von Tieren, bestimmte Handlungen auszuführen, wird auch durch ihren **Entwicklungszustand** und ihr **Alter** bestimmt. So wirken sexuell stimulierende Reize zweckmäßigerweise nicht auf Jungtiere ein. Andererseits sind Jungtiere von Vögeln und Säugern fähig, besonders viel zu lernen. Man kann regelrecht von **Lerndispositionen** sprechen, die das Jugendalter charakterisieren. Bei vielen dieser Tiere kann man die Bereitschaft zu lernen daran erkennen, dass sie besonders neugierig sind und ihre Umgebung lebhaft erkunden. Andere sammeln Erfahrungen über Bewegungsabläufe, indem sie mit offensichtlicher Lust bestimmte Spiele ausführen. Hier wird die Bezeichnung innere Gestimmtheit oder Bereitschaft besonders deutlich.

Alter und Entwicklungszustand spielen eine extrem große Rolle bei Tieren, die eine **Metamorphose** durchmachen. Die Larven haben eine völlig andere Anatomie als die Imagines der Tiere, und dementsprechend verhalten sie sich auch anders. Kaulquappen ernähren sich vegetarisch, während der erwachsene Frosch Fliegen fängt. Das klingt banal, weil es so offensichtlich ist. Wir müssen aber berücksichtigen, dass in den Zellen der Kaulquappe dieselben Gene liegen, die auch der spätere Frosch hat. Sie sind nur - bedingt durch den Entwicklungszustand des Tieres - noch nicht aktiv. Die inneren Faktoren werden an diesem Beispiel besonders klar.

In den Anfängen der Verhaltensbiologie hat man die Bereitschaft zu einer Instinkthandlung auch als **Triebenergie** bezeichnet. Man verstand darunter die Summe aller inneren Faktoren, die ein Verhalten beeinflussen. KONRAD LORENZ entwickelte dazu ein Modell, in dem die Triebenergie sich gleichsam wie eine Flüssigkeit zu stauen begann, wenn ein Instinktverhalten längere Zeit nicht ausgeführt worden war. Es hat sich aber herausgestellt, dass dieses hydraulische Modell die Zusammenhänge nicht wahrheitsentsprechend veranschaulicht. Denkt man nämlich das Modell konsequent durch, dann ergeben sich Folgerungen, für die es in der Natur keine Entsprechung gibt. So müssten Tiere, die lange Zeit nicht geflohen sind, spontan fluchtähnliche Handlungen ausführen, weil ihre Triebenergie für das Fliehen besonders hoch ist. Solche **Leerlaufhandlungen** konnten jedoch im wissenschaftlichen Experiment nicht bestätigt werden.

3.3.2 Auslösung von Instinktverhalten

„**Schlüsselreiz,** ethologische Bezeichnung für Reize, die bei einem Tier über einen angeborenen auslösenden Mechanismus (AAM) wirken und dadurch ein Verhalten auslösen oder aufrechterhalten. ...“ Die Lexikon-Definition des Schlüsselreizes ruft den Eindruck hervor, dass das Tier wie eine Maschine reagiert. In den Anfängen der Verhaltensbiologie mochte das auch den Anschein haben, da einige Experimente eindrucksvoll die Wirkung spezifischer Reize zeigten. Eine brütende Graugans zum Beispiel, der man ein Ei neben das Nest legt, wird das Ei mit der Unterseite des Schnabels geschickt ins Nest unter ihren Bauch rollen. Sie tut das sogar, wenn das Ei viel zu groß ist oder wenn man es durch einen ganz ungeeigneten Würfel ersetzt.

Es war auch richtig, für die Erkennung der Schlüsselreize einen Filtermechanismus zu postulieren, der die spezielle Eigenschaftskombination des Schlüsselreizes aus der Vielfalt der Umwelteinflüsse auswählt. Man nannte ihn den **angeborenen auslösenden Mechanismus (AAM).** Es hat sich aber herausgestellt, dass dieser Filter nicht die starre und ausschließliche Struktur hat, wie man einmal annahm. Ein frisch geschlüpftes Gänseküken läuft beispielsweise nach dem Schlüpfen hinter jedem beweglichen Objekt her, das rhythmische Laute von sich gibt. Das ist in der Regel die Mutter, der es dann regelmäßig folgt. Wenn es aber ein anderes Objekt ist – ein Lautsprecher oder ein Mensch, der „hallo“ ruft – dann folgt das Küken diesem, ohne in Zukunft von der attraktivsten Gans nur im Geringsten beeindruckt zu sein. Man nennt diesen Vorgang **Prägung.** Der AAM ist hier also eine neuronale Struktur, die durch Erfahrung verändert wird.

Die Auslösemechanismen sehr vieler, wenn nicht der meisten Schlüsselreize, sind solche **durch Erfahrung modifizierte angeborene Auslösemechanismen (EAAM).** Besonders bei höher entwickelten Wirbeltieren werden nahezu alle Verhaltensweisen durch Lernen beeinflusst oder verändert. Es können sich sogar allein durch Erfahrung **erlernte Auslösemechanismen (EAM)** bilden. Das kommt zum Beispiel vor, wenn Vögel beim Nestbau zuerst ungeeignete Halme verwenden, später aber gezielt nur noch zweckmäßige Formen auswählen. In diesem Fall wirkt der Erfolg der Handlung rückkoppelnd auf die Bildung des EAM ein. Der Erfolg ist sozusagen eine Belohnung. Aber auch umgekehrt kommt es bei Misserfolgen oder wenn der Reiz an Bedeutung verliert, zu

45.1 Fütternde Möwe. Der rote Schnabelfleck ist einer der Schlüsselreize für das Bettelverhalten des Kükens.

45.2 Eirollbewegung bei der Graugans

45.3 Prägung beim Streifengansküken. Die Küken laufen hinter der Person her, auf die sie in den ersten Lebensminuten geprägt wurden.

einer Abschwächung der Reizwirkung. Man bezeichnet den Prozess der Gewöhnung als **Habituation.** In abbauenden Attrappenversuchen kann man einen Schlüsselreiz manchmal so zerlegen, dass er auf ein einfaches, manchmal nur ein Merkmal umfassendes Signal reduziert ist. TINBERGEN stellte so fest, dass Silbermöwenküken auf den roten Fleck am Unterschnabel der Eltern mit einer Bettelreaktion antworten. Aber auch der Kontrast des Flecks gegenüber dem Untergrund sowie die Form des Schnabels spielen eine Rolle. Und nicht zuletzt ist es für das Küken auch wichtig, den Ruf der Eltern vor der Ankunft am Nest zu hören. Alle diese Faktoren wirken zusammen. Wählt man nur einen der Teilreize aus, so wirkt er schwächer, alle zusammen aber bringen eine stärkere Reaktion. Man fasst diese Erscheinung als **Reizsummenphänomen** zusammen. Natürlich kann man im Experiment einen Reiz auch übertreiben. Manchmal führt das zum Erfolg. Möwenküken picken besonders intensiv an ein zugespitztes, dünnes, rotes Stäbchen, das drei weiße, kontrastreiche Linien im vorderen Teil trägt. Austernfischer rollen übergroße Eier eher als kleinere Eier ins Nest. Man spricht dann von **supernormalen Reizen.**

Schlüsselreize sind nicht nur materielle Objekte mit Farben und Formen. Auch Bewegungen oder andere Veränderungen eines Objektes oder eines Tieres können Instinkthandlungen auslösen. In der Balz zum Beispiel führen viele Tiere ganz bestimmte Handlungen aus, die auffällig im Gesichtsfeld des Partners vorgeführt werden. Sie dienen dazu, den Partner aufmerksam zu machen oder ihn in eine besondere Stimmung zu versetzen. Solche Schlüsselreize, die dem Zweck dienen, Artgenossen zu bestimmten Handlungen zu veranlassen, heißen **Auslöser.**

Zusammenfassung. Für Instinkthandlungen und die sie auslösenden Reize gibt es genetische Grundlagen, die artspezifisch und dem Evolutionsgeschehen unterworfen sind. Oft werden sie mehr oder weniger stark durch die jeweils vorhandene Situation oder durch Lernen modifiziert. Sowohl innere als auch äußere Faktoren beeinflussen also die Handlungsbereitschaft und damit die Intensität des Instinktablaufs.

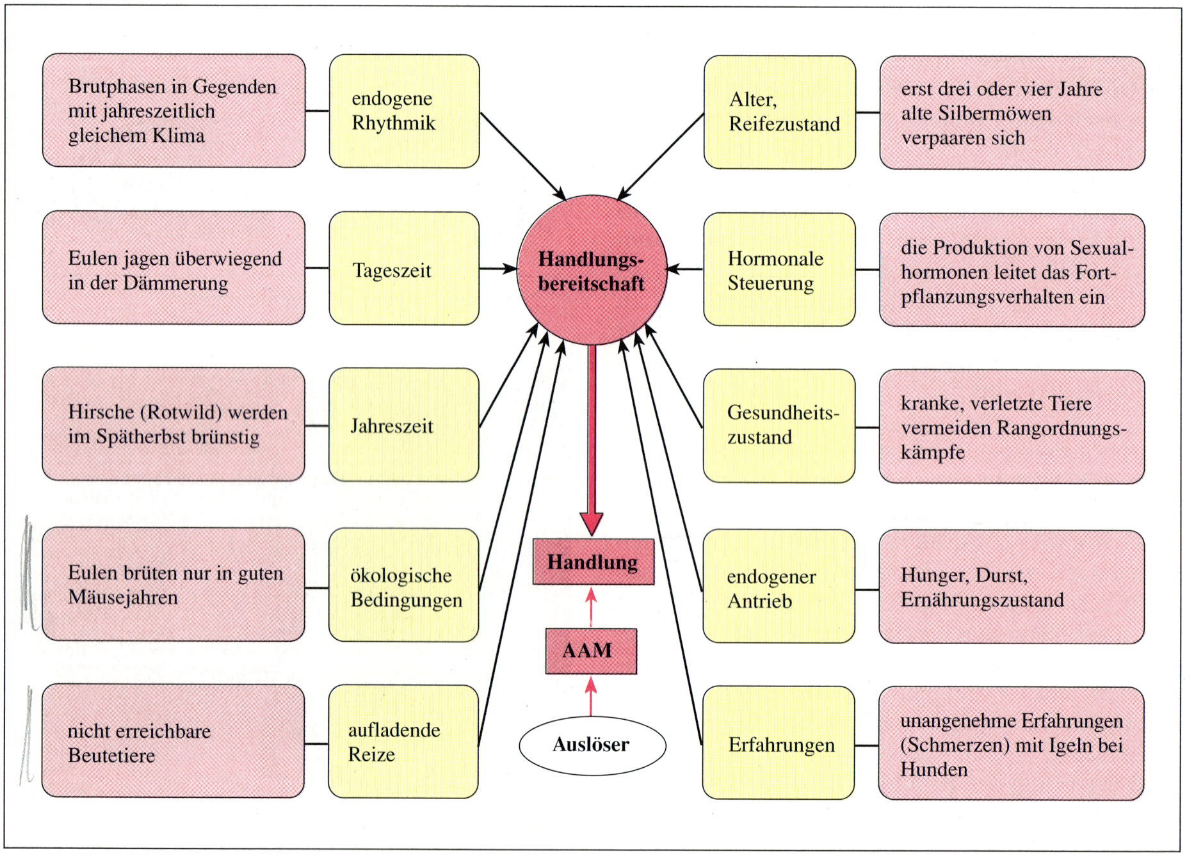

46.1 Einflüsse auf die Handlungsbereitschaft

3.3.3 Handlungsketten und Instinkthierarchie

Handlungsketten. Zappelt ein Insekt auf der Wasseroberfläche, wird der Rückenschwimmer, eine Wasserwanzenart, durch die Wellenbewegung angelockt. Wenn er die Beute sieht, ergreift er sie. Er hält das Insekt fest, sticht es an und verzehrt es. Der Ablauf der Handlungen ist absolut logisch, aber das Tier denkt nicht darüber nach. Er „hangelt" sich von Schlüsselreiz zu Schlüsselreiz. Erster Schlüsselreiz ist die Wellenbewegung, der zweite ist die Gestalt des Insekts, der dritte der Berührungsreiz beim Festhalten. Wenn dann auch der Geschmack der Beute nach dem Anstechen „stimmt", wird die Beute gefressen. Die Einzelhandlungen folgen so aufeinander, dass jede vorhergehende den Schlüsselreiz für die nächste liefert. Aus Abbildung 47.1 geht hervor, dass die Reihenfolge nicht unbedingt immer genau eingehalten werden muss, sondern dass sich einzelne Stationen auch wiederholen können.

Instinkthierarchie. Beim Vergleich verschiedener Instinktverhalten stellte man fest, dass sich bestimmte Verhaltensweisen gegenseitig ausschließen. Ein Hirsch wird in der Brunftzeit kaum etwas fressen. Man folgerte daraus, dass es Instinktzentren unterschiedlichen Ranges im Nervensystem der Tiere geben müsse, die einander über- bzw. untergeordnet seien. Die Annahme, es gäbe ein solches hierarchisches System, war deshalb so bestechend, weil bei der Steuerung der Muskeln tatsächlich Nervenbahnen, die zu einem Muskel führen, sich immer weiter verzweigen, bis feinste Axone schließlich an einer einzelnen Muskelfaser enden. Man findet also auch eine Art Hierarchie in den neuronalen Mechanismen. Das verführte dazu, die Hierarchie auch auf höherer Ebene zu suchen und den der Muskelbewegung übergeordneten Zentren ebenfalls weitere Zentren über- und nebenzuordnen. Dazu trugen neurophysiologische Forschungsergebnisse bei, die zeigten, dass es für bestimmte Handlungen tatsächlich zuständige Hirnregionen gibt. Im Zwischenhirn von Säugetieren gibt es ein Hungerzentrum. Reizt man es elektrisch, sucht das Tier nach Nahrung. Es wurde auch ein Sättigungszentrum gefunden. Wird es im Experiment gereizt, hören die Tiere auf zu fressen. Dass es Steuerzentren für bestimmte Verhaltensweisen gibt, scheint also gesichert zu sein. Ihre hierarchische Struktur aber konnte bisher nicht nachgewiesen werden. Verhaltensbiologen zweifeln deshalb heute daran, dass es feste hierarchische Strukturen der Instinkte gibt.

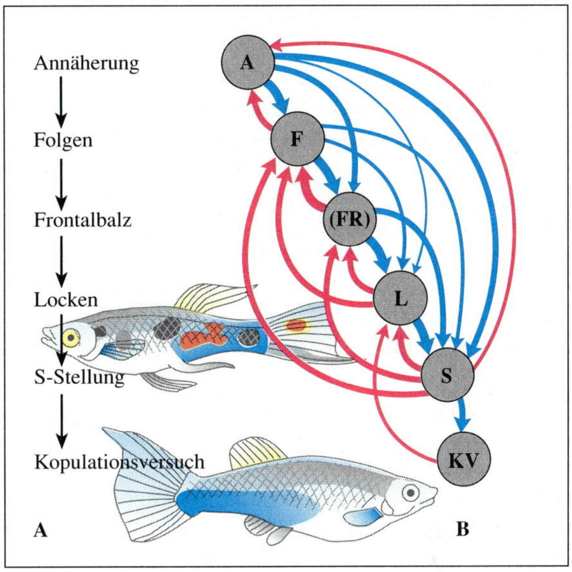

47.1 Handlungskette bei der Balz des Guppy-Männchens. A Ideale Folge der Einzelhandlungen; B mögliche Abfolge der Handlungen. Die Stärke der Linien symbolisiert die relative Häufigkeit der Aufeinanderfolge der Handlungen.

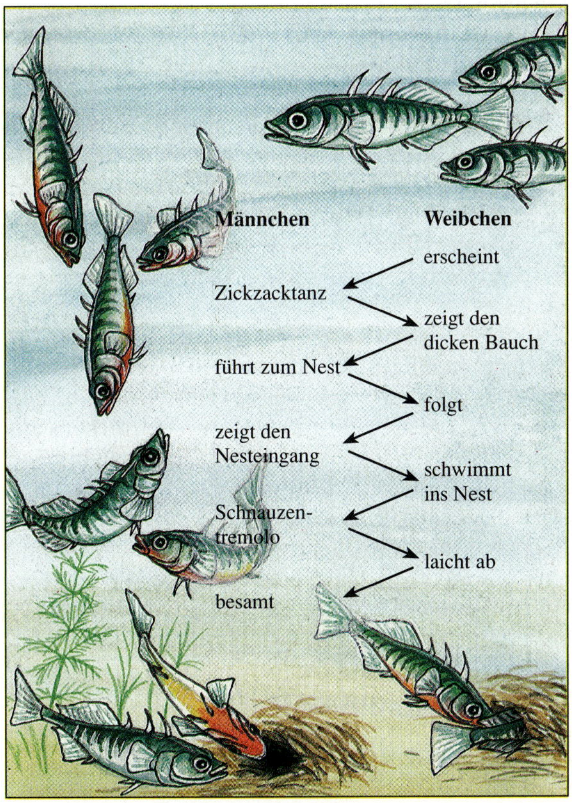

47.2 Handlungskette bei der Stichlingsbalz

3.4 Lernverhalten

3.4.1 Abwandlung angeborener Reaktionen durch Lernen

Bedingter Reflex. Menschen reagieren wie alle Säugetiere auf einen Luftstoß, der auf ein Auge trifft, mit einem schnellen Herunterklappen des Augenlides. Auch ein Gegenstand, der sich schnell dem Auge nähert, löst einen das Auge schützenden Lidschlag aus. Diese Reaktion, ein **unbedingter Reflex,** ist genetisch festgelegt, unterliegt keiner veränderlichen Handlungsbereitschaft und ist nur schwer bewusst beeinflussbar.
Akustische Reize lösen keinen Lidschlag aus. Lässt man aber einen leisen Summton mehrmals kurz vor dem Anblasen einer Versuchsperson oder eines Versuchstieres ertönen, so erfolgt der Lidschlag anschließend auf den Ton allein. Die Reaktion ist erfahrungsbedingt, man bezeichnet sie deswegen als **bedingten Reflex** (1). Der **bedingte Reiz** (Ton), auch Sekundärreiz genannt, bewirkt die gleiche Reaktion wie zuvor der **unbedingte Reiz** (Luftstoß), den man auch als Primärreiz bezeichnet.
Ein bedinger Reflex bildet sich nur aus, wenn der Sekundärreiz mehrmals kurz vor dem Primärreiz oder gleichzeitig mit ihm wahrgenommen wird. Mehrfach aufeinander folgende Reize stehen in der Natur häufig in einem kausalen Zusammenhang. Daher ist es sinnvoll, wenn auf den zuerst wahrgenommenen Reiz eine Reaktion erfolgt. Ein Tier reagiert nicht mehr mit einem bedingten Reflex, wenn auf den bedingten Reiz der unbedingte nicht mehr folgt. Bedingte Reflexe können also wieder vergessen oder umgelernt werden.

Weitere bedingte Reaktionen. Isoliert gehaltene Wachtelmännchen beginnen, wenn sie fortpflanzungsbereit sind, beim Anblick eines Weibchens sofort zu balzen. Wenn man vor dem Zusammenbringen mit dem Weibchen mehrmals einen Pfiff ertönen lässt, balzen die Tiere anschließend auch nur auf den Pfiff hin. Diese Verhaltensänderung ist einem bedingten Reflex ähnlich. Die Tiere führen aber die erbkoordinierte Endhandlung eines Instinktverhaltens aus. (Allerdings nur, wenn sie handlungsbereit sind.) Man nennt das Verhalten **bedingter Instinkt** (2). Gemeinsam ist beiden Verhaltensänderungen durch Lernen, dass die gleichen Reaktionen wie zuvor erfolgen, jedoch auf andere Reize.
In einem Experiment mit einem Zwergwels ließ man mehrere Male einen Pfiff ertönen, wenn man ihn an einer bestimmten Stelle des Aquariums fütterte. Vor Versuchsbeginn reagierte er auf den Pfiff nicht, dann aber kam er auf den Pfiff hin aus seiner Höhle und suchte die Umgebung der Futterstelle nach Futter ab. Auch bei Füchsen kann man ein ähnliches Verhalten beobachten: Isoliert aufgezogene Jungfüchse reagieren nicht auf Mäusepfiffe. Wenn sie aber Mäuse mehrmals gleichzeitig gesehen und gehört haben, reagieren sie auf Mäusepfiffe mit Suchverhalten, und zwar in der Gegend, aus der der Pfiff zu hören war. Bei den Füchsen und dem Wels hat sich das *Appetenzverhalten* verändert, die Tiere suchen bestimmte Orte bevorzugt auf. Sie haben eine **bedingte Appetenz** (3) ausgebildet. Dadurch werden die Erfolgsaussichten vergrößert, das Verhalten wird ökonomischer: Für einen Beutegreifer lohnt es sich Revierbereiche aufzusuchen, in denen er schon wiederholt Beute machen konnte.

Ein Fuchs, auf den an einer Stelle seines Revieres schon mehrfach geschossen wurde oder der dort andere unangenehme Erfahrungen gemacht hat, meidet diesen Ort eine Zeit lang. Er hat eine **bedingte Aversion** (4) ausgebildet. Bedingte Aversionen betreffen meist die zweite Phase des Appetenzverhaltens. Selten wird das Appetenzverhalten ganz unterdrückt, höchstens etwas hinausgezögert.
Ein junger Hund, der nach einer Wespe geschnappt hat und von ihr gestochen wird, lernt aus dieser unangenehmen Erfahrung: Er führt in Zukunft die Handlung, auf die der Schmerz folgte, nicht mehr aus. Er hat eine **bedingte Hemmung** (5) ausgebildet.

Bei allen fünf Lernvorgängen lernen die Tiere dadurch, dass sie angenehme oder unangenehme Empfindungen haben, auf die sie reagieren. Daher nennt man diese Lernarten **bedingte Reaktionen.** Nach dem englischen Begriff „conditioned reflex" bezeichnete man alle fünf Lernarten auch als Konditionierung und um sie von einer anderen Art der Konditionierung zu unterscheiden, als **klassische Konditionierung.** Oft bestimmen gute und schlechte Erfahrungen gleichzeitig ein Verhalten, wenn z. B. ein Gebiet gemieden, ein anderes bevorzugt wird. Eine eindeutige Klassifizierung ist daher häufig nicht möglich; besonders dann nicht, wenn man nur das fertige Verhalten beobachtet und nicht weiß, wie es zustande kam. Daher sind Langzeitbeobachtungen und Experimente in der Lernforschung unentbehrlich. Immer wird durch die Ausbildung bedingter Reaktionen das genetisch festgelegte oder zuvor schon erlernte Verhalten verändert, besser an die Umweltbedingungen angepasst und somit effektiver und ökonomischer.

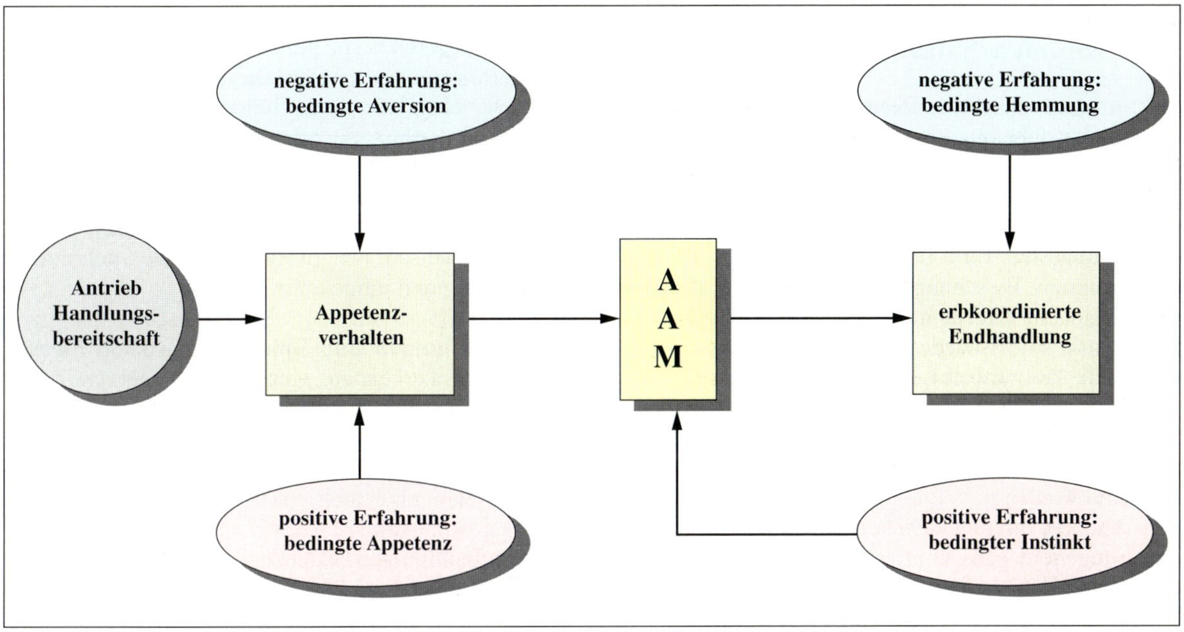

49.1 Abwandlung von Instinkthandlungen durch Lernen

Nur ein Reflex?

Als klassisches Beispiel für bedingte Reflexe gelten die „PAWLOWschen Hunde". Der russische Physiologe IWAN PETROWITSCH PAWLOW (1849–1936) – auf der Abbildung oben der zweite Mann von rechts – führte mit Hunden das folgende Experiment durch: Auf das Vorzeigen einer Wurst begannen die Speicheldrüsen der Hunde Speichel zu bilden. Auf einen Glockenton erfolgte diese Reaktion nicht. PAWLOW zapfte die Speicheldrüsen mit Kanülen an. So konnte er die Speichelbildung gut erkennen und messen. Nachdem der Glockenton mehrmals dem Vorzeigen und Fressen der Wurst vorangegangen war, speichelten die Hunde auf den Glockenton allein. So weit ist das ein bedingter Reflex.

PAWLOW hatte seine Versuchshunde in ein Ledergeschirr gefesselt, damit die Kanülen in den Speicheldrüsengängen fest sitzen blieben. Die Versuchstiere konnten sich also nur ganz eingeschränkt bewegen. Ihre natürliche Reaktion zeigte sich, als ein Wissenschaftler, der zu Besuch bei PAWLOW war, einen Hund von seinen Fesseln befreite. Auf den Glockenton hin lief der Hund schwanzwedelnd zur Glocke, bettelte sie an und zeigte das komplette Verhalten, mit dem ein Hund ein ranghöheres Rudelmitglied oder seinen Herrn um Futter anbettelt. Die Speichelbildung erfolgte hierbei wie bei den anderen Versuchen.

Das klassische Beispiel für einen bedingten Reflex ist also nur dann ein bedingter Reflex, wenn man dem Hund als einzige Reaktion die Speichelbildung übrig lässt. Ein freier Hund verhält sich ganz anders: Er läuft zur Tonquelle, bei ihm hat sich also eine bedingte Appetenz ausgebildet. Er bettelt um Nahrung, er führt also eine Instinkthandlung aus. Diese wird nicht von einem Rudelmitglied, das Futter hat, ausgelöst, sondern von der Glocke.
Es hat sich also ein bedingtes Instinktverhalten ausgebildet.

A 1 Erläutern Sie am Beispiel des PAWLOWschen Versuches die Problematik von Laborexperimenten.

3.4.2 Erkundungs- und Spielverhalten

Erkundungsverhalten. Wenn man eine zahme Ratte in einen ihr unbekannten großen Käfig mit abwechslungsreicher Einrichtung und einigen Höhlen und Verstecken setzt, zeigt das Tier ein Verhalten, das für die meisten Säugetiere charakteristisch ist: Sobald es sich ungestört fühlt und keine Angst hat, läuft es überall herum. Es schnuppert, kratzt und nagt an den Gegenständen, kriecht in die Höhlen und Verstecke und kommt sofort wieder heraus. Es klettert auf Gegenstände, läuft um sie herum und versucht sie zu bewegen. Dabei hält es sich, zumindest anfangs, mit einem einzelnen Gegenstand oder einer Höhle nie lange auf, sondern läuft von einer Stelle zur anderen, kehrt aber bald wieder zurück und wiederholt die Handlungen. Auch in ihrer natürlichen Umgebung verhalten sich Säugetiere ganz ähnlich, wenn sie in ein ihnen unbekanntes Gebiet kommen. Man bezeichnet dieses Verhalten als **Erkundungs-** und **Neugierverhalten.**

Besonders auffällig am Erkundungsverhalten ist das häufige Ab- und wieder Zuwenden und der Einsatz vieler Sinnesorgane sowie der Pfoten und der Schnauze. Dadurch werden vielfältige Sinneseindrücke und zahlreiche Wahrnehmungen ermöglicht.
Auch bei menschlichen Kleinkindern kann man ein sehr ähnliches Verhalten beobachten: Ein neuer Gegenstand wird ergriffen, herumgedreht, von allen Seiten angesehen, zum Mund geführt, bekaut, fortgelegt und bald wieder ergriffen.

Spielverhalten. Eine weitere Verhaltensbesonderheit zeichnet besonders die Jungtiere von fast allen Säugetierarten aus: Sie spielen. Das kann mit Gegenständen geschehen oder untereinander, das können aber auch nur ausgelassene, oft sinnlos erscheinende, häufig wiederholte Bewegungsfolgen sein. Spielen und Erkunden lassen sich oft nicht klar voneinander trennen, es gibt fließende Übergänge zwischen beiden Verhaltensweisen. Neugierige Tiere sind auch immer spielfreudig und umgekehrt.

Ernsthandlungen und Spielen. Man kann im Allgemeinen gut erkennen, wann ein Tier spielt und wann es ernsthaft handelt, aber eine exakte Definition des Spielens, die für die unterschiedlichen Spielweisen der vielen spielenden Tierarten zutrifft, ist kaum möglich. Spielen und auch Erkundungsverhalten findet nur statt, wenn keine starken Handlungsbereitschaften für Ernsthandlungen bestehen. Ein sehr hungriges Tier spielt und erkundet nicht. Es sucht auf direktem Weg bekannte Futterstellen auf oder zeigt Appetenzverhalten, das sich von Erkunden deutlich dadurch unterscheidet, dass das Tier nur auf Reize reagiert, die mit Nahrung zusammenhängen. Genauso unterscheidet sich Spielen deutlich von den entsprechenden Ernsthandlungen: Ein Flucht spielendes Tier flieht nicht wirklich. Ein echt fliehendes Tier kommt nicht sofort zurück, wenn ihm die Flucht geglückt ist. Eine Katze, die im Ernstfall die gebuckelte Abwehrstellung gegen einen Feind eingenommen hat, braucht mindestens 30 Minuten, ehe sie auf Beutetiere reagiert. Im Spiel flieht und buckelt sie, greift an und verfolgt den Spielpartner innerhalb weniger Sekunden. Beim Spielen

Neugier und Hunger

Mongolische Rennmäuse zeigen im Experiment die gegenseitige Beeinflussung von Fress- und Erkundungsverhalten.
Zahme und angstfreie Tiere kann man ins Klassenzimmer mitnehmen und auf einen mit verschiedenen Gegenständen bestückten Schultisch setzen. Sie beginnen nach kurzer Zeit, auf dem Tisch umherzulaufen, wobei sie sich oft auf die Hinterbeine aufrichten und Ausschau halten. Sie schnüffeln, horchen aufmerksam, laufen in alle Bereiche des Tisches und untersuchen die vorhandenen Gegenstände. Im zweiten Teil des Versuches gibt man den Tieren einen Tag lang nichts zu fressen. Sie sind dann recht hungrig, was man zeigen kann, indem man ihnen im Käfig einen Sonnenblumenkern hinhält, den sie aus den Fingern holen und sofort fressen. Wenn man die hungrigen Tiere nun auf den Tisch setzt, erkunden sie genauso wie beim ersten Versuch, als sie nicht hungrig waren. Auf dem Tisch liegende Nahrung beziehen sie in ihr Erkundungsverhalten ein, fressen sie aber nicht. Wenn sie wieder in ihrem Käfig sind, fressen sie diese Nahrung sofort und begierig. Nur bei starkem Hunger nach etwa 36 Stunden Fasten ist der Antrieb zu fressen stärker als das Erkundungsverhalten. Die Tiere fressen nun vom Futter, aber nur so viel, dass ihr schlimmster Hunger gestillt ist. Dann erkunden sie sofort wieder. Diesen Versuch sollte man nur einmal zur Demonstration, nicht aber wiederholt zum privaten Forschen ausführen, weil die Tiere möglicherweise durch den starken Hunger leiden. Geschädigt werden sie nicht, weil Rennmäuse an Phasen mit wenig Nahrung angepasst sind.

treten Handlungen aus dem Beuteerwerb, dem Rivalenkampf, der Verteidigung gegen Feinde, des sexuellen Verhaltens und der Brutpflege unmittelbar nacheinander auf. Sie sind in ihrer typischen Bewegungsfolge deutlich zu erkennen, sind aber oft von den Bewegungen abgekoppelt, mit denen sie im Ernstfall eine feste Handlungsfolge bilden. Miteinander spielende Tiere wechseln beim Spielen oft die Rollen: Der Verfolgte wird in Sekundenbruchteilen zum Verfolger, der scheinbar Unterlegene zum Überlegenen, der Bettelnde zum Fütternden. So können die von ihren Antrieben gelösten Bewegungen beliebig miteinander kombiniert werden, zugleich können neue Bewegungsfolgen und -varianten gefunden werden.

Biologischer Sinn des Spielens und Erkundens. Bei vielen Tierarten entspricht die Art der Spiele, die sie überwiegend spielen, dem für sie wichtigen Ernstverhalten: Raubtiere raufen sich oft; Hunde spielen oft Verfolgen, Überholen und Wegabschneiden; viele Huftierarten bevorzugen Fluchtspiele; Bären und Katzen spielen gern mit Gegenständen. Diese angeborenen Dispositionen zu bestimmten Spielen entsprechen dem Übungs- und Lerneffekt des Spielens: Jungtiere bevorzugen gerade die Spiele, bei denen sie das lernen, was sie später unbedingt brauchen, um zu überleben. Erkundende Tiere erhalten nützliche Informationen. Oft ermöglicht die schützende Brutpflege der Eltern das ungestörte Spielverhalten ihrer Nachkommen und damit deren erstaunliche Lernleistungen. Tiere, die am Spielen gehindert werden oder dazu keine Gelegenheit haben, verhalten sich später oft nicht normal.

51.1 Junge Braunbären beim Spielen

Kennzeichen des Spielverhaltens

- Kombination von Instinkthandlungen und erlernten Handlungen
- fließende Übergänge zwischen Spiel und Ernst
- Abkoppelung der Instinkthandlungen von den ihnen zugrunde liegenden Handlungsbereitschaften
- Aktivierung einzelner Handlungen, nicht ganzer Handlungsketten und -komplexe
- Kombination von Endhandlungen und Teilen des Appetenzverhaltens
- freie Kombinierbarkeit von Verhaltensweisen aus verschiedenen Funktionskreisen
- häufiger Rollenwechsel der Spielpartner
- schnelles Beenden einzelner Handlungen
- schnelles Abwenden von Objekten und Zuwenden zu neuen Objekten
- Üben und Erlernen nützlicher Handlungen
- Gewinn notwendiger Erfahrungen und Kenntnisse
- Spiel- und Neugierappetenz nach unbekannten Objekten und neuen Spielsituationen
- Antrieb zu vielfältigen Bewegungen
- hohe Übereinstimmung von Spiel- und Lernappetenz
- Nachlassen der Spielappetenz im Alter
- Spielen ist Voraussetzung einer normalen Entwicklung

A 1 Bringen Sie Heimtiere mit fremden Gegenständen in Kontakt.
Beobachten Sie, ob die Tiere neugierig auf die Gegenstände reagieren. Versuchen Sie herauszufinden, ob die Tiere bereit sind, Hindernisse zu überwinden, um an die Gegenstände heranzukommen.

A 2 Woran können Sie an Ihren Heimtieren erkennen, ob sie spielen wollen oder ob eine hohe Bereitschaft für eine Ernsthandlung vorliegt?

A 3 Beobachten Sie ein Haus- oder Heimtier beim Spielen. Listen Sie dabei einzelne Handlungen des Tieres auf und versuchen Sie, diese ihren eigentlichen Funktionen zuzuordnen. Versuchen Sie, Kennzeichen des Spielverhaltens nachzuweisen. Verfahren Sie mit Spielen, die kleine Kinder spielen, entsprechend.

Ausbildung zum Nussknacker

Der Verhaltensforscher I. EIBL-EIBESFELDT wollte herausfinden, ob und wie Eichhörnchen es lernen, Haselnüsse zu knacken. Er isolierte gerade geborene Eichhörnchen von Artgenossen und gab ihnen bis in ihre 9. Lebenswoche nur Milch oder ganz weiches Futter zu fressen.

A 1 Erläutern Sie die Gründe, die zu dieser Versuchsvorbereitung führten.

Er gab dann den Eichhörnchen Haselnüsse und andere etwa gleich große Gegenstände wie Holz- oder Tonkugeln, würfelförmige Bauklötzchen, Steine. Die Eichhörnchen ergriffen alle diese Gegenstände mit den Vorderpfoten und fingen an sie zu benagen.

A 2 Deuten Sie das Verhalten.

Die ersten beiden Nüsse, die die Eichhörnchen in 60 Minuten öffneten, sahen so aus:

A 3 Schließen Sie aus den Nagespuren auf das Nageverhalten.

Nach dem Öffnen von zwölf Nüssen konnten die Tiere die beiden nächsten schon in knapp zehn Minuten öffnen.

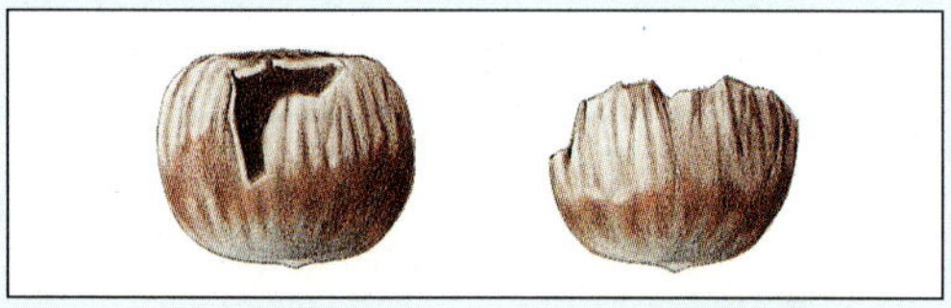

A 4 Vergleichen Sie die beiden Abbildungen. Wie könnten die Eichhörnchen gelernt haben geschickter vorzugehen?
Bei ganz erfahrenen Eichhörnchen, die schon sehr viele Nüsse geknackt hatten, sahen die in weniger als einer Minute geöffneten Nüsse so aus:

A 5 Beschreiben Sie diese Abbildungen. Erläutern Sie den gesamten Lernprozess.

3.4.3 Bedingte Aktionen

Der Biologe KARL VON FRISCH (1886–1982) hielt einen brasilianischen Blumenau-Sittich, den er gelegentlich frei im Zimmer umherfliegen ließ, was der Vogel sehr gerne tat. Um die Beschmutzung des Zimmers in Grenzen zu halten, ließ VON FRISCH den Sittich einige Male frei, als er gerade seinen Kot abgegeben hatte. Der Vogel bemühte sich daraufhin, sobald VON FRISCH an den Käfig kam, Kot abzugeben. Dabei vollführte er oft ganz ungewöhnliche Verrenkungen, wenn er nicht sofort in der Lage war zu koten.
Der Sittich hatte offensichtlich die zunächst zufällig erfolgte Handlung des Kotabgebens mit dem darauf folgenden Freigelassenwerden und Herumfliegen assoziiert. Es hatte sich bei ihm eine **bedingte Aktion** ausgebildet. Bei der Ausbildung bedingter Aktionen lernen Tiere, dass nach einer Handlung etwas geschieht, das sie als angenehm empfinden. Es entsteht eine Assoziation zwischen der ausgeführten Handlung und der Empfindung. Das Tier führt die Handlung wieder aus, wenn die betreffende Handlungsbereitschaft (bei dem Sittich für das Umherfliegen) vorhanden ist. Die zunächst zufällig ausgeführte belohnte Handlung kann in Appetenzverhalten oder Endhandlungen von Instinktverhalten eingebaut werden: Iltisse, die zufällig beim Umdrehen eines Steines Beute gefunden hatten, drehten danach sehr oft beim Beutesuchen Steine um. Katzen lernen, wie sie Beutetiere fassen und totbeißen müssen, wenn sie mit halb gelähmten Beutetieren spielen, die ihnen die Mutter bringt. Tiere, die zufällig beim Graben einer Höhle (Instinktverhalten) Nahrung finden, graben anschließend, wenn sie Nahrung suchen.
Bedingte Aktionen kann man bei Versuchstieren sehr genau geplant regelrecht entwickeln. Deswegen bezeichnet man diese Form des Lernens auch als **operante** oder **instrumentelle Konditionierung.** Wenn man eine Taube mehrmals mit einem Korn belohnt, wenn sie zufällig eine bestimmte Bewegung ausführt, wiederholt sie diese Bewegung, wenn sie Hunger hat. So kann man Tauben dazu bringen, sich im Kreise zu drehen oder mit hoch gestrecktem Kopf herumzulaufen.
Im natürlichen Verhalten wurden bedingte Aktionen bisher nur bei Säugetieren, Vögeln und vereinzelt bei Reptilien und Fischen nachgewiesen. Vor allem Säugetiere haben das ausgeprägte Erkundungs- und Spielverhalten, durch das viele Handlungen ausgeführt und wegen positiver Auswirkungen auf das handelnde Individuum zur bedingten Aktion werden.

SKINNER-Box – die Lernkiste

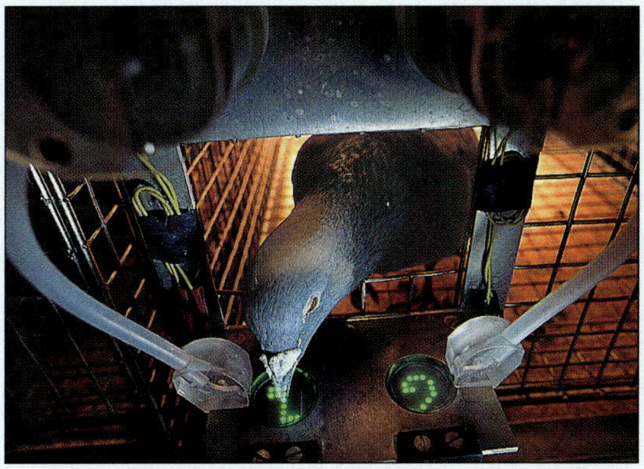

Der US-amerikanische Wissenschaftler B. F. SKINNER (1904–1990) hat sich besonders eingehend mit der Ausbildung bedingter Aktionen, oder, wie er es nannte, mit der **operanten** oder **instrumentellen Konditionierung** beschäftigt. SKINNER, einer der Begründer des **Behaviorismus,** hielt diese Form des Lernens für die Grundlage allen Verhaltens überhaupt.

SKINNER entwickelte die nach ihm genannte SKINNER-Box, einen Käfig, in dem sich ein oder mehrere Hebel befinden. Statt der Hebel können auch Tasten, Zugseile oder Trittstufen installiert sein. Die aus ihrem Aufenthaltskäfig in eine SKINNER-Box gebrachten Versuchstiere werden aktiv, wenn sich ihre anfängliche Angst gelegt hat: Sie laufen herum, schnuppern, stoßen oder drücken an alle Gegenstände in der Box. Dabei kommen sie z. B. auch an eine Taste oder einen Hebel. Für diese Handlung werden sie sofort durch z. B. ein Korn belohnt, das in einer automatisierten SKINNER-Box durch einen Belohnungsgeber in eine Futterschale fällt. Durch mehrfache Wiederholung der Handlung und der Belohnung bildet sich eine **bedingte Aktion** aus. Das Tier führt die Handlung wieder aus, wenn es Hunger hat. In einer automatisch arbeitenden Box gibt es Zählwerke und Aufzeichnungsgeräte, so können lange Versuchsserien mit zahlreichen Tieren durchgeführt werden. Wenn Tiere die erste bedingte Reaktion ausgebildet haben, kann man ihnen auf die gleiche Weise weitere Handlungen andressieren und so komplizierte Handlungsfolgen entwickeln. Immer nützt man den Bewegungsdrang der Tiere, ihr Bestreben aus der Box herauszukommen oder ihr **Erkundungs- und Spielverhalten** aus. Nur mit aktiven Tieren lassen sich deswegen solche Experimente durchführen. Viele Untersuchungen hat man daher an Ratten vorgenommen, die durch ihr **Neugierverhalten** sehr gute, zudem in der Haltung anspruchslose Versuchstiere sind. Mithilfe von SKINNER-Boxen wurden sehr wichtige Erkenntnisse über Lernverhalten und seine neuronalen Grundlagen gewonnen.

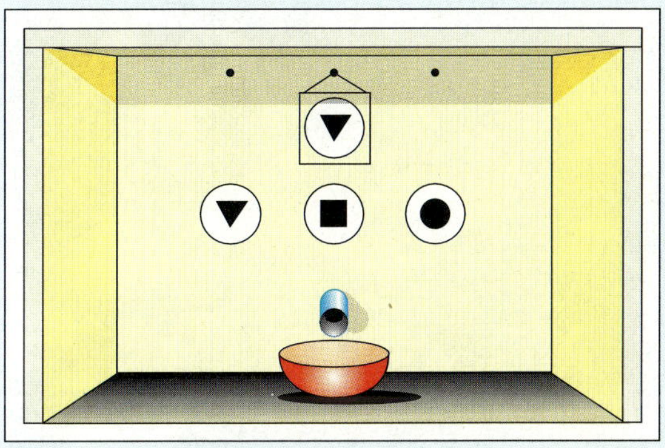

A 1 Erläutern Sie, wie man den Versuchstieren die eingezeichnete Handlungsfolge andressiert haben könnte.

A 2 Was könnte man mit der dargestellten Versuchsanordnung untersuchen? Wie könnte man sie noch weiter ausbauen und variieren?

3.4.4 Gewöhnung

Hält man eine Hand längere Zeit in heißes Wasser, so wird es schon nach wenigen Minuten als nicht mehr so heiß empfunden. Taucht man nun die andere Hand in das Wasser, so empfindet man es wieder so heiß wie zuvor. Kann man bei dem Versuch nichts sehen, meint man sogar, jede Hand befände sich in einem anderen Gefäß mit unterschiedlich heißem Wasser. Wenn man eine Zeit lang einen bestimmten Geruch wahrgenommen hat, empfindet man ihn nicht mehr. Diese Form der Gewöhnung beruht auf einer **Adaption** der Sinneszellen, die nur noch abgeschwächt oder gar nicht mehr auf den Reiz reagieren.

Mit Truthähnen konnte man eindrucksvoll nachweisen, dass Gewöhnung keineswegs nur eine Adaption der Sinneszellen an Dauerreize ist. Truthähne reagieren auf Rivalen mit Kollern, einer rhythmischen Lautäußerung. Kollern lässt sich bei ihnen durch kurze Töne in konstanter Höhe mit festen Abständen, also sehr unspezifisch, auslösen. Spielt man Truthähnen immer wieder dieselben Töne vor, lässt ihre Reaktion langsam nach und hört ganz auf. Die Truthähne reagieren aber sofort wieder, wenn die Töne **1.** mit einer anderen Frequenz oder **2.** mit der gleichen Frequenz, aber mit einem anderen Instrument oder **3.** in geringerer Lautstärke gespielt wurden. Dieser Versuch beweist, dass die Töne wahrgenommen wurden, auch als keine Reaktion erfolgte. Werden die Töne verändert, reagieren die Tiere sofort. Das ist nur möglich, wenn sie auch zuvor die Töne wahrgenommen haben. Es ist also eine Leistung des Nervensystems, dass die Reaktion auf gleich bleibende Reize, die keine unangenehmen Auswirkungen haben, schwächer wird oder ganz eingestellt wird.

Der Sinn dieser Art der **Gewöhnung** (oder **Habituation**) besteht offensichtlich darin, dass Lebewesen auf Reize, die sich als bedeutungslos erwiesen haben, nicht mehr reagieren und so unnötige Aktivitäten und damit Energie sparen. Ähnliche Gewöhnungsvorgänge gibt es bei vielen Tieren, die im Lebensbereich des Menschen vorkommen. Auch Tierfilmer und Wissenschaftler machen sich die Gewöhnung zunutze, indem sie Beobachtungszelte oder Hütten aufstellen, an die sich die Tiere gewöhnen, die beobachtet oder gefilmt werden sollen.

Gewöhnung ist ein im Tierreich sehr verbreiteter Lernvorgang. Über die ihm zugrunde liegenden neurophysiologischen Vorgänge ist bisher kaum etwas bekannt. Da manche Gewöhnungen sehr schnell wieder unwirksam werden, andere wie die Gewöhnung von Hühnervögeln an harmlose Objekte, die über sie hinwegfliegen, aber jahrelang erhalten bleiben, könnte es sich durchaus um unterschiedliche Vorgänge handeln.

Bei vielen frei lebenden Tieren kann man beobachten, dass sie feste **Gewohnheiten** haben: Rehe haben ihre festen Einstände in Gebüschen oder in hohen Waldwiesen. Vögel suchen bestimmte Schlafplätze immer wieder auf. Die Tiere bevorzugen solche Orte, an denen sie keine schlechten Erfahrungen gemacht haben, gegenüber anderen, die sie nicht so gut kennen. Gewohntes wird also bevorzugt. Diese einfache Strategie hilft Tieren Gefahren zu verringern.

54.1 Gorilla-Tourismus in Ruanda. Die Tiere haben sich an Menschen gewöhnt.

54.2 Gewöhnung an Straßenlärm. Turmfalke auf einer Autobahnbrücke

3.4.5 Nachahmung und Tradition

Graugansküken beobachten genau, was ihre Eltern fressen. Sie picken anschließend an den gleichen Pflanzen und fressen sie. So lernen sie am Vorbild, welche Pflanzen essbar sind. Ihre Jungen lernen später auf die gleiche Weise. Durch **Nachahmung** bilden sich so **Traditionen** aus.

Westafrikanische Schimpansen knacken hartschalige Nüsse, die sie mit ihren Zähnen nicht aufbeißen können, mithilfe von zwei Steinen. Man hat beobachtet, wie junge Schimpansen das Nüsseknacken von ihren Müttern lernen: Schon sehr junge Schimpansenkinder schauen stundenlang ihrer Mutter beim Nüsseknacken zu. Mit zunehmendem Alter führen sie ähnliche Bewegungen aus wie die gesehenen, was ihnen aber nur sehr unvollkommen gelingt. Anfangs geben sie nach wenigen Versuchen auf, erst nach einigen Monaten haben sie mehr Ausdauer. Durch **Versuch und Irrtum** werden die Bewegungen mit dem Hammerstein ganz langsam effektiver, das Gleiche gilt für das Hinlegen des Ambosssteines und der Nuss darauf. Ebenso werden anfangs oft ungeeignete Steine ausgewählt. Nur sehr selten helfen die Mütter den Schimpansenkindern, indem sie ihnen Werkzeuge überlassen oder zeigen. Es dauert mehrere Jahre, bis ein Schimpanse gut Nüsse knacken kann.

Ostafrikanische Schimpansen und Schimpansen aus dem Senegal angeln Termiten mithilfe von Stöckchen oder Grashalmen. Auch hier lernen die Schimpansenkinder diese völlig neue Verhaltensweise, indem sie erst beobachten, die Handlungen dann sehr grob nachvollziehen und schließlich durch Versuch und Irrtum die effektive Handhabung der Werkzeuge herausfinden.

Nachahmung in dem Sinn, dass eine schon beherrschte Verhaltensweise auf ein anderes Objekt angewendet wird, weil das ein Vorbild auch tut, kommt dagegen nicht nur bei Schimpansen, sondern auch bei vielen anderen Tierarten vor. Das bei Ratten sehr ausgeprägte Lernen am Vorbild macht es z. B. schwierig, sie mit Giftstoffen zu bekämpfen. Ratten meiden ein bestimmtes Futter, wenn sie sehen, dass eine andere Ratte das tut. Wenn eine Ratte von einem ausgelegten Giftköder nur ganz wenig frisst, und das machen Ratten bei ihnen unbekannten Substanzen so, stirbt sie nicht durch die Giftwirkung, sondern wird krank und hat Schmerzen. In Zukunft meidet sie den Köder nicht nur, sondern markiert ihn mit Urin. Alle Tiere der Gruppe, die das sehen oder riechen, fressen diese Substanz dann ebenfalls nicht mehr.

Viele Singvögel zetern Feinde wie Katzen oder Eulen an. Wenn ein Tier damit anfängt, zetern Artgenossen mit. Wenn sie das angezeterte Objekt später sehen, zetern sie wieder.

Nachahmung hat große Vorteile: Wenn unangenehme Erfahrungen weitergegeben werden, vermeiden die lernenden Tiere eigene risikoreiche Erfahrungen. Von positiven Erfahrungen dagegen profitieren sie mit. Zur Tradition bei Menschen gibt es jedoch einen wesentlichen Unterschied. Bei Tieren ist Nachahmung und Tradition objektgebunden. Nur wenn ein Tier, das sich als Feind herausgestellt hat, wieder erscheint, können Artgenossen lernen, dass es ein Feind ist. Auch Menschen lernen am Objekt durch Nachahmung, z. B. Stricken. Sie können aber auch ohne Objekt – durch Sprache – Handlungen anderer nachahmen und dadurch lernen, z. B. einen Weg nach einer Beschreibung zu finden.

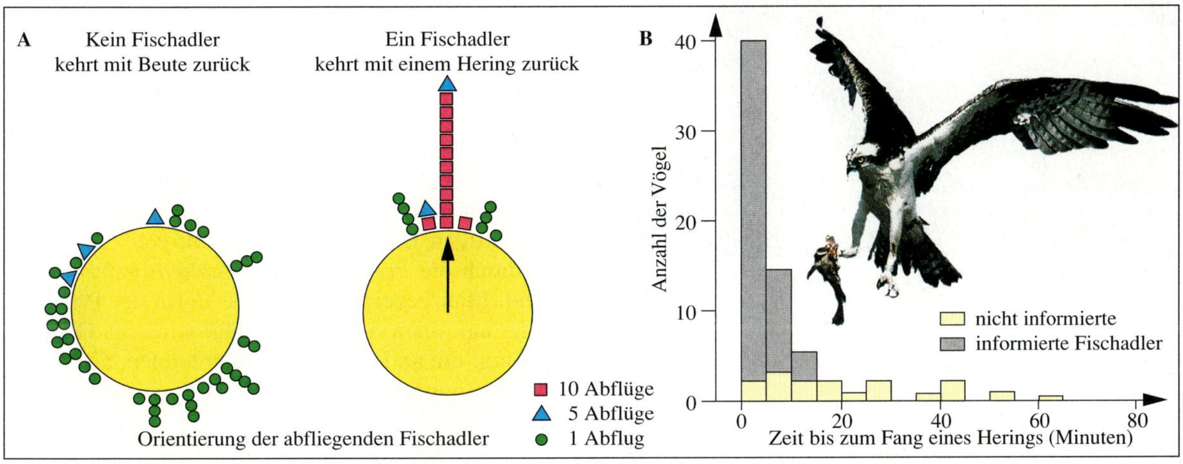

55.1 Nachahmung. Fischadler nisten manchmal in Kolonien. Bei ihnen hat man das dargestellte Verhalten und seine Auswirkungen beobachtet.

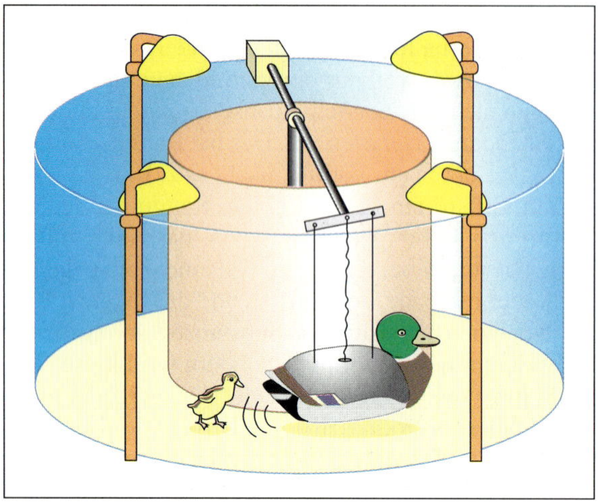

56.1 Prägungskarussell

A 1 Erklären Sie die Versuchsanordnung. Geben Sie die Funktionen aller Teile des Versuchsaufbaus an.

A 2 Die Zeichnung 56.1 gibt nur die Grundausstattung für den einfachsten Prägungsversuch wieder. Wie könnte man die Versuchsanordnung variieren, um weitergehende Erkenntnisse zu gewinnen?

56.2 Auf den Menschen geprägte Jungtiere

A 3 Interpretieren Sie die Abb. 56.2 und vergleichen Sie mit Abb. 56.1.

A 4 Fehlprägungen, wie man sie zu experimentellen Zwecken herbeigeführt hat, sind unter natürlichen Umständen außerordentlich selten. Erläutern Sie, warum das so ist.

3.4.6 Prägung

Gänseküken haben kein angeborenes Mutterbild. Sie nähern sich wenige Stunden nach dem Schlüpfen allen Lebewesen oder Gegenständen, die rhythmisch Laute von sich geben und sich bewegen. Nach einigen Minuten lösen die Objekte dann das Nachfolgeverhalten der Jungen aus. Wie die Objekte aussehen, spielt keine Rolle; die kleinen Gänschen nähern sich ihrer Mutter genauso wie einer Kiste oder einem Fußball oder einem Menschen. Wenn sie eine Zeit lang nachgelaufen sind, behalten sie dies bei. Auch ihre biologische Mutter kann sie dann nicht mehr vom Fußball oder von der Kiste fortlocken.
K. LORENZ bezeichnete diesen Vorgang als **Prägung,** genauer: Nachfolgeprägung. Seine Erzählungen und Filmaufnahmen haben die Prägung auch vielen Nichtfachleuten bekannt gemacht.

Man hat inzwischen sehr viele ähnliche Vorgänge erforscht. Zebrafinken singen als erwachsene Tiere den Gesang der Vögel, die sie gefüttert haben. Erpel balzen die Enten an, mit denen sie als Jungtiere zusammen waren (sexuelle Prägung). Die Prägung der Erpel ist angesichts des sehr ähnlichen Aussehens der Enten verschiedener Arten vorteilhaft, sie vermeidet Verwechslungen. Enten erkennen dagegen ihre arteigenen Erpel angeborenermaßen an Farbmustern.

Zwischen den verschiedenen Prägungsvorgängen besteht ein grundsätzlicher Unterschied. Die Gänseküken und die Erpel lernen durch die Prägung einen **Auslöser.** Bei der Nachfolgeprägung wird die auslösende Reizkombination, Lautäußerung und Bewegung mit anderen, an sich nicht auslösenden Reizen, d. h. optischen Kennzeichen des prägenden Lebewesens oder Gegenstandes, zu einer Einheit assoziiert. Mit dieser neu assoziierten Reizkombination wird dann eine *erbkoordinierte Handlungsfolge* fest verbunden. Das eigentliche Verhalten des Tieres ändert sich also nicht. Das ist bei den Zebrafinken nicht so. Sie singen anders als ihre Artgenossen, wenn sie von andersartigen Eltern aufgezogen wurden. Sie haben also durch die Prägung eine *Verhaltensänderung* erfahren. Man bezeichnet die eine Form der Prägung, bei der auf einen Auslöser geprägt wird, als **Objektprägung,** die andere, bei der Handlungen, also letztlich Bewegungen, erworben werden, als **motorische Prägung.**

Bei allen bisher untersuchten Prägungsvorgängen fand man folgende Kennzeichen:

1. Die Prägung findet nur in einer bestimmten Zeit, der *sensiblen Phase*, statt. Zeitpunkt und Dauer der sensiblen Phase können je nach Tier- und Prägungsart sehr verschieden sein.
2. Die erworbenen Kenntnisse werden *zeitlebens* behalten, zumindest werden die geprägten Auslöser oder Handlungen immer bevorzugt.
3. Als Merkmale des Prägungsobjektes lernen die geprägten Tiere zumeist überindividuelle, also *artspezifische* Merkmale. Bei der Nachfolgeprägung entsteht allerdings ein individuelles Bild der Mutter.
4. In einem Prägungsvorgang wird immer nur eine Handlung oder eine bestimmte Reaktion auf ein bestimmtes Objekt geprägt.
5. Prägung kann zu einem Zeitpunkt erfolgen, in dem die geprägte Handlung noch nicht stattfindet oder noch nicht ausgelöst werden kann.
6. Verglichen mit anderen Lernarten sind Prägungen besonders schnelle und sehr effektive Lernvorgänge, für die es allerdings einen ganz engen, genetisch festgelegten Spielraum gibt. Prägungen werden weder durch Strafen noch durch Belohnungen, also weder durch angenehme noch durch unangenehme Empfindungen, beeinflusst.

Aus diesen Kennzeichen des Prägungsverhaltens folgt, dass es zum Beispiel falsch ist zu sagen, ein Tier sei auf den Menschen geprägt. Die verschiedenen Verhaltensweisen, die durch Prägung auf ein Objekt fixiert werden, sind völlig unabhängig voneinander. Eine Gans kann so in ihrem Nachfolgeverhalten auf den Menschen, in ihrem Sozialverhalten auf Enten und sexuell auf Schwäne geprägt sein, wenn sie zu Forschungszwecken in den jeweiligen sensiblen Phasen mit diesen Lebewesen zusammengebracht wurde.

Auch die Reihenfolge einzelner Prägungsvorgänge ist von Art zu Art verschieden. Gänse werden erst auf die Mutter, dann auf soziale Verhaltenspartner und danach erst sexuell geprägt. Bei Dohlen liegt aber die Prägbarkeit sexueller Reaktionen vor der der Nachfolgereaktion, die unmittelbar vor dem Flüggewerden liegt. Die Wirksamkeit der Nachfolgeprägung wird dann nach zwei bis drei Tagen sichtbar, die der sexuellen erst nach zwei Jahren. Bei der Gesangsprägung erwirbt das Tier ein Erinnerungsbild des gehörten Gesanges. Viel später erlernt es dann die komplizierte Bewegungsfolge der vielen, beim Singen beteiligten Muskeln. Der wahrgenommene Gesang wird dabei immer wieder am gespeicherten Bild verbessert. Vögel mit gestörtem Hörvermögen gelingt diese Verbesserung nicht.

Weitere Prägungsarten

Ortsprägung
Prägung auf bestimmte Kennzeichen des Geburtsortes; bei Lachsen und anderen Wanderfischen Prägung auf den Geschmack des Wassers; Orientierung am Wassergeschmack bei der Rückkehr vom Meer zum Heimatgewässer; durch Umsetzungsexperimente bewiesen, praktische Bedeutung bei der Wiederbesiedlung von Gewässern

Biotop-Prägung
dauerhafte Festlegung der Bevorzugung eines bestimmten Lebensraumes; nach Wanderjahren oder zur Fortpflanzung wird das gleiche oder ein ähnliches Biotop aufgesucht; bei vielen Singvögeln und Säugetieren

Nahrungsprägung
rasche und dauerhafte Festlegung einer Nahrungspräferenz, oft bei der ersten Nahrungsaufnahme; bei spezialisierten Insekten, manchen Schlangen- und Schildkrötenarten

Prägung auf das eigene Junge
Prägung auf den Geruch des Jungen direkt nach der Geburt; Akzeptieren des Jungen und Wiederfinden aus einer großen Gruppe gleichaltriger Jungtiere heraus; kurze sensible Phase, durch starke Hormonausschüttung *(Oxytocin)* gesteuert; bei vielen Huftieren, z. B. Gnus und Ziegenarten

Prägung bei Brutparasiten
Prägung auf bestimmte Eigenschaften der Wirtseltern; bei Witwenvögeln (Brutparasiten) Prägung der Jungen auf den Gesang der Wirtseltern; Balzgesang des Witwenmännchens ist Kombination aus angeborenem arteigenem Gesang und geprägtem Gesang; Reaktion darauf nur von Weibchen, die auf den gleichen Wirtsvogel geprägt sind; so nur Paarung von Tieren, die von der gleichen Wirtsvogelart aufgezogen wurden, die daher als Jungvögel die richtige, d. h. bei dieser Wirtsvogelart Brutpflege auslösende Rachenzeichnung hatten; Rachenzeichnung wird vererbt, die Jungen eines Paares haben daher wieder die gleiche Rachenzeichnung wie die Eltern; Gesang der Wirtsvögel ist Auslöser für die Auswahl des Nestes und die Eiablage in das gewählte Nest

3.4.7 Nutzen des Lernens

Tierisches Verhalten ist außerordentlich vielfältig. Es ist daher nicht möglich, jedes Lernverhalten eines Tieres eindeutig einer Kategorie der verschiedenen Lernarten zuzuordnen. Ebenso ist es bei vielen tierischen Handlungen nicht nur nicht möglich, sondern auch nicht sinnvoll und angemessen, anzugeben, ob sie instinktiv erfolgen oder erlernt sind. Die meisten Instinkthandlungen sind keineswegs in allen Einzelheiten genetisch determiniert und unveränderbar. Die früher oft angewandte Entweder-Oder-Einteilung der Verhaltensweisen in entweder angeboren oder erlernt ist durch die heutige Auffassung einer großen Komplexität des Zusammenwirkens von Instinktverhalten und verschiedenen Lernarten ersetzt worden.
Durch Lernen geschieht sozusagen die Feinabstimmung vieler Verhaltensweisen, die zunächst instinktiv erfolgen. Ein oder zwei Tage alte Aztekenmöwen picken nach fast jedem spitzen Gegenstand, den man ihnen vorhält. Mit drei bis vier Tagen muss eine Attrappe, die das Picken auslösen soll, schon einem Aztekenmöwenkopf ähnlich sein. Wenn sie noch älter sind, kennen sie ihre Mutter und ihren Vater individuell und betteln nur sie an.
Die Umwelt vieler Tiere ist höchst komplex und enthält eine sehr große Zahl von Objekten und Lebewesen, die für ein Individuum jeweils eine sehr unterschiedliche Bedeutung haben können. Es ist daher unvorstellbar, dass Tiere dafür komplette Verhaltensprogramme haben können, die das Überleben ermöglichen. Einfaches Überleben reicht zudem auch nicht, da es für jedes Einzeltier darauf ankommt, in der innerartlichen Konkurrenz erfolgreich zu sein. Das Erfolgsrezept dafür heißt: schon gut angepasst zu sein und sich durch Lernen noch besser anzupassen. Genetisch festgelegte Verhaltensweisen sind bei Veränderungen der Umweltbedingungen nachteilig, weil sie nur durch langwierige Evolutionsprozesse angepasst werden können. Die vielen von Autos überfahrenen Igel veranschaulichen diesen Zusammenhang: Gegen Autos ist Einrollen ein ungeeignetes Mittel. Durch Lernen können dagegen vorteilhafte Anpassungen innerhalb von Tagen oder sogar Stunden erworben werden. Außerdem sind Lernprozesse meist reversibel. Daher können sich Tiere durch Lernen immer wieder neu auf veränderte Umweltbedingungen einstellen.

Lerndispositionen. Trotz des großen Nutzens des Lernens ist es keineswegs so, dass jede Tierart jede beliebige Verhaltensweise lernen könnte. Das gilt auch für Tiere, die in vieler Hinsicht erstaunliche Lernleistungen zeigen und auch für Handlungen, die durchaus für die Tiere ausführbar wären. Die Grundthese des Behaviorismus, dass es leicht sei, jede Handlung zu konditionieren, die ein Tier überhaupt ausführen kann, ist durch diese Erkenntnisse widerlegt. Tiere können vielmehr manche Handlungen nicht, manche andere jedoch besonders gut erlernen. Man bezeichnet das als **Lerndisposition**. Damit ein Tier etwas lernen kann, muss sein Nervensystem genetisch festgelegte Eigenschaften haben, die es ermöglichen Informationen aufzunehmen, mit deren Hilfe das Verhalten in spezifischer Weise verändert wird. Die Selektion begünstigte die Lernfähigkeiten, die geeignet waren, das Überleben unter den herrschenden ökologischen Bedingungen zu ermöglichen.
Tiere zeigen bei Lernversuchen auch sehr unterschiedliche Leistungen, was die Schnelligkeit, mit der gelernt wird, betrifft. Auch das bezeichnet man als Lerndisposition. Ratten lernen es sehr schnell und dauerhaft, sich in einem Labyrinth zurechtzufinden. Wüstenmäuse können das auch, aber nur in zweidimensionalen Labyrinthen. In dreidimensionalen Versuchsanordnungen zeigten sie sich als wenig lernfähig. Die Lerndispositionen stehen also in Beziehung zur Umwelt und Lebensweise der Tiere: Ratten leben in ausgedehnten dreidimensionalen Gangsystemen. Wüstenmäuse haben dagegen eine zweidimensionale flache Umwelt, an die ihre genetisch festgelegten Lerndispositionen angepasst sind.
Die Fähigkeit, aus Erfahrungen zu lernen, ist besonders dann nützlich, wenn sich ein Individuum an verschiedenartige Bedingungen anpassen muss, die vor seiner Geburt nicht feststehen und sich während seines Lebens möglicherweise noch ändern. Spezifische Lernmechanismen helfen einem Tier dann, sein Verhalten auf die wichtigsten Umweltfaktoren zu konzentrieren und das „Richtige“ zu lernen. Fehlende oder sehr schwache Lerndispositionen verhindern oder verringern das Risiko, dass Tiere etwas Unwichtiges oder für sie Unbedeutendes lernen und sich mit nicht effektiven Objekten abgeben.
Viele Menschen vertreten die Meinung, dass das sehr flexible Lernen den im Vergleich dazu starren und einfachen angeborenen Verhaltensweisen überlegen sei. Diese selbstgefällige Sichtweise des Lernspezialisten Mensch ist ungerechtfertigt: Es ist keineswegs immer vorteilhaft, sein Verhalten durch Lernen zu verändern. Tiere können auch falsche und schädliche Verhaltensweisen lernen. Lernen ist zudem mit hohen Kosten verbunden, weil ein komplizierter Lernapparat aufgebaut und unterhalten werden muss. Daher haben auch viele Tierarten mit wenig ausgeprägtem Lernverhalten bis heute überlebt.

Vorsicht und Lebenserfahrung

Eisgraue Murmeltiere haben oft in Abhängen zwischen Felsgeröll ihre Höhlen. In der nahen Umgebung der Höhlen zwischen den Steinbrocken gibt es für sie wenig zu fressen. Sie müssen sich von den Höhlen entfernen, um Nahrung zu finden. Je weiter die Stellen von den Höhlen entfernt sind, desto ertragreicher, weil fruchtbarer und weniger intensiv abgegrast, sind sie. Man fand heraus, dass sich Murmeltiere verschiedenen Alters sehr unterschiedlich verhalten (siehe Säulendiagramm). Man beobachtete außerdem, dass die grasenden Jungtiere mehr Zeit aufwenden, um nach Feinden wie Adlern oder Kojoten Ausschau zu halten, als ältere Tiere.

A 1 Beschreiben Sie die im Säulendiagramm dargestellten Ergebnisse und erklären Sie das unterschiedliche Verhalten von jungen und erwachsenen Murmeltieren. Beziehen Sie dabei die Aspekte Kosten, Nutzen und Risiko ein.

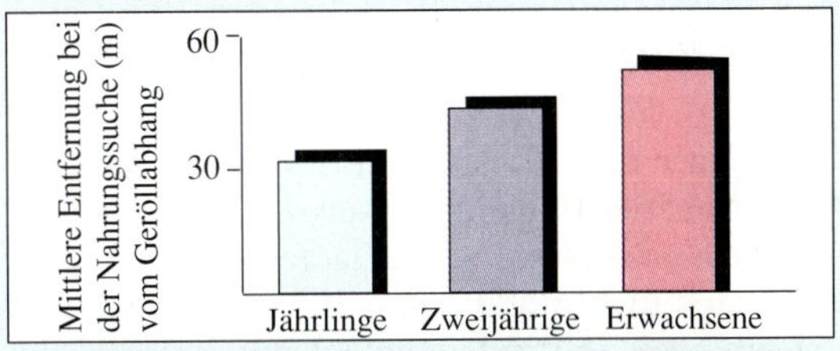

Können und Nichtkönnen

Bei Laborratten hat man untersucht, wie sie auf unangenehme Erfahrungen reagieren. Man setzte sie dazu zwei unterschiedlichen Empfindungen aus: Erstens wurde durch Röntgenbestrahlung Übelkeit ausgelöst, die einer leichten Vergiftung ähnelte. Zweitens erhielten die Ratten über Strom führende Drähte an bestimmten Stellen des Käfigbodens elektrische Schläge an den Füßen.

Der Versuch lief in folgenden Teilschritten ab:

1a) Immer wenn die Ratten getrunken hatten, wurden sie bestrahlt. Daraufhin wurde ihnen übel.

1b) Nach jedem Trinken erhielten die Versuchstiere elektrische Schläge.

Nach mehrmaliger Wiederholung konnte Folgendes beobachtet werden: Nach der Bestrahlung mieden die Ratten das Getränk, nach den Stromschlägen änderte sich ihr Verhalten nicht, sie tranken weiterhin von der Flüssigkeit. Man setzte den Versuch fort, indem man mit einem weiteren Reiz arbeitete:

2a) Es wurden Töne erzeugt, denen nach kurzer Zeit Stromstöße folgten. Die Ratten hatten die Möglichkeit, auf einen Holzklotz zu klettern, auf dem sie keine Stromstöße bekamen.

2b) Unmittelbar nach den Geräuschen wurden die Tiere bestrahlt.

Folgendes wurde beobachtet: Nach einem Stromstoß kletterte die Ratte auf den Klotz. Nach mehrmaliger Reizkombination Ton – Stromstoß, kletterte die Ratte auch dann auf den Klotz, wenn sie nur dem Ton, nicht aber dem Stromstoß ausgesetzt wurde.

Anders hingegen war das Ergebnis des Teilversuchs 2b): Auch nach vielen Wiederholungen der Aufeinanderfolge von Geräusch und Bestrahlung (= Übelkeit) reagierte die Ratte nicht mit Vermeideverhalten, wie z. B. auf den Klotz zu klettern.

A 1 Erläutern Sie am Beispiel des Versuchs 2a) den Begriff „Klassische Konditionierung“.

A 2 Warum spricht man bei der Klassischen Konditionierung von einem Lernvorgang?

A 3 Erläutern Sie, was die Ratten in diesen Versuchen außerdem gelernt und was sie *nicht* gelernt haben. Erklären Sie in diesem Zusammenhang das Versuchsergebnis.

3.5 Kognitive Leistungen

3.5.1 Unterschiede und Ähnlichkeiten – Abstrahieren und Generalisieren

Hunde kennen das Geräusch, das ihr Futternapf beim Aufsetzen auf den Fußboden erzeugt. Kaum hören sie es, kommen sie auch schon angelaufen, um zu fressen. Tauben kann man mithilfe von Belohnungen darauf dressieren, von drei gezeigten Mustern nur auf das achsensymmetrische zu picken. Nach einigen Wochen können sie mehr als 50 symmetrische von unsymmetrischen Mustern unterscheiden. Sie picken auch bei ganz neuen Mustern nur auf die Signalscheibe, wenn auf ihr eine symmetrische Figur zu sehen ist.

Bei kleinen Kindern, die noch nicht sprechen können, kann man beobachten, dass sie spontan, spielerisch und ohne Anleitung farbige und farblose Bauklötze auseinander sortieren und zusammenlegen.

Die Hunde im ersten Beispiel machen etwas recht Einfaches: Sie assoziieren das Geräusch des Napfes beim Hinstellen mit dem Vorhandensein von Nahrung. Die dressierten Tauben und spielenden Kleinkinder leisten dagegen mehr und vor allem etwas wesentlich anderes: Ihre Wahl symmetrischer Figuren bzw. farbiger Bauklötze setzt einen Kategorisierungsvorgang voraus: Sie müssen imstande sein, das Besondere und damit die Gemeinsamkeiten der Gegenstände zu erkennen. Sie können also **generalisieren** und – da sie gemeinsame Merkmale auch bei ansonsten völlig neuen Figuren wieder erkennen – auch **abstrahieren.** Solche und ähnliche Leistungen, bei denen eine komplexe Verarbeitung von Wissen stattfindet und neu erworbene Informationen auf sinnvolle Weise miteinander verknüpft werden, bezeichnet man als **Kognition.**

Wenn man Hühner, Hunde oder Affen vor einen Zaun setzt, hinter dem ein Futterbrocken liegt, versuchen die Hühner lange und vergeblich auf direktem Weg an das Futter zu gelangen. Sie kratzen, picken und stoßen so lange gegen den Zaun, bis sie – durch Zufall – an sein Ende kommen und dann zum Futter laufen. Auch Hunde rennen zunächst oft direkt auf das Futter zu und werden vom Zaun aufgehalten, entscheiden sich dann aber dafür, um den Zaun herumzulaufen. Affen laufen in der Regel sofort seitwärts los und holen sich ohne zu zögern das Futter. Sie sind sich also darüber im Klaren, dass ihnen erst das *Entfernen* vom Futter sein *Erreichen* ermöglicht. Auch Chamäleons sind in der Lage, Ziele über Umwege zu erreichen, während Hühner – die wir doch als Nachfahren von Reptilien für höher entwickelt und damit intelligenter halten könnten – über diese Fähigkeit offenbar nicht verfügen. Viele Tiere erweisen sich in bestimmten Situationen als unerwartet intelligent, während sie in anderen überfordert sind. Man spricht daher von **bereichsspezifischer Intelligenz,** die sich zur Bewältigung spezifischer Lebenssituationen in der Evolution als nützlich erwiesen hat: Chamäleons, die sich ihre Beute in einer komplexen, dreidimensionalen Umwelt suchen müssen, würden vermutlich verhungern, wenn sie nicht in der Lage wären, Umwege einzuschlagen.

Sprache ist für geistige Leistungen offensichtlich keine Voraussetzung. Man spricht daher auch von **averbalem Denken** und – wenn z. B. Gegenstände anhand ihrer Farben oder Formen klassifiziert werden – von **averbalen Begriffsbildungen.** Schimpansen verfügen sogar über **averbale Wertvorstellungen:** Münzen, mit denen sie Leckerbissen aus Automaten ziehen können, behandeln sie ihrem Wert entsprechend, indem sie mehr Mühe aufwenden, um an wertvollere Münzen zu kommen.

60.1 Averbales Denken bei Tauben

3.5.2 Keineswegs eine menschliche Besonderheit – einsichtiges Handeln

Von dem Schweizer Biologen und Verhaltensforscher HANS KUMMER stammt die folgende Verhaltensbeobachtung bei Mantelpavianen: Eine Paviangruppe saß auf einer Felsterrasse. Eins der Pavianweibchen rückte im Sitzen ganz langsam vom dominierenden Männchen der Gruppe fort auf einen hohen Steinblock zu. Das langsame Fortrücken dauerte etwa 20 Minuten. Hinter dem Stein saß ein jüngeres Männchen. Das Weibchen nahm eine Position ein, in der das ranghohe Männchen seinen Rücken sehen konnte, nicht aber seine Arme. Das rangniedere Männchen machte sich ganz klein, war für den Ranghohen nicht sichtbar und genoss es sichtlich, vom Weibchen gepflegt zu werden.

Eine solche einmalige Beobachtung wie diese bezeichnet man als *Anekdote*. Viele Beobachtungen ähnlicher Ereignisse sind anekdotenhaft und deswegen sehr schwer zu analysieren und kaum schlüssig zu deuten: Das Verhalten des Pavianweibchens könnte reiner Zufall sein, es könnte aber auch geplant gehandelt haben. Das würde bedeuten, dass das Weibchen das rangniedere Männchen lausen wollte, die aggressive Reaktion des ranghohen Männchens erwartet hat und sie vermeiden wollte, indem es sich außer Sicht bewegte. Um das ranghohe Männchen nicht aufmerksam zu machen, bewegte sich das Weibchen ganz langsam in die geeignete Position. Es wusste genau, dass ihr Rücken noch sichtbar war, dass sie also für das Männchen noch unter Kontrolle war. Sie wusste weiter, dass ihre verbotene Tätigkeit für das Männchen nicht zu sehen sein konnte, sie hatte also eine Vorstellung davon, wie die räumliche Anordnung aus der Perspektive des Männchens war.

Es wird sich niemals entscheiden lassen, auf welcher Grundlage das Pavianweibchen gehandelt hat. Dennoch sind solche Anekdoten – diese Meinung setzt sich immer mehr durch – keineswegs wissenschaftlich wertlos. Anekdoten, noch dazu wenn es viele von ihnen gibt und sie ähnliche Situationen und Ereignisse widerspiegeln, können dazu dienen, Arbeitshypothesen für weitere Beobachtungen und Untersuchungen aufzustellen und dadurch neue Erkenntnisse zu gewinnen. KUMMER versuchte experimentell zu überprüfen, ob Affen imstande sind, sich selbst aus der Perspektive eines anderen zu sehen – mit negativem Resultat. Nur Menschenaffen und Menschen

scheinen sich nach bisherigen Erkenntnissen in andere Personen hineinversetzen zu können.

Dass Menschenaffen auch zu anderen bemerkenswerten Leistungen in der Lage sind, wies der deutsche Psychologe WOLFGANG KÖHLER schon vor über 70 Jahren nach: Im Gehege eines Schimpansen wurde eine Banane so an die Decke gehängt, dass sie für das Tier nicht erreichbar war. Im Gehege befanden sich jedoch Kisten, mit denen das Tier zuvor schon Erfahrungen beim Spielen gemacht hatte. Allerdings hatte es bisher immer nur eine Kiste zur Verfügung. Der Schimpanse schleifte sofort eine Kiste unter die Banane, stieg auf sie und streckte seine Arme nach der Banane aus, ohne sie erreichen zu können. Darauf setzte sich der Schimpanse eine Zeit lang hin, blickte von einer Kiste zu einer anderen und noch zu einer, dann zur Banane an der Decke und auf den Platz unter der Banane auf der Erde, wo die erste Kiste stand. Er wiederholte die Folge von Blicken mehrmals, ging dann zielstrebig zu den Kisten, schleifte sie heran, stapelte sie aufeinander, stieg darauf und holte die Banane. Diesen Versuch wiederholte KÖHLER mit mehreren Schimpansen.

Die Handlung des Schimpansen scheint geplant gewesen zu sein. Während er saß und gezielt auf die verschiedenen Objekte schaute, schien er nachzudenken. Er führte dann die Handlung zügig durch, ohne zu probieren. Bei ähnlichen Versuchen sorgte man dafür, dass der Erfolg der Handlung ausblieb, weil die Banane etwas zu hoch hing. Die Schimpansen bekamen daraufhin Wutanfälle oder setzten sich von der Banane abgewandt in eine Ecke. Ihre Enttäuschung zeigt, dass sie den Erfolg ihrer Handlung erwartet hatten. Die Tiere hatten also in einer ganz neuen Situation Zusammenhänge erfasst, einzelne Handlungen zielorientiert hintereinander ausgeführt und das Ergebnis der Handlung durch Denken ermittelt, ehe sie sie ausgeführt hatten. Man nennt solches Verhalten **einsichtiges Verhalten.** Schimpansen können also offensichtlich einsichtig handeln. Erkennen kann man das aber nur, wenn man die Handlung beim ersten Ausführen beobachtet oder dokumentiert. Der Schimpanse könnte ja die Handlungsabfolge auch Schritt für Schritt durch Probieren oder Nachahmen erlernt haben. Dann wäre es kein spontan neu kombiniertes Verhalten, bei dem die kausalen Zusammenhänge zwischen den Objekten, die Auswirkungen der Einzelhandlungen und das Ergebnis der Gesamthandlung an einem inneren Modell der Umwelt im Nervensystem ermittelt werden.

Kanzi

Seit gut zwölf Jahren ist ein Bonobo (als Bonobos bezeichnet man eine von zwei Schimpansenarten), dem man den Namen Kanzi gegeben hat, die Quelle ganz erstaunlicher Erkenntnisse in der Sprach- und Kognitionsforschung. Kanzi wurde von seiner Geburt an überwiegend von SUE SAVAGE-RUMBAUGH, einer Professorin für Biologie und Psychologie am Sprachforschungszentrum der Georgia State University in den USA, betreut. Wie manchmal in Forschung und Wissenschaft spielte der Zufall eine entscheidende Rolle. Eigentlich sollte nämlich Kanzis Mutter ausgebildet werden. Sie sollte eine künstliche Sprache lernen, deren Bestandteile Symbole, so genannte Lexigramme, waren, die ihr mit Bildern auf Tafeln oder an einer Tastatur dargeboten wurden. Kanzi war die ganze Zeit dabei, als seine Mutter unterrichtet wurde, mit mäßigem Erfolg übrigens, wie sich nach Jahren zeigte. Man hielt Kanzi nach allen Erfahrungen, die man bisher gemacht hatte, für noch viel zu jung, um ihn zu unterrichten. Kanzi verhielt sich zu dem, was seine Mutter machte, mal völlig gleichgültig, mal schaute er sehr aufmerksam zu, mal betätigte er auch spielerisch die Tastatur und untersuchte neugierig einige Gegenstände. Mit knapp zwei Jahren wurde Kanzi vorübergehend von seiner Mutter getrennt. In dieser Zeit kam sein erster großer Auftritt: Man hatte in den Labors alles unverändert gelassen, um Kanzi nicht auch noch zusätzlich zur Trennung von seiner Mutter zu beunruhigen. Kanzi konnte daher an alle Geräte herangehen. Zum Erstaunen von SUE SAVAGE-RUMBAUGH beherrschte Kanzi eine ganze Reihe von Symbolen: Er kannte ihre Bedeutung und wandte sie richtig an, um Futter zu erhalten oder um Wünsche zu äußern. Kanzi hatte so gelernt, wie z. B. menschliche Kleinkinder vieles auch lernen: nicht durch Schulung oder Lernprogramme, sondern durch Zusehen, Verstehen und Nachahmen. Kanzi und andere Bonobos, die man in den folgenden Jahren nach „ihren Methoden“ lernen ließ, offenbarten ganz erstaunliche Fähigkeiten und Leistungen.

Kann Kanzi denken?

„Denken besteht in der Handhabung des eigenen geistigen Abbildes der Welt...durch den Nervenapparat“, definiert SUE SAVAGE-RUMBAUGH. Sie ist davon überzeugt, dass Kanzi denken kann, und gibt dafür eindrucksvolle Beispiele:

1. Kanzi erkennt sich selbst im Spiegel (andere Menschenaffen können das auch) und auch im Fernsehbild. In beiden führten Bonobos Manipulationen an sich aus und betrachteten bestimmte Körperteile ganz genau, z. B. durchbrechende Zähne oder kleine Verletzungen am Kopf. Sie können frühere Aufnahmen von sich selbst von Liveaufnahmen unterscheiden.

2. Ein Bonobo wollte gern mit einer Fernsehkamera in seinen Rachen sehen, was ihm im Spiegel nicht gelang. Mit der Kamera ging das unter ziemlichen Verrenkungen, jedoch war es zu dunkel, um Einzelheiten erkennen zu können. Daraufhin holte der Bonobo spontan eine Taschenlampe, die er kannte und mochte, die aber noch nie zu einer entsprechenden Aktion verwendet worden war. Nach einer gründlichen Betrachtung seines nun gut erkennbaren Halsinneren schien der Bonobo sichtlich zufrieden zu sein (was nur ein Kenner und Vertrauter der Tiere beurteilen kann).

3. Kanzi machte oft und sehr gern Spaziergänge im Wald. Er kannte fast 20 verschiedene Plätze, die regelmäßig aufgesucht wurden. Kanzi signalisierte vorher genau, wohin er gehen wollte. Er wählte bei einem Versuch elf dieser Stellen selbstständig aus und ging dann in der Begleitung einer Wissenschaftlerin, die sich nicht auskannte, ihm also auch keine Hilfen geben konnte, den kürzesten Weg zu allen Orten. Kanzi hatte also die Landkarte des Gebietes im Kopf (mentale Repräsentation). Er wusste sogar, dass seine Begleiterin sich nicht auskannte, denn er nutzte die Gelegenheit zu einem Umweg, der ihn in ein Gebiet führte, das er sonst nicht betreten durfte. Er brachte also schon gespeicherte Informationen in völlig neue Zusammenhänge.

4. Kanzi gab anderen Bonobos Anweisungen, wenn diese nicht verstanden, was SUE SAVAGE-RUMBAUGH von ihnen wollte oder ihr nicht gehorchten.

Kann Kanzi sprechen?

Kanzi kann nicht so sprechen, wie Menschen sprechen. Er kann nämlich wegen der Lage seines Kehlkopfes keine Konsonanten bilden, sondern lediglich Vokale. Sprache muss jedoch nicht ausschließlich als menschliche Wortsprache verstanden werden. Wir sprechen ja auch von Körpersprache oder Computersprache. Sprache zeichnet sich nach Ansicht vieler Sprachwissenschaftler durch die folgenden Kennzeichen aus:

1. Eine jede Sprache hat einen **Wortschatz,** eine **Lexik,** das ist eine Menge von genau definierten Zeichen, die jeweils einen eigenen Symbolgehalt haben, also etwas Bestimmtes bezeichnen. Die einzelnen Zeichen müssen beliebig mit anderen kombinierbar sein, dabei jedoch ihre spezifische Bedeutung behalten.
2. Die Beziehung zwischen Worten oder Symbolen muss **semantisch** sein. Das bedeutet, dass zwei miteinander kombinierte Zeichen keine reine Aufzählung sind, sondern die Kombination der Zeichen eine **neue Bedeutung** hat, die keines der Zeichen allein hat.
3. Sprache ist **syntaktisch.** Es gibt **Regeln,** wie die Symbole miteinander kombiniert und angeordnet werden. Je nach Art der Anordnung ändert sich die Bedeutung. Diese Regeln gelten nicht für einzelne Symbole, sondern für Symbolkategorien, also für Zeichen, die z. B. Subjekt, Prädikat oder Objekt sind.
4. Sprache muss **produktiv** und **pragmatisch** sein. Sie muss sich in **neuen Situationen und Zusammenhängen** anwenden lassen und das ausdrücken und vermitteln können, was vermittelt werden soll.

Alle diese Kriterien waren bei Kanzis Sprachgebrauch nach einigen Jahren weiteren Lernens, das weitgehend so erfolgte, wie Kanzi das wollte, erfüllt. Die Überprüfung der Kriterien erfolgte wissenschaftlich abgesichert, z. B. durch Doppelblindversuche, bei denen der Aufgabensteller über Lautsprecher Anweisungen gab und der protokollierende Beobachter nicht wusste, welche Aufgabe überhaupt gestellt war:

1. Kanzi verwendete die Lexigramme so, dass sie immer den gleichen Symbolgehalt hatten. Das Symbol für Hund gebrauchte er z. B. in der Kombination „fangen"–„Hund" und in der Kombination „Hund"–„beißen". Er konnte jedes Symbol mit jedem anderen kombinieren und bildete dabei echte Neukombinationen, die niemals zuvor benutzt worden waren.
2. Die Kombinationen von Symbolen waren semantisch: „fangen"–„Hund" hat eine andere Bedeutung als die Symbole einzeln für sich. Aus den Symbolen „Hund" und „beißen" lassen sich sogar zwei ganz verschiedene Kombinationen bilden, die Kanzi ganz richtig verwendete, wenn er beim Spielen den Hund gebissen hatte oder dieser ihn.
3. Kanzi wendete syntaktische Regeln an, das zeigen ebenfalls die beiden Kombinationen aus „Hund" und „beißen". Er verstand die Beziehungen zwischen Symbolkategorien. Er unterschied z. B. die Wortstellung in den Kombinationen „Austin"–„fangen"–„Ball" und „Kanzi"–„besuchen"–„Austin" (Austin ist ein Schimpanse, mit dem Kanzi gerne spielt).
Kanzi verstand also, dass die Position eines Wortes im Satz ein formales Mittel ist, um eine bestimmte Bedeutung auszudrücken. Er verstand den Unterschied zwischen Subjekt, Prädikat und Objekt, er setzte immer das Subjekt vor das Objekt und das Prädikat hinter das Subjekt und vor das Objekt.
4. Kanzi wendete die Sprachregelkenntnisse auch in neuen Situationen und Zusammenhängen richtig an, und zwar so, dass sie schon bei der ersten Anwendung ihre richtige Kommunikationsfunktion hatten.

Kanzi hatte schon, bevor er seine durch Zusehen erlernten ersten Lexigrammkenntnisse offenbarte, Hinweisgesten erfunden und diese SUE SAVAGE-RUMBAUGH regelrecht beigebracht. Er lernte, auch wieder durch Zuhören und -schauen gesprochene menschliche Worte zu verstehen. Er erfand neue Laute zusätzlich zu den Lauten, die Bonobos untereinander zur Kommunikation verwenden. Kanzi war imstande, aus einem der verschiedenen Zeichensysteme in ein anderes zu übersetzen, also ein gesprochenes englisches Wort auf der Tastatur zu drücken oder eine menschliche Hinweisgeste in einen von ihm geschaffenen Laut.

Kann Kanzi sprechen? Wenn man damit ausschließlich die englische, deutsche oder eine andere menschliche Lautsprache meint, nein! Wenn man aber Sprache definiert als ein Kommunikationssystem mit Lexik, Syntax, Semantik und Pragmatik, dann beherrscht Kanzi eine Sprache. Kanzi hätte dieses System niemals gelernt, wenn er in seinem heimatlichen Urwald oder in einem normalen Zoo aufgewachsen wäre. Er hat Sprache nur durch die besonderen Umstände am Anfang und die spätere Ausbildung gelernt. Aber sein Gehirn, sein Nervensystem, hatte die Voraussetzungen für diese bemerkenswerten Leistungen. Wieso kann diese Leistungsfähigkeit vorhanden sein? Zwei Möglichkeiten stellt man sich heute dazu vor: Möglicherweise ist die Kommunikationsfähigkeit von Bonobos viel reicher als wir bisher wissen, und die Tiere lernen mit den Lexigrammen nur eine „Fremdsprache", die ähnlich strukturiert ist. Zudem könnte die Fähigkeit, averbal zu denken, die Grundlage sein, auf der Bonobos durch Umwelteinflüsse und Training ihre Sprache entwickeln.

3.5.3 Soziale Intelligenz und Empathie

Der amerikanische Verhaltensforscher EMIL MENZEL beschrieb, wie sich zwei Schimpansen gegenseitig auszutricksen versuchten: Zu einer Gruppe gehörte die intelligente, aber niederrangige Belle und der dominante, schlaue Rock. Belle allein hatte man bei Experimenten gezeigt, wo in einem Freigelände Futter versteckt war. Wenn Rock nicht anwesend war, führte Belle die ganze Gruppe direkt zur Futterstelle und die Tiere teilten sich das Futter. Wenn Rock bei der Gruppe war, näherte sich Belle dem Futter zunehmend langsamer, weil Rock die anderen Tiere sofort wegjagte und alles allein fraß. Belle deckte dann in der folgenden Phase kein Futter mehr auf, wenn Rock in der Nähe war. Sie wartete darauf, dass er woanders hinging, und holte dann erst das Futter. Rock merkte das bald, beobachtete genau und kam sofort zurück, sobald die Tiere nach dem Futter griffen. Als sich Belle daraufhin länger in der Nähe von verstecktem Futter aufhielt, ohne die Nahrung zu holen, untersuchte Rock selbst die Stellen und entdeckte meist das Futter. Belle reagierte, indem sie mehr Abstand von dem verborgenen Futter hielt, Rock konterte, indem er größere Gebiete absuchte. Als Belle die Möglichkeit bekam, Rock zu einer kleinen Portion Futter zu führen und selbst zu einer großen zu gehen, machte sie das sofort. Als Rock dann die kleine Portion ignorierte und sie dauernd beobachtete, bekam sie Wutanfälle.

Manche Wissenschaftler meinen, dass eine solche Eskalation von Taktik und Gegentaktik darauf hindeutet, dass die Tiere wissen, was der jeweils andere weiß und vorhat – dass sie also fähig sind, Artgenossen Wissen und Absichten zuzuschreiben. Andere Wissenschaftler sind hier zurückhaltender und meinen, dass auch einfachere Erklärungen nicht auszuschließen sind. Sicher ist aber, dass Primaten außerordentlich geschickte soziale Strategen sind, die sehr genau über die Verwandtschafts- und Rangbeziehungen der Mitglieder ihrer Gruppe Bescheid wissen und dieses Wissen zum eigenen Vorteil gezielt einsetzen. Rhesusaffenmütter reagieren beispielsweise ganz unterschiedlich auf das Schreien ihrer in Kämpfe mit Artgenossen verwickelten Kinder – je nachdem, wer deren Gegner ist. Handelt es sich um einen Kontrahenten, dem die Mutter überlegen ist, greift sie ein; wenn aber das andere Tier stärker ist oder auch nur einer ranghöheren Familie angehört, kommt sie ihrem Kind nur zu Hilfe, wenn sich dieses in ernsthafter Gefahr befindet. Eskalationen, die auch dem Kind letztlich nicht helfen würden, werden auf diese Weise vermieden. Informationen über die Identität des Gegners erhält die Mutter aus der Art, wie ihr Kind schreit – was erst durch aufwendige experimentelle Untersuchungen nachgewiesen werden konnte.

Die meisten Primaten leben in Gruppen, die ein komplexes Geflecht aus persönlichen Beziehungen, Verwandtschafts- und Rangverhältnissen darstellen. In einer solchen sozialen Umwelt erfolgreich zu agieren, bedeutet eine erhebliche Herausforderung an die intellektuellen Fähigkeiten, zumal sich das Verhalten von Primaten durch eine besonders hohe Flexibilität auszeichnet. Wer sich an den Ausgang früherer Interaktionen erinnern und den künftiger Interaktionen voraussehen kann, wird seine Chance, die eigenen Gene an die nächste Generation weiterzugeben, verbessern. Viele Wissenschaftler sind daher der Überzeugung, dass der Ursprung der bemerkenswerten menschlichen Intelligenz eben hier zu suchen ist: im sozialen Bereich.

Empathie. Mein Hund versteht mich ganz genau – meinen die meisten Hundebesitzer. Wissenschaftler stehen solchen Äußerungen eher skeptisch gegenüber. Dabei bezweifeln sie nicht, dass auch Tiere Gefühle haben – schließlich sind auch unsere Emotionen – die Fähigkeit, Trauer, Wut, Angst oder Freude zu empfinden – nicht vom Himmel gefallen, sondern in der Evolution entstanden. Aber das bedeutet nicht notwendigerweise, dass sich Tiere auch in die Gefühlswelt *anderer* Individuen hineinversetzen können – eine Fähigkeit, die man als Empathie bezeichnet. Es gibt zahlreiche Berichte von Elefanten, Delfinen und Primaten, die kranken oder verletzten Artgenossen helfen und damit zumindest ein gewisses Verständnis für deren Nöte offenbaren. Primaten sind Experten darin, die komplexe Mimik ihrer Artgenossen richtig zu deuten – eine Fähigkeit, die ihnen ohne Zweifel nützlich ist. Gleichzeitig scheint es ihnen aber Schwierigkeiten zu bereiten, zu erkennen, was in anderen vorgeht, wenn sie selbst nicht dasselbe empfinden. Kleinen Kindern geht es nicht anders: Auch sie erkennen nicht, dass sich das, was in ihrem eigenen Kopf vorgeht, möglicherweise von dem, was in dem Kopf einer anderen Person vorgeht, unterscheidet. Diese Fähigkeit bildet sich erst im Alter von etwa sechs Jahren heraus. Sich in eine andere Person hineinzuversetzen ist also keineswegs einfach.

Die Erforschung der Empathie bei Tieren befindet sich noch ganz am Anfang und stützt sich überwiegend auf erstaunliche, aber nicht beweiskräftige Anekdoten. Nach bisherigen Erkenntnissen scheinen Schimpansen und Bonobos zu Empathie fähig zu sein.

AUFGABEN

A1 Mit Buchfinken und einem lebenden Steinkauz machte man folgenden Versuch: Buchfinken reagieren auf lebende oder ausgestopfte Eulen mit Warnrufen und Scheinangriffen (Hassreaktion). Der den Buchfinken jeweils 20 Minuten dargebotene Steinkauz blieb, weil er gefesselt war, auf dem Baumstamm ruhig sitzen. Die Abbildung gibt die Anzahl der Reaktionen der Buchfinken (Durchschnittswerte) innerhalb von 15 Tagen wieder.

a) Welche Funktion hat die Hassreaktion der Buchfinken?
b) Erklären und begründen Sie die Verhaltensänderung der Buchfinken.

A2 Chickadee-Meisen verstecken Samen in Löchern und Ritzen von Ästen und Zweigen. Wenn sie später Hunger haben, holen sie die Samen wieder aus den Verstecken und fressen sie. Man brachte Meisen aus ihrem Haltungskäfig in eine Voliere mit vielen kleinen Bäumen und protokollierte, wo sich die Tiere wie lange aufhielten. Im zweiten Versuchsschritt konnten die Meisen Sonnenblumenkerne in Löchern verstecken, die man in einige der Bäume gebohrt hatte. Danach kamen die Meisen wieder in ihren Haltungskäfig. Man entfernte die Sonnenblumenkerne aus den Löchern und verschloss diese mit Klettverschlüssen. In andere Bäume bohrte man ebenfalls Löcher, die man genauso verschloss. Nach 24 Stunden durften die Meisen wieder in die Voliere und man ermittelte, wo sie sich wie lange aufhielten und nach Nahrung suchten. Die Ergebnisse zeigt die Abbildung.

a) Welchen Zweck haben die durchgeführten Versuchsschritte und einzelnen Maßnahmen dabei?
b) Erklären Sie das Ergebnis des Versuches.

A3 Bei Samtfaltern führte man Attrappenversuche durch, um herauszufinden, wodurch 1. das Nachfliegen der Männchen hinter Weibchen und wodurch 2. das Anfliegen von Blüten zur Nektarsuche ausgelöst wird. Man experimentierte mit Attrappen unterschiedlicher Farbe und kam zu den folgenden Ergebnissen:

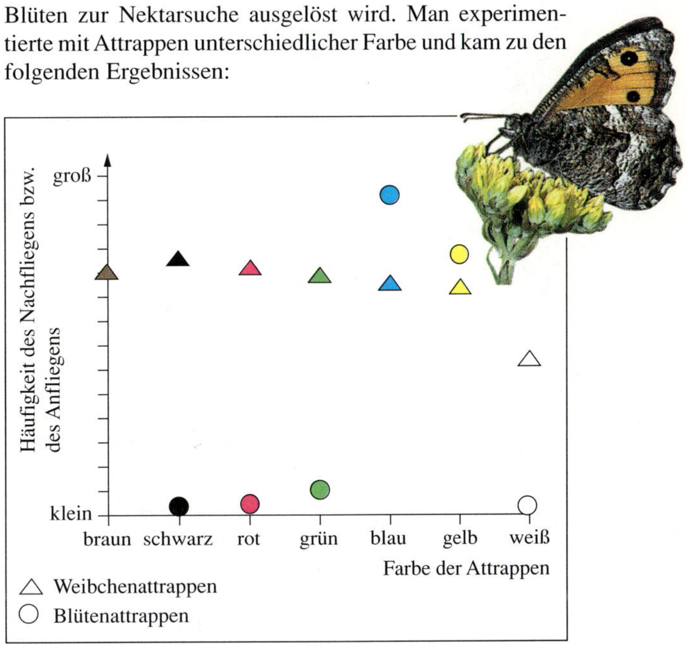

Welche Merkmale der Attrappen lösen das Nachfliegen bzw. das Anfliegen aus? Was sind also unter natürlichen Umständen Schlüsselreize für die Verhaltensweisen?

AUFGABEN

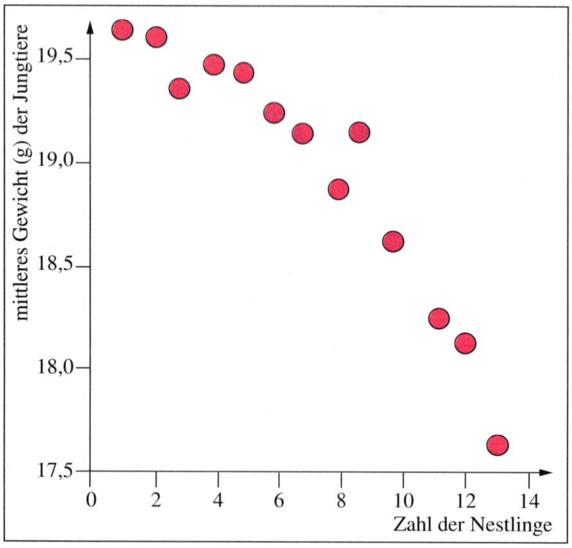

A4 Die Abbildungen geben wieder, wie das Gewicht von Kohlmeisenjungen von der Anzahl der Nestlinge abhängt und wie die Überlebensrate der ersten drei Monate nach dem Ausfliegen vom Gewicht beim Ausfliegen bestimmt wird.

a) Beschreiben Sie die Grafiken.

b) Erläutern Sie, warum die auf den ersten Blick plausible Hypothese, dass „es für die Fitnessmaximierung vorteilhaft ist, möglichst große Gelege zu haben", nicht richtig ist. Beschreiben Sie eine bessere Strategie.

A5 Spitzhörnchen (Tupajas) leben dauermonogam. Bei Versuchen bildete man Paare, indem man jeweils ein Weibchen und ein Männchen zufällig zusammensetzte. Nur in 20 % der Fälle entwickelte sich eine harmonische Partnerbeziehung, die man bei Tupajas daran erkennen kann, dass sich die Partner nach einer Trennung als Begrüßung ausgiebig belecken. Man maß bei 14 Tage lang harmonisch oder unharmonisch verpaarten Tupajamännchen jeweils die Ausschüttung von Sexualhormonen (z. B. Testosteron), die Erzeugung von Stresshormonen (z. B. Cortisol) und den Zustand des Immunsystems (Immunglobulin G). Die Werte wurden mit den Werten der einzeln lebenden Tiere vor der Verpaarung (Ausgangswerte) verglichen.

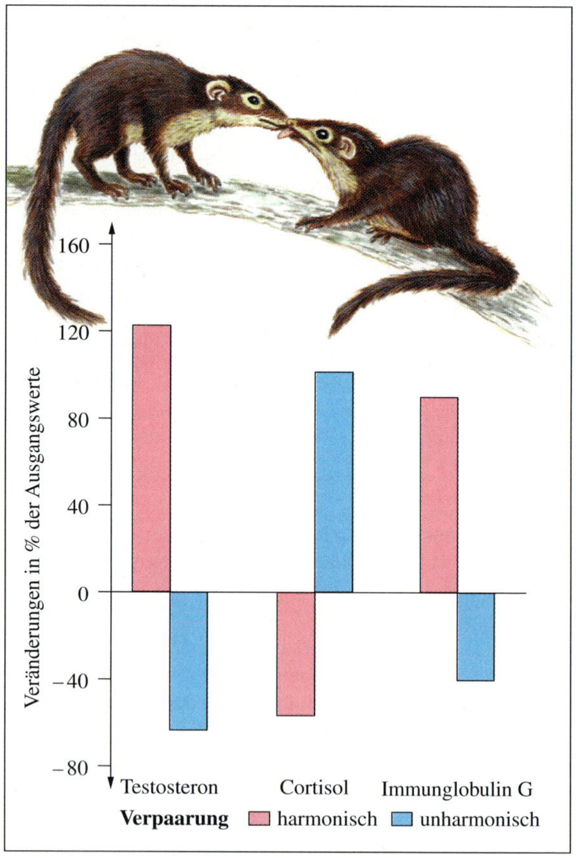

a) Welche Aussagen über die Geschlechterbeziehung bei Tupajas lassen die Angaben zu?

b) Was sagen die Messwerte aus? Welche Auswirkungen haben die angegebenen veränderten Stoffkonzentrationen?

c) Stellen Sie eine Hypothese über die Abhängigkeit des Reproduktionserfolges von der Art der Partnerbeziehung auf.

GLOSSAR

Adäquate Reize: Reize, für deren Aufnahme bestimmte Sinnesorgane spezialisiert sind

Aktionspotential: Spannungsumpolung an der Membran der erregten Nervenzelle von ca. 100 mV, Dauer 1–2 msec

Anekdote: einmalige Beobachtung

Averbale Denkvorgänge: Informationsverarbeitung bei Tieren und Menschen ohne Anwendung einer Sprache

Bedingte Reaktionen: durch Lernen abgewandelte, genetisch fixierte Reaktionen: bed. Reflex, bed. Hemmung, bed. Appetenz, bed. Instinkt

Behaviorismus: vor allem in Amerika beheimatete Richtung der Verhaltensforschung; versuchte, Verhalten und Verhaltensänderungen ausschließlich auf Reize aus der Umwelt zurückzuführen

Bereitschaft: auch Handlungsbereitschaft; innerer Zustand des verhaltenssteuernden Systems; bestimmt, welche Handlungen auf äußere Reize bevorzugt ausgeführt werden

Circadiane Rhythmen: endogen erzeugte, tagesperiodisch ablaufende Zustände eines Lebewesens

EAAM/EAM: heute kaum noch gebräuchliche Begriffe aus der Klassischen Ethologie; EAAM: durch Erfahrung modifizierte angeborene Auslösemechanismen; EAM: allein durch Erfahrung erlernte Auslösemechanismen

Empathie: die Fähigkeit, sich in andere Lebewesen hineinversetzen zu können

Erbkoordination: Instinktbewegung; aus der älteren Verhaltensbiologie stammender Begriff, der eine starre Folge von Bewegungen bezeichnet

Genetischer Fingerabdruck: molekularbiologische Methode, die aufgrund der hohen Variabilität bestimmter DNA-Sequenzen erlaubt, Individuen z. B. anhand von Blutspuren zu identifizieren oder Vaterschaften festzustellen

Gesamtfitness: auch inklusive Fitness; die Summe der durch *direkte Fitness,* d. h. durch eigene Nachkommen, und der durch *indirekte Fitness,* d. h. durch Verwandtenunterstützung, weitervererbten Gene

Gewöhnung: auch Habituation; Abschwächung der Reizwirkung nach mehrmaligem Auftreten des Reizes

Handlungskette: Folge von Einzelhandlungen, deren jede den Schlüsselreiz für die Ausführung der nächsten liefert

Humanethologie: „Biologie des menschlichen Verhaltens“; untersucht sowohl stammesgeschichtlich als auch kulturell und individuell erworbene bzw. modifizierte Verhaltensmuster

Individualselektion: die natürliche Auslese greift immer am Phänotyp eines Individuums an; Gegensatz: Gruppenselektion

Infantizid: Kindestötung; oft durch männliche Tiere bei der Übernahme eines neuen Rudels

Kognition: Erkennen, Wahrnehmen; Fähigkeit, neue Informationsinhalte auf sinnvolle Weise miteinander zu verknüpfen

Leerlaufhandlung: Begriff aus der Klassischen Ethologie: aufgrund von gestauter Triebenergie läuft eine Instinkthandlung auch ohne Auslöser ab; konnte nicht wissenschaftlich nachgewiesen werden

Lerndisposition: Veranlagung, bestimmte Dinge bevorzugt lernen zu können

Lernen: Veränderung der Verhaltenssteuerung aufgrund individueller Erfahrung

Lexik: Wortschatz einer Sprache

Pheromon: hormonartiger Stoff, der außerhalb des Körpers wirksam wird und Artgenossen zu bestimmten Handlungen anregt, z. B. Sexuallockstoffe

Prägung: Lernvorgang, der in der Regel nur in einer sensiblen Phase während der Jugend möglich und irreversibel ist

Proximate Ursachen: unmittelbare (physiologische oder psychologische) Mechanismen der Verhaltenssteuerung bzw. -entwicklung

Reiz: besonderer Umwelteinfluss, der von einem Lebewesen durch spezialisierte Sinnesorgane aufgenommen werden kann

Reizschwelle: untere Grenze der Empfindlichkeit eines Sinnesorganes

Reizsummenphänomen: mehrere Schlüsselreize wirken zusammen stärker als ein einzelner allein

Ritualisierung: vom Ursprungszusammenhang losgelöste Handlungen bekommen eine neue Bedeutung

Ruhepotential: Spannung zwischen Innenraum und Außenraum einer lebenden, ruhenden Zelle

Schlüsselreiz: Reiz, der über einen AAM ausgewertet wird

Selektion: „Natürliche Auslese“; zentraler Begriff der DARWINschen Evolutionstheorie; bewirkt die Ausbreitung des Erbgutes jener Individuen, die an bestimmte Umweltbedingungen besser angepasst sind als konkurrierende Individuen

Semantik: Beziehung zwischen Zeichen und Bedeutung, Sinn der Wörter einer Sprache

SKINNER-Box: Versuchsgerät, das das Assoziationslernen von Tieren zu untersuchen erlaubt; Verstärkung des Lernerfolges durch Belohnung

Soziobiologie: Wissenschaft, die das Sozialverhalten von Tieren und Menschen konsequent durch Individualselektion und den genetischen Eigennutz von Verhalten erklärt

Synapse: Verbindung zwischen zwei Neuronen

Syntax: Regeln für die Anordnung der Zeichen einer Sprache

Triebenergie: „Bereitschaft zu einer Instinkthandlung“; überholter Begriff der Klassischen Ethologie

Ultimate Ursachen: „Zweckursachen“; beziehen sich auf den Selektionsvorteil, der mit einer Struktur oder einem Verhaltensmuster verbunden ist

4 Ultimate Ursachen von Verhalten

4.1 Ernährungsverhalten

Tiere können nur überleben, wenn sie genügend fressen. Je nach Ernährungsweise haben Tiere unterschiedliche Probleme bei ihrer Nahrungsbeschaffung: **Pflanzenfresser** (Herbivoren) müssen ihr Futter lediglich auffinden. Weil Pflanzen nicht fortlaufen, können sie dann in Ruhe fressen – es sei denn, sie werden durch Fressfeinde oder andere Konkurrenten gestört. Außerdem haben viele Pflanzen chemische oder mechanische Abwehrmechanismen. Dadurch ist die Menge der geeigneten Futterpflanzen eingeschränkt. **Fleisch fressende Tiere** (Karnivoren) müssen ihre Beutetiere zunächst aufspüren. Das ist oft viel schwieriger als bei Pflanzen, weil sich Beutetiere geschickt verbergen. Viele Beutetiere fliehen vor der drohenden Gefahr, die ein Räuber (Prädator) für sie darstellt. Für den Jäger stellt sich damit die Frage, ob sich – bezogen auf die Energiebilanz – die Kosten der Jagd im Vergleich mit ihrem Ertrag lohnen. Er muss weiterhin das Beutetier überwältigen, auch dabei verbraucht er Energie. Eventuell geht er das Risiko ein, in einen Kampf verwickelt zu werden, der zu Verletzungen führt. Oft ist auch der Verzehr der Beute noch kostenträchtig, wenn z. B. eine harte Schale geknackt werden muss wie bei Muscheln oder Krebsen. Schließlich muss ein erfolgreicher Jäger seine Beute behalten, um sie zu verzehren. Er muss also imstande sein, sie gegen außer- und innerartliche Konkurrenten zu verteidigen. Eine wenig ergiebige Beute zu verteidigen, lohnt sich eventuell nicht. Alle diese Probleme erfordern von den betroffenen Tieren Entscheidungsprozesse in Form von Nutzen-Kosten-Rechnungen, die sie aufgrund ihrer vererbten Verhaltensprogramme und ihrer individuellen Erfahrungen durchführen.

Aufspüren der Nahrung. Viele Tierarten sind besonders gut ausgestattet, um ihre spezielle Nahrung zu finden. Mistkäfer zum Beispiel riechen Kot aus großer Entfernung und fliegen auf der sich verstärkenden Duftspur zu ihm. Beutetiere erzeugen zwangsläufig eine ganze Reihe von unterschiedlichen Reizen, die Räuber ausnutzen, um sie aufzuspüren. Der Selektionsdruck durch Prädatoren förderte in der Evolution die Entstehung von Eigenschaften, die eine Entdeckung erschweren, wie die Ausbildung von Tarnfärbungen bei vielen Insekten oder die Geruchlosigkeit bei Rehkitzen, die von ihrer Mutter im Gras versteckt zurückgelassen werden.

Viele Vögel lernen durch Erfahrungen, häufig vorkommende getarnte Beutetiere besser zu erkennen.

Wie viel soll ein Vogel fressen?

Große Mengen gefressener Nahrung erhöhen ebenso wie umfangreiche Fettreserven das Körpergewicht von Vögeln. Dadurch werden die Flugfähigkeit und die Wendigkeit eingeschränkt. Tiere mit Fettreserven können aber einige Tage, in denen sie kaum Nahrung finden, länger überleben als Tiere ohne Reserven. In Experimenten mit Kohlmeisen konnte man zeigen, wie die Meisen den Konflikt Reserven kontra Flugfähigkeit lösen: Die Meisen wurden in großen Käfigen gehalten, ihr Futter wurde fein verteilt ausgelegt, sodass die Meisen lange Zeit danach suchen mussten. Zunächst beleuchtete man die Käfige konstant länger als 12 Stunden. Das Morgengewicht der Meisen lag in dieser Phase bei ungefähr 18 g. Verlängerte man die dunklen Nächte, in denen die Meisen keine Nahrung suchen konnten, unregelmäßig auf deutlich mehr als 12 Stunden, nahm das Gewicht der Tiere in 12 Tagen auf etwa 20 g zu. Unter konstanten Langtag-Bedingungen ging das Gewicht wieder auf 18 g zurück.

A 1 Erklären Sie das geschilderte Ernährungsverhalten der Kohlmeisen.

Man konnte das bei Amseln experimentell nachweisen. Vor dem Versuch fanden die Tiere zwei verschieden gefärbte getarnte Futterbrocken gleich oft und gleich schnell. Wenn sie nur mit einer Sorte viele Erfahrungen gemacht hatten, waren sie beim Suchen dieser Futterbrocken dann erfolgreicher als bei den anderen.
Beute greifende Tiere nutzen auch den Erfolg, den Artgenossen beim Beutefinden haben oder hatten. Bei in Kolonien an der Meeresküste nistenden Fischadlern führt die Rückkehr eines Adlers mit einem gefangenen Fisch dazu, dass viele Vögel in die Richtung abfliegen, aus der der erfolgreiche Jäger gerade gekommen ist. Dadurch haben sie eine gute Chance, auf den Fischschwarm zu stoßen, aus dem der erbeutete Fisch stammt.

Gruppenbildung. Wildhunde und Tüpfelhyänen sind die erfolgreichsten Jäger in den Savannen Afrikas. Das Geheimnis ihres Erfolges ist die Gruppe. Eine Gruppe von Wildhunden kann Beutetiere erlegen, die bis zu zwölfmal so schwer sind als ein einzelner Wildhund. Untersuchungen an Löwen ergaben, dass einzeln jagende Tiere zwar oft erfolgreich jagen, dass sie aber ihre Beute viel häufiger an Konkurrenten verlieren als starke Gruppen. Erst aus dem Jagderfolg und der erfolgreichen Verteidigung der Beute ergibt sich die günstigere Bilanz von Gruppen gegenüber Einzeltieren. Gruppen zeigten sich in vielen Untersuchungen auch erfolgreicher beim Auffinden von Nahrung oder Beutetieren.

Auswahl der Nahrung. Sundkrähen kommen an der nördlichen Pazifikküste Amerikas vor. Sie graben Muscheln aus, fliegen mit ihnen über Felsen und lassen sie auf Steine fallen. Zerborstene Muscheln werden dann gefressen. Erstaunlich ist, dass sich die Krähen ihre Muscheln regelrecht aussuchen: Kleine, beim Graben gefundene lassen sie liegen, mittlere öffnen sie in 50 % der Fälle und große tragen sie immer fort. Es wurden komplizierte Modellrechnungen durchgeführt, in denen der Aufwand für das Graben, den Transport und das Verzehren zum Energiegewinn in Beziehung gesetzt wurde. So konnte man das tatsächliche Wahlverhalten der Krähen nachvollziehen und vorhersagen. Ähnliche Beobachtungen wurden bei vielen Tierarten gemacht: Tiere wählen sehr oft die Nahrung oder Beute aus, die für sie am ökonomischsten ist. Das sind bei vielen Beutegreifern junge, alte, verletzte oder kranke Beutetiere. Tiere verhalten sich also nicht „automatisch“ und spulen lediglich genetisch festgelegte Programme ab. Auch genetisch bestimmtes Verhalten kann flexibel an die jeweiligen Lebensbedingungen angepasst werden.

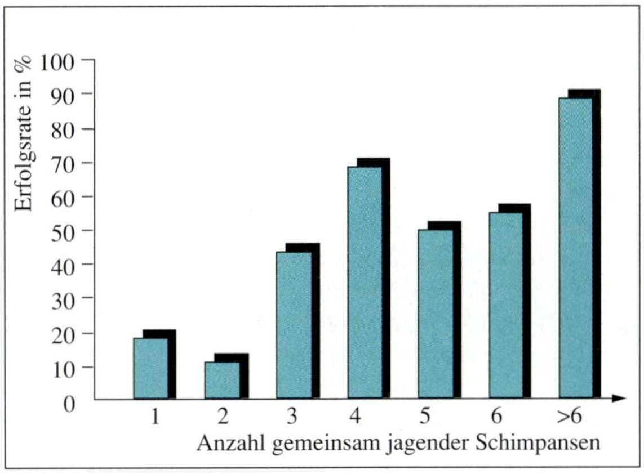

69.1 Anteil erfolgreich abgeschlossener Jagden bei verschieden großen Jagdgruppen einer Schimpansenpopulation des Tai-Nationalparks (Elfenbeinküste)

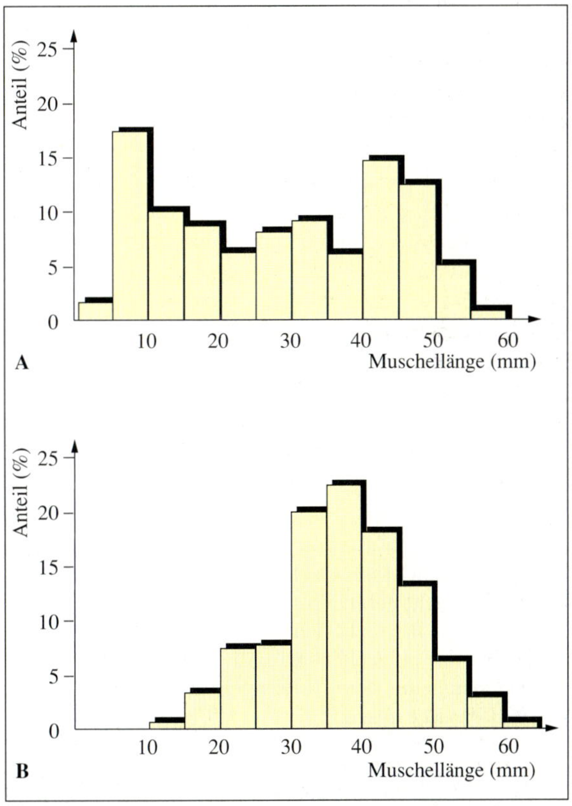

69.2 Auswahl des Austernfischers beim Öffnen von Muscheln. A: vorhandene, **B:** ausgewählte Muscheln

A 1 Begründen Sie das Wahlverhalten der Austernfischer mithilfe einer Energiebilanz. Berücksichtigen Sie, dass das Öffnen großer Muscheln manchmal nach vergeblichen Bemühungen abgebrochen wird.

Reviere – wichtig und umkämpft

Der englische Verhaltensökologe JOHN KREBS beobachtete Kohlmeisen, die in einem Waldgebiet brüteten. Die Männchen konkurrierten im Frühjahr mit Singen, Imponieren und Kämpfen um ein Revier im Wald. Das Waldgebiet war sehr bald von territorialen Kohlmeisen besetzt. Andere Kohlmeisenmännchen suchten immer noch nach Revieren, einige von ihnen siedelten sich schließlich in einer an den Wald angrenzenden Heckenlandschaft an. Offensichtlich zogen die Kohlmeisen Reviere im Wald solchen in Hecken vor. Um dies experimentell zu überprüfen, fing KREBS sechs Brutpaare mit Netzen ein. Er ließ die Tiere später wieder frei, ohne dass ihnen aus dem Experiment Schaden erwuchs. KREBS beobachtete, was mit den nicht mehr besetzten Revieren geschah:

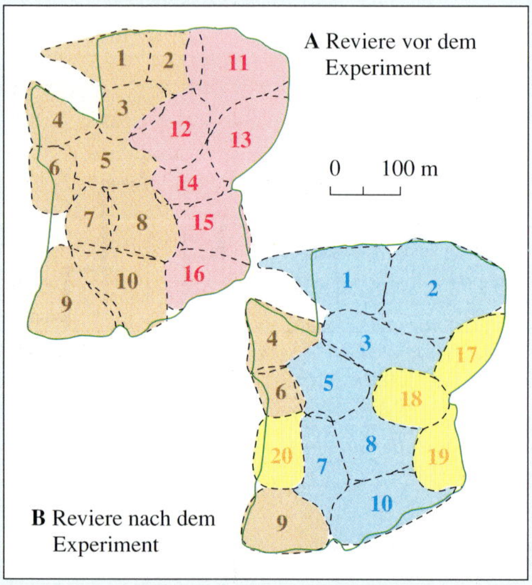

70.1 Grüne Linie: Grenze des Waldgebietes; braun: nicht gefangene Revierbesitzer; rot: gefangene Revierbesitzer; blau: Nachbarn, die ihr Revier vergrößerten; gelb: Kohlmeisenmännchen aus dem Heckengebiet, die freie Waldreviere besetzten

Die neu hinzugekommenen Tiere hatten ihre Reviere in dem Heckengebiet verlassen, sobald die offensichtlich besseren Habitate im Wald zugänglich waren. Schon vorher im Wald lebende Tiere vergrößerten ihr Revier sofort, als es möglich war. Der starke Konkurrenzdruck hatte sie gezwungen, sich mit kleineren Revieren abzufinden, als sie eigentlich anstrebten.

4.2 Revierverhalten

Bei Braunnacken-Ammern hat man besonders intensive Studien über ihre Lebensweise durchgeführt. Dazu fing man viele Tiere vorsichtig mit Netzen ein und versah sie mit Kombinationen von verschiedenfarbigen Ringen. So war es möglich, die wieder freigelassenen Individuen im Gelände zu identifizieren. Man kartierte ihre Aufenthaltsorte, ihre Aktivitäten und ihren Reproduktionserfolg. Die aufwendige Studie ergab, dass viele Männchen zusammen mit ihrer Partnerin Gebiete besetzten, die sie gegen Artgenossen verteidigten. Aber es gab auch Ammern, die keine Reviere hatten. Diese als „Springer" bezeichneten Tiere hielten sich überwiegend in Revieren eines oder mehrerer anderer Ammern auf. Die revierlosen Tiere verhielten sich ruhig und unauffällig. Sie konnten sich nicht verpaaren, da die ansässigen Artgenossen das nicht zuließen. Sie warteten offensichtlich auf die Gelegenheit, ein Revier und einen Partner zu übernehmen, falls eines der revierbesitzenden Tiere starb. Fremde Tiere ohne Territorium wurden von den ansässigen „Springern" vertrieben.
Ähnliche Verhältnisse wie bei den Braunnacken-Ammern findet man bei vielen Tierarten: Reviere sind knappe Ressourcen, um die heftig konkurriert wird. Die beim Konkurrieren überlegenen Tiere besetzen die besten Reviere. Schwächere Individuen können schlechtere Reviere in Besitz nehmen, andere schaffen es nicht, ein eigenes Revier zu erhalten. Die Revierbesitzer haben in der Regel Nachkommen, Nichtbesitzer meist keine. Allerdings schleichen sich z. B. bei Kohlmeisen revierlose Paare manchmal unauffällig in das Revier eines Paares ein, wenn diese die aggressive Phase der Revieretablierung schon

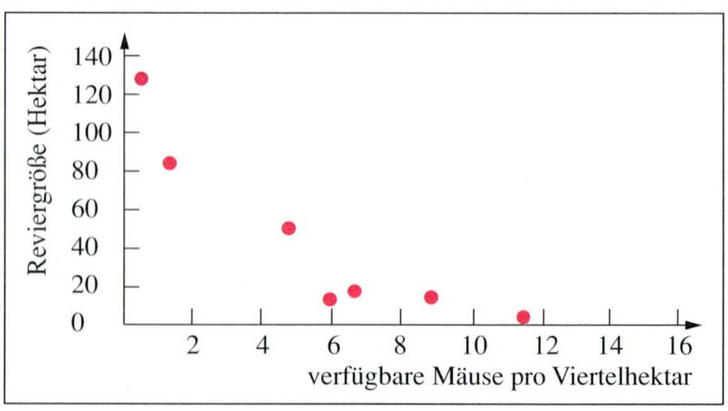

70.2 Reviergröße und Nahrungsverfügbarkeit bei Kornweihen. Mit dem Begriff verfügbare Mäuse sind Mäuse gemeint, die außerhalb ihrer unterirdischen Gänge herumlaufen und von den jagenden Weihen gefangen werden können.

wieder beendet haben, und brüten dort, allerdings meist mit nur geringem Erfolg.

Kosten eines Reviers. Die Eroberung, die Verteidigung und die Überwachung eines Reviers sind für die Revierbesitzer mit Kosten verbunden. Beim Stachelleguan konnte man diese Kosten experimentell nachweisen: Man implantierte männlichen Stachelleguanen kleine Kapseln mit dem männlichen Sexualhormon Testosteron unter die Haut. Durch die Hormonwirkung zeigten die behandelten Tiere in den Monaten Juni und Juli intensiveres Territorialverhalten als die Kontrolltiere, die ebenfalls gefangen und operiert worden waren, aber wirkungslose Kapseln erhalten hatten. Im Juni und Juli sind Stachelleguane normalerweise nur sehr schwach territorial. Die mit Testosteron behandelten Tiere führten nach ihrer Freisetzung mehr Kontrollgänge an den Reviergrenzen durch und drohten Nachbarn häufiger mit aufgerecktem Vorderkörper als die Kontrolltiere. Als Folge davon hatten sie weniger Zeit zur Nahrungssuche, verbrauchten mehr Energie, konnten weniger Fettreserven speichern und hatten eine höhere Sterberate.

Einzel- und Gruppenreviere. Reviere werden bei manchen Tierarten von Einzeltieren besetzt. Bei Vögeln gibt es oft Reviere, die zur Brutzeit von Paaren eingenommen werden. Meist erobert das Männchen das Revier und lockt dann Weibchen an, die häufig nach der Güte des Reviers ihre Wahl treffen. Revierbesitz ist hier die notwendige Voraussetzung für die Reproduktion. Reviere können auch von Tiergruppen eingenommen werden, wie z. B. von Löwen, Wölfen oder Murmeltieren. Wenn Gruppen um Reviere konkurrieren, können sich oft nur große und kampfstarke Gruppen durchsetzen.

Funktionen von Revieren. Reviere haben sehr unterschiedliche Funktionen. Neben Allzweckrevieren, die den Besitzern alles bieten, was sie zum Leben brauchen, und Brutrevieren gibt es Nahrungs- oder Jagdreviere. So haben z. B. Rotkehlchen zur Brutzeit Brutreviere, um welche die Männchen konkurrieren. Während des Spätsommers gibt es nur Streifgebiete, die nicht verteidigt werden. Vom Spätherbst an besetzen Männchen und Weibchen als Einzelgänger Nahrungsreviere, um die im Oktober und November heftig gestritten wird. Weiterhin gibt es reine Balz- oder Schlafreviere.

Fortpflanzungserfolg und Reviertreue. Bei manchen Vogelarten fand man heraus, dass die Männchen häufiger wieder in ihr Revier vom Vorjahr zurückkehrten, wenn sie dort erfolgreich Junge großziehen konnten. Weniger erfolgreiche Bruten hatten zur Folge, dass die Tiere im darauf folgenden Jahr öfter andere Reviere besetzten.

Reviergröße. Die Größe von Revieren ist sehr unterschiedlich. Sie wird einmal von der Größe der Tiere bestimmt – große Tiere wie Tiger haben größere Reviere als Wildkatzen oder Wiesel. Auch die Funktionen des Reviers beeinflussen seine Größe: Ein Allzweck-Revier ist größer als eins, das nur dem Anlocken von Weibchen dient. Vergleicht man die Nahrungsreviere von Tieren einer Art, kann man auch bei ihnen erhebliche Größenunterschiede feststellen.

Man konnte bei Nektar fressenden Vogelarten nachweisen, dass die Revierbesitzer die Reviergröße nach der Menge der Nahrung regulieren. Dieses Verhalten ist angesichts der höheren Kosten eines größeren Reviers ökonomisch.

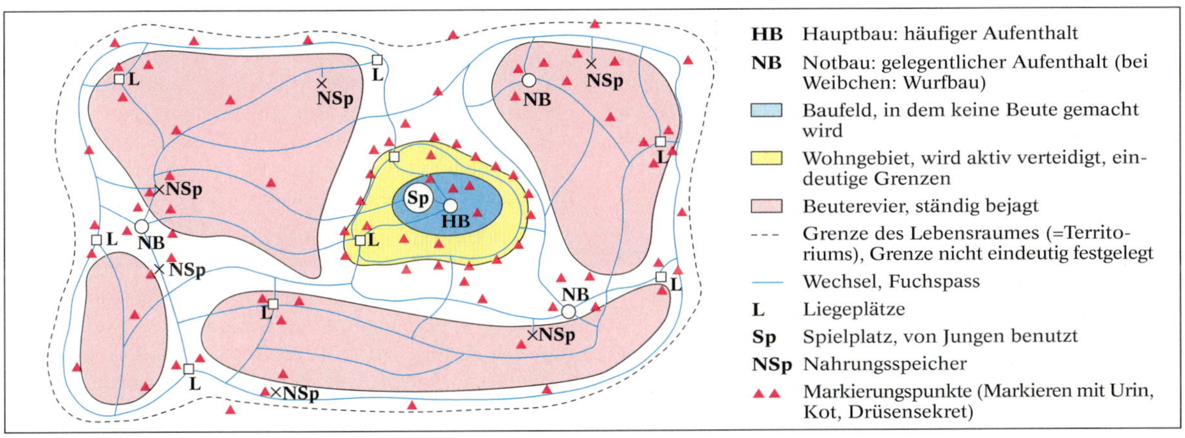

71.1 Territorium eines Fuchsrüden (schematisch)

Krieg um das Territorium bei Schimpansen

JANE GOODALL beobachtet seit 1960 frei lebende Schimpansen. Sie brauchte sehr lange, um über das Territorialverhalten der Tiere zuverlässige Beobachtungen zu machen. Zuerst hielt sie die Schimpansen für nicht territorial. Diese Meinung sollte sich jedoch als völlig falsch erweisen.

1970 begann sich die nach dem Kasakela-Fluss genannte Gruppe, die J. GOODALL zehn Jahre lang kannte, zu teilen. Sechs erwachsene, ein halb erwachsenes Männchen und drei Weibchen mit ihren Kindern hielten sich immer öfter getrennt von den anderen Tieren im Süden des bisher gemeinsam bewohnten Gebietes am Kahama-Fluss auf. Die Beziehungen der Tiere der beiden Gruppen wurden immer feindseliger. Ende 1972 bewohnten die Gruppen Territorien mit nur geringen Überschneidungen. Wenn sich Männchen beider Gruppen trafen, kam es zu Drohritualen: Die Tiere stürmten vor und zurück, rüttelten an Ästen und stießen laute Schreie aus. Danach zogen sie sich sehr schnell in das eigene Gebiet zurück.

1974 wurde der erste Überfall von Kasakela-Schimpansen auf ein Tier der Kahama-Gruppe beobachtet. Fünf Angreifer schlugen, traten und bissen den Überfallenen 20 Minuten lang. Das Tier wurde nie wieder gesehen, es starb offensichtlich. Einen Monat später wurde ein anderer Schimpansenmann ähnlich schlimm zugerichtet. Ein junges Weibchen wurde kurz darauf entführt. Es wurde nach einigen Wochen noch einmal schwer verletzt gesehen, danach nie wieder. 1975 überfielen fünf Tiere der Kasakela-Gruppe ein sehr altes Männchen und schlugen es tot, kurz danach ein altes Weibchen. 1977 wurde der Kadaver des ranghöchsten Kahama-Männchen gefunden. Alle Spuren und Verletzungen wiesen auf Tötung durch die andere Gruppe hin. Der letzte Schimpanse der Kahama-Gruppe lebte noch eine Zeit lang allein im Kahama-Gebiet. Sein Tod konnte genau beobachtet werden: Sechs Schimpansenmänner der Kasakela-Gruppe drohten ihn zuerst an, dann rückten drei von ihnen, darunter der ranghöchste, schweigend auf ihn zu. Nach drei Minuten hörte man heftigen Kampflärm, Schläge und Tritte. Der Überfallene floh schwer verletzt, lief den anderen drei Tieren in die Arme, sie hielten ihn fest, schlugen und traten. Nach zehn Minuten blutete er aus zahllosen Wunden, Mund und Nase, ein Bein war gebrochen. Nach 18 Minuten ließen die Kasakela-Männchen von ihm ab und zogen sich schnell in ihr Gebiet zurück. Der Überfallene verbarg sich im Unterholz, wo er bald danach starb.

Was zwischen den beiden Schimpansengruppen geschah, ist kein Einzelfall. Von 1979 an wurde die Kasakela-Gruppe von ihrer südlichen Nachbargruppe auf etwa die Hälfte ihres Gebietes zurückgedrängt, und es wurden ebenfalls einige Tiere getötet. 1983 wurde die Gruppe aber wieder stärker und konnte ihr ursprüngliches Territorium wieder einnehmen. Auch zwischen anderen Schimpansengruppen wurden ähnliche territoriale Kämpfe beobachtet.

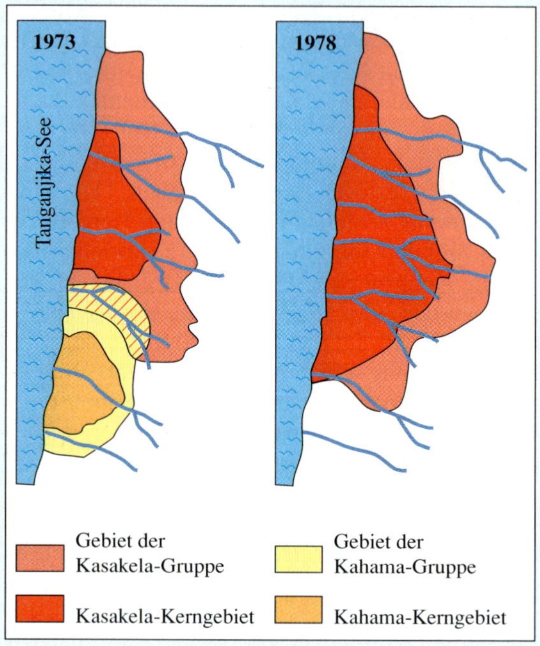

Dabei kam es ebenfalls regelmäßig zu Angriffen aus dem Hinterhalt. Männchen und gerade nicht empfängnisbereiten Weibchen wurden schreckliche Wunden durch Bisse beigebracht und Arme und Beine gebrochen. Die Misshandlungen noch lebender Tiere dauerten oft bis zu 20 Minuten. Regungslos am Boden liegende oder schon tote Tiere wurden noch gebissen oder geschlagen, und es wurde versucht, ihnen die Haut vom Körper zu reißen. Kinder wurden bei solchen Raubzügen regelmäßig ihren Müttern entrissen, getötet und wie Beutetiere gefressen. Junge Weibchen wurden eingeschüchtert, mit Bissen an der Flucht gehindert und in die eigene Gruppe eingegliedert.

JANE GOODALL bezeichnete diese Auseinandersetzungen um Territorien als „Krieg". Für die miteinander verwandten Männchen der Siegergruppe steigerte dieser Krieg wahrscheinlich die Gesamtfitness, weil sie durch ihren Sieg ein größeres Territorium, also mehr Ressourcen, hatten und zusätzliche Weibchen mit hohen Reproduktionsaussichten.

Der Besitzer-Effekt

Man hat bei vielen Tierarten beobachtet, dass revierbesitzende Individuen ihr Territorium meist erfolgreich gegen Konkurrenten verteidigen können. Man bezeichnet das als den „Besitzer-Effekt“. Die Ursachen für dieses Phänomen sind sehr unterschiedlich: Oft zeichnen sich die Besitzer von Revieren dadurch aus, dass sie größer, stärker, schneller oder gewandter sind als die Eindringlinge. Durch die vorteilhaften Eigenschaften wurden diese Tiere überhaupt erst Revierbesitzer, daher bleiben sie es auch bei erneuter Konkurrenz. Man konnte das experimentell nachweisen, indem man revierbesitzende Meisen wegfing. Die Tiere, die nun die freien Reviere schnell wieder besetzten, waren in der Regel kleiner als die Vorbesitzer. Neuankömmlinge, die Revierbesitzer vertreiben konnten, waren zumeist große Tiere mit guter aktueller Kondition, also z. B. viel Fettreserven. Die höheren Gewinnchancen der Revierbesitzer werden auch dadurch bestimmt, dass der alte Besitzer mehr zu verlieren hat, als der mögliche Eindringling gewinnen könnte. Der Besitzer hat schon viel Zeit und Energie in das Revier investiert, er kennt außerdem dessen Vorzüge und damit den Wert. Seine Handlungsbereitschaft zur Revierverteidigung ist höher als die des Konkurrenten, der den Wert des Reviers nicht kennt, noch nichts investiert hat und deswegen den Kampf ohne großen Verlust abbrechen kann. Man konnte diese Ressourcenwert-Asymmetrie auch durch das Fangen von Revierbesitzern bei Meisen zeigen. Die freien Reviere wurden meist sehr schnell wieder von anderen Männchen besetzt. Je länger der Neubesitzer sich in einem Revier aufgehalten hatte, umso heftiger und länger kämpfte er gegen den wieder freigelassenen Erstbesitzer. In solchen Experimenten muss sehr sorgfältig darauf geachtet werden, dass die gefangenen Männchen durch die Prozedur nicht geschädigt oder geschwächt werden.

Territorial- und Besitzverhalten bei Menschen

Bei allen bisher wissenschaftlich untersuchten Völkern und Stämmen fanden sich Formen von Territorial- und Besitzverhalten. Jagdreviere, Hütten, Gebrauchsgegenstände oder Waffen gehörten immer jemandem oder sie durften nur von bestimmten Personen genutzt werden. Bei den Kulturen vergleichenden Untersuchungen fand man allerdings sehr große Unterschiede: Reviere oder Gegenstände konnten Individualbesitz oder Gemeineigentum sein, das Familien, Gruppen oder Stämmen gehörte. Privatbesitz war bei wandernden Jägern und Sammlern auf das beschränkt, was ein Mensch bei sich tragen kann. Bei sesshaften Stämmen und Völkern konnten Einzelne Land oder Wertgegenstände weit über das, was sie selbst nutzen konnten, anhäufen.

Menschen neigen dazu, ihren Besitz abzugrenzen und zu kennzeichnen. Sie erwarten, dass andere Menschen diese Reviermarkierung respektieren, auch wenn sie nur symbolisch ist und keine echte, schwer überwindbare Barriere darstellt. Ebenso erwarten Menschen, dass andere ihre Individualdistanz respektieren. Kleinkinder entwickeln schon am Ende des ersten Lebensjahres Besitzwünsche und -ansprüche. Sie unterscheiden zwischen Gegenständen, die ihnen oder anderen gehören. Später streben Kinder nach einem räumlichen Bereich, in dem sie selbst bestimmen können. Persönlichen Besitz und Raum sollten Kinder, wenn es irgend geht, haben. Kinderpsychologen betonen diese Forderung immer wieder. Nur wer selbst an Besitz gewöhnt ist, lernt es, diesen auch bei anderen zu achten.

Welchen Sinn haben Prellsprünge?

Bei Thomsongazellen kann man ein eigenartiges Verhalten beobachten: Wenn die Tiere z. B. einen sich ihnen nähernden Geparden gesehen haben, springen sie mehrmals etwa einen halben Meter hoch in die Luft. Dabei halten sie alle vier Beine steif gestreckt von sich und zeigen ihr weißes Hinterteil sehr auffällig. Zur Erklärung dieses ungewöhnlichen Verhaltens wurden eine ganze Reihe von Hypothesen aufgestellt. Man vermutete unter anderem, dass Gazellen durch ihr als Prellsprünge bezeichnetes Verhalten

- Artgenossen ein Alarmsignal geben wollen, um sie vor dem Feind zu warnen;
- Artgenossen zusammenrufen wollen, um als Gruppe vor dem Feind erfolgreicher zu fliehen;
- aus der größeren Höhe, die sie beim Sprung erreichen, einen besseren Überblick haben, um nach weiteren Fressfeinden Ausschau zu halten;
- dem Fressfeind signalisieren, dass sie ihn entdeckt haben und sein Angriff daher keine Erfolgschancen mehr hat.

Gegen die ersten drei Hypothesen spricht, dass die Gazellen auch Prellsprünge ausführen, wenn keine Artgenossen in der Nähe sind und wenn sie sich in Savannen mit ganz niedrigem Bewuchs aufhalten. Sie wenden zudem ihr auffälliges weißes Hinterteil beim Springen dem Fressfeind zu, ein deutlicher Hinweis, dass ihm das Signal gilt (vierte Hypothese). Offensichtlich verstehen Geparden dieses Signal auch, wie die Beobachtung ihres Jagdverhaltens und ihres Jagderfolges zeigt: Wenn Gazellen Prellsprünge ausgeführt hatten, brachen Geparden in etwa 70 % der beobachteten Fälle ihre Annäherung an die Gazelle ab. Falls sie die Hetzjagd aufnahmen, waren sie immer erfolglos. Bei Gazellen, die keine Prellsprünge ausführten, brachen die Geparden das Anschleichen auch zu 50 % ab, rasten in etwa 30 % hinter den Gazellen her, ohne sie zu fangen, hatten aber bei etwa 20 % der Jagden Erfolg. Prellsprünge signalisieren also offensichtlich dem Räuber: Ich habe dich gesehen, ich bin „gut drauf“, du hast keine Chance, also ersparen wir uns beide die überflüssige und nutzlose Anstrengung. Auch unsere Feldhasen verhalten sich Füchsen gegenüber ähnlich. Sie machen allerdings anstelle der Prellsprünge weniger spektakulär Männchen. Die Füchse verstehen dieses Signal meistens.

4.3 Umgang mit Beutegreifern

Die Überproduktion von Nachkommen und die daraus resultierende Konkurrenz zwischen den Tieren einer Art ist ein wesentlicher Motor der Evolution. Viele der konkurrierenden Artgenossen sterben, weil sie von Fressfeinden gefangen werden. Die Konkurrenz zwischen Artgenossen besteht deswegen auch darin, von Fressfeinden seltener bemerkt zu werden, ihnen erfolgreicher zu entkommen, sich effektiver gegen sie zu verteidigen oder von ihnen weniger gern und leicht gefressen zu werden.

Verbergen und Tarnen. Birkenspanner kann man kaum erkennen, wenn sie auf dem Stamm einer Birke sitzen. Möwen- oder Austernfischerküken sind selbst aus geringer Entfernung kaum auszumachen. Erst wenn sie sich bewegen, erkennt man, dass es ein Küken und kein Grasbüschel ist, das da wegflitzt.
Oft muss allerdings zu Farbe und Form das richtige Verhalten hinzukommen, damit eine Tarnung auch wirkt: Die Tiere müssen sich an den passenden Orten aufhalten und dürfen sich nicht oder nur sehr langsam bewegen. Dieses zur Tarnung nötige Verhalten ist im Regelfall genetisch festgelegt.
Andere Tiere, die nicht über eine hochwirksame Tarnung verfügen, verbergen sich den größten Teil des Tages z. B. im Gebüsch oder in Höhlen, wo sie nicht gesehen oder nicht erreicht werden können. Bei einigen Fischarten konnte man experimentell nachweisen, dass sie bei der Nahrungssuche zumeist zwischen Wasserpflanzen in Deckung bleiben und ertragreiche deckungslose Stellen meiden, wenn man ihnen kurz vorher eine Feindattrappe gezeigt hatte.

Schutz durch Gruppenbildung. Der Zusammenschluss zu Gruppen dient auf vielfältige Weise dem Schutz vor dem Gefressenwerden. In Gruppen von Tieren erhöht sich die Wahrscheinlichkeit, Feinde schon in viel größerer Entfernung entdecken zu können. Einzeltiere entdecken Feinde meist später. Je früher ein Beutegreifer entdeckt wird, desto weniger gut sind seine Erfolgsaussichten, desto besser also die Fluchtmöglichkeit der Beutetiere. Einzeln grasende Antilopen verbringen viel mehr Zeit mit Sichern als jedes Tier einer Gruppe, gleichzeitig sichern aber in einer größeren Gruppe immer mehrere Tiere, die daher mehr sehen als das Einzeltier, das ja nicht andauernd sichern kann. Wenn sich die Gruppenmitglieder gegenseitig warnen, verringert das noch einmal die Gefahr, überrascht zu werden. Beutegreifern fällt es zudem schwer, aus einer Vielzahl von Beutetieren eins herauszugreifen. Dieser **Konfusionseffekt** nützt also den Tieren eines Schwarms zusätzlich. Das Risiko, gefangen zu werden, verringert sich für jedes Tier allein schon mit der Größe der Gruppe. Man bezeichnet das als **Verdünnungseffekt.** Schließlich können sich Tiere gemeinsam viel besser verteidigen als Einzeltiere. In der Gruppe sind z. B. einzeln deutlich unterlegene Dohlen imstande, ihre Jungen vor einer Weihe oder einem Bussard zu schützen. Die Gruppenbildung und die gemeinsamen Aktionen von Gruppentieren nützen also jedem einzelnen Gruppenmitglied.

Flucht. Viele Tierarten haben als wirkungsvollste Möglichkeit, Fressfeinden zu entkommen, ihre Schnelligkeit, mit der sie vor ihnen fortlaufen, -fliegen, -schwimmen oder Klettern. Besondere Wendigkeit typischer Fluchttiere wie das Hakenschlagen von Hasen verbessern noch die Chancen zu entkommen. Allerdings ist Fliehen sehr energieaufwendig und kann nicht beliebig oft wiederholt werden.

Erschweren des Gefressenwerdens. Manche Tiere können einen Fressfeind noch abwehren, wenn sie schon von ihm gefangen worden sind. Das schützende Stachelkleid von Igel und Stachelschwein, sehr harte, schwer zu öffnende Schalen oder Panzer von Muscheln und Krebsen oder giftige harte Borsten bei vielen Schmetterlingsraupen sind solche wirksamen Schutzeinrichtungen. Andere Tiere wie manche Schlangen, Skorpione, Spinnen und Wespen verteidigen sich durch Gifte, die sie erzeugen. Auch unangenehmer Geschmack verleidet einem Prädator den Verzehr von Beutetieren. Giftige oder schlecht schmeckende Tiere haben oft eine Warnfärbung, auf die Fressfeinde instinktiv oder nach Lernvorgängen reagieren.

75.1 Angreifende Lachmöwen. Brütende Lachmöwen sollte man nicht stören. Sie fliegen Angriffe auf Tiere und Menschen, die in ihre Nistkolonie eindringen. Durch Schnabelhiebe kann es dabei zu Verletzungen kommen. Gerät man in eine solche Situation, ist es zweckmäßig, einen Stock über den Kopf zu halten, da die Vögel wegen ihrer Flügelspannweite dann den Kopf nicht erreichen können.

75.2 Kalifornische Ziesel geben laute Alarmrufe von sich und schleudern Sand gegen eine Klapperschlange.

Gefährdung und Konkurrenz

Knutts

Knutts, eine küstenbewohnende Strandläuferart aus der Familie der Schnepfenvögel, gehen in dichten Schwärmen auf Beutesuche. Die Tiere ertasten ihre Beute mit dem Schnabel. Dabei gehen sie umher, stochern im Boden oder gleiten mit dem Schnabel durch den Schlamm und Schlick. Die Nahrungssuche geht langsam voran und dauert lange. Die Köpfe der Tiere sind nach unten gerichtet, sie können nicht effektiv nach allen Richtungen Ausschau halten und Feinde wahrnehmen. Im Schlick ist oft viel Nahrung vorhanden, die Konkurrenz zwischen den Tieren einer Gruppe ist daher gering. Auch die Art der Nahrungssuche mindert die Konkurrenz: Jeder Knutt kann nur fressen, was er selbst ertastet hat. Die großen und dichten Schwärme erhöhen den Schutz vor Beutegreifern.

Kiebitze, Goldregenpfeifer und Lachmöwen

Sandregenpfeifer suchen ihre Nahrung einzeln oder in sehr lockeren Schwärmen. Sie jagen oder sammeln nach Sicht, bewegen sich schnell und picken die Beute von der Erd- oder Wasseroberfläche ab. Bei der Nahrungssuche blicken die Vögel meist sehr hektisch in alle Richtungen. Dabei können sie Feinde gut wahrnehmen. Die Nahrung der Regenpfeifer ist spärlich und weit verteilt. Die Konkurrenz um Nahrung ist also groß, was durch das Erspähen der Nahrung aus der Entfernung noch verstärkt wird, da mehrere Tiere dasselbe Beutestück erblicken können. Sandregenpfeifer entscheiden sich zumeist für geringere Konkurrenz und nehmen dafür eine etwas größere Gefährdung durch Fressfeinde in Kauf.

Sandregenpfeifer

In England kommen im Winter auf feuchten Wiesen gemischte Schwärme aus **Kiebitzen, Goldregenpfeifern** und **Lachmöwen** zur Nahrungssuche zusammen. In diesen Schwärmen gibt es komplexe Beziehungen zwischen den drei Arten: Kiebitze bevorzugen Feuchtwiesen mit vielen Regenwürmern. Sie sind sehr erfolgreich im Auffinden solcher Wiesen. Offensichtlich deswegen suchen Goldregenpfeifer bevorzugt Wiesen mit nahrungssuchenden Kiebitzen auf. Welchen Nutzen Kiebitze von der Anwesenheit von Goldregenpfeifern haben, ist unbekannt. Eine Hypothese ist, dass Kiebitze außer durch den Verdünnungseffekt weniger durch Raubvögel gefährdet sind, weil diese bevorzugt Goldregenpfeifer zu fangen versuchen. Lachmöwen jagen den Kiebitzen und Goldregenpfeifern Regenwürmer ab. Sie sind ihnen aber von Nutzen, weil sie Raubfeinde früh erkennen, vor ihnen warnen und sie oft erfolgreich angreifen und vertreiben.

4.4 Migration

Schwalben, Wildgänse und Störche sind bekannte europäische Zugvogelarten. Ähnlich wie sie legen auch Vogelarten aus Nordamerika und Sibirien große Strecken zurück, wenn sie im Herbst in Richtung Süden und im Frühjahr wieder nach Norden fliegen. Fast die Hälfte der Brutvögel Nordamerikas und Nordeurasiens macht jedes Jahr die große Reise in den Süden. In sehr weit nördlich gelegenen Gebieten gibt es nur wenige Arten, die Standvögel sind. Auch Gnus in Afrika, Karibus und Bisons in Nordamerika und viele Robben- und Walarten unternehmen jedes Jahr Rundreisen von Tausenden von Kilometern. Das Gleiche gilt für einige Reptilien, wie z. B. manche Meeresschildkröten, für einige Fischarten wie Aale und Lachse, aber auch für manche Insektenarten wie den Monarchfalter.

Bei ihren Wanderungen (Migrationen) leisten die wandernden Tiere wirklich Erstaunliches: Winzige Rubinkehlkolibris, die kaum mehr als eine Pfennigmünze wiegen, überqueren zweimal im Jahr nonstop den Golf von Mexiko, immerhin 850 km. Küstenseeschwalben in Nordamerika ziehen jedes Jahr 40 000 km weit, viele nordeuropäische Vogelarten legen ähnliche Entfernungen zurück. Sie müssen dabei eine Vielzahl unterschiedlicher Gefahren überstehen. Auch die Strecken, die Schildkröten zurücklegen, sind viele Tausend Kilometer lang, ebenso die von Robben und Walen. Um diese Leistungen zu ermöglichen, mussten komplizierte Navigationssysteme und die körperlichen Voraussetzungen für derart erstaunliche physische Leistungen entstehen.

Nutzen des Wanderns. Schwalben leben ausschließlich von Insekten, die sie in der Luft fangen. Im Winter müssten sie in Mittel- und Nordeuropa verhungern. Sie nutzen also in einem Teil des Jahres die für sie günstigen ökologischen Bedingungen und ziehen dann fort, wenn keine Lebensgrundlagen mehr für sie bestehen. Es ist nicht – wie oft fälschlich angenommen – die Kälte, die Zugvögel in den warmen Süden treibt. Andere ähnlich große Vogelarten halten diese Kälte nämlich recht gut aus, wenn sie ausreichend Nahrung finden. Auch bei den Wanderungen von Säugetieren wie Gnus oder Karibus folgen die Tiere dem wechselnden Nahrungsangebot. Andere Notwendigkeiten bestimmen das Migrationsverhalten von Robben und Schildkröten: Robben bekommen ihre Jungen an Sandstränden. Schildkröten müssen zum Vergraben ihrer Eier Sandstrände aufsuchen.

Offene Fragen. Die wechselnde Verfügbarkeit von Nahrung kann jedoch keineswegs bei allen Vogelarten begründen, warum sie Zugvögel oder Standvögel sind. Die Rohrweihe z. B. ist in Norddeutschland und Holland Zugvogel, die ihr nahe verwandte Kornweihe dagegen Standvogel. Beide Arten leben in denselben Ökosystemen und ernähren sich von den gleichen Beutetieren, die sie in ähnlicher Weise erbeuten.

Möglicherweise ist bei einigen Arten das Migrationsverhalten eine stammesgeschichtlich junge Eigenschaft. Bei manchen Vogelarten gibt es nämlich Individuen, die ziehen, solche, die nicht ziehen und andere, die offenbar erfahrungsbedingt ziehen oder nicht ziehen. Bei Grasmücken fand man heraus, dass sich die Anteile der verschiedenen Zugverhalten in wenigen Jahren veränderten.

77.1 Zugroute der nordamerikanischen Küstenseeschwalbe. Jungvögel verbringen oft eineinhalb Jahre in der Antarktis.

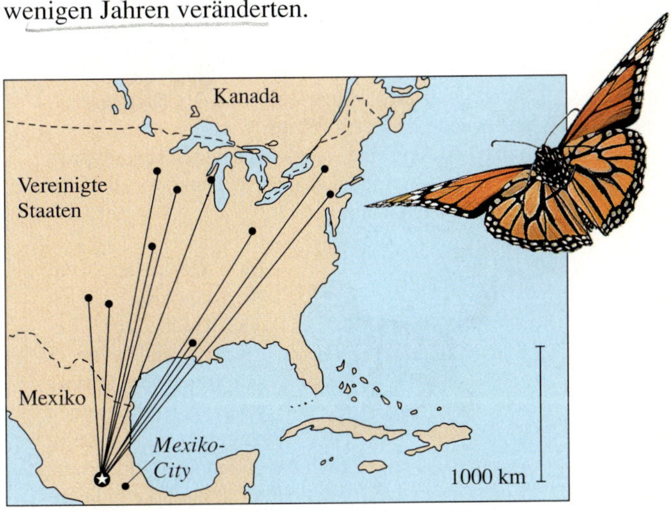

77.2 Wanderrouten des Monarchfalters. Millionen Monarchfalter verbringen den Winter in einem kleinen Gebiet in den Bergen Zentralmexikos.

Was sagt mir mein Hund?

Wenn der Hund seine verletzliche Bauchseite zeigt, das Fell anlegt und den Schwanz einzieht, dann ist das eine Geste der Demut und der Unterwerfung. Junge Hunde geben in dieser Situation häufig noch Urin ab.

Ein Hund stupst mit der Schnauze oder mit der Pfote. Das heißt z.B. „Spiel mit mir!“ Das Pfötchengeben stammt aus dem Verhaltensrepertoire der Welpen: Sie massieren mit den Pfoten die Milchdrüsen der Mutter, um sie zur Milchabgabe anzuregen und um die Milch hervorzudrücken.

Der gerade Schwanz, das am Rücken gesträubte Fell, die gebleckten Zähne, die straffe Haltung und das Knurren sind Warnsignale: „Geh weg, sonst beiße ich!“ Man sollte dann nicht hastig weglaufen, sondern sich langsam zurückziehen und beruhigend auf das Tier einreden.

Der eingeklemmte Schwanz ist ein Zeichen der Angst. Hunde erkennen sich am Geruch. Sie schnuppern bevorzugt an der Hinterseite eines anderen Tieres. Wenn ein Hund Angst hat, versucht er seinen Eigengeruch zu verbergen, indem er den Schwanz vor die Körperöffnungen klemmt.

Im Gegensatz zur Angstreaktion wedelt der Hund zur Begrüßung und wenn er sich freut, dem Partner seinen Körpergeruch entgegen. Gleichzeitig versucht er, den Geruch des anderen aufzunehmen. Ein schwanzwedelnder Hund schnuppert gleichzeitig interessiert an dem anderen Hund oder am Menschen, den er begrüßt.

4.5 Kommunikation

Das Pfauenauge ist ein Schmetterling, der in Deutschland häufig vorkommt. Er bekam seinen Namen von der auffälligen Zeichnung auf den Flügeln, die einem starrenden Augenpaar ähnelt. Warum trägt der Schmetterling diese Zeichnung? Er will damit gewiss nicht besonders schön aussehen, so wie wir es empfinden. Wir beobachten: Wenn sich ein Fressfeind nähert, klappt das Insekt seine Flügel plötzlich auseinander. Es entsteht der Eindruck starrender nebeneinander liegender Augen – ein Merkmal, das Beutegreifer kennzeichnet. Beutegreifer müssen stereoskopisch sehen, dafür brauchen sie zwei nebeneinander liegende Augen, die das Objekt gleichzeitig erfassen können. Viele Tiere reagieren auf nebeneinander liegende Augen mit Flucht. Das Pfauenauge imitiert also die Augen eines gefährlichen Beutegreifers. Es sendet so eine Botschaft, die den Adressaten täuscht. Der Adressat, der Fressfeind, „versteht“ die Botschaft und wird dadurch getäuscht.
Senden und Empfangen von Botschaften nennen wir Kommunikation. Der Schmetterling kommuniziert mit seinem Feind, indem er ihn täuscht. Er manipuliert ihn, indem er ihn veranlasst, von seiner Beute abzulassen. **Kommunikation** dient dazu, den Empfänger, das kann ein Artgenosse oder ein artfremdes Tier sein, zu manipulieren, das heißt, zu etwas zu veranlassen. Dabei muss Manipulation nicht negativ zu verstehen sein. Es ist in dem Sinne gemeint, dass der Adressat aufgefordert wird, dieses oder jenes zu tun oder zu lassen.

Entstehung von Signalen. Bei allen evolutionsbiologischen Betrachtungen steht die Frage im Vordergrund: „Welchen Zuwachs an Fitness bringt die neue Eigenschaft dem Individuum, das diese trägt?“ Inwiefern hat also der erste Sender einer Botschaft einen Vorteil für seine eigenen Reproduktionsmöglichkeiten gehabt, sodass sich seine Fähigkeit, etwas mitzuteilen, auf seine Nachkommen vererben konnte? Die Frage ist schwer oder gar nicht zu beantworten, da der erste Sender ja keinen Empfänger hat, der die Nachricht versteht. Man muss deshalb das Pferd von hinten aufzäumen und nach dem Empfänger fragen: Welchen Vorteil hat ein Empfänger davon, dass er die Nachricht eines anderen Lebewesens richtig interpretiert? Jetzt ist die Antwort einfacher: Die erste Nachricht muss nicht unbedingt „absichtlich“ gesendet worden sein, sondern es kann sich um ein zufälliges oder unwillkürliches Verhalten gehandelt haben: Das Reviermarkieren durch Harn oder Kot kann dadurch entstanden sein, dass Tiere bei der Begegnung an der Grenze ihrer Territorien unter dem Stress der Begegnung unwillkürlich und unkontrolliert Harn oder Kot abgaben. Bei nervösen Hunden kann man dies auch heute beobachten. Die selbstständige Reaktion des vegetativen Nervensystems wurde dann zur Grundlage des Signals für die Reviermarkierung und die Respektierung desselben. Ein ähnlicher Vorgang mag die Ursache für das Haaresträuben als Drohsignal bei verschiedenen Tieren gewesen sein. Auch ein Teil der Signale, die in den nebenstehenden Exkursen beschrieben sind, lässt sich auf derartige Mechanismen zurückführen. Auch technisch notwendige Handlungen als Vorbereitung eines kommenden Verhaltens können zu Signalen werden: Wenn Vögel auffliegen, tun sie das nicht aus dem Stand, sondern sie ducken sich beispielsweise oder bringen die Flügel in eine besondere Stellung. Aus Erfahrung wissen Artgenossen, dass der Vogel, der sich so verhält, gleich wegfliegen wird. Bei vielen in Schwärmen lebenden Vögeln ist dies ein Signal, ebenfalls Flugvorbereitungen zu treffen. Es kann aber auch die Ankündigung eines Angriffs sein, in dem der Angreifer nach vorn zustößt. Wer das voraussieht, hat einen Vorteil. Bevor ein Hund zubeißt, entblößt er die Zähne. Wer dies zuerst erkannte, hatte den Vorteil, voraussehen zu können, dass er gleich angegriffen würde. Seine Flucht oder seine Abwehrbereitschaft erhöhte seine Chance, aus der Auseinandersetzung unbeschadet hervorzugehen. Die Selektion begünstigte also Empfänger, die das zukünftige Verhalten von Artgenossen voraussehen konnten und die sich entsprechend verhielten. Ein Angreifer aber, der in Zukunft nur die Zähne fletschte, sparte dadurch Energie, denn er musste nicht kämpfen. Die Drohgebärde als wirksames Signal war entstanden. Sie brachte beiden – Sender und Empfänger – einen Selektionsvorteil.

Ritualisierung. Man beobachtet zuweilen, dass Tiere dadurch miteinander kommunizieren, dass sie Handlungen sozusagen symbolisch ausführen. Haubentaucher schwimmen beim Balzen auf einem Gewässer umher. Sie tauchen und bringen vom Grund Nistmaterial herauf, das sie einander mit aufgerichtetem Körper präsentieren. Dabei wird keiner der Vögel das Material auch wirklich in ein Nest einfügen. Der Nestbau hat noch gar nicht begonnen. Die Handlung ist nur eine Geste im Ablauf des Balzverhaltens, durch die die Tiere einander zeigen, dass sie zum Nestbauen und damit zur gemeinsamen Vermehrung bereit sind. Dies ähnelt den im menschlichen Verhalten häufigen stereotypen Verhaltensweisen, die man als Riten bezeichnet. Man nennt die von anderen Ver-

Was sagt mir meine Katze?

Wenn sich eine Katze an eine Mauer schmiegt, bestreicht sie diese mit ihren Körperdüften, um sie zu markieren. Dasselbe tut sie, wenn sie sich an das Bein eines Menschen schmiegt. Sie nimmt ihn sozusagen „in Besitz“. Das ist eine Sympathiekundgebung und die Aufforderung, gestreichelt zu werden. Meist ist das Fell dabei glatt angelegt und die Ohren stehen nach vorn.

Eine Katze, die sich bedroht fühlt, versucht ihre Körperkonturen zu vergrößern, um so imposanter zu wirken. Sie macht einen Buckel und sträubt das Fell und die Schwanzhaare. Ein drohendes Fauchen verstärkt die Warnung. Eine Vorstufe besteht im Straffen der Haltung und einem seitlichen Anlegen der Ohren. Das heißt: „Lass mich in Ruhe!“

Wenn eine Katze eine tote Maus herbeibringt, so ist das ein starker Sympathiebeweis. Um ihre Jungen das Jagen zu lehren, bringen Katzenmütter den Kindern halb tote Mäuse und Vögel. Dieses Verhalten wird in Ermangelung von Jungen in der unnatürlichen Situation auf den Menschen übertragen.

Die langsame, seitliche Bewegung der Schwanzspitze zeigt Spannung und beginnende Aggressivität an. Bei Hunden dagegen signalisiert das Schwanzwedeln Freude und Zuneigung. Hunde und Katzen neigen deshalb leicht zu Missverständnissen, da dieselbe Geste in den beiden „Sprachen“ höchst unterschiedliche Bedeutungen hat.

Das Zeigen des Bauches dagegen hat in der „Hunde- bzw. Katzensprache“ dieselbe Bedeutung: „Ich vertraue dir, ich zeige dir meine verletzliche Seite!“ Die Katze möchte dann intensiv gestreichelt werden.

haltensweisen abgeleiteten, in gleicher, starrer Form immer wieder auftretenden Kommunikationshandlungen deshalb ritualisiert. Den Vorgang der Entstehung solcher Handlungen in der Evolution nennt man **Ritualisierung.**

Ritualisiert ist zum Beispiel das Radschlagen der Pfauen. In ihrer evolutionsbiologischen Ahnenreihe finden sich Hühner- und Fasanenvögel, deren Hähne zum Anlocken der Weibchen während der Balz auffällig auf dem Boden nach Futter picken. Futter muss dazu gar nicht vorhanden sein. Aber beim Picken kommen die Schwanzfedern in eine auffällige Position. In der Entwicklung zum Pfau sind sie immer größer und auffälliger geworden, bis sie schließlich die enormen Ausmaße, wie wir sie heute sehen, annahmen. Die Zwischenstufen auf diesem Wege kann man bei verschiedenen Fasanen heute noch beobachten.

Ritualisation erfolgt häufig durch auffällige Verstärkung der Ausgangshandlung. Buntbarsche zum Beispiel übertreiben die Schlängelbewegung des Schwimmens, um die Jungen herbeizulocken. Auch anatomische Übertreibungen tragen zur Ritualisation bei: Die eine Schere der Winkerkrabbe ist so groß, dass sie das Tier kaum noch nutzbringend einsetzen kann. Dafür aber ist das Winken mit diesem Organ ein äußerst wirksames Mittel, um Weibchen aufmerksam zu machen.

Graduierte Signalhandlungen. Die Intensität, mit der Signale abgegeben werden, übermittelt dem Empfänger eine Information über die Stärke der Motivation, die dem Signal zugrunde liegt. Dabei können sich verschiedene Signale auch überlagern. Die unten abgebildete Matrix zeigt diesen Zusammenhang im Angriffs- bzw. Angstverhalten beim Wolf. Die Signale dieser Stimmungen sind auch bei den Nachfahren der

80.1 Angst-Angriffs-Matrix beim Wolf. Unten links neutraler Ausdruck ohne Angst und Angriffsstimmung, nach rechts zunehmende Angriffstendenz, nach oben zunehmende Angst

A 1 Deuten Sie Abbildung 80.1. Woran erkennt man Angriffstendenz und woran Angst? Wie wirkt sich die Überlagerung beider aus? Warum sind drei Positionen der Matrix nicht besetzt?

Wölfe, unseren Haushunden, – wenn auch nur noch in verarmter Form – erhalten geblieben, sodass wir sie an ihnen ebenso beobachten können. Auch bei Primaten kommen graduierte Signale vor. Bei Affen kann der Gesichtsausdruck sehr differenzierte Formen annehmen, und nicht zuletzt ist unsere menschliche Mimik ebenfalls ein Hinweis auf die sehr ausgefeilten Möglichkeiten der visuellen Kommunikation.

Warnrufe. Einige in Gruppen lebende Tiere wie zum Beispiel Murmeltiere stoßen Warnrufe aus, wenn sich ein Fressfeind nähert. Durch das Durcheinanderlaufen der Gruppenmitglieder oder deren Flucht in den Bau wird der Beutegreifer verwirrt, oder er bricht den Angriff gleich ab, denn ein einmal erkannter Beutegreifer hat kaum noch eine Chance, die Beute zu schlagen. Obgleich sich der Rufer durch sein Rufen einem höheren Risiko aussetzt, ist sein Fitnessgewinn doch gewährleistet, da seine eigenen Verwandten sich in der Gruppe befinden. Meist wechseln sich die Rufer auch ab, sodass sich das Risiko auf mehrere Tiere verteilt und der erste Rufer dann den Schutz des nächsten genießt.
Warnrufe stellen also eine Form der Kommunikation dar, bei der wahre Botschaften im Interesse der Artgenossen gesendet werden.

Signalfälschung. Kommunikation beruht auf einer „Übereinkunft" zwischen Sender und Empfänger bezüglich der Bedeutung eines Signals. Der Sender verlässt sich darauf, dass der Empfänger die Botschaft richtig versteht, und der Empfänger ist sich dessen sicher, dass die Nachricht, die ihn erreicht, vom richtigen Sender ausgeht. (Dabei müssen natürlich keine bewussten Vorgänge beteiligt sein.) Sender und Empfänger brauchen nicht unbedingt derselben Art anzugehören. Einige Schwebfliegenarten tragen eine gefährlich aussehende schwarzgelbe Bänderung und täuschen so die Warnfärbung der Wespen vor. Diese Insekten sind ja dadurch geschützt, dass sie lernfähigen Angreifern, die einmal die unangenehme Erfahrung eines Wespenstichs im Maul gemacht haben, nie wieder zum Opfer fallen. Man nennt diese Art des Kopierens spezifischer Signale **Mimikry.** Die spezielle Form der Mimikry, die Körpersignale ungenießbarer, wehrhafter oder nur durch einen hohen Energieaufwand zu erbeutender Tiere nachzuahmen, heißt nach ihrem Entdecker *BATESsche Mimikry.* Sie kommt besonders bei Insekten vor, die gefährliche Formen wie Wespen kopieren.
Eine andere Art von Mimikry betreibt eine räuberische Leuchtkäferart, deren Weibchen die Lichtsignale anderer Leuchtkäferarten imitieren, um so deren Männchen anzulocken, die sie dann verzehren. Die Mimikry tritt meist zwischen Formen auf, die einander systematisch recht nahe stehen, also Insekten imitieren Insekten, Reptilien imitieren Reptilien. 1977 wurde aber in der Kalahari-Wüste ein Reptil entdeckt, das in kurioser Weise einen Käfer imitiert: Die Eidechse *Eremias lugubris* (einen deutschen Namen gibt es nicht) ist als erwachsenes Tier durch eine rotbraune Tarnfarbe gut geschützt. Als Jungtier aber ist sie schwarzweiß gefärbt. Ihre Bewegung unterscheidet sich dann deutlich von der normalen Eidechsenbewegung: Das Jungtier schlängelt sich nicht vorwärts, sondern es schiebt sich mit starr nach oben gekrümmtem Rücken geradlinig vorwärts. So sieht es aus wie der Laufkäfer *Anthia,* der in derselben Gegend lebt und sich durch Verspritzen einer ätzenden Flüssigkeit verteidigt.

Bluff. Kommunikation unter Artgenossen dient nicht immer dem reinen Informationsaustausch. Sie wird auch als Bluff oder reine Lüge dazu verwendet, sich eigene Vorteile zu verschaffen. So wird von einem jungen Pavian aus den südafrikanischen Drakensbergen berichtet, der ein ausgewachsenes und deshalb stärkeres Weibchen beobachtete, das schmackhafte Knollen ausgrub und verzehrte. Es war aussichtlos für den Jungen, etwas davon abzubekommen. In der Nähe befand sich seine Mutter. So verfiel er auf die List, laut zu schreien, als ob er angegriffen würde. Die Mutter stürzte herbei, vertrieb das Weibchen von ihren Knollen, während sich das Kind genüsslich darüber hermachte. Ein anderer, nicht ganz erwachsener Pavian wurde bei einem ähnlichen Bluff beobachtet: Er hatte sich offensichtlich schlecht benommen und wurde von Mitgliedern seiner Gruppe angegriffen. Anstatt hektisch zu fliehen, richtete er sich so auf und schaute aufmerksam in die Umgebung, wie es Paviane tun, wenn sie einen Beutegreifer, etwa einen Löwen entdeckt haben. Dies ist eine Warngeste, die andere Paviane sofort ebenfalls aufmerksam sichern lässt. In diesem Fall aber war es blinder Alarm. Er hatte den Erfolg, dass die Artgenossen so von dem vermeintlichen Feind in Anspruch genommen waren, dass sie den verfolgten „Flegel" vergaßen.
Die amerikanische Affenforscherin SHIRLEY STRUM beschreibt das lügnerische Verhalten eines Pavianweibchens: „Ein Weibchen entwickelte besondere Vorliebe für Fleischnahrung, obwohl meistens die Männchen jagten. Ein Männchen, das ungern etwas abgab, erbeutete eine Antilope. Das Weibchen pflegte ihm so lange das Fell, bis er sich seelenruhig auf den Rücken legte. Dann schnappte es sich die Beute und rannte damit weg."

Die Erforschung der Sprache der Elefanten

Wenn man Elefanten längere Zeit beobachtet, kann man feststellen, dass sie zuweilen gleichzeitig und plötzlich bewegungslos stehen bleiben und lauschen, obwohl man nichts hört. Andere wenden sich plötzlich in eine Richtung und laufen gezielt davon. Die amerikanische Zoologin KATHERINE PAYNE schrieb dazu: *„Ich stieß auf eine mögliche Lösung dieser Geheimnisse während eines Besuchs im Metro Washington Park Zoo in Portland, Oregon im Mai 1984. Während ich drei asiatische Elefantenmütter mit ihren neugeborenen Jungen beobachtete, bemerkte ich wiederholt ein fühlbares Zittern der Luft wie entfernter Donner, obgleich alles um mich herum ruhig war. Erst später kam mir der Gedanke: Als junges Chormädchen in Ithaca, New York, stand ich gewöhnlich neben der größten, tiefsten Orgelpfeife in der Kirche. Wenn die Orgel den Bass eines Bach-Chorals herausschmetterte, zitterte die ganze Kirche, genau wie es das Elefantenhaus im Zoo getan hatte."*

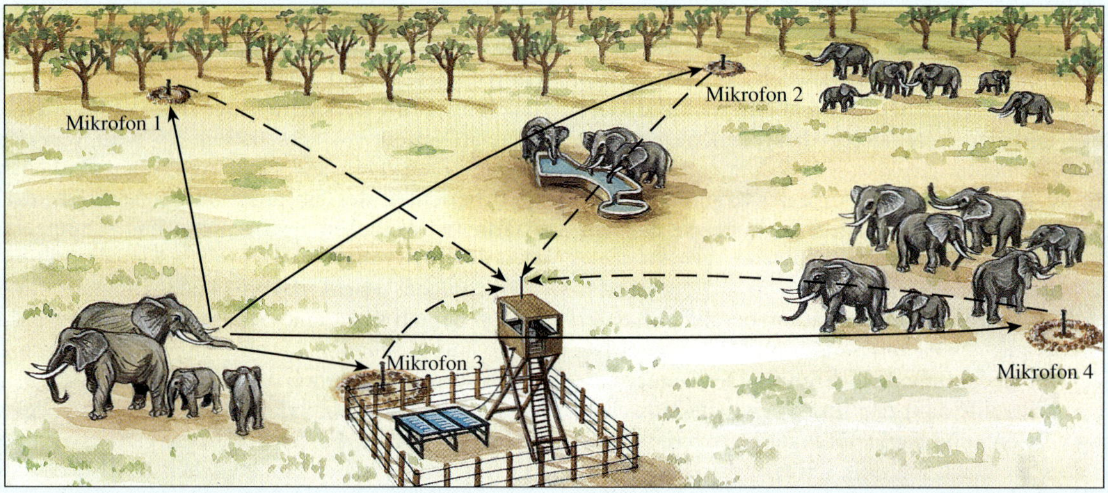

KATHERINE PAYNE vermutete, dass die Vibrationen, die sie im Elefantenhaus gespürt hatte, von den Tieren ausgegangen waren. Sie kehrte mit Spezialmikrofonen in den Zoo zurück und konnte feststellen, dass die Elefanten tatsächlich ein reiches Repertoire von Infraschalllauten produzierten. Unter Infraschall versteht man Schallwellen, deren Frequenz unter der Hörgrenze des Menschen (16–20 Hertz) liegt. Tiefe Frequenzen werden wesentlich langsamer gedämpft als hohe, das heißt, Infraschall ist noch über sehr weite Entfernungen wirksam. Unser Ohr nimmt ihn nicht wahr, aber mit Spezialmikrofonen kann man ihn registrieren.

Zusammen mit anderen Zoologen untersuchte KATHERINE PAYNE die Schallerzeugung von Elefanten an Ort und Stelle in Afrika. Sie stellten vier Infraschall-Mikrofone in einem großen, gut übersichtlichen Savannengelände auf und bauten einen Beobachtungsturm, von dem aus man das Gebiet mit einer Videokamera aufnehmen konnte. Wenn sich Elefanten in dem Gebiet aufhielten, konnte man sie einerseits sehen und filmen, andererseits aber über die vier Mikrofone das Tier orten, das sich äußerte. So war es möglich, durch Vergleich des Verhaltens und der Lautäußerungen der Tiere auf die Bedeutung der Signale zu schließen.

Die Tiere, die sich am lautesten und am häufigsten äußern, sind die Elefantenkühe. Die Bullen sind wesentlich schweigsamer. In erster Linie äußern sich die Elefantinnen, wenn sie empfängnisbereit sind. Dann geben sie einen langen, tiefen Ton von sich, der in seiner stereotypen Form an einen Gesang erinnert. Der Ton trägt über etwa 5 km Entfernung. Elefantenbullen, die den Gesang vernehmen, kommen unverzüglich herbei, um sich mit der Elefantin zu paaren. Dabei können heftige Konkurrenzkämpfe entbrennen. Diese Art der Kommunikation ist für die Tiere notwendig, denn eine Elefantenkuh ist zwei Jahre lang trächtig, danach säugt sie zwei Jahre lang das Kalb und danach ist sie wenige Tage lang empfängnisbereit. Nur über ein weitreichendes, eindeutiges Kommunikationsmittel ist es möglich, dass die Bullen unter vielen Elefantenkühen jeweils die empfängnisbereiten finden, auch wenn sie weit entfernt sind. Die Befunde konnten dadurch bestätigt werden, dass Infraschall-Gesänge empfängnisbereiter Elefantinnen über Spziallautsprecher abgespielt wurden. Die Bullen der Umgebung kamen daraufhin in Scharen herbeigeeilt.

Das Geschrei der Raben

Tief im Wald versteckt lag der Kadaver eines Elchs, den ein Wilderer hier verborgen hatte. Der Zoologe BERND HEINRICH fand das Tier, nachdem er eine Gruppe von Raben beobachtet hatte, die sich laut schreiend um diesen Nahrungsberg versammelt hatten. Er fragte sich, warum die Raben so laut schreien. Ihre Rufe tragen kilometerweit und es ist sehr energieaufwendig, so laut zu schreien. Ein Mensch bringt einen so weit tragenden Lärm mit seinen Stimmbändern allein nicht zustande. Die Raben müssen so laut schreien, da sie in dem beobachteten Gebiet im Bundesstaat Maine in den USA relativ selten sind und oft viele Kilometer weit voneinander entfernt leben. Die Kosten-Nutzen-Rechnung für die Raben wäre eindeutig günstiger, so vermutete HEINRICH, wenn sie sich ruhig verhielten, um das Fleisch allein zu fressen. Der Elch würde für Wochen reichen! Warum also ruft der erste Rabe die anderen herbei und schädigt durch die Verminderung seines Fleischanteils seine eigene Fitness? HEINRICH entwickelte drei Thesen, die er nacheinander systematisch überprüfte:

1. *Herbeirufen von Kadaveröffnern.* Es könnte ja sein, dass die Raben die Haut des Elchs nicht zerreißen können und einen Bären oder einen anderen Beutegreifer herbeirufen, der das Fell öffnet. Dann würde dieser zwar einen großen Teil des Fleisches fressen, aber für die Raben bliebe noch genug übrig. HEINRICH beschaffte eine tote Ziege und legte sie aus. Nachts musste er sie allerdings in seiner Hütte aufbewahren, um sie vor Bären zu schützen. Das war bei dem fortgeschrittenen Zersetzungszustand der Ziege gewiss kein Vergnügen. Wenn er sie morgens wieder auslegte, kamen gelegentlich Raben, fanden die verwesende Ziege, schrien aber nicht. Andererseits schrien viele Raben laut an einem schon geöffneten Kadaver. These 1 war damit widerlegt.

2. *Verteilung des Risikos.* HEINRICH hatte beobachtet, dass sich Raben, wenn sie eine Nahrungsquelle finden, zuerst ganz vorsichtig nähern und nur dann fressen, wenn sie wissen, dass keine Gefahr droht. Es könnte also sein, dass der erste Rabe andere herbeiruft, um die Situation auszutesten. Beutegreifer in der Nähe würden dann die „Lockvögel“ fangen und der Rufer wäre in Sicherheit. Diese These würde aber zur Folge haben, dass die Raben, wenn sie einmal begonnen hätten zu fressen, sich dann ruhig verhalten müssten. Sie schreien dagegen weiter, wenn das Festmahl begonnen hat und holen so weitere Tischgäste herbei. These 2 ist also auch nicht tragfähig.

3. *Gruppe gegen Revierbesitzer.* Ein Rabenpaar verteidigt sein Revier mit großer Energie. Wenn ein Aas vorhanden ist, wehren die beiden revierlose Konkurrenten ab. Es gibt immer Einzelgänger, die in dem betreffenden Jahr keinen Vermehrungspartner gefunden haben und ohne Revier durch die Landschaft ziehen. Ein allein lebender Rabe aber hat dann einen Vorteil, wenn er andere revierlose Artgenossen herbeiruft, die sich an einer Nahrungsquelle gemeinsam gegen die Revierbesitzer durchsetzen. Daraus lassen sich folgende Voraussagen ableiten: **a.** Revierbesitzer sollten an einem Aas nie schreien. **b.** Raben, die nicht in dem betreffenden Revier wohnen, sollten immer schreien. **c.** Rabenschreie sollten sehr viele fremde Raben anlocken. **d.** Die Revierbesitzer sollten den Massenansturm nicht abwehren können. **e.** Es müsste nur zwei Arten von Situationen geben: einmal Kadaver, die von Revierbesitzern allein und ohne Geschrei gefressen werden, und andererseits solche, an denen mehrere laut lärmende Raben beobachtet werden könnten.

HEINRICH schleppte einen ganzen Winter lang tote Tiere in den Wald und beobachtete die Raben. Seine These Nummer drei wurde durch die Beobachtungen voll bestätigt.

84.1 Seestern bei der Keimzellenabgabe. Die Tiere treten nicht in eine direkte Beziehung zueinander.

84.2 Quallenschwarm, Aggregation. Die Tiere haben sich nicht aktiv gesammelt, sondern sie leben zufällig im selben Wasserkörper.

84.3 Vogelschwarm. Offener anonymer Verband. Die Vögel halten zusammen, nehmen aber Artgenossen unbeschränkt in den Schwarm auf.

4.6 Soziale Strukturen

4.6.1 Formen sozialer Verbände

Wenn wir von Sozialverhalten sprechen, meinen wir damit, dass Individuen einer Tierart in irgendeiner Weise miteinander in Beziehung stehen. Das ist aber nicht immer der Fall. Viele Tiere haben zeitlebens überhaupt keine Beziehung zu Artgenossen. Seeigel und Seesterne geben ihre Keimzellen einfach ins Wasser ab. Dafür ist eine Synchronisation nötig. Man könnte meinen, dass diese auf einer Kommunikation zwischen den Tieren beruhe. Aber es scheint so zu sein, dass äußere Zeitgeber wie zum Beispiel die Wassertemperatur oder die Tageslänge dafür verantwortlich sind.

Aggregationen. Häufig werden Tiere, die sich nicht schnell und nicht sehr weit bewegen, durch Zufall oder bestimmte ökologische Bedingungen zusammengetrieben und bilden so größere Ansammlungen. Quallen etwa bewegen sich mit dem Wasserkörper, in dem sie zur Welt gekommen sind, in großen Schwärmen durch das Meer. Eine feste Struktur oder eine Bindung zwischen den Tieren kann man aber nicht feststellen. Solche zufälligen Ansammlungen von Tieren nennt man *Aggregationen.*

Anonyme Verbände. Jeder hat schon irgendwann im Herbst die Vogelschwärme gesehen, die die Reise in die Winterquartiere antreten. Schon lange vor dem langen Flug sammeln sich die Vögel zu Tausenden, um in unübertrefflicher Präzision erstaunliche Formationsflüge auszuführen. Die Tiere kennen sich aber nicht persönlich. Es gibt keine Rangunterschiede unter ihnen. Jedes Tier der betreffenden Art kann sich dem Schwarm anschließen. Diese *offenen anonymen Verbände* bieten den Tieren den Vorteil, dass das einzelne Tier vor Beutegreifern besser geschützt ist, als wenn es sich allein bewegt. Der Angreifer ist durch die Menge der Individuen des Schwarms verwirrt und kann nicht gezielt zustoßen.
Anders ist es bei den *geschlossenen anonymen Verbänden.* Wir finden sie besonders bei den Staaten bildenden Insekten, wie etwa Bienen, Ameisen, Termiten oder Wespen. Die Tiere eines Volkes kennen sich wahrscheinlich ebenfalls nicht persönlich, jedenfalls gibt es keine Anzeichen, aus denen man das schließen könnte. Sie erkennen aber untrüglich Angehörige eines anderen Volkes derselben Art. Bienen erkennen sich am Geruch. Eine Biene kann nicht in einen fremden Stock eindringen. Sie wird sofort von den Wächterinnen angegriffen und manchmal sogar getötet.

Individualisierte Verbände. Ein Wolfsrudel hat einen Anführer. Irgendein bedauernswertes Tier des Rudels ist immer das letzte. Alle knurren es an und beißen es. Auf dem Hühnerhof beobachtet man ähnliches. Die Tiere leben in einer – wie man von eben diesem Beispiel sprachlich abgeleitet hat – *Hackordnung*. Die Individuen solcher *individualisierter Verbände* kennen sich persönlich und wissen zwischen Rudelgenossen zu unterscheiden. Diese Unterscheidung kommt beispielsweise darin zum Ausdruck, dass sich in dem Verband eine **Rangordnung** ausbildet, die in der Regel ausgekämpft wird. Dabei sind nicht immer physische Kraft oder Geschicklichkeit, sondern, wie zum Beispiel bei Elefanten, auch Alter und Erfahrung ausschlaggebend. Viele Vögel und Säugetierarten leben in individualisierten Verbänden.

Die Bedeutung sozialer Strukturen. Der Zusammenschluss zu größeren Gruppen bringt für die Tiere vielerlei **Vorteile.** Es sind im Wesentlichen drei Gesichtspunkte, die sich positiv auf die Gruppenbildung auswirken, weil sie für die Tiere Nutzen bringen:
- *Verringerung des Raubdrucks:* In einer Gruppe können sich Tiere besser gegen Feinde verteidigen.
- *Wirkungsvollerer Nahrungserwerb:* Viele Tiere finden schneller und leichter eine Nahrungsquelle, die alle nutzen können.
- *Erfolgreiche Verteidigung von Ressourcen:* Auch gegen Artgenossen einer anderen Gruppe können sich viele besser zur Wehr setzen als einzelne Tiere.

Den Vorteilen stehen allerdings auch **Nachteile** entgegen, die die in Gruppen lebenden Tiere in Kauf nehmen müssen, das heißt, es entstehen Kosten für sie:
- *Infektionsrisiko:* Es besteht ein erhöhtes Infektionsrisiko durch ansteckende Krankheiten oder Parasiten.
- *Erhöhte Konkurrenz um Ressourcen:* Zwischen den Gruppenmitgliedern besteht eine erhöhte Konkurrenz um Nahrung, Ruhe- und Nistplätze.
- *Raubfeinde:* Gruppen fallen Raubfeinden eher auf als Einzeltiere.
- *Weitere Nachteile:* Es ergeben sich weitere Nachteile durch Konkurrenz um Reproduktionspartner, durch innerartlichen Brutparasitismus und gegenseitige Unterdrückung der Reproduktion, zum Beispiel in Gruppen mit stark ausgeprägter Rangordnung.

Es kommt im Einzelfall darauf an, wie die Kosten-Nutzen-Bilanz unter den jeweiligen ökologischen Bedingungen ausfällt, ob die Tiere einer Art allein oder in kleinen Gruppen oder in größeren Verbänden leben.

85.1 Volk sozial lebender Insekten (Termiten). Geschlossener anonymer Verband. Nur Angehörige desselben Volkes haben Zutritt.

85.2 Wolfsrudel. Individualisierter Verband. Die Tiere kennen einander persönlich und bilden eine Rangordnung aus.

85.3 Deutscher Bundestag. Individualisierter Verband. Die Menschen kennen einander persönlich und bilden eine Rangordnung aus.

Tiere mit Familiensinn

In der kenianischen Savanne leben die Weißbrüstigen Bienenfresser. 50 bis 300 dieser Vögel wohnen in einer Kolonie zusammen. Sie bauen ihre Nester in Höhlen, die sie in die Böschungen von Flussufern graben. Wie der Name sagt, fressen sie Insekten. Häufig kommt es vor, dass Vögel, deren Brutversuche fehlschlagen, ihre Brut aufgeben und stattdessen ihren Eltern bei der Aufzucht von deren Jungen helfen.

Die Weibchen der südamerikanischen Krallenaffen bringen Zwillinge zur Welt. An der Pflege der Säuglinge beteiligen sich sowohl der Vater als auch die Geschwister des letzten und des vorletzten Wurfes. Sie tragen die Jungen, sodass die Mutter Zeit zum Fressen hat.

Weißbrüstiger Bienenfresser

„Prinzessin von Burundi"

Im Tanganjika-See in Ostafrika lebt eine Buntbarschart *(Lamprologus brichardi)*, die den Namen „Prinzessin von Burundi" trägt. Die Fische sind etwa 10 cm lang. Sie leben in Familien zusammen, die aus den Eltern und sieben bis acht Jungfischen aus den letzten zwei bis vier Bruten bestehen. Die Jungfische beteiligen sich an allen Tätigkeiten, die für die Aufzucht ihrer Geschwister nötig sind: Sie pflegen Eier und Larven, sie befreien die Bruthöhle von Sand, sie tragen Schnecken aus dem Brutrevier weg, die die Eier fressen könnten, und sie verteidigen das Revier gegen alle Feinde.

Hilfeleistungen naher Verwandter hat man bei mehr als 200 Vogelarten, aber auch bei verschiedenen Fischarten und bei Säugetieren beobachtet.

4.6.2 Der „Egoismus der Gene"

In einem Bienenstock gibt es nur ein weibliches Tier, das sich fortpflanzen kann, die Königin. Alle anderen weiblichen Tiere widmen sich der Aufzucht der Jungen, also der Geschwister, wobei sie auf eine eigene Vermehrung verzichten. Bei der Verteidigung des Stockes nehmen es diese Tiere sogar in Kauf, ihr Leben im Interesse des Gesamtvolkes zu verlieren, denn eine Biene verliert ihren Stachel, wenn sie einen Menschen sticht. An dieser Verletzung geht sie zugrunde. Die Biene verhält sich, menschlich gesehen, selbstlos, altruistisch. Man hat den Begriff Altruismus in die Verhaltensbiologie übernommen und definiert: **Altruismus** bedeutet, dass ein Individuum einem anderen hilft. Diese Hilfe ist mit Kosten für den Helfer, aber mit Nutzen für den Empfänger der Hilfe verbunden. Kosten und Nutzen bemessen sich im Fortpflanzungserfolg.

Die Entstehung solcher Verhaltensweisen machte schon DARWIN Schwierigkeiten. Nach seiner Theorie setzt sich eine Eigenschaft in der Evolution durch, wenn sie ihrem Träger einen so großen Vorteil gegenüber anderen bringt, dass er dadurch mehr Nachkommen hat. Für die meisten Eigenschaften von Lebewesen trifft das ja auch zu. Aber es entspricht nicht diesem Prinzip, wenn sich eine Biene umbringt, um ihr Volk zu retten. Wie soll eine solche Eigenschaft, die ja in den Genen fixiert ist, an die Nachkommen weitergegeben werden?

Die Klassische Verhaltensbiologie nahm an, dass die Selektion an der Gruppe oder an der Art ansetzte. Nach dieser Vorstellung – man spricht heute von **Gruppenselektion** – würden also Lebewesen mit Eigenschaften begünstigt, die der **Erhaltung der Art** dienten. Ein starkes Argument für die Theorie waren die Kommentkämpfe von Hirschen oder Schlangen, die ihre gefährlichen Waffen nicht in Auseinandersetzungen mit Artgenossen einsetzen. Man nahm hier eine angeborene Tötungshemmung Artgenossen gegenüber an.

Deshalb war es ein Schock für die Verhaltensbiologen, als bekannt wurde, dass Löwenmännchen, die ein Rudel neu übernommen haben, oft die Kinder ihrer Vorgänger töten. Die Häufung solcher Beobachtungen konnte nicht mit krankhaftem Verhalten erklärt werden, wie das zunächst getan wurde. Außerdem wurden von sehr vielen anderen Tierarten ebenfalls ähnliche Verhaltensweisen berichtet.

Neuere Überlegungen führten zu dem Schluss, dass man die Gruppenselektion, die zum Prinzip von der Erhaltung der Art führt, nach den DARWINschen

Selektionsmechanismen prinzipiell nicht erklären kann. Wir wissen aber, dass die Selektion am Phänotyp des Individuums angreift. Dieses produziert Nachkommen in mehr oder weniger großer Zahl. Wie aber Tiere, die ihre Nachkommenschaft zugunsten anderer vermindern, einen Selektionsvorteil haben sollten, schien nicht vorstellbar. Es gab jedoch viele Beispiele für solches Verhalten. Die Gruppenselektion war eine Annahme, um damit den scheinbaren Widerspruch zu erklären. 1964 wies WILLIAM HAMILTON nach, dass altruistisches Verhalten selektionsbegünstigt ist, wenn man die Verwandtschaftsbeziehungen in Rechnung stellt.

Bei sexuellen Prozessen zwischen Lebewesen werden die Erbanlagen der Sexualpartner miteinander kombiniert. Dabei sorgt die Meiose dafür, dass in den Keimzellen jeweils die Hälfte der Allelpaare eines Partners enthalten ist. Das Schema in der Abbildung zeigt dies: Die Mutter ist entstanden aus einer Keimzelle der Großmutter, die das Allel b enthielt, vom Großvater kam das Allel p. Der diploide Satz ihrer Körperzellen enthält das Allelpaar bp. Bei der Meiose werden die Erbanlagen jeweils zur Hälfte auf die Keimzellen verteilt, sodass in 50 % aller Keimzellen das Allel der Großmutter und in der anderen Hälfte das entsprechende Allel des Großvaters liegt. Für den Vater gilt dasselbe Prinzip bei der Bildung seiner Keimzellen. Nun untersuchen wir die Verwandtschaft der möglicherweise entstehenden Kinder. **Verwandtschaft** soll dabei definiert werden als *die Wahrscheinlichkeit, mit der Gene eines Individuums im Genom eines anderen auftreten.* Das Kombinationsschema in Abbildung 87.1 zeigt alle Möglichkeiten: Vier mögliche Keimzellensorten ergeben 16 mögliche Verwandtschaftsverhältnisse der Kinder: Geschwister mit den gleichen Erbanlagen sind zu 100 % verwandt. Dies ist ebenso wie die 0 %ige Verwandtschaft unter Geschwistern extrem unwahrscheinlich. Der **Verwandtschaftskoeffizient r,** also die durchschnittliche Wahrscheinlichkeit, ein Gen eines Individuums im Genom eines Vollgeschwisters zu finden, ist gleich 0,5 oder 50 %. Man kann diese Berechnung für andere Verwandtschaftsverhältnisse durchführen und findet: Enkel sind mit den Großeltern und untereinander zu 25 % verwandt, der Verwandtschaftskoeffizient für Urgroßeltern und Urenkel, sowie für Urenkel untereinander und auch für Cousins und Cousinen beträgt 0,125.

Es ist schwierig, Nutzen und Kosten von altruistischem Verhalten zu messen. Der Altruismus nimmt aber, wie man beobachten kann, etwa proportional zur verwandtschaftlichen Entfernung ab.

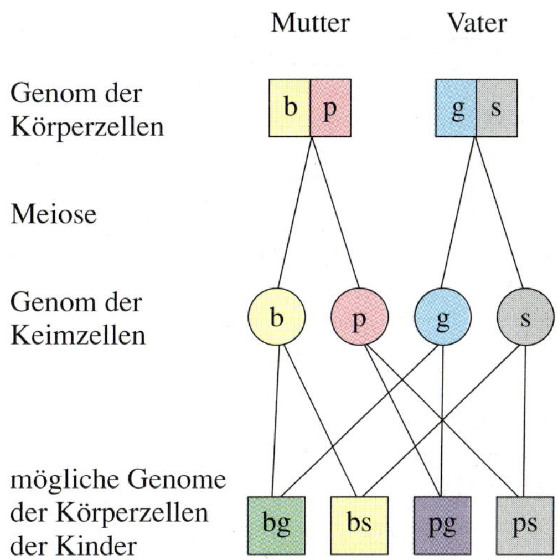

mögliche Verwandtschaft zwischen den Kindern

	bg	bs	pg	ps
bg	1	1/2	1/2	0
bs	1/2	1	0	1/2
pg	1/2	0	1	1/2
ps	0	1/2	1/2	1

$$r = \frac{\text{Summe der Felder}}{\text{Anzahl der Felder}} = \frac{8}{16} = \frac{1}{2}$$

87.1 Geschwisterverwandtschaften bei normal diploiden Lebewesen. b, p, g und s sind die Genotypen, die Mutter und Vater von ihren Eltern bekommen haben, und zwar von jedem die Hälfte. So besteht auch die Wahrscheinlichkeit, dass ihre Keimzellen nach der Meiose jeweils zur Hälfte Material aus dem einen oder dem anderen Genom enthalten. r ist der Verwandtschaftskoeffizient. Er gibt an, mit welcher Wahrscheinlichkeit zwei Individuen übereinstimmendes Erbmaterial haben. r=1/2 heißt also, dass sie in ihrem Genom zur Hälfte übereinstimmen.

Wie Löwen miteinander leben

Der Serengeti-Nationalpark in Tansania ist etwa so groß wie Schleswig-Holstein. Ungefähr 3000 Löwen durchstreifen ihn. Sie bilden Rudel von etwa 30 Tieren, die zum größten Teil aus verwandten Weibchen mit ihren Töchtern bestehen. Mehrere erwachsene Männchen, die ebenfalls oft verwandt sind, gehören dazu.

Jedes Rudel hat ein festes Revier. Es wird mit Kot und Urin an den Grenzen markiert. Die Löwinnen bleiben ihrem Areal über viele Generationen treu und verteidigen es mit einer Intensität gegen andere Rudel, die zuweilen an Krieg denken lässt.

Die Jagdtechnik der Löwinnen hängt von der Wehrhaftigkeit der Beutetiere ab: Ein Gnu oder ein Warzenschwein kann eine Löwin allein überwältigen. Büffel oder Zebras dagegen werden gemeinsam gejagt und geschlagen.

Junge männliche Löwen verlassen das Rudel oder sie werden vertrieben. Sie streifen eine Zeit lang durch die Savanne, bis sie sich mit anderen Männchen zu einer Gruppe zusammenschließen. Solche Männergruppen versuchen dann, die männlichen Löwen eines Rudels zu vertreiben und die Weibchengruppen zu übernehmen. Sie versuchen sofort, die Jungtiere im Rudel zu töten. Mehr als ein Viertel aller Jungtiere wird von den neuen Rudelbesitzern getötet, obgleich die Löwinnen ihre Kinder nach Kräften verteidigen.

Da eine Löwin 100 bis 116 Tage schwanger ist und anschließend während der Zeit der Aufzucht der Jungen von etwa zwei Jahren keine Befruchtung möglich ist, verkürzen die neuen Herren durch das Töten der Kinder ihrer Vorgänger die Zeit, die sie warten müssen, bis sie mit der Befruchtung an die Reihe kommen. Eine Allianz von Männchen kann ein Rudel von Weibchen höchstens drei bis vier Jahre lang verteidigen. Dann müssen sie einer neuen Männergruppe weichen.

Eine Löwin kann etwa elf Jahre lang Junge bekommen. Sie versteckt ihre Säuglinge nach der Geburt für die ersten sechs Wochen im Gebüsch. Danach führt sie sie dem Rudel zu, das sie neugierig aufnimmt. Normalerweise säugt eine Löwin nur ihre eigenen Jungen. Es kommt aber häufig vor, dass sie nach einem anstrengenden Jagdausflug erschöpft einschläft. Dann versuchen auch fremde Kinder, bei ihr zu trinken, was ihnen meistens gelingt.

Die Schlussfolgerung HAMILTONs bestand nun darin, dass er die Fitness, also die Fähigkeit, genetisches Material in die nächste Generation zu bringen, mit dem Verwandtschaftsgrad in Beziehung setzte. Nach ihm ist die **HAMILTON-Ungleichung** benannt, die lautet:

$$K < r \cdot N$$

Das bedeutet, dass sich die genetische Basis eines Verhaltensmerkmals in einer Population ausbreitet, wenn die Kosten (K) des Verhaltens geringer sind als der Nutzen (N) dieses Verhaltens für den Vorteilsnehmer. Diese Beziehung wird durch den Verwandtschaftskoeffizienten r gewichtet. Das heißt, dass bei einer völligen Selbstaufopferung eines Genträgers sich dessen Gene fortpflanzen, wenn er durch die Selbstaufopferung das Leben von mehr als zwei Vollgeschwistern (r=0,5) oder mehr als vier Nichten oder Neffen (r=0,25) rettet. Von dem britischen Populationsgenetiker HALDANE wird berichtet, dass er auf die Frage, ob er sein Leben für seinen Bruder opfern würde, antwortete: „Für einen nicht, wohl aber für drei – oder auch für neun Vettern." HALDANE äußerte dies – seiner Zeit weit voraus –, lange bevor HAMILTON seine Ungleichung veröffentlichte. Was nach Altruismus aussieht, ist also tatsächlich das Streben nach einem genetischen Vorteil. Es wird deutlich, wie durch Hilfsverhalten oder altruistische Handlungen ein Selektionsvorteil im DARWINschen Sinne entsteht, wobei allerdings nun – und das ist neu – nicht mehr das Individuum in Vordergrund steht, sondern seine Gene, die mehr oder weniger erfolgreich in die nächste Generation übertragen werden. Der Selektionsprozess, der auf diese Weise wirkt, wird als **Verwandtenselektion** bezeichnet.

Es kommt demnach nicht nur darauf an, eigene Kinder in die Welt zu setzen, sondern auch die Hilfe bei der Aufzucht Verwandter trägt zur Fortpflanzung der eigenen Gene bei. Man hat deshalb den Fitness-Begriff erweitert: Die **direkte Fitness** ist ein Maß dafür, wie viele Kopien der eigene Gene durch eigene Fortpflanzung in die nächste Generation gebracht werden. Die **indirekte Fitness** sagt, wie viele Kopien der eigenen Gene durch Verwandtenunterstützung in den Genpool der nächsten Generation übertragen werden. Die **Gesamtfitness** ergibt sich als die Summe aus direkter und indirekter Fitness. Die Gesamtfitness aber ist es, die den Selektionsvorteil im DARWINschen Sinne bestimmt. Evolution beruht auf **Gesamtfitness-Maximierung.**

Es sind also eigentlich die Gene, auf deren Weitergabe es in der Evolution ankommt. Beobachtungen und

Berechnungen zu den Verwandtschaftsverhältnissen sozial lebender Hautflügler, zu denen Ameisen, Bienen, Wespen und Hummeln gehören, stützen dies. Die Schemata in der Abbildung zeigen die Verwandtschaftsverhältnisse dieser Insekten. Der Unterschied zu anderen Lebewesen besteht darin, dass die Männchen parthenogenetisch aus unbefruchteten Eizellen entstehen (Haplo-Diploidie). Männchen haben nur einen Chromosomensatz, der der Hälfte des Genoms ihrer Mutter entspricht. Sie bilden demzufolge nur eine Sorte von Keimzellen aus. Aus den Kombinationen der möglichen Keimzellen von Weibchen und Männchen ergibt sich, dass die Mutter mit ihren Töchtern wie üblich zu 50 % verwandt ist. Die Töcher untereinander aber sind zu 75 %, zu drei Vierteln also, miteinander verwandt, weil der Vater ja in allen Keimzellen dieselbe Genkombination (g) hat. Wenn die Töchter also ihre Geschwister aufziehen, sorgen sie dafür, dass 75 % ihres Genoms in die nächste Generation kommt. Hätten sie eigene Kinder, wären es nur 50 %. So besteht tatsächlich ein Selektionsdruck darauf hin, dass die Arbeiterinnen sozialer Insekten keine eigene Nachkommenschaft haben, sondern sich voll dem Schutz und der Aufzucht ihrer Geschwister widmen.
So bestechend das Beispiel der sozial lebenden Insekten für die Untermauerung der Theorie vom „Egoismus der Gene" ist, bleiben dennoch Unklarheiten, die bis jetzt noch nicht vollständig ausgeräumt sind.

1. Es gibt einige Ameisen-, Bienen- und Wespenarten, bei denen sich eine Königin einmal mit einem Männchen verpaart. Die Königin der Honigbiene aber verpaart sich auf ihrem Hochzeitsflug mit mehreren Drohnen. Man hat berechnet, dass der Verwandtschaftskoeffizient der Arbeiterinnen 0,4 nicht überschreitet.
2. Es gibt Insektenvölker, zum Beispiel bestimmte Wespen, bei denen mehrere Königinnen gleichberechtigt in einem Stock leben. Ihre Kinder werden von allen Arbeiterinnen ohne Bevorzugung gleichberechtigt versorgt. Der Verwandtschaftskoeffizient der Nicht-Königinnen untereinander beträgt immer weniger als 0,75, er liegt meist sogar unter 0,5.
3. Haplo-Diploidie wie bei den Bienen muss nicht in unmittelbarem Zusammenhang mit Staatenbildung stehen, wie sie die Bienen zeigen. Es gibt haplodiploide Insekten, die keine Staaten bilden, und es gibt Tierstaaten, deren Angehörige alle diploid sind, z. B. die Nacktmulle und die Termiten.

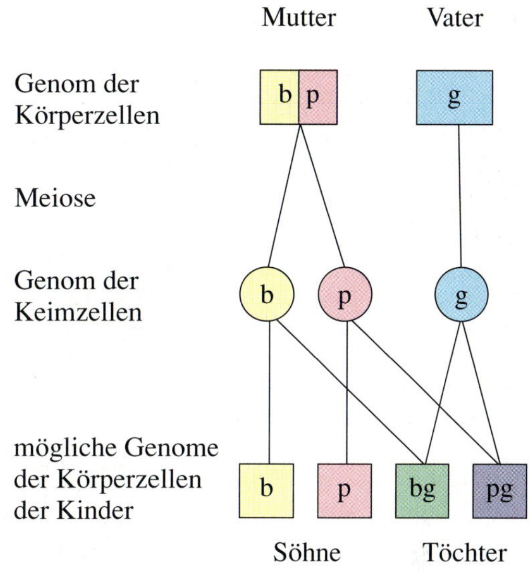

mögliche Verwandtschaften zwischen Söhnen

	b	p
b	1	0
p	0	1

$r = \frac{2}{4} = \frac{1}{2}$

mögliche Verwandtschaften zwischen Töchtern

	bg	pg
bg	1	1/2
pg	1/2	1

$r = \frac{3}{4}$

mögliche Verwandtschaften der Brüder mit Schwestern

	b	p
bg	1	0
pg	0	1

$r = \frac{2}{4} = \frac{1}{2}$

mögliche Verwandtschaften der Schwestern mit Brüdern

	bg	pg
b	1/2	0
p	0	1/2

$r = \frac{1}{4}$

89.1 Geschwisterverwandtschaften bei sozialen Hautflüglern (Bienen und Ameisen)

Kooperation und Altruismus

Wenn Tiere in einem Schwarm leben, „arbeiten“ sie zusammen. Sie kooperieren z. B., indem sie alle nach Feinden ausschauen. Wenn ein Murmeltier durch seinen Warnruf die Aufmerksamkeit eines Beutegreifers auf sich lenkt, aber dadurch seine Verwandten rettet, nennen wir das Altruismus. Auch eine Vampirfledermaus, die einem Artgenossen von ihrer Blutbeute abgibt, handelt altruistisch. Die drei Beispiele zeigen drei Formen des Miteinander unter Tieren, die man folgendermaßen einteilt:

Kooperation: Tiere in einem Schwarm

1. Kooperation: Sie dient dem beiderseitigen Nutzen und ist nicht mit Kosten für den Einzelnen verbunden. In einem Schwarm profitieren alle Individuen von dem Zusammenschluss. Sozialstrukturen schlechthin können als kooperative Systeme aufgefasst werden, denn der Zusammenhalt erhöht durch die Wirkungsmechanismen der Struktur die persönliche Fitness.

	Kosten an direkter Fitness	Nutzen an direkter Fitness		Nutzen an indirekter Fitness
Kooperation	–	+	und/oder	+
nepotistischer Altruismus	+	–		+
reziproker Altruismus	+	+	und/oder	+

2. Nepotistischer Altruismus: Er ist durch Inkaufnahme von Kosten zugunsten von Verwandten gekennzeichnet. Dadurch wird die indirekte Fitness erhöht. Der Selektionsmechanismus, der nepotistischen Altruismus entstehen lässt, ist die Verwandtenselektion. Warnrufe zum Beispiel gelten in den meisten Fällen Verwandten. Der Warner fällt zwar auf und hat durch die Gefährdung möglicherweise Kosten, aber er erhöht seine indirekte Fitness durch den Schutz seiner Verwandten.

Warnendes Murmeltier

Vampir

3. Reziproker Altruismus: Der reziproke Altruist verzichtet zunächst auf die volle Ausschöpfung seiner persönlichen Chancen zugunsten eines Artgenossen. Er „rechnet aber damit“, dass er bei nächster Gelegenheit eine Gegenleistung erhält, die seine eigenen Investitionen voll ausgleicht. Ein häufig zitiertes Beispiel für dieses Verhalten ist die „Blutspende“ der zentralamerikanischen Gemeinen Vampire: Sie ernähren sich vom Blut von Rindern und Pferden, das sie in der Nacht den Tieren abzapfen. Ohne Nahrung verhungern Vampire innerhalb von drei Tagen. Ein Teil der Vampire kehrt häufig erfolglos von der Jagd zurück. Solche Tiere können Artgenossen „anbetteln“ und bekommen tatsächlich eine „Spende“ von hervorgewürgtem Beuteblut. Man hat beobachtet, dass für die Wahrscheinlichkeit einer Blutspende die Verwandtschaft der Tiere und andererseits ihre persönliche Bekanntschaft ausschlaggebend ist. Ein Tier spendet nur an ein anderes, von dem es erwarten kann, im umgekehrten Fall eine Gegenleistung zu erhalten. Im Allgemeinen kommt reziproker Altruismus selten vor. Ein Grund dafür mag sein, dass die Möglichkeit des Betrugs bei dieser Verhaltensform außerordentlich groß ist, was einen negativen Selektionsfaktor darstellen könnte.

Die Nacktmulle

Sie werden als Säbelzahn-Würstchen oder Walrossbabys verspottet. Ihr exakter biologischer Name aber ist Nacktmull. Alle Namen beschreiben etwas von dem kuriosen Aussehen dieser Tiere: Etwa 10 cm lang, 2 bis 3 cm dick, kahl mit einer fleischfarbenen, faltigen Haut, im Verhältnis zum Körper riesige, sehr harte Schneidezähne, winzige Augen und kaum Ohren – die Phantasie kann sich so etwas nicht ausdenken. Nacktmulle gehören zu den Nagetieren und sind am nächsten mit den Stachelschweinen verwandt. Sie bewohnen sehr ausgedehnte, unterirdische Gangsysteme, die sie mit ihren großen Schneidezähnen in den harten Boden der Steppen und Savannen Kenias, Äthiopiens und Somalias graben. Ein Volk umfasst etwa 40 bis 300 Tiere. Männchen und Weibchen sind in etwa gleicher Zahl vorhanden bei einer leichten Überzahl der Männchen.

Sie graben die Gänge auf der Suche nach Wurzeln und Knollen, die ja zum Überstehen der Trockenzeiten in der Savanne reichlich Nährstoffe und Wasser gespeichert enthalten. In gewissen Abständen werden etwa fußballgroße Wohnkammern angelegt, in denen sich die Tiere zusammenkuscheln und dösen können. In den Gängen, die in etwa 50 cm Tiefe verlaufen, herrscht das ganze Jahr über eine Temperatur von etwa 30 °C. Damit steht in Zusammenhang, dass die Nacktmulle die Fähigkeit verloren haben, die eigene Körpertemperatur regeln zu können. Sie sind wechselwarm – eine einzigartige Erscheinung bei den Säugetieren.

Unter den Tieren herrscht eine deutliche Arbeitsteilung, die – ähnlich wie bei den Honigbienen – vom Alter und hier zusätzlich von der Körpergröße bestimmt wird: Die zwei bis drei Monate alten Jungtiere bilden Putz- und Futterbeschaffungskolonnen. Wer größer geworden ist, übernimmt Verteidigungsaufgaben. Die großen und älteren Tiere sind es auch, die die Stollen durch den Boden vorantreiben. Die Weibchen werden von der Königin durch gezielte Schikanierung so unter Stress gehalten, dass sie keine Ovulationen bekommen. Wahrscheinlich nimmt die Königin mit dem Geruch des Urins der Weibchen Informationen über deren Östrogenspiegel auf. Steigt dieser an, zeigt ihr die Königin durch handfeste Züchtigungen, dass sie die Einzige ist, die Kinder kriegen darf. Nichtsdestoweniger helfen die so Unterdrückten, die Jungen zu putzen und umherzuschleppen. Die Königin bringt etwa fünfmal im Jahr ungefähr 14 Kinder zu Welt. Eine so erstaunliche Fruchtbarkeit ist nur möglich, weil sie von ihrem Volk vorbildlich gepflegt wird. Von den Männchen, die alle fruchtbar sind, kommen nur wenige zur Kopulation mit der Königin. Stirbt eine Königin, so werden sofort ein oder mehrere Weibchen größer und fruchtbar. Sind es mehrere, so bekämpfen sie sich gegenseitig, bis eine tot ist oder aufgibt und in den Arbeiterinnenstand zurückkehrt.

Die Bausysteme verschiedener Völker bleiben streng getrennt, und die Tiere verlassen sie, soweit man beobachten konnte, nie. Deshalb stammen die meisten Tiere eines Volkes von denselben Eltern ab. Wegen der Isolation verpaaren sich auch Geschwister und nicht selten Kinder mit ihren Eltern. Die Nacktmulle leben in einer Inzestgesellschaft. Das bringt es mit sich, dass der Verwandtschaftskoeffizient in einem Volk durchschnittlich bei 0,8 liegt. So ist es erklärlich, dass die unterdrückten Weibchen sich dennoch rührend um ihre Geschwister kümmern. Die genetische Differenz zwischen benachbarten Völkern ist sehr gering. Je weiter die Entfernung zwischen den Wohnorten ist, desto größer ist auch die verwandtschaftliche Entfernung. Man hat dies herausgefunden, als man bei verschiedenen Völkern molekulargenetische Fingerabdrücke nahm. Die Bewohner von Nord-Kenia sind von ihren Artgenossen in Süd-Kenia – etwa 300 km entfernt – genetisch so verschieden, wie man es sonst nur bei verschiedenen Unterarten kennt.

92.1 Hackordnung auf einem Hühnerhof

4.6.3 Rangordnungen

Der Norweger THORLEIF SCHJELDERUP-EBBE war noch ein Schuljunge, als er Anfang unseres Jahrhunderts entdeckte, dass unter den Hühnern auf dem Hof seiner Mutter eine strenge Hierarchie herrschte: Huhn A hackte auf Huhn B herum, Huhn B auf Huhn C, dieses wiederum auf Huhn D und so weiter. Nur das schwächste Huhn der Gruppe hatte keinen, auf dem es herumhacken konnte. Der Begriff „Hackordnung" war geboren.

Der Ausdruck „Hackordnung" ist mittlerweile ein wenig aus der Mode gekommen – schließlich besitzen nicht alle Tiere einen Schnabel. Heute spricht man von Rangordnungen oder **Dominanzhierarchien,** die bei Tieren, die in individualisierten Verbänden leben, weit verbreitet sind. KONRAD LORENZ war sogar der Meinung, es handele sich dabei um „ein Ordnungsprinzip, ohne das sich ein organisiertes Gemeinschaftsleben höherer Tiere offenbar nicht entwickeln kann".

Verhaltensforscher bezeichnen die Rangpositionen der einzelnen Individuen einer Gruppe mit den Buchstaben des griechischen Alphabets: Das ranghöchste Tier einer Gruppe ist das α-Tier, dann kommt das β-Tier, dann das γ-Tier und ganz zum Schluss das ω-Tier. Oft sind Hierarchien *linear*: α ist dominant über β, α und β dominieren γ und so weiter. Es können allerdings auch Dreiecksbeziehungen vorkommen: Tier A ist dominant über Tier B, Tier B über Tier C, aber Tier C dominiert Tier A. In diesem Fall ist keine Linearität gegeben.

Der Begriff **Dominanz** kommt aus dem Lateinischen: „*Dominare*" bedeutet „beherrschen" oder „gebieten". Das Gegenteil von Dominanz ist **Subordination:** Der Unterlegene unterwirft sich.

Wer über wen dominant ist, lässt sich bei Tieren am sichersten feststellen, indem man ihr Verhalten in Konfliktsituationen beobachtet. Wenn Tier A dem Tier B droht, es schlägt oder beißt, und Tier B daraufhin flieht oder irgendeine Form unterwürfigen („submissiven") Verhaltens zeigt, wird man sagen können, dass Tier A Tier B in dieser Situation dominiert. Um die Beziehung zwischen zwei Tieren zu charakterisieren, genügt dies allerdings nicht. Erst wenn sich herausstellt, dass Interaktionen zwischen Tier A und Tier B über einen längeren Zeitraum und in verschiedenen Situationen immer gleich ablaufen, wird man sagen können, dass Tier A dominant über Tier B ist. Das entscheidende Kriterium einer Dominanzbeziehung ist also, dass *Verhaltensweisen aus dem aggressiven und submissiven Bereich* zwischen zwei Individuen eine *Asymmetrie* aufweisen.

Wer welche Position in einer Hierarchie einnimmt, wird oft – allerdings keineswegs immer – durch Kampf entschieden. Rangkämpfe können außerordentlich heftig verlaufen. Einen solchen Fall beobachteten JANE GOODALL und ihre Mitarbeiter unter den Schimpansen des Gombe-Nationalparks: Im September 1989 musste das Schimpansenmännchen Goblin nach acht Jahren Herrschaft in der Kasakela-Gruppe seine Spitzenposition in einem blutigen Kampf an das bisherige β-Männchen Wilkie abgeben. Während Wilkie nur leicht verletzt wurde, trug Goblin schwere Wunden davon, an denen er ohne medizinische Betreuung durch die Mitarbeiter des Schimpansenprojektes vermutlich gestorben wäre. Als er sich nach seiner Genesung wieder der Gruppe anschloss, wurde er auch von den anderen Männchen heftig attackiert und abermals schwer verletzt. Von nun an musste er sich mit einem der niedrigsten Ränge in der Gruppe begnügen.

Rangbeziehungen unter Schimpansen sind oft über Jahre stabil: Goblin konnte seine α-Position über acht Jahre halten, sein Vorgänger Figan war sogar zehn Jahre an der Macht. Bei anderen Arten sind Rangwechsel häufiger. Bei den Savannenpavianen des Amboseli-Nationalparks in Kenia beobachtete man, dass es unter den Männchen durchschnittlich alle drei Wochen zu einem Rangwechsel kam. Hierarchien sind also nicht statisch, sondern haben eine mehr oder weniger stark ausgeprägte **dynamische** Komponente.

Proximate Ursachen. Bei den meisten Tierarten scheinen Unterschiede in der Körpergröße und Kampfkraft der ausschlaggebende Faktor für Dominanzunterschiede zu sein. Für viele Primaten gilt dies nicht: Sie können oft schon in jungen Jahren weitaus ältere und stärkere Gruppenmitglieder dominieren. Welche anderen Faktoren könnten hier beteiligt sein? Die Gene? Dieser Verdacht kam auf, als man herausfand, dass nicht nur beim Menschen der Rang des Individuums oftmals eine Frage seiner sozialen Herkunft ist. Vielen Primaten, aber auch anderen Tieren, wie beispielsweise Hyänen, ist der spätere Rang sozusagen schon bei der Geburt mit in die Wiege gelegt: Kinder ranghoher Weibchen werden als Erwachsene ebenfalls einen hohen sozialen Status erreichen, während dies den meisten Kindern rangniederer Weibchen niemals gelingt. Hierarchien, bei denen verwandte Individuen benachbarte Rangplätze einnehmen und somit ganze Familien andere Familien dominieren, werden auch als **nepotistische Rangordnungen** bezeichnet.

Gegen die Hypothese, dass Gene für soziale Unterschiede verantwortlich sind, spricht allerdings eine Reihe von Tatsachen. Beispielsweise wirkt sich der Rang des Vaters bei Arten, die keine engen Paarbindungen eingehen, offenbar nicht auf den Rang seiner Kinder aus; zeugt ein ranghohes Rhesusaffenmännchen eine Tochter mit einem rangtiefen Weibchen, wird diese ebenfalls einen rangniederen Status erhalten. Rangwechsel, wie sie zwischen Männchen häufiger auftreten, sind ebenfalls nicht mit der Vererbungshypothese erklärbar: Söhne ranghoher Rhesusaffenmännchen, die in ihrer Geburtsgruppe einen hohen Rang innehaben, finden sich oft auf einem der untersten Plätze in der Hierarchie wieder, wenn sie die Gruppenzugehörigkeit wechseln. Die genetische Ausstattung eines Individuums ändert sich aber nicht in Abhängigkeit von der Sozialgruppenzugehörigkeit. Entscheidend für Rangunterschiede sind hier also **soziale Faktoren.**

Nepotistische Rangordnungen kommen dadurch zustande, dass Verwandte einander **unterstützen:** Kinder ranghoher Weibchen erlangen ihre eigene Rangposition durch soziale Protektion. Bei vielen Tierarten – auch manchen Primaten – ist soziale Protektion allerdings nicht besonders ausgeprägt. In solchen Fällen ist der Rang des Individuums von seiner sozialen Herkunft völlig unabhängig – die Hierarchie ist **individualistisch.** Welchen Rang ein Individuum in einer solchen Hierarchie einnimmt, ist im Wesentlichen von seiner jeweiligen physischen Kondition abhängig.

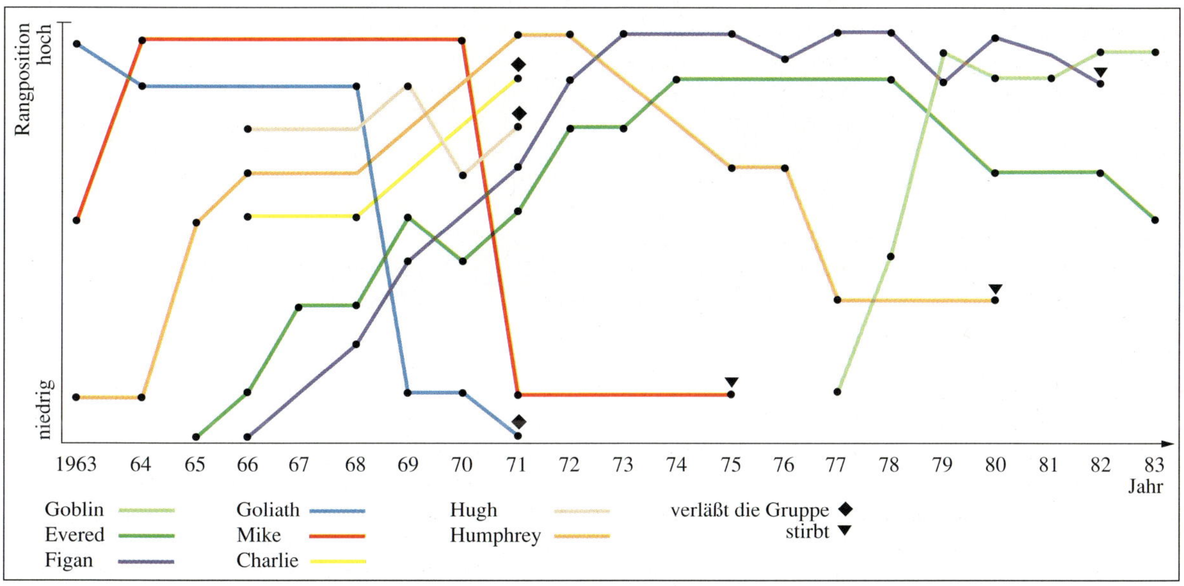

93.1 Rangwechsel in der α-Position einer Schimpansengruppe

Dominante Weibchen

Zwergmangusten sind kleine afrikanische Schleichkatzen, die in Gruppen mit etwa 12 Tieren beiderlei Geschlechts leben. Das ranghöchste Individuum ist ein Weibchen. Zusammen mit dem ranghöchsten Männchen besitzt es das Fortpflanzungsmonopol: Bekommt ein rangniederes Weibchen Kinder, werden sie sofort vom α-Weibchen getötet.
Tüpfelhyänen leben in Gruppen von bis zu 80 Individuen. Bei ihnen sind – mit wenigen Ausnahmen – alle erwachsenen Weibchen dominant über sämtliche Männchen. Für die Männchen ergeben sich daraus vor allem bei der Konkurrenz um Nahrung Nachteile: Sie dürfen nur an größeren Beutetieren mitfressen.
Auch Kattas leben – wie die meisten der zu den Primaten gehörenden Lemuren Madagaskars – in Gesellschaften, in denen die Weibchen „die Hosen anhaben“ und Priorität beim Zugang zu begehrter Nahrung beanspruchen.

Zwergmanguste

Tüpfelhyänen

Kattas

Die genannten Fälle weiblicher Dominanz sind unter Säugetieren zweifellos die Ausnahme. Dennoch tragen Beobachtungen wie diese dazu bei, ein Weltbild zu erschüttern: Jahrzehntelang galt es nämlich vor allem unter männlichen Forschern als ausgemacht, dass Dominanz – wie überhaupt jede „politische“ Betätigung – eine Domäne der Männchen sei. „Kleinere Zänkereien“ unter Weibchen, wie es im bekannten Time-Life-Buch „Die Primaten“ noch 1976 hieß, hielt man zwar für normal, aber eine „richtige“ Hierarchie schienen nur die Männchen zu besitzen. Erst gründliche Feldstudien ergaben, dass dies eine Fehleinschätzung war. Bei vielen Arten zeigte sich, dass Weibchen keineswegs „von Natur aus“ weniger dominanz- und konkurrenzorientiert sind als ihre männlichen Artgenossen.

Lange Zeit dachte man auch, dass der Rang weiblicher Primaten von dem ihrer jeweiligen männlichen „Beschützer“ abhinge. Auch dies erwies sich als falsch. Langzeituntersuchungen an Pavianen und Makaken ergaben, dass Rangbeziehungen zwischen den Männchen häufig wechselten, während die der Weibchen über Jahrzehnte stabil blieben. In einer Laboruntersuchung an Grünen Meerkatzen konnte sogar gezeigt werden, dass die Unterstützung des ranghöchsten Weibchens ausschlaggebend dafür war, welches Männchen die α-Position in der Gruppe erringen konnte.

Über die biologischen Ursachen weiblicher Dominanz ist noch wenig bekannt. Zweifellos spielt das Ausmaß des Sexualdimorphismus eine Rolle: Bei Tüpfelhyänen sind die Weibchen größer und stärker als die Männchen, während bei Arten mit eindeutig männlicher Dominanz die Männchen deutlich größer und kräftiger sind. Nicht selten können aber auch physisch unterlegene Weibchen die formale Vorherrschaft der Männchen brechen, indem sie miteinander kooperieren. Bei Bonobos, die neben den Schimpansen unsere nächsten Verwandten im Tierreich sind, sichern sich die Weibchen auf diese Weise das Vorrecht beim Zugang zu begehrter Nahrung.

Ultimate Ursachen. „Rangordnungen erfüllen viele segensreiche Funktionen für die Gesellschaft." Diese Auffassung von KONRAD LORENZ war in den sechziger Jahren weit verbreitet und wird auch heute noch von manchen Forschern vertreten. Rangordnungen, so hieß es damals, würden den sozialen Frieden erhalten, sie würden dafür sorgen, dass zum Wohle der Art nur die „besten" Mitglieder einer Gesellschaft zur Fortpflanzung kommen, sie würden schnelle Entscheidungen ermöglichen und sie seien ein Garant für Ordnung und Disziplin. Darüber hinaus hätten die ranghohen Mitglieder einer Gesellschaft auch „Pflichten": Sie würden Streit schlichten, die Schwächeren beschützen, ihnen Entscheidungen abnehmen und ihnen auch etwas von ihrer Nahrung überlassen. Mit anderen Worten: In einer sozial geschichteten Gesellschaft lässt es sich für alle gut leben, während Anarchie – das Fehlen von Herrschaft – gleichbedeutend mit Chaos und Untergang ist. Hierarchien stellen in dieser Sichtweise eine Art Gesellschaftsvertrag dar, von dem alle profitieren – wenn auch jeder auf seine Weise.

Sind Hierarchien also von der Selektion begünstigt worden, weil sie dem Wohl der Gruppe dienen? Die meisten Biologen sind heute ganz anderer Ansicht: Zwar ist es richtig, dass Aggressionen in geklärten Rangbeziehungen selten sind. Richtig ist auch, dass alle Mitglieder einer Gesellschaft davon profitieren, wenn sie sich nicht ständig auf zermürbende Kämpfe einlassen müssen. Allerdings profitieren rangniedere Individuen in keiner Weise davon, dass sie einen niedrigen Status besitzen. Die Verminderung der Aggressionshäufigkeit ist eine *Folge* hierarchischer Beziehungen und nicht ihre *Ursache*. Die Ursache von Dominanzbeziehungen liegt im Bestreben aller, in der Konkurrenz um knappe und monopolisierbare Ressourcen möglichst gut abzuschneiden. Dass rangniedere Mitglieder einer Gesellschaft hier benachteiligt sind, ist vielfach belegt: Sie haben oft eine geringere Lebenserwartung und einen geringeren Fortpflanzungserfolg als dominante Individuen.

Ranghohe Tiere haben auch keine „Pflichten". Zwar sind sie bei der Abwehr von Raubfeinden häufig besonders aktiv, aber dies dient der Sicherung der eigenen Nachkommenschaft. Auch das Teilen von Nahrung entspringt Eigeninteresse: Schimpansen teilen nur mit jenen, von denen sie sich Vorteile versprechen (z. B. paarungsbereiten Weibchen). Schließlich helfen insbesondere Primaten bei Auseinandersetzungen auch keineswegs immer dem Schwächeren – häufig ist das Gegenteil der Fall.

Despotische und egalitäre Gesellschaften

Rhesusaffen leben in Gruppen mit einer straffen Hierarchie. Die Rechte des Einzelnen sind von seiner Rangposition abhängig – jede Verletzung dieser Konvention wird sofort geahndet. Die Beziehungen zwischen Rhesusaffen sind *grundsätzlich* streng asymmetrisch. Hierarchien dieses Typs werden **despotisch** genannt. Der Begriff „despotisch" bezieht sich hier also nicht auf einen grausamen Herrscher, der seine Untertanen unterdrückt. Allerdings bedeutet er, dass die Freiheitsgrade eines Individuums sehr weitgehend von seiner Rangstellung abhängig sind. Bei den mit den Rhesusaffen nahe verwandten Tonkeanamakaken geht es dagegen viel legerer zu. Ihre Beziehungen zeichnen sich durch ein hohes Maß an Toleranz und geringe soziale Unterschiede aus. Aggressionen beantworten sie oft mit Gegenaggressionen. Ein formales Zeichen der Unterwerfung, wie das bei Rhesusaffen übliche „Furchtgrinsen", findet sich bei ihnen nicht. Im Vergleich zu Rhesusaffen leben Tonkeanamakaken also in einer **egalitären** Gesellschaft. Um auch hier keine falschen Vorstellungen zu erwecken: „Egalitär" bedeutet nicht, dass alle ständig nett zueinander sind – auch Tonkeanamakaken leben nicht in einer konfliktfreien Gesellschaft.

Bei keiner anderen Art sind Unterschiede in Dominanzstrukturen so ausgeprägt wie beim Menschen. In feudalistischen Gesellschaften sind die Freiheitsrechte des Individuums von seinem sozialen Status abhängig. Viele traditionell lebende Jäger- und Sammlergesellschaften sind dagegen hochgradig (wenn auch niemals völlig) egalitär. Dasselbe gilt für moderne Demokratien – obwohl es hier erhebliche Unterschiede in den Besitzverhältnissen gibt. Nichts spricht dafür, dass diese Unterschiede in den Dominanzstrukturen genetisch bedingt wären. Entscheidend sind äußere Faktoren, wie die Verteilung der Ressourcen.

Das MILGRAM-Experiment

1961 bat STANLEY MILGRAM von der Yale Universität in einer Reihe berühmt gewordener Experimente Versuchspersonen (so genannte „Durchschnittsamerikaner“), ihn gegen geringes Entgelt bei einem Test zu unterstützen, der die Wirkung von Strafreizen auf den Lernerfolg untersuchen sollte. Sie sollten als „Lehrer“ ihrem „Schüler“ (vorgeblich eine andere Versuchsperson, in Wirklichkeit ein Mitarbeiter MILGRAMs), wenn dieser eine Frage falsch beantwortete, einen Stromschlag versetzen, dessen Spannung bei jeder weiteren falschen Antwort erhöht werden sollte. Der „Schüler“ saß in einem anderen Raum, sodass der „Lehrer“ ihn nicht sehen, wohl aber hören konnte. Neben dem „Lehrer“ stand der „Versuchsleiter“ – ein Wissenschaftler im weißen Kittel, der die Anweisungen gab.

Die Skala begann bei 15 Volt und endete bei 450 Volt; der „Lehrer“ selbst wurde mit der durchaus unangenehmen Wirkung eines elektrischen Schlages von 45 Volt bekannt gemacht.

In Wirklichkeit testete MILGRAM nicht die Wirkung von Strafreizen (die nur vorgetäuscht waren) auf den Lernerfolg, sondern die Bereitschaft von Menschen, sich Autoritäten unterzuordnen. Die Ergebnisse waren verheerend: Mehr als 60 Prozent der Versuchspersonen verabreichten ihren scheinbar ungelehrigen Schülern auf Anweisung der hinter ihnen stehenden „Autorität“ Stromschläge von mehreren hundert Volt trotz der (täuschend echten) Schreie, des Wimmerns und Klagens ihrer Opfer.

Häufig wird behauptet, dass ein größerer Fortpflanzungserfolg ranghöherer Individuen zumindest indirekt auch der Art dient, da auf diese Weise „positive“ Eigenschaften weitergegeben würden. Wie fragwürdig ein solches Konzept ist, lässt sich an einem einfachen Beispiel zeigen: In Marokko lebte Anfang des 18. Jahrhunderts ein Sultan namens MOULAY ISMAIL. Dieser MOULAY ISMAIL hatte einen Beinamen: Er hieß „der Blutrünstige“, weil er 10 000 Menschen eigenhändig ins Jenseits befördert haben soll.

Ins „Guinness-Buch der Rekorde“ ist der blutrünstige Sultan allerdings aus einem anderen Grund eingegangen: Er hat angeblich 888 Kinder gezeugt (tatsächlich waren es historischen Quellen zufolge 1056). Natürlich wissen wir nicht, inwieweit MOULAY ISMAILs „Blutrünstigkeit“ die Folge einer besonderen genetischen Veranlagung war. Aber können wir davon ausgehen, dass er durch die überaus erfolgreiche Weitergabe seiner Gene der Art „gedient“ hat?

Dominanz und Gehorsam. Hühner haben eine „Hackordnung“ – die Hierarchie wird durch aggressive Handlungen aufrechterhalten. Vielfach äußern sich Dominanzbeziehungen aber nur durch mehr oder weniger subtile Signale des Rangniederen. Wir kennen dies aus dem menschlichen Bereich: Wenn ein Untergebener seinen Vorgesetzten grüßt, macht er oft einen etwas tieferen Diener. Dadurch, dass er sich selbst kleiner macht, signalisiert er, dass er die höhere Rangstellung seines Gegenübers anerkennt. Auch bei nichtmenschlichen Primaten wird der Ausgang sozialer Interaktionen erstaunlich oft vom untergeordneten Partner bestimmt: Der Dominante braucht seine Position gar nicht erst herauszukehren, und doch verbeugt sich der Rangniedere, entblößt unterwürfig seine Zähne (eine Verhaltensweise, die unserem Lächeln homolog ist) oder macht bereitwillig Platz. Das gibt natürlich zu Irritationen Anlass: Zeichnen wir Primaten uns durch ein besonders hohes Maß an vorauseilendem Gehorsam aus? Durch einen angeborenen „Unterwerfungstrieb“?

Die erschreckenden Ergebnisse der berühmt gewordenen MILGRAM-Experimente werden in der Tat nicht selten so gedeutet. Wahrscheinlicher ist allerdings, dass Menschen und andere Primaten über ein komplexes und in seinen Grundzügen sicher vererbtes Verhaltensprogramm verfügen, das sie befähigt, sich je nach Situation so zu verhalten, dass es ihrer Fitness am ehesten zugute kommt.

Dieses Programm lautet etwa so: Verhalte dich subordiniert, wenn dein Gegenüber stärker und mächtiger ist als du; kooperiere mit ihm, wenn dies deiner Fitness zugute kommt; versuche ihn zu dominieren, wenn du dich in einer stärkeren Position befindest.
Entscheidend ist, dass das Programm flexibel und die jeweilige Taktik von der äußeren Situation bestimmt ist. Gene befähigen also durchaus zu flexiblen Verhaltensweisen – sie verdammen uns nicht dazu, entweder Kriecher oder Despoten zu sein. Es ist auch keineswegs notwendig anzunehmen, dass die Bereitschaft zur Unterordnung im gleichen Maße ausgeprägt wäre wie das Streben nach Dominanz: Letzteres findet man in allen menschlichen Gesellschaften – Konkurrenz um die unteren Ränge einer sozialen Hierarchie hat man dagegen bisher noch nicht gefunden.

4.7 Aggressionsverhalten

4.7.1 Was ist Aggression?

Definitionsprobleme. In der Alltagssprache wird Aggression meist mit Angreifen oder Kämpfen gleichgesetzt. Der Fachbegriff Aggression oder aggressives Verhalten hat aber in der Biologie eine andere sehr komplexe und keineswegs einheitliche Bedeutung, wie die verschiedenen Definitionen verdeutlichen. Die meisten Definitionen bestehen aus zwei Komponenten: Sie beschreiben, was bei aggressiven Handlungen geschieht und was der Sinn und die Auswirkungen aggressiver Verhaltensweisen sind. Nach diesen Definitionen ist aggressives Verhalten gegen einen Artgenossen oder ein anderes Lebewesen gerichtet und soll diesen schädigen oder seine genetische Fitness beeinträchtigen. Der Artgenosse ist ein Konkurrent des Aggressors, dem durch die Aggression der Zugang zu der begehrten Ressource verwehrt wird, was seine Fortpflanzungschancen mindert und die des Aggressors erhöht. Aggression besteht nicht nur in direkter physischer Gewalt, sondern auch schon in deren Androhung. Neben körperlicher Schädigung kann auch psychische Beeinflussung das Ziel aggressiver Handlungen sein. Durch aggressive Handlungen soll eine Verhaltensänderung des Konkurrenten erreicht werden.

Ein Wolf, der einen anderen Wolf von einem gerissenen Beutetier verjagt, verhält sich aggressiv. Eine Amsel, die von einem Dachgiebel ihr Lied singt und so ihr Revier markiert, ist ebenso aggressiv wie ein Seelöwe, der sein Gewicht von einigen hundert Kilogramm gegen einen Konkurrenten wuchtet, um einen Strandabschnitt mit einem Harem paarungsbereiter Weibchen zu erobern oder zu behaupten. Aggressiv verhält sich aber auch eine Rhesusaffenmutter, die ihren neugierigen Sprössling am Arm fasst und mit Gewalt vom Rand eines Wassergrabens fortzerrt. Auf jedes dieser Beispiele trifft die eine oder andere der Definitionen aggressiven Verhaltens zu oder sie beschreibt zumindest wesentliche Aspekte des Verhaltens. Andere Definitionen passen kaum auf einzelne Formen von Aggressionsverhalten; die Rhesusaffenmutter etwa mindert die Fitness ihres Kindes ja keineswegs durch ihre ruppige Schutzmaßnahme.

Viele Generationen von Biologen und Psychologen haben über Definitionen und Begriffsbestimmungen für aggressives Verhalten heftig gestritten. Heute weiß man um die Schwierigkeit, eine allgemein gültige, also für alle Tierarten und den Menschen geltende Definition zu formulieren, weil aggressives Verhalten so unterschiedlich in seinen Formen und seinen Ursachen ist und so verschiedenartige und sogar gegensätzliche Auswirkungen hat. Man muss deswegen viele Definitionen heutiger Wissenschaftler als

Definitionen aggressiven Verhaltens

K. LORENZ: Aggression ist der auf den Artgenossen gerichtete Kampftrieb. (1963)

H. SELG: Aggression besteht in einem gegen einen Organismus oder ein Organismussurrogat gerichteten Austeilen schädigender Reize. (1974)

E. O. WILSON: Aggression ist jeder physische Akt bzw. jede Androhung eines physischen Aktes durch ein Individuum, das die Freiheit oder die genetische Fitness eines anderen beeinträchtigt. (1975)

W. ANGST: Aggression ist nicht nur physische Gewalt, sondern jedes Verhalten, das darauf gerichtet ist, einen Sozialpartner oder sich selbst in seiner physischen oder psychischen Integrität nachteilig zu beeinflussen. (1980)

H. MARKL: Aggressives Verhalten ist ein aktiv gegen einen Konkurrenten gerichtetes Verhalten, das die Fortpflanzungschancen des Angegriffenen relativ zu denen des Aggressors mindert, zum Beispiel durch Verwehrung des Zugangs zu bestimmten Ressourcen. (1976)

HERDER, Lexikon der Biologie: Als Aggression wird jedes Verhalten bezeichnet, das auf die Schädigung eines Opponenten zielt oder diese zumindest mit in Kauf nimmt. Auch Handlungen wie Drohen oder Kommentkämpfe, bei denen der Opponent zu einer Verhaltensänderung gezwungen wird, ohne dass es zu Verletzungen kommt, sind als Aggressionen zu klassifizieren. (1983/94)

K. IMMELMANN: Sammelbezeichnung für alle Elemente des Angriffs-, Verteidigungs- und Drohverhaltens. Man unterscheidet zwischen intraspezifischer (innerartlicher) und interspezifischer (zwischenartlicher) Aggression. (1982)

zweckgebunden ansehen: Ein Verhaltensbiologe, der ultimate Ursachen aggressiven Verhaltens untersucht, setzt in seiner Definition andere Schwerpunkte als ein Forscher, der proximate Zusammenhänge erforscht. Beide erheben nicht den Anspruch, mit ihrer Formulierung Aggressionsverhalten umfassend und allgemein gültig, auf alle Tierarten und auf menschliches Verhalten anwendbar, definiert zu haben.

Außerartliche und innerartliche Aggression. In einigen der Definitionen wird deutlich zwischen Beutemachen, Verteidigen gegen einen außerartlichen Feind oder Konkurrenten und innerartlicher Aggression unterschieden. Diese Unterscheidung ist unumstritten und wichtig. Eine Katze z. B. verhält sich beim Beschleichen einer Maus leise und unauffällig. Ihr Körper erscheint dabei klein. Sie weist kaum eine Aktivierung ihres vegetativen Nervensystems auf, höchstens ihre zuckende Schwanzspitze zeigt die Spannung an, unter der das Tier steht. Ihr Angriffssprung wird durch einen gezielten Tötungsbiss in den Nacken der Maus abgeschlossen. Bei Auseinandersetzungen mit Artgenossen verhält sich eine Katze ganz anders: Ihr vegetatives Nervensystem ist hochgradig aktiviert, sie äußert Drohlaute und nimmt eine auffällige Drohstellung mit gesträubten Haaren ein. Der Angriff erfolgt mit den Krallen, oft zunächst als Scheinangriff. Der Gegner kann, aber muss nicht verletzt werden. Flieht dagegen eine Katze vor einem Hund und wird dabei in die Enge getrieben, äußert sie auch Drohlaute, aber etwas andersartige als gegenüber Artgenossen. Wenn sie angreift, schlägt sie mit den Krallen zu. Sie versucht danach sofort, wieder zu fliehen.
Bei der Katze kann man also die drei Formen von Angriffs- bzw. Kampfverhalten sehr deutlich erkennen und unterscheiden. Bei anderen Tierarten ist das nicht so gut oder überhaupt nicht möglich.

Auswirkungen aggressiven Verhaltens. In der Umgangssprache wird der Begriff Aggression mit einer Absicht des aggressiv Handelnden verbunden. Aggressives Verhalten setzt Aggressivität voraus, die sich gegen jemanden richtet.
Bei Tieren ist es sehr schwierig, wenn nicht völlig unmöglich, festzustellen, was ihre Absichten sind. Absicht ist daher kein sicheres Klassifikationskriterium bei tierischem Aggressionsverhalten. Als Kriterium sind die Auswirkungen des Verhaltens, das sind meist Schädigung oder Benachteiligung des Konkurrenten, besser geeignet. Damit sind aber nicht nur Tod oder Verletzungen gemeint. Auch der Verlust der Ressource, um die gekämpft wurde, stellt eine Schädigung dar. Ein starkes Männchen, das ein schwächeres allein durch Drohen daran hindert, sich fortzupflanzen, schädigt dieses in seiner wichtigsten evolutionsbiologischen Funktion, ohne ihm möglicherweise auch nur ein Haar zu krümmen.

98.1 Innerartliche Aggression

98.2 Außerartliche Aggression

4.7.2 Proximate Ursachen aggressiven Verhaltens

Auf der proximaten Ebene wird untersucht, welche Ursachen die Entwicklung, Steuerung und Auslösung aggressiver Verhaltensweisen hat. Dabei ist wie bei allen komplexen Verhaltensweisen zu erwarten, dass unterschiedliche Ursachen zusammenwirken. Monokausale Erklärungsansätze werden dem Aggressionsverhalten in seiner Komplexität nicht gerecht. Deswegen sind auch Berichte über Killergene, die immer wieder in der Presse reißerisch als neue wissenschaftliche Erkenntnisse veröffentlicht werden, reiner Unsinn. Das Verhalten einer Tierart oder eines Einzeltieres kann nicht einfach durch ein Gen unveränderbar dahin gehend bestimmt werden, dass die Tierart oder das Individuum Artgenossen grundlos tötet.

Genetische Grundlagen. Bei einigen Tierarten konnten die genetischen Grundlagen aggressiven Verhaltens experimentell nachgewiesen werden. Die europäischen und die mediterranen Feldgrillen z. B. sind als Larven sehr unterschiedlich aggressiv. Die europäischen Grillen kämpfen heftig gegen Artgenossen, die mediterranen Grillenlarven sind zu Artgenossen ausgesprochen friedlich. Kreuzungsversuche zwischen den beiden nahe verwandten Arten zeigten, dass das Aggressionsverhalten genetisch festgelegt ist – und zwar durch mehrere Erbanlagen, die zu komplizierten Erbgängen führen.

Zahnkärpflinge vertreiben konkurrierende Männchen, wenn sie fortpflanzungsbereite Weibchen umwerben. Es gibt eine Höhlen bewohnende Population dieser Fischart, die Konkurrenten sinnvollerweise nicht verjagt; sie würden nämlich dabei in der dunklen Höhle das gerade umworbene Weibchen verlieren. Auch diese Unterschiede im Aggressionsverhalten zeigten sich als genetisch bedingt.

Bei Mäusen und Stichlingen konnte man durch selektive Züchtung nachweisen, dass Aggressionsverhalten eine genetische Grundlage hat. Wenn man besonders stark und besonders schwach aggressive Individuen jeweils miteinander verpaarte, zeigten sich schon nach drei bis vier Generationen signifikante Unterschiede beim Aggressionsverhalten zwischen den Zuchtlinien. Bei diesen Experimenten fand man auch noch heraus, dass die Selektion auf hohe Aggressivität bei den Männchen das Aggressionsverhalten der Weibchen nicht veränderte. Das ist ein Beleg für den Einfluss der Geschlechtshormone auf das Aggressionsverhalten.

Wie ein Kampfhund gemacht wird

Schon bei den Babyloniern und Römern wurden Hunde zu Schau- und Gladiatorenkämpfen verwendet. Der babylonische Mastiff und die aus England stammenden Pitbulls und Bullterrier sind Hunderassen, die für die Verwendung zu Hundekämpfen gezüchtet wurden.

Kampfhund

In vielen Ländern haben Hundekämpfe lange Traditionen und werden auch heute noch veranstaltet. In anderen Ländern, so auch in Deutschland, sind sie aus Gründen des Tierschutzes verboten. Trotzdem finden auch bei uns Hundekämpfe statt. Sensationsgierige Zuschauer finden sich für solche Kämpfe immer, und durch Wetten werden große Geldsummen dabei umgesetzt. Woher stammen die Hunde für diese Tierquälereien? Warum kämpfen sie so wild und grausam, dass viele Kämpfe durch schreckliche Verletzungen zum Tode führen?

1. Man hat seit mehreren tausend Jahren Auslesezüchtung auf hohe Aggressivität betrieben und so die Kampfhundrassen herausgezüchtet.
2. Den Tieren wird regelrecht Aggressivität gegen andere Hunde beigebracht, indem man sie schon als Jungtiere von anderen Hunden quälen lässt. Zugleich dürfen sie Kämpfe gewinnen, damit die schmerzlichen Erfahrungen sich nicht hemmend auf ihr Aggressionsverhalten auswirken.
3. Durch systematisches Training bringt man ihnen wirksame Kampftechniken bei, z. B. nach einem erfolgreich angesetzten Biss nicht wieder loszulassen.
4. Manchmal werden Kampfhunde auch zusätzlich mit männlichen Geschlechtshormonen gedopt, um sie so besonders aggressiv werden zu lassen. Diese tierquälerischen Methoden zeigen geradezu modellhaft, welche unterschiedlichen Aspekte das Aggressionsverhalten beeinflussen.

100.1 **Drohen** *(Makake)*

100.2 **Angriff** *(Haushunde)*

100.3 **Kampf** *(Elefanten)*

Hormonelle Einflüsse. Hormone sind an der Steuerung der Handlungsbereitschaft für aggressives Verhalten beteiligt. In Experimenten konnte man die Zahl aggressiver Handlungen von männlichen Vögeln erhöhen, wenn man ihnen männliche Geschlechtshormone injizierte. Durch Kastration beeinflusst man schon seit Jahrtausenden das Verhalten von Hengsten oder Bullen, die dadurch zu weniger aggressiven Haustieren werden. Auch durch Kämpfen wird der aktuelle Hormonspiegel der beteiligten Tiere verändert. Bei Fischen und Säugetieren zeigte sich, dass sich die Testosteron- und Glukokortikoidwerte im Verlauf eines Kampfes stark verändern: Die Verlierer sind Stress ausgesetzt, bei den Siegern sind die Veränderungen der Hormonspiegel deutlich geringer. Häufig bleiben diese hormonellen Auswirkungen von Kämpfen längere Zeit bestehen. Tiere, die oft Kämpfe verlieren, können starke Stresssymptome haben. Dabei wird die Hormonerzeugung in der Nebenniere erheblich verändert, was zu hormonalen Disfunktionen führen kann. Zusätzlich wird das Immunsystem geschwächt. Hormone steuern die Individualentwicklung von Tieren ebenso wie Erfahrungen, die ein Tier macht. Auch dadurch kommt es zu Wechselwirkungen und Rückkoppelungen zwischen Hormonen und Verhalten.

Mit dem Anwachsen der Kenntnisse der Neuroethologie – einem Gebiet, in dem die Zusammenhänge zwischen Nervensystem und Verhalten erforscht werden – ist deutlich geworden, dass die neuronalen Steuerungsmechanismen äußerst komplex sind und dass neuronal und hormonell gesteuerte Vorgänge vielfältig ineinander greifen. Die Handlungsbereitschaft zu aggressivem Verhalten wird von mehreren Zentren im Stammhirn und in der Großhirnrinde beeinflusst. Wie das im Einzelnen geschieht, ist noch weitgehend unbekannt. Durch den Einfluss von Zentren in der Großhirnrinde ist es möglich, dass Primaten einschließlich des Menschen Aggressionen unterdrücken können, wenn das für sie aufgrund von Erfahrungen notwendig oder günstig ist.

Umweltbedingungen. Knappe Ressourcen wie z. B. wenig Nahrung oder räumliche Enge können das Aggressionsverhalten genauso beeinflussen wie häufige Störungen der normalen Verhaltensabläufe. Wenn zahlreiche Ratten in kleinen Käfigen gehalten werden, verhalten sie sich viel aggressiver als bei ausreichendem Lebensraum. Als Folge davon werden einzelne Tiere getötet und aufgefressen. Ähnliche Untersuchungen an Primaten haben zu anderen Ergebnissen geführt: Man verglich Primaten in Gehegen verschiedener Größe. Auch unter extrem beengten Bedingungen geschah nichts, was mit dem Verhalten der Ratten vergleichbar ist. Die Tiere wichen einander aus und sahen einander viel seltener als normal an, als ob sie dadurch soziale Spannungen vermeiden wollten. Menschenaffen wirken sogar aktiv den Spannungen entgegen, die durch eine hohe Dichte erzeugt werden: Die große Schimpansengruppe im Arnheimer Zoo verbringt den Sommer in einem Freigelände, das 20-mal größer ist als die Halle, in der die Tiere im Winter leben. Die Zunahme aggressiver Handlungen im Winter war erstaunlich gering. In der Halle pflegten sich die Tiere häufiger gegenseitig das Fell, beschwichtigten öfter und respektierten individuelle Ansprüche häufiger als draußen.

Lernen aggressiven Verhaltens. Unerfahrene Tiere kämpfen anfangs oft ungeschickt und dadurch nicht besonders erfolgreich, auch wenn sie rein körperlich kräftig sind. Nach vielen Kämpfen haben sie dann jedoch Erfahrungen gesammelt und erfolgreiche Techniken erlernt. Steinböcke, die mit ihren Hörnern sehr kräftig zusammenstoßen und sich danach verhakeln und sich gegenseitig wegzustoßen versuchen, müssen es erst lernen, das jeweilige Kampfgelände zu nutzen. Erfahrene Tiere kommen in steilen Hängen von oben oder drängen den Gegner in schlecht zugängliche Bereiche ab. In Experimenten mit Mäusen und verschiedenen Fischarten konnte gezeigt werden, dass Tiere, die ausgesuchte schwache Gegner oft besiegt hatten, danach häufiger kämpften als Tiere, die oft verloren hatten, weil man ihnen nur starke und erfahrene Gegner zuteilte. Die Sozialisationsbedingungen, unter denen ein Tier aufwächst, beeinflussen sein späteres Aggressionsverhalten. Bei Rhesusaffen waren Tiere, die zeitweise die Mutter experimentell entzogen bekamen, sehr wenig aggressiv und konnten sich deswegen in ihrer Gruppe nur schlecht durchsetzen. Manchmal schlug ihr Verhalten auch ganz plötzlich in übersteigerte Aggressivität um. Auch das wirkte sich negativ auf ihren Status in der Gruppe aus. Ähnliche Folgen zeigten Tiere, deren Mütter ausgesprochen schlechte Mütter waren, ebenso Jungtiere, die ohne gleichaltrige Spielgefährten aufwuchsen. Affen und Menschen, die als Kind misshandelt wurden, verhalten sich überdurchschnittlich häufig anderen Gruppenmitgliedern und ihren eigenen Kindern gegenüber rücksichtslos und aggressiv. Viele Affenkinder lernen schnell, dass ihnen ihre Mutter bei Auseinandersetzungen mit Gruppenmitgliedern erfolgreich hilft. Sie verhalten sich daher auch überlegenen Tieren gegenüber aggressiv, wenn ihre Mutter in der Nähe ist. Ist ihre Mutter weiter entfernt, sind sie vorsichtig und reizen stärkere Artgenossen nicht.

Abhängigkeit aggressiven Verhaltens von Umweltbedingungen

ERIK ZIMEN untersuchte an zahmen Wölfen, die in einem sehr großen Freigelände gehalten wurden, den Einfluss von Umweltbedingungen auf das Aggressionsverhalten der Tiere.

1. Zehn Tage lang erhielten die Wölfe nichts zu fressen. (ZIMEN achtete darauf, dass die Wölfe groß genug waren, um diese für sie harte Zeit zu überleben, und dass auch die Paarung nicht gestört wurde. Auch frei lebende Wölfe machen manchmal so lange keine Beute). ZIMEN stellte eine zunehmende Aggressivität unter den Wölfen des Rudels fest und zugleich eine Abnahme des Spielverhaltens. Am Ende der Hungerphase drohten die Wölfe jedem näher kommenden Artgenossen, insbesondere Rangniederen und jungen Tieren.

2. Mit zunehmender Rudelgröße stieg die Anzahl aggressiver Handlungen im Rudel ebenfalls. Diese Abhängigkeit der Aggressivität von der Rudelgröße ist vermutlich ein wichtiger Grund dafür, dass sich Tiere vom Rudel trennen oder sich ein Rudel aufspaltet. Entsprechend sinkt die Bereitschaft eines Rudels, fremde Tiere aufzunehmen, ebenfalls mit der Rudelgröße.

3. Die Aggressivität der Wölfe wurde von der Größe der Beutetiere – das waren in diesem Versuch die verfütterten Tiere – bestimmt. ZIMEN untersuchte dazu, wie ein Wolf, der an einem Futterstück fraß, reagierte, wenn ein anderer Wolf sich näherte. Die Abbildung gibt die Ergebnisse der Versuche wieder. n ist jeweils die Anzahl der Versuche, die mit den verschiedenen Futterobjekten gemacht wurden, deren Größe in Quadratmetern auf der waagerechten Achse angegeben wird. Die senkrechte Achse gibt den Anteil aggressiver Reaktionen auf einen sich nähernden Rudelgenossen an.

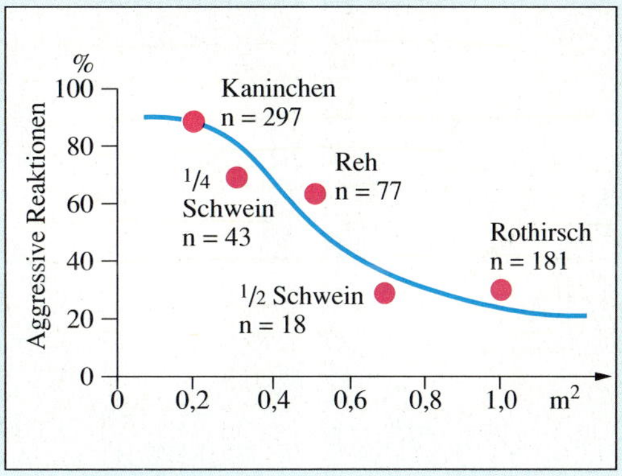

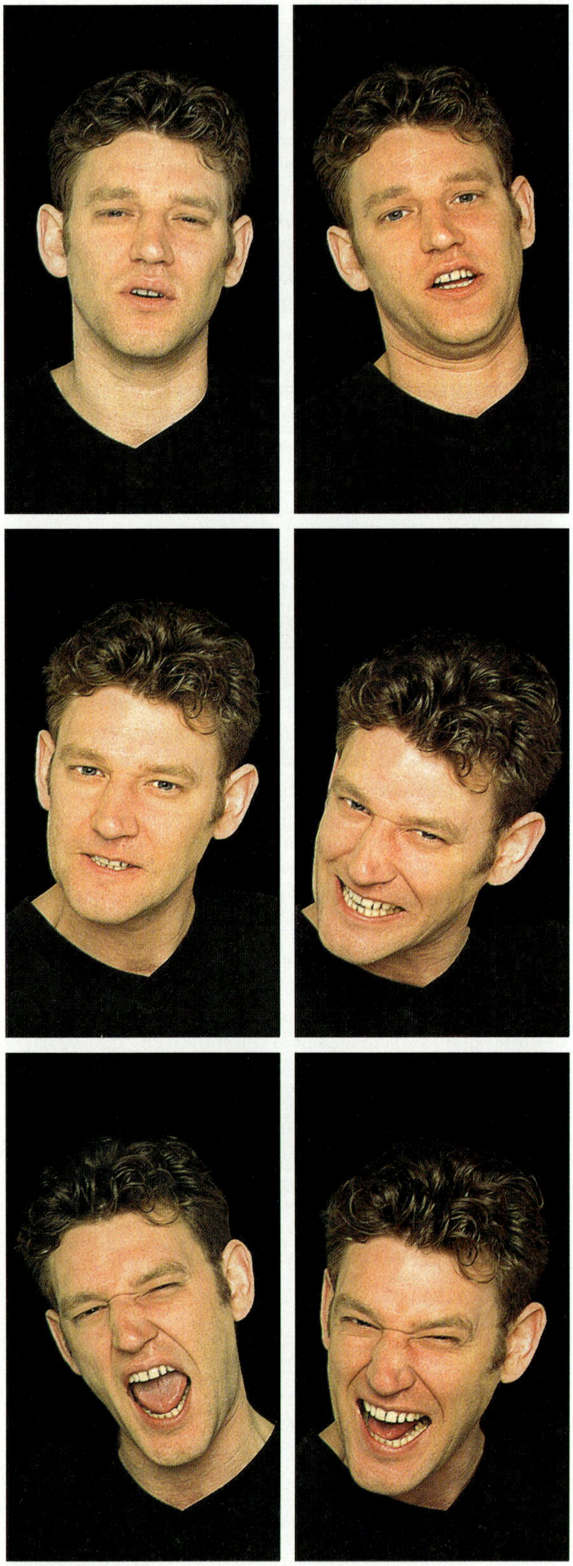

102.1 Aggressive Mimik beim Menschen

Frustrations-Aggressions-Theorie
(klassische Version)

Definitionen:
Frustration ist die Störung einer zielgerichteten Aktivität eines Lebewesens. Aggression ist jedes Verhalten, das auf die Verletzung eines Organismus zielt.

Kernaxiome:
1. Aggression ist immer die Folge einer Frustration.
2. Eine Frustration führt immer zu einer Form von Aggression.

Zusatzaxiome:
Die Stärke der Bereitschaft zur Aggression hängt
1. von der Stärke der gestörten Aktivität,
2. von der Stärke der Störung und
3. von der Anzahl der Frustrationen ab.

Wichtige Aussagen:
1. Die Aggression ist am stärksten gegen den Frustrierenden.
2. Die Erwartung der Bestrafung einer Aggression und die Erziehung zur Kontrolle aggressiver Handlungen können zur Hemmung der Aggression führen.
3. Häufige Hemmungen aggressiver Handlungen führen zu Selbstaggression.
4. Das Ausführen einer Aggression reduziert die Aggressionsbereitschaft (Katharsishypothese).

Lerntheorie der Aggression
(klassische Version)

Aggressives Verhalten kommt ausschließlich durch **Lernen** zustande. Aggressives Verhalten führt zur Befriedigung von Bedürfnissen und zum Erreichen von Zielen. Dadurch entwickelt sich die Erwartung, auch in Zukunft durch aggressives Verhalten Erfolg zu haben. Aggressives Verhalten wird durch **Lob** und **Belohnungen** verstärkt.
Aggressives Verhalten wird auch am **Modell** gelernt: Aggressives Verhalten anderer, das erfolgreich ist, das gerechtfertigt oder verherrlicht oder auch nur ungestraft bleibt, erhöht ebenfalls die Erwartung, dass eigenes aggressives Verhalten zu den angestrebten Zielen führt.

KONRAD LORENZ und die Triebtheorie der Aggression

1963 veröffentlichte KONRAD LORENZ sein wohl bekanntestes populärwissenschaftliches Buch „Das sogenannte Böse – zur Naturgeschichte der Aggression". In diesem Werk stellte er – in der heutigen Fachsprache der Verhaltensökologie – proximate und ultimate Ursachen des Aggressionsverhaltens zusammen. Diese umfassende Analyse des Aggressionsverhaltens war ein wichtiger Schritt in der Entwicklung der Verhaltensbiologie. Die Betrachtung aggressiven Verhaltens unter dem Aspekt des biologischen Gewordenseins gilt auch heute noch als wesentlich. Viele andere seiner Thesen regten weiterführende Untersuchungen an. Als Kernstück des Buches entwickelte LORENZ die **„Triebtheorie der Aggression":** Danach ist Aggressionsverhalten bei Tieren wie beim Menschen ein echter **Instinkt** mit eigener **endogener Antriebserzeugung.** Der erzeugte Antrieb staut sich auf und führt zu wachsender **Handlungsbereitschaft** und **Appetenzverhalten** für aggressives Verhalten. Bei sehr starker Handlungsbereitschaft kann es zu rein endogen bedingtem, also zu nicht von äußeren Ursachen ausgelöstem aggressiven Verhalten, zu **Leerlaufverhalten,** kommen.

Heute hält man diese Aussagen der Triebtheorie, die von LORENZ selbst nie widerrufen oder abgeändert wurden, für falsch. Wichtige Belege, mit denen LORENZ seine Theorie begründete, hielten wissenschaftlichen Nachprüfungen nicht stand. Einen generellen Mechanismus des Staus der Bereitschaft zu aggressivem Verhalten im Sinne von LORENZ gibt es offensichtlich nicht. Das ist aus heutiger verhaltensökologischer Sicht auch nicht zu erwarten: Warum sollte ein Tier, das gerade ohne Konkurrenten friedlich lebt, zunehmend aggressiver werden, nach Gegnern suchen und auf Ersatzobjekte oder sogar spontan aggressiv reagieren? Für ein territoriales Tier kann es dagegen vorteilhaft sein, sich ab und zu an den Reviergrenzen zu zeigen und nach Konkurrenten Ausschau zu halten. Je nach den ökologischen Bedingungen ist also ein Erhalten der Handlungsbereitschaft oder ein Absenken sinnvoll. Beides konnte auch experimentell bestätigt werden. Alle Bemühungen, allgemein gültige Wirkungsmechanismen der Steuerung der Handlungsbereitschaft von Instinkthandlungen nachzuweisen, sind jedoch gescheitert. Offenbar erzwingt die Vielfalt an Umweltbedingungen sehr unterschiedliche Wirkungsmechanismen.

Wissenschaftlicher Streit der Vergangenheit: Warum sind Menschen aggressiv?

Als K. LORENZ die Triebtheorie der Aggression formulierte, gab es schon andere Erklärungsversuche für aggressives Verhalten, insbesondere die Frustrations-Aggressions-Theorie und die Lerntheorie. LORENZ hielt diese Theorien für falsch, die Anhänger jeder der Theorien hielten die Theorie von LORENZ für falsch und die jeweils andere Theorie auch. Es entwickelte sich ein über viele Jahre andauernder Streit, der zuweilen mit großer Heftigkeit geführt wurde.

LORENZ und mit ihm die Klassischen Ethologen hielten den Ausschließlichkeitsanspruch beider Theorien für falsch. Sie hatten viele Beweise dafür, dass Aggressionsverhalten auch genetisch beeinflusst wird. Sie bezweifelten keineswegs, dass Aggressionsverhalten auch gelernt oder durch Lernen verändert werden könne und dass Frustrationen zu Aggressionen führen können. Den milieutheoretischen Ansatz der Lerntheorie, dass der Mensch nur durch Umwelteinflüsse bestimmt werde und sein gesamtes Verhalten durch Lernen entwickele, hielten die Ethologen jedoch ebenso für falsch wie die Aussage der Frustrations-Aggressions-Theorie, dass aggressives Verhalten immer eine Folge von Frustrationen sei.

Heute ist der Streit beigelegt: Die beiden von den Verhaltensbiologen bekämpften monokausalen Erklärungsansätze werden nicht mehr aufrechterhalten. Lernen wird aber als eine wesentliche Ursache für aggressives Verhalten angesehen. Experimente haben wichtige Erkenntnisse über den Einfluss von Lernvorgängen auf aggressives Verhalten gebracht. Die Diskussion über Auswirkungen der Darstellung von Gewalt in den Medien, besonders im Fernsehen und auf Videos, ist aktueller denn je. Die Bedeutung von Frustrationen als Ursache aggressiver Verhaltensweisen ist ebenfalls unbestritten. Aber kein seriöser Wissenschaftler ist noch davon überzeugt, dass die Menschen nicht aggressiv seien, wenn sie nicht frustriert würden, was damals behauptet und zum Grundprinzip der antiautoritären Erziehung gemacht wurde. Viele Einzelerkenntnisse von LORENZ sind als richtig und wichtig bestätigt worden, so z. B. die evolutionsbiologische Betrachtung aggressiven Verhaltens. Seine Deutung des Aggressionsverhaltens als „das so genannte Böse", das in Wirklichkeit arterhaltend zweckmäßig sei, hat sich als zeitbedingter Irrtum erwiesen wie auch wesentliche Aussagen seiner Triebtheorie der Aggression.

4.7.3 Ultimate Ursachen aggressiven Verhaltens

Konkurrenz. Die Konkurrenz zwischen den Tieren einer Art um Ressourcen ist ein entscheidender Motor der Evolution. Sie bestimmt das tägliche Leben und das Verhalten von Tieren. Oft konkurrieren Tiere um Ressourcen wie Nahrung, Reviere oder Paarungspartner, weil diese knapp sind. Es gibt aber zumindest zeitweise auch reichlich vorhandene Ressourcen, z. B. im Sommer Gras und Blätter, um die Pflanzen fressende Tiere nicht konkurrieren müssen. Man kann diese Auswirkung bei vielen in Gruppen oder sogar in großen Herden lebenden Huftieren beobachten, die ohne Anzeichen von Rivalität oder Konkurrenz friedlich nebeneinander grasen. Es kann allerdings auch bei reichlichen Ressourcen dadurch zu Konkurrenz kommen, dass diese nicht gleichwertig sind. Dann wird z. B. um die besseren Reviere gestritten. Ressourcen können sich auch dadurch unterscheiden, dass sie bequem oder mühsam, ohne oder mit hohem Risiko zugänglich sind. Um die Ressourcen, die mit dem niedrigsten Energieaufwand und dem geringsten Risiko zu erreichen sind, findet dann Konkurrenz statt.

Relativer Ressourcenwert. Für einen ausgehungerten Wolf ist ein Fetzen Fleisch eines Beutetieres viel wertvoller als für einen fast satten. Für eine Elster mit einem großen Revier ist eine kleine Baumgruppe an der Grenze zum Nachbarrevier nicht so wichtig wie für ihre Nachbarin, die nur ein kleines Revier hat. Der Wert von Ressourcen ist also relativ, er hängt von den jeweiligen ökologischen und sozialen Bedingungen ab. Der relative Ressourcenwert bestimmt daher oft, wie ausdauernd und intensiv Tiere konkurrieren. Gut ernährte und satte Löwen eines Rudels knurren und fauchen sich höchstens um ein leckeres Stück Fleisch an. Für Wölfe, die zu Beginn der Paarungszeit um die Rudelführung kämpfen, geht es um das Paarungsmonopol, weil sich zumeist nur das ranghöchste Weibchen und das ranghöchste Männchen paaren und Nachkommen haben. Die Kämpfe um die Führung im Rudel werden daher mit größtem Einsatz geführt.

Distanzierung. Tiere kämpfen nicht miteinander, weil sie blutrünstig und grausam sind. Es gibt auch keinen Kampftrieb, der Tiere aus reinem Selbstzweck kämpfen lässt oder weil es ihnen Vergnügen bereitet. Kämpfen kostet viel Energie. Kämpfende Tiere setzen sich oft einer erhöhten Gefährdung durch Feinde aus, weil ihre Aufmerksamkeit auf den Kampf gerichtet ist und sie auffällige Bewegungen ausführen. Kämpfende Tiere haben zudem ein Verletzungsrisiko. Tiere mit einem Antrieb, mit Artgenossen zu kämpfen, ohne dass das notwendig war und ihnen Vorteile brachte, hätten in der Stammesgeschichte nicht bestehen können gegenüber Konkurrenten, die sich ökonomisch verhalten haben. Kämpfen muss ebenso eine positive Nutzen-Kosten-Bilanz gehabt haben, um

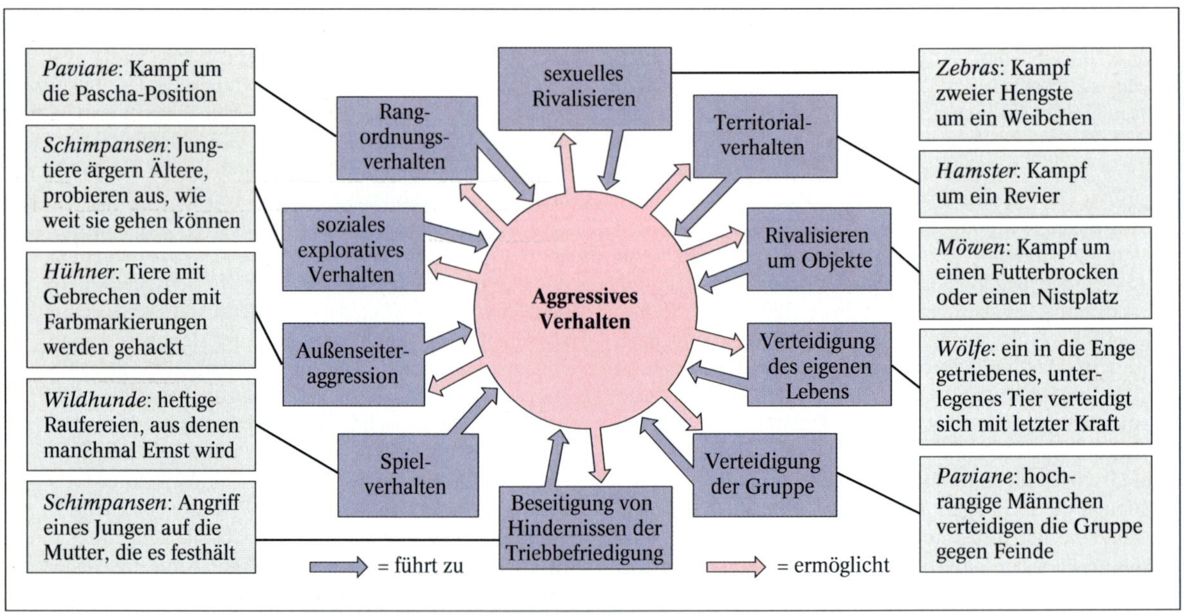

104.1 Funktionszusammenhänge aggressiven Verhaltens

sich in der Evolution durchzusetzen, wie jede andere genetisch festgelegte Eigenschaft oder Verhaltensweise auch.
Tiere beenden meist einen Kampf, wenn sie die Ressource, um die gekämpft wurde, gewonnen haben. Wenn ein Kämpfer aufgibt, sich entfernt oder unterwirft, hört meistens auch der Sieger zu kämpfen auf. Sinn des Aggressionsverhaltens ist also nicht unbedingt das Niedermachen des Rivalen oder seine endgültige Ausschaltung. Eine Funktion des aggressiven Verhaltens ist die Distanzierung des Konkurrenten und damit der Gewinn der umstrittenen Ressource. Auch das ist sinnvoll und ökonomisch: Würde der Sieger eines Kampfes weiterkämpfen und den Verlierer weiter angreifen, ginge es für diesen von da an um sehr viel, um sein Leben oder um seine Gesundheit und nicht mehr bloß um die Ressource. Sein Widerstand würde zunehmen und damit das Risiko des Siegers. Dem nützte es wenig, wenn er den Kampf und die Ressource gewänne, dabei aber von dem schon besiegten und nun um sein Leben kämpfenden Gegner verletzt würde. Gegen den nächsten gesunden Konkurrenten hätte er mit einer Verletzung kaum Chancen.

Ungleiche Gewinnchancen. Oft konkurrieren Tiere miteinander, die unterschiedliche Aussichten haben, einen Kampf zu gewinnen oder einer der Konkurrenten ist deutlich durch seine Größe, sein Alter, seine Kondition, seine Erfahrung oder seine Motivation überlegen. Für zwei Konkurrenten kann eine Ressource auch einen ganz unterschiedlichen Wert haben. Das ist z. B. der Fall bei einer Bruthöhle, in der sich fast flügge Junge des einen Tieres befinden. Für dieses Tier hat die Höhle einen hohen Wert, weil es schon viel in die Jungen investiert hat. Für den Konkurrenten ist sie nur eine Höhle, wie es noch mehrere gibt, also von deutlich geringerem Wert, für den sich ein schwerer Kampf nicht lohnt.

Einschätzen der Kampfstärke. Viele Auseinandersetzungen zwischen Tieren fangen keineswegs sofort als heftige Kämpfe an. Oft imponieren die Konkurrenten zunächst. Das kann in Form von Quak-, Sing- oder Brüllwettbewerben geschehen oder im gegenseitigen Zur-Schau-Stellen. Oft erlaubt das den Gegnern, ihre Kampfstärke relativ zum Gegner einzuschätzen. Bei deutlicher Unterlegenheit gibt oft ein Beteiligter auf, bei gleicher Stärke eskaliert der Kampf. Oft drohen sich die Gegner in einer nächsten Phase an. Hierbei kann die Stärke der Handlungsbereitschaft signalisiert werden. Auch in dieser Phase gibt einer der Konkurrenten oft auf. Ernsthafte Kämpfe finden also meist nur zwischen gleich starken und gleich motivierten Konkurrenten statt.

Kommentkampf – Beschädigungskampf. Hirsche kämpfen miteinander, indem sie ihre Geweihe ineinander verhakeln und versuchen sich gegenseitig fortzuschieben. Das Körpergewicht, eine geschickte Beinarbeit und die Ausnutzung des Geländes sind dabei entscheidende Faktoren für den Sieg. Hirsche kämpfen wie nach festgelegten Regeln. Man bezeichnet diese Art von Kämpfen als **Kommentkämpfe.** Denkbar wäre es ja auch, dass die Hirsche mit ihren Geweihen in die ungeschützte Flanke des Gegners stechen würden. Solche Kämpfe heißen **Beschädigungskämpfe.** Sie kommen bei Hirschen nur selten vor, sind aber bei vielen Tierarten üblich. Kämpfende Ratten oder Galapagos-Echsen beißen sich z. B. in alle erreichbaren Körperteile.
Kommentkämpfe enden selten mit schwerwiegenden Verletzungen der kämpfenden Tiere, noch seltener verlaufen sie tödlich. Manche Kämpfe könnte man treffender als Kraftproben oder Durchhaltewettbewerbe bezeichnen, so z. B. die Auseinandersetzungen bei manchen Fischarten um Reviere oder um paarungsbereite Weibchen. Die Konkurrenten schwimmen lange Zeit umeinander herum, stellen ihre Körper parallel zueinander und erzeugen durch kräftige Schläge mit der Schwanzflosse Wasserbewegungen, die den Körper des Gegners treffen. Beschädigungskämpfe werden dagegen bei Fischen ganz anders geführt. Die Gegner beißen sich in die Flossen oder in die Lippen oder sie beißen sich fest und reißen dann kräftig an den Organen. Dabei können sie sich schwer verletzen, sodass sie an den Verletzungen oder an nachfolgenden Infektionen sterben. Ein Kommentkampf kann durch einen Unfall tödlich enden, wenn z. B. im Verlauf des Kampfes zwischen zwei Hirschen ein Tier strauchelt und dadurch von seinem Gegner in die Halsschlagader getroffen wird. Unter natürlichen Bedingungen enden allerdings auch Beschädigungskämpfe relativ selten tödlich, da der Unterlegene meist fliehen kann.

Außenseiteraggression, moralistische Aggression. Tiere, die sich im Aussehen oder Verhalten von den anderen Gruppenmitgliedern unterscheiden, werden bisweilen angegriffen (Außenseiteraggression). Aggressive Handlungen wurden bei Schimpansen auch gegen bettelnde Tiere beobachtet, die zuvor den Tieren, die sie anbetteln, mehrfach nichts abgegeben hatten. Anthropomorph formuliert verstößt es scheinbar gegen gute Schimpansensitten, erst geizig und dann unverschämt zu sein (moralistische Aggression).

Artgenossentötung: Adaptiv oder pathologisch?

Wissenschaftler sind – wie andere Menschen auch – häufig mit dem Problem konfrontiert, dass sich Fakten unterschiedlich interpretieren lassen. So gab – und gibt es – auch unter Verhaltensforschern heftige Auseinandersetzungen über die biologische Bedeutung von Aggressionen mit tödlichem Ausgang. KONRAD LORENZ war der Überzeugung, dass das Ziel der Aggression niemals die Vernichtung des Artgenossen sei. „Das Töten von Artgenossen bei Tieren und beim Menschen" fand er „im Sinne der Arterhaltung höchst unzweckmäßig". Eine „instinktmäßig" festgelegte, angeborene Hemmung sollte Tiere, die dazu fähig seien, einander umzubringen, davor bewahren, dies zu tun. Zwar hielt sich LORENZ ein Hintertürchen offen: Die Hemmungen, so schrieb er, könnten gelegentlich auch versagen. Aber unter der Prämisse der Arterhaltung mussten tödliche Aggressionen gegen Jungtiere, die doch mit dem so genannten „Kindchenschema" über einen besonderen, aggressionshemmenden Schutzmechanismus verfügten, geradezu krankhaft, pathologisch erscheinen.

Hanumanlangur

Zum Streit kam es, als die junge amerikanische Primatologin SARAH HRDY 1974 Widerspruch anmeldete. HRDY hatte bei Hanumanlanguren, den „heiligen Affen" Indiens, Kindestötungen durch Männchen beobachtet, die den bisherigen Machthaber einer Gruppe vertrieben hatten. Derartige Kindestötungen, meinte HRDY, seien alles andere als krankhaft, sondern im Gegenteil eine von der natürlichen Selektion geförderte Strategie, die es dem Täter erleichtere, seine eigenen Gene auf Kosten seines Vorgängers, der Mutter und natürlich des getöteten Kindes an die nachfolgende Generation weiterzugeben. Eine solche Hypothese war natürlich geeignet, ein lange gehütetes Dogma der Verhaltensforschung zu stürzen. Mehr noch: Sollte sie sich als wahr erweisen, würde man auch die Ursachen tödlicher Gewalt beim Menschen neu überdenken müssen. Damit avancierten Hanumanlanguren zum Testfall soziobiologischer Hypothesen. Kritiker bemängelten, dass Kindestötungen nur selten beobachtet worden seien, die wenigen Fälle außerordentlich schlecht dokumentiert worden seien und HRDY ihre Beobachtungen an Affen gemacht hatte, die unter den unnatürlichen Bedingungen einer indischen Stadt lebten und von der örtlichen Bevölkerung gefüttert wurden. Andere Kritiker vermuteten, dass Kinder als die kleinsten und verletzlichsten Mitglieder einer Primatengruppe rein zufällig überproportional häufig Opfer hochgradig aggressiver Männchen werden könnten.

Inzwischen sind Kindestötungen bei über zwei Dutzend Primatenarten im Freiland und einer Vielzahl weiterer in Gefangenschaft beobachtet worden. Bei Gorillas, Brüllaffen und Hanumanlanguren sind neue Männchen für 20 bis über 40 Prozent aller Todesfälle unter Jungtieren verantwortlich. Die Umstände lassen darauf schließen, dass Männchen gezielt Jungtiere angreifen, mit denen sie nicht verwandt sind, und dass sie sich auf diese Weise tatsächlich einen Reproduktionsvorteil verschaffen können. Man weiß auch, dass Kindestötungen keineswegs nur unter „unnatürlichen" Bedingungen stattfinden.

Der Streit um die biologischen Ursachen von Kindestötungen ist dennoch nicht beendet. So meint beispielsweise der Humanethologe IRENÄUS EIBL-EIBESFELDT, dass Paviane und Schimpansen, bei denen man ebenfalls Kindestötungen beobachtet hat, oft in ihrem aggressiven Verhalten eskalieren würden; er vermutet, „dass diese mangelnde Ausgeglichenheit und Pathologieanfälligkeit mit der raschen Hirnrevolution bei diesen Primaten zusammenhängt. Mit der Zellvermehrung hielt die für die Steuerung sozialen Verhaltens notwendige Feinstrukturierung möglicherweise nicht ganz Schritt, sodass die Absicherung kritischer Stellen des Sozialverhaltens wie auch bei uns Menschen nicht immer ausreicht." Viele Primatenforscher betonen dagegen, dass Affen und Menschenaffen keineswegs zu unkontrollierten und biologisch unsinnigen Wutausbrüchen neigen. Die Blätter fressenden Languren und Brüllaffen galten bislang im Gegenteil als besonders friedfertig, und Gorillas waren sogar zu den „sanften Riesen des Urwalds" hochstilisiert worden. Gegen die Vermutung, dass das Töten wehrloser Jungtiere ein krankhafter Auswuchs zu groß geratener Gehirne sei, spricht aber noch eines: Es gibt eine Vielzahl von Tierarten – neben Primaten auch andere Säugetiere, Vögel, Fische und Insekten –, bei denen Kindestötungen weit verbreitet sind.

Aggression und Versöhnung

Sozial lebende Tiere sind auf ihre Gruppe und deren Zusammenhalt angewiesen. Auch bei in Gruppen lebenden Tieren gibt es Konkurrenz und Kämpfe zwischen Gruppenmitgliedern. Wenn solche Kämpfe zu dauernder Abneigung oder Feindschaft führen, wird die Gruppe dadurch insgesamt belastet und geschwächt. Viele Gruppen stehen in Konkurrenz zu anderen Gruppen und können nur erfolgreich überleben, wenn die Mitglieder zusammenhalten und kooperieren. Auch gegen Fressfeinde ist oft nur eine gemeinsame Verteidigung aussichtsreich.
Bei vielen Primaten und Hundeartigen kann man beobachten, dass sich die Tiere nach aggressiven Auseinandersetzungen nicht nur einfach beruhigen, indem sie ihre normalen Verhaltensweisen wieder aufnehmen, sondern nach Kämpfen ist oft ein gesteigertes Kontaktverhalten festzustellen, bei dem in besonderer Weise die früheren Gegner beteiligt sind.
FRANS DE WAAL beobachtete bei Schimpansen, dass nach aggressiven Handlungen in 40 % der Fälle die Gegner innerhalb von 30 Minuten Kontakt aufnahmen. Besonders schnell versöhnten sich Verwandte und Individuen, die oft kooperierten. Bei Versöhnungen drückt der Unterlegene meist deutlich seine Unterwerfung durch japsende Grunzlaute und tiefe Verbeugungen aus. Er signalisiert mit ausgestrecktem Arm und geöffneter Hand den Wunsch nach Körperkontakt. Der Sieger nimmt dann Kontakt auf in Form von Umarmungen, Küssen und besonders intensiver und andauernder Fellpflege.
Man kann dieses Verhalten als doppelte Rückversicherung deuten: Der Unterlegene versichert dem Sieger die Respektierung seines Status, der Sieger dem Unterlegenen das Ende der Auseinandersetzung und die Aufnahme normaler Beziehungen. Bei Schimpansen fördern auch unbeteiligte Tiere den Prozess der Versöhnung: Sie zeigen dem Sieger Anerkennung und trösten den Verlierer durch intensive Umarmungen und Fellpflege.
Allerdings erstreckt sich die Versöhnungsbereitschaft bei Schimpansen und anderen Primaten nicht auf Gruppenfremde und auch nicht auf alle Tiere der Gruppe. Nach sehr schweren Kämpfen sind Versöhnungen selten. Bei über Monate andauernden Rangauseinandersetzungen, bei denen sich Konfrontationen und Versöhnungen abwechselten, verweigerte der spätere Gewinner in der Endphase regelmäßig Versöhnungsangebote des Rivalen. Erst nachdem sich der Unterlegene förmlich unterworfen hatte, versöhnte sich der Sieger mit ihm.

Dimensionen des Aggressionsverhaltens

Aggressionsverhalten wird durch ein komplexes Zusammenwirken von Erbanlagen und Umwelteinflüssen bestimmt.
Es wird in fünf ***proximaten Bereichen*** gesteuert und beeinflusst:

1. im Bereich der Gene: Ein Individuum kann z. B. durch seine Erbanlagen bedingt besonders aggressiv oder friedfertig sein.
2. im physiologischen Bereich: Hormone und Neurotransmitter sind bei der Steuerung aggressiven Verhaltens beteiligt. Hormonstörungen können starke Aggressivität oder weitgehendes Fehlen aggressiver Verhaltensweisen bewirken.
3. im psychischen Bereich: Psychische Zustände, Empfindungen und Frustrationen beeinflussen das Aggressionsverhalten, andere Verhaltenssysteme sind mit dem Aggressionsverhalten rückgekoppelt.
4. im sozialen Verband: In einer anonymen Gruppe reagieren Individuen anders als unter Bekannten, bei sozialer Unsicherheit anders als bei sozialer Sicherheit.
5. im ökologischen Zusammenhang: Große Gruppendichte, Nahrungsknappheit, Ressourcenverteilung oder Monopolisierung beeinflussen aggressives Verhalten.

Aggressionsverhalten ist weiterhin von drei ***historischen Bereichen*** beeinflusst:

1. stammesgeschichtlich: Die Tatsache, dass sowohl die Ausprägung als auch die Funktion von Aggressionsverhalten je nach Art ganz verschieden ausgebildet sein kann, ist stammesgeschichtlich erklärbar: Im Verlauf der Evolution veränderten sich die ökologischen Bedingungen, die Entwicklung der Arten verlief höchst unterschiedlich. Dementsprechend entwickelte sich in Wechselwirkung mit dem Reproduktionserfolg das Aggressionsverhalten.
2. kulturgeschichtlich: Aggressionsverhalten ist unterschiedlich kulturell überformt worden, es bildeten sich kulturell bedingte Rituale.
3. ontogenetisch: In der persönlichen Entwicklung des Individuums beeinflussen Erfahrungen, Erlebnisse, Frustrationen, Ängste oder Vorbilder das aggressive Verhalten.

Die fünf proximaten und die drei historischen Dimensionen stehen untereinander in vielfältigen Beziehungen. Über viele dieser Beziehungen und über die ihnen zugrunde liegenden neurophysiologischen Grundlagen ist erst sehr wenig bekannt.

Gewalt, Mord und Krieg beim Menschen

„Und beim siebenten Mal, als die Priester die Posaunen bliesen, sprach Josua zum Volk: Macht ein Feldgeschrei, denn der Herr hat euch diese Stadt gegeben. [...] Also gewannen sie die Stadt und verbannten alles, was in der Stadt war, mit der Schärfe des Schwerts: Mann und Weib, Jung und Alt, Ochsen, Schafe und Esel."
Der Fall von Jericho und das darauf folgende Massaker, beschrieben im Buch Josua des Alten Testamentes, ist nur ein Beispiel von vielen. Die Blutspur von Folterungen, Vergewaltigungen, Blutrache, Mord und Genozid zieht sich wie ein roter Faden durch die menschliche Geschichte. Hitler, Stalin, Pol Pot, Idi Amin und ihre Helfershelfer erscheinen uns als Monster, die Millionen unschuldiger Menschen auf grausamste Weise ums Leben gebracht haben. Aber das Töten von Artgenossen ist weder das Werk einiger pathologischer Einzeltäter, noch ist es ein Produkt der Zivilisation oder überhaupt eine menschliche Spezialität. Es hat tiefere, evolutionäre Ursachen.

Aus soziobiologischer Sicht ist zu erwarten, dass Menschen vor allem dann dazu neigen, andere Menschen zu töten, wenn sie sich davon einen Fitnessvorteil versprechen können. Der amerikanische Anthropologe NAPOLEON CHAGNON ist dieser Frage bei den Yanomami nachgegangen, einem indianischen Volk, das in den Wäldern des Amazonasbeckens im südlichen Venezuela und im Norden Brasiliens lebt. Die Kriegszüge der Yanomami gleichen in auffallender Weise den Kriegszügen der Schimpansen, die wir auf Seite 72 kennen gelernt haben (wenngleich Letztere ihre Konflikte nicht mit technischen Hilfsmitteln – Waffen – austragen): Es sind kleine Gruppen von Männern, die in das Gebiet einer Nachbargruppe eindringen und deren Bewohner, sofern sie auf eine zahlenmäßig unterlegene Gruppe treffen, töten. Blutrache ist dabei das häufigste Motiv, aber ausschlaggebend für die Entstehung solcher Konflikte ist fast immer Konkurrenz um Frauen. CHAGNON konnte nachweisen, dass erfolgreiche Krieger – solche, die schon einen oder mehrere Gegner getötet hatten – einen größeren Fortpflanzungserfolg hatten als andere Männer. Der Grund: Sie erfreuten sich schon in jungen Jahren der Gunst einer oder mehrerer Frauen, während andere Männer in dieser Hinsicht wesentlich weniger erfolgreich waren.
Bei den Yanomami (und den Tikopia, einem ozeanischen Inselvolk) gab es einen weiteren Brauch, der Parallelen im Tierreich hat: Ein Mann, der eine Frau heiratete, die bereits ein Kind von einem anderen Mann hatte, hatte das Recht, den Tod des Kindes zu verlangen. Das ist zweifellos ein Extrembeispiel; aber das Leben von Kindern, die einem Seitensprung der Ehepartnerin entstammten, stand noch vor gar nicht langer Zeit in vielen menschlichen Kulturen zur Disposition.

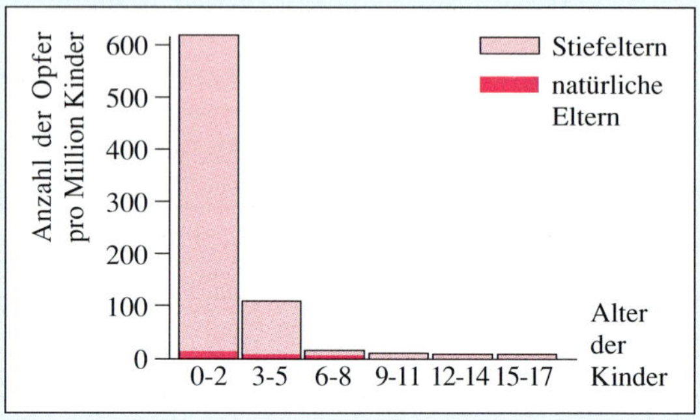

108.1 Kindestötungen in Kanada, 1974–1983

Das alles mag uns, die wir uns so viel auf unsere Zivilisation einbilden, reichlich fremd und für uns selbst bedeutungslos erscheinen. Aber diese Zivilisation ist ein dünner Lack: Die kanadischen Forscher MARGO WILSON und MARTIN DALY konnten zeigen, dass auch in modernen westlichen Gesellschaften Kinder, die mit einem Stiefvater aufwachsen, ein um ein Vielfaches höheres Risiko haben, zu Tode gequält und misshandelt zu werden, als Kinder, die mit ihrem leiblichen Vater aufwachsen. WILSON und DALY glauben nicht, dass Stiefväter auf diese Weise auch noch in unserer heutigen Gesellschaft ihre biologische Fitness maximieren könnten; aber sie glauben, dass die psychologischen Mechanismen, die einst diesen Zweck erfüllt haben, auch bei uns noch vorhanden und wirksam sind. Dies ist eine der Grundthesen der **evolutionären Psychologie,** einem relativ jungen Teilgebiet der traditionell eher proximat ausgerichteten Psychologie, das von der Evolutionstheorie, der Soziobiologie und Verhaltensökologie stark beeinflusst worden ist.

„Von Natur aus" friedfertig gegenüber Mitgliedern der eigenen Art sind Menschen also offensichtlich nicht. Daraus den Umkehrschluss zu ziehen, dass Gewalt gegen Fremde, Rivalen oder andere Personen, die dem eigenen Fortpflanzungserfolg im Wege stehen, durch die Weihen der natürlichen Selektion *gerechtfertigt* wäre, ist aber ebenso falsch wie die Vorstellung, dass Menschen einander abschlachten, weil ihre Gene sie dazu verdammen würden. Die Neigung zur Gewaltbereitschaft hat zwar auch beim Menschen eine genetische Grundlage, aber für komplexe Verhaltensentscheidungen sind die Gene allein nicht verantwortlich. Einen Freibrief für Gewalt stellen uns unsere Gene, die schließlich nur den *Rahmen für Verhaltensmöglichkeiten* vorgeben, daher nicht aus.

4.8 Verhaltensstrategien

Eine Strategie ist ein Plan für das Verhalten zum Erreichen eines bestimmten Zieles. Das Verhalten von Lebewesen sieht häufig so aus, als folge es einer Strategie. Es ist zum Teil äußerst zweckmäßig und es sieht so aus, als sei es sinnvoll geplant. So kam der Begriff Strategie auch in den Wortschatz der Biologen. Gleichwohl darf man nicht daraus schließen, dass Tiere bewusst und absichtsvoll handeln.

Verhalten ist in der Evolution entstanden. In der Evolution gibt es keine vorgegebenen Ziele. Vielmehr bringt es das Zusammenwirken der Evolutionsfaktoren mit sich, dass Verhaltensweisen entstehen, die sinnvoll und zweckentsprechend sind. Alles Verhalten kann man in diesem Sinne als Strategie zur möglichst effektiven Reproduktion bezeichnen.

In variablen Ökosystemen mit reichem Nahrungsangebot werden die Organismen durch die Selektion belohnt, die möglichst schnell möglichst viele Nachkommen hervorbringen. Sie schöpfen das Potential an Ressourcen voll aus. Die Investitionen in jeden einzelnen Nachkommen sind gering. Ein großer Teil der Nachkommen überlebt nicht, aber der Rest reicht aus, um den Bestand der Population zu sichern und zu vergrößern. Man bezeichnet diese Strategie nach dem Symbol für die „Wachstumsrate" als **r-Strategie.**

Andere Tiere leben in Ökosystemen, in denen wegen der begrenzten Kapazität an Ressourcen nur eine begrenzte Anzahl von Tieren existieren kann. Solche Tiere haben weniger Junge. Sie sorgen aber intensiv für deren Überleben, indem sie zum Beispiel Brutpflege betreiben oder besondere Vorsorge für das Überleben der Jungen treffen. Man nennt diese Art der Vermehrung **K-Strategie** (K für Umwelt**k**apazität). Vögel und Säuger und auch der Mensch folgen der K-Strategie. K-Strategie und r-Strategie sind genetisch programmiert.

Man kann aber auch beobachten, dass innerhalb einer Art unterschiedliche Strategien angewandt werden. Möwenkolonien verteidigen ihre Areale heftig gegen Raubfeinde. Dabei gibt es „mutige" Verteidiger, die nahe an den Feind heranfliegen und ihn so verjagen, und „vorsichtige", die sich eher zurückhalten und ihr Risiko, verletzt zu werden, so niedrig halten. Beide Strategien stehen in einem Gleichgewicht. Wie sich diese unterschiedlichen Strategien in der Evolution entwickelt haben und wie sie sich heute im Gleichgewicht halten, hat man lange Zeit nicht verstehen können. In den letzten Jahren haben Untersuchungen der Spieltheorie aber gezeigt, dass das Evolutionsgeschehen nach bestimmten Regeln bestimmte Strategien entstehen lässt und im Gleichgewicht hält.

Strategie und Taktik

Das Wort Strategie steht ursprünglich für die Kunst, Streitkräfte in einem Krieg zu führen. Seit dem sechsten Jahrhundert vor Christus sind Strategie-Lehren von den Griechen, Persern und Chinesen überliefert. Gemeinsam ist ihnen, dass versucht wird, mit einem Minimum an Einsatz ein Maximum an Wirkung zu erzielen. Dabei hängt die Struktur der Strategie vom jeweils herrschenden Stand der Technik und den Wertvorstellungen der Strategen ab.

Im Altertum und im Mittelalter waren die Strategien anders als nach der Erfindung der Feuerwaffen, und die Strategie der atomaren Abschreckung unterscheidet sich wesentlich von der, die noch im Zweiten Weltkrieg angewandt wurde. Es gibt Strategien, die die Vernichtung des Gegners zum Ziel haben, und solche, die versuchen, das Kriegsziel möglichst ohne Schlachten zu erreichen. Die Strategien des Kalten Krieges folgten diesem Prinzip.

Während das Wort **Strategie** den großen Plan zur Durchführung eines Vorhabens charakterisiert, steht das Wort **Taktik** für flexible Verhaltensvariationen, die die besondere jeweilige Situation berücksichtigen.

In der Verhaltensbiologie wird der Begriff Strategie ganz ähnlich gebraucht: Junge männliche Libellen durchstreifen große Gebiete, um Weibchen zu suchen. Ältere Männchen verteidigen Territorien und warten dort auf Weibchen, die vorbeikommen. Die Strategie lautet: „Wenn du jung bist, streife herum, wenn du älter bist, verteidige ein Territorium." Die Taktiken sind dann das Herumstreifen oder das Verteidigen des Territoriums.

Häufig wenden Tiere, zum Beispiel bei der Suche nach Weibchen, unterschiedliche Strategien an, je nachdem, welche Verhaltensweise in der betreffenden Situation zweckmäßig ist und den größten Erfolg verheißt. Eine **konditionale Strategie** ist demnach eine Strategie, bei der einem Tier unterschiedliche Taktiken zur Verfügung stehen. Männchen und Weibchen eines Aaskäfers zum Beispiel fliegen am Nachmittag umher, um ein Aas zu finden, auf dem die Weibchen ihre Eier ablegen können. Die Männchen fliegen dorthin, um die Weibchen zu finden. Später am Abend, wenn die meisten Aasplätze besetzt sind, wechseln die Männchen die Taktik: Sie senden Sexuallockstoffe aus, auf die die Weibchen reagieren und zu den Männchen hinfliegen.

Die konkurrierenden Händler

Händler Klaus betreibt am Ort einen gut gehenden Gemüseladen. Händler Otto beabsichtigt, in der Nähe ein ähnliches Geschäft zu eröffnen. Für beide ergeben sich unterschiedliche Möglichkeiten:

Fall A: Händler Otto sieht, dass das Geschäft von Händler Klaus so gut geht, dass er keine Chance hat. Er verzichtet darauf, ein Geschäft zu eröffnen. Dann ist sein Gewinn = 0 und Händler Klaus hat nach wie vor seinen vollen Gewinn (= 100 %).

Fall B: Händler Otto eröffnet sein Geschäft. Händler Klaus nimmt die Herausforderung voll an und unterbietet Otto in den Preisen für alle Artikel. Otto reagiert darauf mit entsprechenden Dumpingpreisen. Deswegen haben beide keinen Gewinn. Der Konkurrenzkampf ruiniert beide.

Fall C: Händler Klaus beschließt, gute Miene zum bösen Spiel zu machen. Er lässt sich nicht auf den Konkurrenzkampf ein und verkauft nach wie vor zu den alten Preisen. Otto hat die Chance, ebenfalls Ware zu verkaufen. So hat Klaus zwar einen kleineren Gewinn, aber er bleibt am Markt.

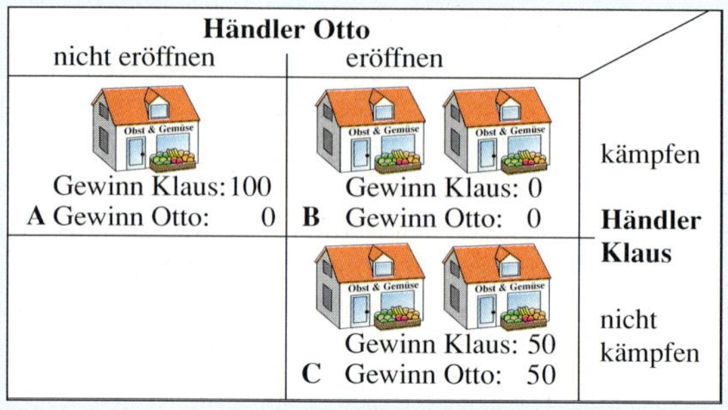

In der Realität wird meistens die Option C angewandt.

4.8.1 Die Spieltheorie

Die Spieltheorie versucht, optimales Verhalten in Wettbewerbssituationen mit mathematischen Methoden zu ermitteln. Spiele dieser Art werden *mathematische Spiele* genannt. Ein Spiel ist gekennzeichnet durch ein System von Regeln für die Mitspieler, die die erlaubten Maßnahmen und die zugelassenen Informationen während des Spiels festlegen. Die Spieltheorie untersucht die Wahrscheinlichkeiten für die einzelnen Spielsituationen, ihren jeweiligen Ausgang und die Verteilung der Einsätze und Gewinne, die auf die einzelnen Spieler entfallen.

Die Anfänge der Spieltheorie liegen in den zwanziger Jahren, als der französische Mathematiker EMILE BOREL einen ersten Aufsatz dazu veröffentlichte. 1928 brachte der in Ungarn geborene deutsche Wissenschaftler JOHN VON NEUMANN in den USA eine umfassende Begründung der Spieltheorie unter dem Titel *„Theory of Games and Economic Behavior"* heraus. Er gilt als der eigentliche Begründer der Spieltheorie.
Es dauerte allerdings bis in den Zweiten Weltkrieg hinein, bis man in den USA die Bedeutung der Spieltheorie erkannte. Man versuchte, Probleme der Wirtschaft, der Psychologie, der Kriegsführung und der Politik damit zu lösen. 1994 erhielt der deutsche Wirtschaftswissenschaftler REINHARD SELTEN den Nobelpreis für Wirtschaft für seine Forschungen über die Bedeutung der Spieltheorie für ökonomische Prozesse. Das einfache Beispiel im Exkurs oben stammt von SELTEN.

Die Spieltheorie erweckte in den fünfziger Jahren große Hoffnungen bezüglich der Möglichkeiten für die Lösung komplexer Probleme und Konflikte auf mathematischer Basis. Inzwischen ist die Begeisterung etwas abgekühlt. Durch die Spieltheorie wird niemand ein unfehlbarer Kartenspieler, ein alle Konkurrenz aus dem Feld schlagender Geschäftsmann oder ein unbesiegbarer General. Der Grund liegt darin, dass man, um eine Theorie zu entwickeln, immer stark vereinfachen muss. Die gegebenen Parameter müssen so schlicht gehalten werden, dass durchschaubare logische Schlüsse gezogen werden können. Die realen Situationen im täglichen Leben sind wesentlich komplexer als die theoretisch angenommenen. Entscheidungen, die Menschen treffen, sind häufig sogar irrational und daher unvorhersehbar. Deshalb sagt die Spieltheorie niemals etwas über den anstehenden Einzelfall und die erfolgreichste Strategie aus. Ähnlich wie in der Statistik gelten die Aussagen der Spieltheorie für große Mengen von Einzelfällen, in denen das allgemeine Prinzip sichtbar wird. Mithilfe der Spieltheorie ist es aber möglich, Strukturen zu verdeutlichen und Begriffe klar und scharf zu formulieren. Für die Verhaltensbiologie liegt ihr Wert darin, dass sie es ermöglichte, Modelle zu schaffen, mit denen bestimmte Strategien, die in der Evolution entstanden, untersucht werden können.

4.8.2 Das Gefangenendilemma

Die Situation des Gefangenendilemmas wurde zuerst 1950 formuliert: Nach einem Bankraub werden zwei Verdächtige – nennen wir sie Peter und Paul – verhaftet. Der Staatsanwalt kann ihnen den Raub aber nicht direkt beweisen, sondern nur Indizien weisen auf ihre Beteiligung hin. Der Anklagevertreter ist also auf ein Geständnis angewiesen. So macht er ihnen folgendes Angebot: Wenn sie beide die Tat bestreiten oder standhaft schweigen, werden sie beide aufgrund der Indizien verurteilt, und zwar jeder zu zwei Jahren Haft. Tritt Paul als Kronzeuge auf und gesteht, wie alles abgelaufen ist, das heißt, wenn er seinen Kollegen Peter „verpfeift“, dann geht er frei aus und Peter, der geschwiegen oder geleugnet hat, muss fünf Jahre sitzen. Dasselbe Angebot macht der Staatsanwalt auch Peter. Wenn er „singt“, muss Paul fünf Jahre ins Gefängnis und Peter ist frei. Wenn beide aber gestehen, bekommen beide eine Haftstrafe von je vier Jahren. Die Delinquenten sitzen isoliert voneinander und können nicht miteinander reden. Sie kennen jedoch beide die Bedingungen, die der Staatsanwalt gestellt hat.
Man kann die Situation, in der sich Peter und Paul befinden, folgendermaßen als Schema darstellen (Abbildung 111.1).
Die Darstellung 111.1 ist für eine spieltheoretische Betrachtung unpraktisch, da die „Gewinne“ in diesem Spiel ja tatsächlich Verluste sind. Fünf Jahre Gefängnis sind schließlich kein Gewinn. Außerdem sind die „Spielzüge“ *Aussagen* oder *Schweigen* ja auch nur für dieses Beispiel geeignet.
Man wertet in der Spieltheorie deshalb nur mit positiven Punkten. In unserem Fall ergäben sie sich aus der Differenz zu 5. Das bedeutet: Wer freikommt, erhält 5 Punkte, wer zwei Jahre sitzen muss 3, für vier Jahre Gefängnis gibt es einen Punkt, und der absolute Verlierer mit fünf Jahren bekommt keinen Punkt. Auch die beiden Gefangenen sollen „verallgemeinert“ werden: Paul heißt in Zukunft „Spieler 1“, Peter soll „Spieler 2“ heißen. Das Schweigen nennen wir in Zukunft „Kooperation“, abgekürzt mit **K,** denn wenn beide schweigen, arbeiten sie ja sozusagen zusammen, um eine geringere Strafe zu erhalten. Das nichtkooperative Verhalten, das also nur das absolute Eigeninteresse im Sinn hat, nennen wir „Egoismus“ und kürzen es mit **E** ab.
Allgemein dargestellt sieht unser Schema demnach dann so aus wie in Abbildung 111.2.

Reale Situationen, die inhaltlich dem Gefangenendilemma entsprechen, haben insgesamt recht wenig mit diesem Namen zu tun. Die Geschichte mit den beiden Räubern ist ja auch aus der Luft gegriffen. Mit dem Dilemma vergleichbare Entscheidungsprobleme kommen jedoch durchaus häufig vor: So standen im „Kalten Krieg“ zum Beispiel die Supermächte vor der Frage, ob sie sich zu Abrüstungsgesprächen bereit erklären sollten (Kooperation) oder nicht (Egoismus). In der Kombination K-E hat der egoistische Teil einen militärischen Vorteil. Wenn beide die E-Strategie anwenden, tragen sie beide die hohen Rüstungskosten. Bis sich beide zur K-Strategie durchgerungen hatten, musste viel Zeit vergehen und sehr viel gegenseitiges Vertrauen aufgebaut werden. Dass noch viele andere Faktoren mitspielten, um den Kalten Krieg zu beenden, zeigt, wie kompliziert es ist, einen Konflikt spieltheoretisch zu erfassen.

		Paul schweigt	**Paul** singt
Peter	schweigt	**Paul** 2 Jahre 2 Jahre **Peter**	**Paul** frei 5 Jahre **Peter**
Peter	singt	**Paul** 5 Jahre frei **Peter**	**Paul** 4 Jahre 4 Jahre **Peter**

111.1 Gewinn- und Verlust-Schema für das Gefangenendilemma am realen Beispiel

		Spieler 1 Kooperation	**Spieler 1** Egoismus
Spieler 2	Kooperation	**Spieler 1** 3 Punkte 3 Punkte **Spieler 2**	**Spieler 1** 5 Punkte 0 Punkte **Spieler 2**
Spieler 2	Egoismus	**Spieler 1** 0 Punkte 5 Punkte **Spieler 2**	**Spieler 1** 1 Punkt 1 Punkt **Spieler 2**

111.2 Allgemeines spieltheoretisches Schema für das Gefangenendilemma

4.8.3 Das Turnier

Das Gefangenendilemma bezieht sich auf eine Einzelsituation. Für den Gefangenen hat die Spieltheorie keine Bedeutung, da ihn das Problem ja nur einmal trifft, dann sitzt er oder er ist frei. Spieltheoretisch aber geht es darum, eine Strategie zu entwickeln, die statistisch gesehen in der Mehrzahl der Fälle erfolgreich ist. Man kann das Problem durch ein anderes Beispiel verdeutlichen: Zwei Schmuggler vereinbaren, ihr Schmuggelgut an einem vereinbarten Ort zu deponieren bzw. dort die Bezahlung zu hinterlegen. Deponieren und Bezahlen erfolgen zu verschiedenen Zeiten. Das Dilemma ist dasselbe: Der eine Schmuggler kann darauf vertrauen, dass der andere bezahlt. Wenn dieser das nicht tut und betrügt, hat der Erste das Nachsehen. Er kann jetzt wiederum Schmuggelgut als Bezahlung deponieren (K) oder keine Ware hinterlegen (E). Dann ist der andere geprellt. Das Spiel wiederholt sich und kann im Computermodell immer wieder durchgespielt werden. Diese Methode der ständigen Wiederholung wird als **iteriertes Gefangenendilemma** bezeichnet.

Der Amerikaner ROBERT AXELROD veranstaltete 1978 zwei Turniere, in denen verschiedene Strategien zur Bewältigung des Gefangenendilemmas gegeneinander antreten sollten. Ein Teil der Programme ist im Exkurs dargestellt. Das Ergebnis war erstaunlich: Alle Turniere gewann der kleine Fünfzeiler TIT FOR TAT. Das Programm beginnt versöhnlich mit K und antwortet dann immer mit dem Zug, den der Gegner zuletzt ausgeführt hat. „Wie du mir, so ich dir!" Dabei vergilt es sofort Gleiches mit Gleichem, aber es ist nicht nachtragend und verzeiht sofort, wenn der andere kooperiert. Ein nachtragendes Programm wie EWIGE VERDAMMNIS kam nur auf den siebenten Platz. Es zeigte sich, dass die Programme, die immer wieder Kooperationsbereitschaft anboten, den aggressiven Punktesammlern weit überlegen waren. Andererseits landete IMMER K wegen völlig mangelnder Abwehrkraft ganz hinten. Aber auch IMMER E hatte keinen Erfolg. Obgleich die Teilnehmer des zweiten Turniers AXELRODs alle Informationen des ersten Turniers erhalten hatten, hatten viele nicht erkannt, was das Ergebnis dieser Auseinandersetzung gewesen war: Es kommt darauf an, möglichst viel Kooperation anzubieten. Die neuen Teilnehmer versuchten wie im ersten Turnier mit allen Tricks, möglichst viele Punkte auf Kosten der Gegner zu machen. Aber auch das zweite Turnier zeigte ein ähnliches Ergebnis: Unter den ersten 15 in der Rangliste der Teilnehmer war nur ein aggressives Programm, die anderen verhielten sich alle „nett". Andererseits befand sich unter den letzten 15 nur eine „nette" Strategie unter lauter aggressiven.

An der Spitze aber – wie schon gesagt – TIT FOR TAT! Dabei ist das überraschende, dass TIT FOR TAT kein Spiel direkt gewinnen kann. Es verhält sich im ersten Zug kooperativ, der Punktgewinn ist also auf keinen Fall 5. Darauf spekulieren die Programme, die aggressiv beginnen. TIT FOR TAT begnügt sich mit kleinen Punktgewinnen und kann keinen Konkurrenten ernsthaft schädigen. Wenn es den Gegner einlädt zu kooperieren, ist der Punktgewinn immerhin 3, wenn dieser darauf eingeht. Dafür ist sein Punktzuwachs stetig und solide.

Natürlich hängt das Spielergebnis auch davon ab, welche Programme am Turnier teilnehmen und in welcher Zahl sie auftreten. AXELROD ließ deshalb nach dem zweiten Turnier alle Programme in einem Programmlauf gegeneinander antreten, den er „ökologische Simulation" nannte. Das Spiel „Alle gegen alle" eröffnete den Programmlauf wie gehabt. Im nächsten Durchgang wurden die erfolgreichen Programme entsprechend ihrer gewonnenen Punktzahl öfter zum Spiel zugelassen als die erfolglosen, die mit einer immer geringeren Zahl an Programmen antraten. „Nette" und „aggressive" Programme waren im ersten Durchgang etwa zu gleichen Teilen vertreten, danach „vermehrten sich" die erfolgreichen, und die erfolglosen nahmen ab. Das Ergebnis war wie erwartet: TIT FOR TAT vermehrte sich unaufhaltsam und trug schließlich den Sieg davon. Trotzdem lagen nach 200 Durchläufen immer noch einige aggressive Strategien im Spitzenfeld. Sie holten sich ihre Punkte aber von den „extrem netten" Strategien wie etwa IMMER K, die sie gnadenlos ausbeuteten. Diese waren sozusagen die „Nahrung" für die aggressiven Programme. Durch ihre Punktverluste aber und durch die Regel, dass Verliererprogramme im nächsten Durchgang schwächer vertreten waren, starben die „Dummköpfe", die sich ausbeuten ließen, langsam aus. Damit aber schaufelten sich die aggressiven Programme ihr Grab selbst: Da sie gegen die abwehrbereiten Programme, und dazu gehört TIT FOR TAT, keine wesentlichen Gewinne machen konnten, starben sie schließlich ebenfalls, weil sie ihre Nahrung, die nur netten Programme, ausgerottet hatten.

Das Verdienst der Turniere besteht zweifellos in der Bedeutung für die Evolutionstheorie und hier besonders für die Verhaltensbiologie. Das Spielmodell hat gezeigt, dass es durchaus möglich ist, dass sich auf der Basis der DARWINschen Auslesemechanismen kooperative Strategien durchsetzen und erfolgreich sein können. „Survival of the Fittest" muss nicht unbedingt heißen, dass der brutalste Ausbeuter gewinnt. Kooperationsbereitschaft hat langfristig also Fitnessvorteile. Der erfolgreiche Egoist kooperiert.

Die Programme des Turniers

1978 bat der Politikwissenschaftler ROBERT AXELROD mehrere renommierte Spieltheoretiker, Strategien für das Gefangenendilemma zu entwickeln und ihm als BASIC- oder FORTRAN-Programme zu schicken. Jedes Programm sollte auf einen Zug des Gegners mit K für Kooperation oder E für Egoismus reagieren können. Es sollte möglich sein, die Reaktionen des Gegners in den vergangenen Zügen in die Entscheidung für den nächsten eigenen Zug einzubeziehen. Auch die Verwendung von Zufallszahlengeneratoren war erlaubt. Jedes Programm sollte – wegen der Zufallszahlen – 200 Runden gegen jedes andere Programm und gegen sich selbst spielen. Das Turnier sollte fünfmal wiederholt werden. Sieger wäre das Programm mit den meisten Punkten.

AXELROD erhielt 13 Programme und steuerte selbst das Programm RANDOM dazu bei.

Nach dem ersten Turnier annoncierte AXELROD weltweit in Computer-Zeitschriften und rief zu einem Wettbewerb auf. Auch die Teilnehmer des ersten Turniers durften mitspielen. Alle Teilnehmer erhielten alle Informationen und Analysen über das erste Turnier. 63 Programme wurden eingesandt. Später wurde das Turnier von DONNINGER mit einer noch erweiterten Zahl von Programmen wiederholt. Die Zusammenstellung der folgenden Programme ist eine Auswahl aus den Bewerbern der drei Turniere.

1. TIT FOR TAT von A. RAPOPORT: Es spielt in der ersten Runde K und wiederholt dann den Zug, den der Gegner in der vorigen Runde gespielt hat. TIT FOR TAT ist das Siegerprogramm. In PASCAL ist das Programm fünf Zeilen lang.

2. CHAMPION: Das Programm spielt in den ersten zehn Runden K und verhält sich in den nächsten 15 Runden wie TIT FOR TAT. Danach kooperiert das Programm, außer wenn alle folgenden Situationen erfüllt sind: **a.** Der Gegner verhielt sich im vorhergehenden Zug egoistisch, **b.** der Gegner spielte in weniger als 60 % bis zur jetzigen Runde K, **c.** eine Zufallszahl zwischen 0 und 1 ist größer als die Kooperationsrate des Gegners bis zur letzten Runde. CHAMPION war Zweiter im zweiten Turnier AXELRODs.

3. EWIGE VERDAMMNIS: Das Programm kooperiert so lange, bis der Gegner zum ersten Mal abweicht. Dann verhält es sich für immer egoistisch. Es erreicht im Turnier Platz 52.

4. SHUBIK: Das Programm beginnt kooperativ. Es reagiert egoistisch, wenn der Gegner zum ersten Mal nicht kooperiert. Dann erhöht es die Zahl der E-Reaktionen mit jedem egoistischen Zug des Gegners um 1. Das Programm erreichte im ersten Turnier Platz 5.

5. JOSS: Das Programm spielt im Prinzip TIT FOR TAT. Wenn der Gegner kooperiert, spielt es aber mit einer Wahrscheinlichkeit von 10 % E. Das Programm kam auf Platz 29.

6. RANDOM: Das Programm entscheidet nach Zufall, ob es K oder E spielt. Es wurde im ersten Turnier Letzter, im zweiten Vorletzter.

7. EATHERLY: Das Programm zählt, wie oft der Gegner im bisherigen Spielverlauf kooperiert hat. Wenn sich der Gegner egoistisch verhält, reagiert EATHERLY mit der Wahrscheinlichkeit mit dem Zug E, die dem Verhältnis der E-Züge des Gegners zur Rundenzahl entspricht. Das Programm erreichte im zweiten Turnier Platz 14.

8. TESTER: Das Programm spielt im ersten Zug egoistisch. Spielt der Gegner dann auch egoistisch, reagiert TESTER mit Kooperation. Dann spielt es weiter TIT FOR TAT. Andernfalls kooperiert das Programm beim zweiten und dritten Zug und spielt dann in jedem zweiten Zug egoistisch. TESTER sucht also nach Programmen, die es – weil sie „nett" spielen – ausbeuten kann. Wenn sich der Gegner nicht ausbeuten lässt, weicht das Programm entsprechend aus. TESTER belegte Platz 46.

9. TIT FOR TWO TATS: Wie der Name sagt, reagiert dieses Programm von MAYNARD SMITH erst nach zwei egoistischen Zügen des Gegners mit E. TIT FOR TWO TATS spielte erst im zweiten Turnier mit und belegte hier Platz 21.

10. FELD: Das Programm beginnt mit TIT FOR TAT. Es verringert aber die Kooperationswahrscheinlichkeit nach einer Kooperation des Gegners von 100 % in Runde 1 bis 50 % in der letzten Runde. Nach einem E-Spiel des Gegners wird immer egoistisch reagiert. Im ersten Turnier kam FELD auf Platz 11.

11. IMMER E: 11 spielt ausschließlich egoistisch.

12. IMMER K: 12 spielt ausschließlich kooperativ.

13. TIT FOR TAT K: Das Programm spielt TIT FOR TAT. In jedem zehnten Zug aber spielt es unabhängig vom Zug des Gegners zweimal K. Es kam in DONNINGERs Turnier auf Platz 1.

14. FRANCE: Das Programm spielt im 4., 7., 10., 13., 16., ... Zug E, sonst immer K. In DONNINGERs Turnier kam es auf Platz 16.

114.1 Kommentkampf bei Rothirschen

114.2 Drohen: Königstiger

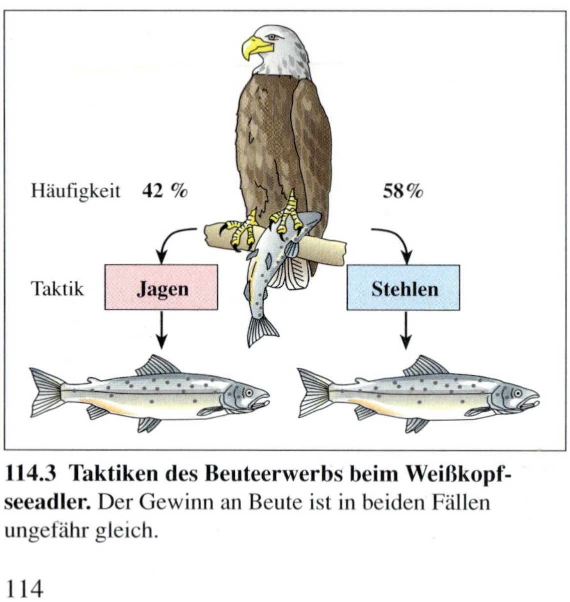

114.3 Taktiken des Beuteerwerbs beim Weißkopfseeadler. Der Gewinn an Beute ist in beiden Fällen ungefähr gleich.

4.8.4 Aggressiv oder nachgiebig?

Aggressiv oder nachgiebig, egoistisch oder kooperativ, sich vordrängen oder zurückhaltend sein – im übertragenen Sinne: Falke oder Taube – diese Gegensätze begegnen uns immer wieder, wenn wir tierisches und menschliches Verhalten beobachten.
Schon mehrfach wurde auf die Kommentkämpfe hingewiesen, bei denen Tiere mit gefährlichen Waffen so kämpfen, dass keine ernsthaften Verletzungen auftreten. Die Abbildung 114.1 zeigt einen solchen Kampf, bei dem die Spitzen der Geweihe nicht in die verletzungsempfindliche Seite des Gegners gestoßen werden, sondern der Kampf wird durch frontale Angriffe geführt, und nur die Stärke des gegenseitigen Schiebens entscheidet, wer der Sieger ist. Dieser lässt den Verlierer nach kurzer Verfolgung dann unbehelligt ziehen. Häufig wird die Begegnung auch schon entschieden, wenn einer der Kontrahenten durch auffälliges Drohen oder Imponieren zum Ausdruck bringt, dass er der Stärkere und damit der Überlegene ist, sodass der Kampf gar nicht erst stattfindet. Trotzdem kommt es vor, dass sich einzelne Tiere nicht an die „Übereinkunft" halten und den Gegner „regelwidrig" angreifen, sodass er tödliche Verletzungen erleidet. Die Klassische Verhaltensbiologie wertete solche Ereignisse als Unfälle oder krankhaftes Verhalten. Sie kommen aber relativ häufig vor, sodass man nach einer anderen Erklärung suchen muss.
Bei den Kommentkämpfen geht es um den Gewinn eines Territoriums oder um die Fortpflanzungsmöglichkeit. Aber auch wenn um Nahrung konkurriert wird, treten aggressive Handlungen auf. Das nebenstehende Schema zeigt die Häufigkeit unterschiedlichen Verhaltens beim Beutefang des amerikanischen Weißkopfseeadlers. Dieser Vogel ernährt sich in Alaska von Lachsen, die jährlich zum Laichen die Flüsse hinaufziehen. Einige Adler greifen die Fische direkt aus dem Wasser. Andere sind darauf spezialisiert, Artgenossen ihre Beute abzujagen, sie also sozusagen zu stehlen. Die Kosten-Nutzen-Analyse zeigt, dass das Stehlen offensichtlich günstiger ist als das Selbst-Jagen. Der Kraftaufwand für das Anfliegen, Zielen, Ergreifen der Beute unter Wasser und das anschließende Auffliegen von der Wasseroberfläche ist wesentlich kräftezehrender als der Angriff auf einen Vogel, der einen schweren Fisch trägt. Man muss ihn nur lange genug belästigen, bis er loslässt. 58 % der Seeadler handeln in dieser Weise, während nur 42 % selbst jagen. Das belegt die Wirksamkeit der diebischen Taktik. Manche dieser Verhaltensoptionen sind möglicherweise charakteristisch für bestimmte Individuen, in vielen Fällen aber reagieren die Tiere flexibel auf das Verhalten

der Artgenossen, wobei die Wahl der Taktik von der Zahl der konkurrierenden Tiere abhängt: Kröten- und Froschmännchen markieren ihre Reviere durch lautes Rufen, wobei sich ein Kehlsack oder bei Fröschen die Schallblasen weit hervorwölben. Das laute Quaken dokumentiert, dass das Männchen ein Revier besetzt hat, in dem gute Chancen bestehen, dass die Kaulquappen, die aus den Eiern eines Weibchens hervorgehen, sich auch gut entwickeln können. Die Weibchen reagieren auf diese Rufe und bevorzugen den lautesten Schreier. Nicht alle Männchen aber haben das Glück, ein Revier besetzen zu können. Meist haben die stärksten Männchen auch die besten Reviere, aus denen sie Konkurrenten mit Gewalt vertreiben. Die schwächeren Männchen aber geben nicht auf: Still und unauffällig bleiben sie am Rande des Reviers eines stärkeren Konkurrenten sitzen und warten ab. Der Große quakt aus vollem Halse und ruft die Weibchen herbei. Von den Rufen angezogen kommen diese heran und – schon hat der Kleine am Rande seine Chance und fängt ein kopulationsbereites Weibchen ab. Man nennt das Verhalten der kleinen Männchen **Satelliten-Taktik**. Der Satellit vermeidet das Risiko, von einem Beutegreifer entdeckt zu werden, das der Rufer ja mit jedem Quakton eingeht. Sind allerdings keine anderen Männchen in der Nähe, bleibt einem männlichen Frosch oder einer männlichen Kröte nichts anderes übrig, als akustisch auf sich aufmerksam zu machen, sonst kommen keine Weibchen. Die jeweils angewandte Taktik ist also davon abhängig, ob das Männchen klein ist und andere Rufer in der Nähe sind. Dann wird es zum Satelliten. Ist das Männchen groß oder sind keine Rufer in der Nähe, wird es ein Rufer.

Die Satelliten-Taktik wurde bei vielen Tierarten beobachtet, bei denen die Männchen ihre Weibchen durch laute Balzrufe oder Geräusche wie etwa bei Grillen anlocken. Sie kommt aber auch dort vor, wo starke Säugermännchen wie zum Beispiel Hirsche oder Dickhornschafe ein Revier verteidigen. Am Rande des Reviers halten sich dann die Satelliten auf, die keine Gelegenheit versäumen, eine Unachtsamkeit des Revierbesitzers für sich auszunutzen. Dasselbe Männchen kann – jeweils von der Situation abhängig – manchmal diese und manchmal jene Taktik anwenden, um zum Reproduktionserfolg zu kommen.

Vermutlich ist das Verhaltensspektrum der Tiere, das heißt der Entscheidungsspielraum, den sie für die Anwendung der einen oder anderen Taktik haben, genetisch festgelegt. Wie ein solcher Mechanismus in der Evolution entstanden sein könnte, hat das Modell der Computerspiele zum Gefangenen- oder Schmugglerdilemma gezeigt.

115.1 Satelliten-Taktik bei Schaufelfußkröten. Links (Pfeil) wartet ein stummes Männchen darauf, dass ein Weibchen herbeikommt, das der Rufer – erkennbar an dem aufgeblasenen Kehlsack – anlockt.

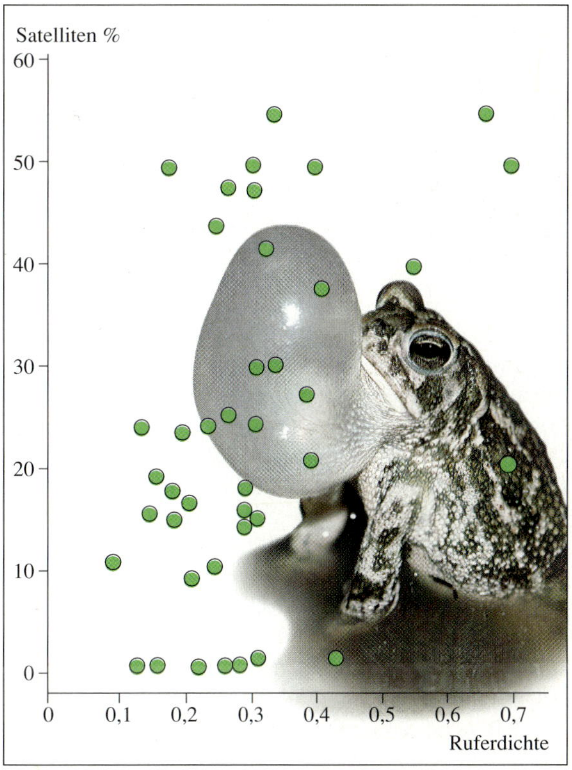

115.2 Präriekröten. Abhängigkeit des Anteils von Satelliten an allen Männchen von der Ruferdichte. Die Ruferdichte ist die Anzahl der Rufer pro Meter Teichufer.

4.8.5 Die evolutionsstabile Strategie

Falke und Taube. Die Beispiele des vorigen Kapitels zeigen uns, dass Tiere verschiedene Möglichkeiten haben, situationsgerecht zu reagieren. Um das Schicksal einzelner Strategien in der Evolution zu untersuchen, müssen wir verallgemeinern. Wir nehmen vereinfacht an, das Verhalten sei nur genetisch festgelegt. (Wir wissen, dass das in dieser Ausschließlichkeit nicht richtig ist.) Wir wollen die Nichtkooperativen und Aggressiven, die Eskalierer als Falken bezeichnen, die Kooperativen, Friedlichen und Nachgiebigen dagegen als Tauben. Wir stellen ein spieltheoretisches Schema auf und setzen willkürlich fest: Der Sieger erhält 50 Punkte, der Verlierer 0 Punkte. Ernste Verletzungen zählen –100, die Kosten für den Zeit- und Energieaufwand beim Drohen werden mit –10 festgesetzt. Da sich die Folgen der Auseinandersetzungen zwischen den „Spielpartnern" in der Realität als Fitness-Gewinne oder Verluste auszahlen, nehmen wir an, dass die Fitnessgewinne den festgesetzten Zahlenwerten entsprechen sollen. Wir setzen den Fall, dass in einer Population nur Tauben vorkommen. Die Tiere, die aufeinander treffen, erhalten einen durchschnittlichen Gewinn von 15 Punkten (s. Tabelle). Das wäre alles friedlich und gut, wenn nicht Falken-Mutanten aufträten, die heftig kämpfen und bei jeder Begegnung mit einer Taube 50 Punkte gewännen. Sie hätten also einen extremen Vorteil in einer Tauben-Population und würden in den Folge-Generationen immer häufiger vorkommen. Die reine Tauben-Strategie hat daher in der Evolution auf Dauer keine Chance, weil jede Mutation, die in die Falken-Richtung wirkt, Vorteile hat. Andererseits kann der Falken-Anteil nicht 100 % werden, denn jede Falke-Falke-Begegnung ergibt für beide eine Bilanz von -25. Jede Tauben-Mutante in einer reinen Falken-Population erreicht zwar höchstens 0 Punkte. Das ist aber immer noch besser als -25, und deshalb werden sich nun die Tauben ausbreiten.

Angreifer	Gegner	
	Falke	Taube
Falke	$\frac{1}{2} \cdot (50) + \frac{1}{2} \cdot (-100)$ $= -25$	+ 50
Taube	0	$\frac{1}{2} \cdot (50-10) + \frac{1}{2} \cdot (-10)$ $= +15$

Annahmen:
1. Wenn ein Falke auf einen Falken trifft, soll er mit 50 % Wahrscheinlichkeit gewinnen, mit 50 % Wahrscheinlichkeit verletzt werden.
2. Falken siegen immer über Tauben.
3. Tauben geben Falken gegenüber sofort auf.
4. Wenn eine Taube eine Taube trifft, soll sie immer drohen und mit einer Wahrscheinlichkeit von 50 % gewinnen.

Weder die reine Tauben-Strategie noch die reine Falken-Strategie kann sich deshalb in der Evolution gegenüber der anderen durchsetzen. Beide sind nicht evolutionsstabil, da sie gegenüber Mutanten der anderen Richtung im Nachteil sind.
Es muss sich daher ein Gleichgewicht herausbilden, wenn in der Population beide Strategien verwirklicht sind. Wir wollen das mit einer Modellrechnung verdeutlichen:
Die relative Häufigkeit der Falken in der Population sei h, dann ist die relative Häufigkeit der Tauben (1-h). Der durchschnittliche Gewinn eines Falken F ergibt sich aus dem Gewinn der möglichen Begegnungskombinationen multipliziert mit der relativen Häufigkeit:

$$F = -25 \cdot h + 50 \cdot (1-h)$$

Der Gewinn der Tauben beträgt:

$$T = 0 \cdot h + 15 \cdot (1-h)$$

Nur wenn F = T, ist das Gleichgewicht stabil. Dann kann man die beiden Gleichungen gleichsetzen und nach h auflösen: Der Anteil der Falken beträgt dann 7/12 und der der Tauben 5/12. Diese Anteile gelten natürlich nur für die in unserem Fall willkürlich festgelegten Punktwerte in unserem angenommenen Beispiel. Die realen Werte sind kaum bestimmbar und daher unbekannt. Das fiktive Beispiel aber zeigt, dass beide Strategien in ihrem Wechselspiel zusammen eine stabile Situation erzeugen. Sie bilden zusammen eine **evolutionsstabile Strategie (ESS).** Eine evolutionsstabile Strategie besteht aus einem Satz von Verhaltensregeln, die durch die Evolution nicht veränderbar sind. Dabei hat eine der beiden Fraktionen – Falken oder Tauben – , die durch Mutationen eine größere Häufigkeit bekommt, den Nachteil des größeren Punkteverlustes, sodass sich am Ende wieder das ursprüngliche Kräfteverhältnis einspielt. Das gilt natürlich nur für konstante ökologische Bedingungen. Ein Wechsel der ökologischen Verhältnisse ändert die Wertung in unserem Punktebeispiel und damit auch die Häufigkeitsverteilung der Verhaltenstypen.

Falke, Taube und Bourgeois. Man kann beobachten, dass sich Stichlingsmännchen in der Nähe ihres Nestes äußerst aggressiv verhalten, wenn ein fremdes Männchen in die Nähe kommt. Die Aggressivität nimmt ab, je weiter sich der Revierbesitzer vom Nest entfernt, und sie ist am schwächsten, wenn er in das Revier des Nachbarn gerät. Der Stichling ist also in der Nähe seines Nestes Falke, je weiter er sich davon entfernt, wird er mehr und mehr zur Taube. Ein Beispiel, das wissenschaftlich exakt untersucht wurde, ist das Waldbrettspiel *(Pararge aegeria)*, ein Schmetterling, dessen Männchen sonnige Flecken auf dem Waldboden heftig als Revier verteidigen. Der Kampf besteht in einem aufwärts gerichteten Spiralflug, bei dem beide intensiv mit den Flügeln schlagen. Die Untersuchung zeigte, dass die Revierbesitzer gegen Eindringlinge immer so aggressiv kämpfen, dass sie regelmäßig ihr Revier behalten.

Dieses Verhalten hat man mit dem Bestreben zur Besitzstandswahrung in der bürgerlichen Gesellschaft verglichen: Jeder verteidigt so gut wie möglich das, was er hat. Deshalb bezeichnet man auch in der Verhaltensbiologie das Tier, das sich so verhält, als folge es diesen Regeln, als **Bourgeois.** Das spieltheoretische Schema auf dieser Seite zeigt die Auszahlungen unter der Bedingung, dass der Bourgeois jeweils in der Hälfte der Fälle Besitzer und in der anderen Hälfte der Fälle Eindringling ist.

Angreifer	Gegner		
	Falke	Taube	Bourgeois
Falke	– 25	+ 50	+ 12,5
Taube	0	+ 15	+ 7,5
Bourgeois	– 12,5	+ 32,5	+ 25

Annahmen:
1. Die Punktwerte für Falke und Taube entsprechen der Tabelle auf der Seite gegenüber.
2. Trifft ein Bourgeois auf einen Falken oder eine Taube, so soll er in der Hälfte der Fälle der Besitzer sein, der die Falkenstrategie anwendet, zur anderen Hälfte soll er Eindringling sein und die Taubenstrategie verfolgen. Seine Punktwerte entsprechen also dem Durchschnitt der darüber stehenden Werte.
3. Begegnet ein Bourgeois einem Bourgeois, so soll der in der Hälfte der Fälle Besitzer sein und gewinnen, in der anderen Hälfte soll er Eindringling sein und verlieren. Kosten für Verletzungen und Drohen entstehen nicht.

Die Bourgeois-Strategie ist evolutionsstabil. Nehmen wir an, eine Population besteht nur aus Bourgeois, so gewinnen sie bei Begegnungen immer jeweils 25 Punkte. Wandert ein Falke in die Population ein oder entsteht er neu durch einen oder mehrere Mutationen, so gewinnt er gegenüber den Bourgeois bestenfalls durchschnittlich 12,5 Punkte. Das ist im Vergleich mit den Bourgeois eine schlechte Fitness. Wandert dagegen eine Taube ein, oder sie entsteht mutativ neu, so gewinnt sie in der Auseinandersetzung mit den Bourgeois durchschnittlich 7,5 Punkte. Bestünde die ganze Population aus Falken, so hätten hier auftauchende Bourgeois eine gute Chance der Verbreitung. Allerdings könnten sich neu auftauchende Tauben ebenfalls ansiedeln. Ebenso ist es im umgekehrten Fall, in dem in eine Population von Tauben Bourgeois und Falken eindringen. Früher oder später sind Falken und Tauben aber den Bourgeois unterlegen.

Das Beispiel des Bourgeois zeigt, dass es nicht unbedingt so sein muss, dass sich ein Tier entweder als Falke oder als Taube verhält. Es sind auch gemischte Strategien möglich. Im Falle des reinen Falke-Taube-Beispiels haben wir gesehen, dass sich die Häufigkeit der beiden Verhaltenstypen in der Population auf 7/12 zu 5/12 einpendelt, um stabil zu sein. Man kann sich aber auch vorstellen, dass sich eine stabile Population entwickelt, in der sich die einzelnen Individuen mal als Falke, mal als Taube verhalten. Voraussetzung für die Stabilität ist dabei, dass sie ihr Verhalten insgesamt so verteilen, dass sich ein Verhältnis von 7/12 zu 5/12 für das einzelne Tier ergibt, das heißt, in 7/12 aller Fälle verhält es sich aggressiv, in 5/12 aller Fälle kooperativ, bzw. was immer wir für Falke und Taube setzen wollen.

Die spieltheoretischen Modelle dürfen nicht dazu verführen, dass man annimmt, tatsächlich in der Natur vorkommende Beispiele exakt beschreiben oder berechnen zu können, um daraus Voraussagen zu treffen. Die tatsächlichen Verhältnisse sind wesentlich komplizierter als die hier aufgeführten stark vereinfachten Beispiele. Diese zeigen aber, wie es möglich ist, dass in der Evolution unterschiedliche Verhaltensweisen entstehen und sich in der Auseinandersetzung mit anderen Verhaltensweisen halten können, auch wenn es so scheint, als wäre der uneingeschränkte Egoismus die Strategie, die letzten Endes die größten Erfolge bringt.

4.9 Sexualität und Fortpflanzung

4.9.1 Der kleine Unterschied und seine großen Folgen

Eizellen und Spermien. Wenn man jemandem die Frage stellt „Woran erkennt man Männchen und Weibchen?", antwortet der Gefragte vermutlich „An ihren Geschlechtsorganen, Männchen haben Penis und Hoden, Weibchen Vagina und Eierstöcke." Die Antwort könnte auch lauten: „An ihrem Aussehen" oder „An ihrem Verhalten". Der Antwortende denkt dabei dann z. B. an sich selbst oder an Säugetiere wie z. B. Hirsch und Hirschkuh. Einen solchen **Geschlechtsdimorphismus** findet man aber keineswegs bei allen Tierarten, nicht einmal bei allen Säugetieren.

Bei einer Gruppe Kaninchen ist es schon schwieriger als bei Hirschen, zu erkennen, welches die Männchen und die Weibchen sind. Allerdings ist das möglich, wenn sie sich paaren und wenn man ihre äußeren und inneren Geschlechtsorgane untersucht. Bei manchen Tierarten, z. B. bei Fischen, sind auch die äußeren Geschlechtsorgane sehr ähnlich. Sie sind einfache Öffnungen, in denen Schläuche aus den Keimdrüsen münden. Also besteht der einzige durchgängige Unterschied zwischen weiblichen und männlichen Tieren darin, dass sie verschiedenartige Keimdrüsen haben. Auch diese unterscheiden sich nicht in erster Linie in der äußeren Form – die ist nämlich bei manchen Tierarten, vor allem bei Wirbellosen, auch sehr ähnlich. Der entscheidende Unterschied besteht in dem, was die Keimdrüsen produzieren, nämlich zwei verschiedenen Arten von Keimzellen: Die eine Art der Keimzellen ist – verglichen mit der anderen – riesengroß. Ihr Volumen und damit ihre Biomasse beträgt ein Vielfaches des Volumens der anderen Keimzellen. Bei allen Lebewesen bezeichnet man die großen, meist unbeweglichen Keimzellen als Eizellen, die kleinen, beweglichen als Spermien.

Organismen, die große Keimzellen erzeugen, nennt man Weibchen, die Produzenten der kleinen Gameten Männchen. Eizellen gehören zu den größten Zellen, die von Lebewesen gebildet werden, Spermien sind zumeist mikroskopisch klein. Diese unterschiedliche Größe der Gameten nennt man **Anisogamie**.

Daraus ergibt sich ein weiterer wesentlicher Unterschied: Männchen können große Mengen der winzigen Spermien erzeugen, Weibchen dagegen deutlich weniger der viel größeren Eizellen. Die

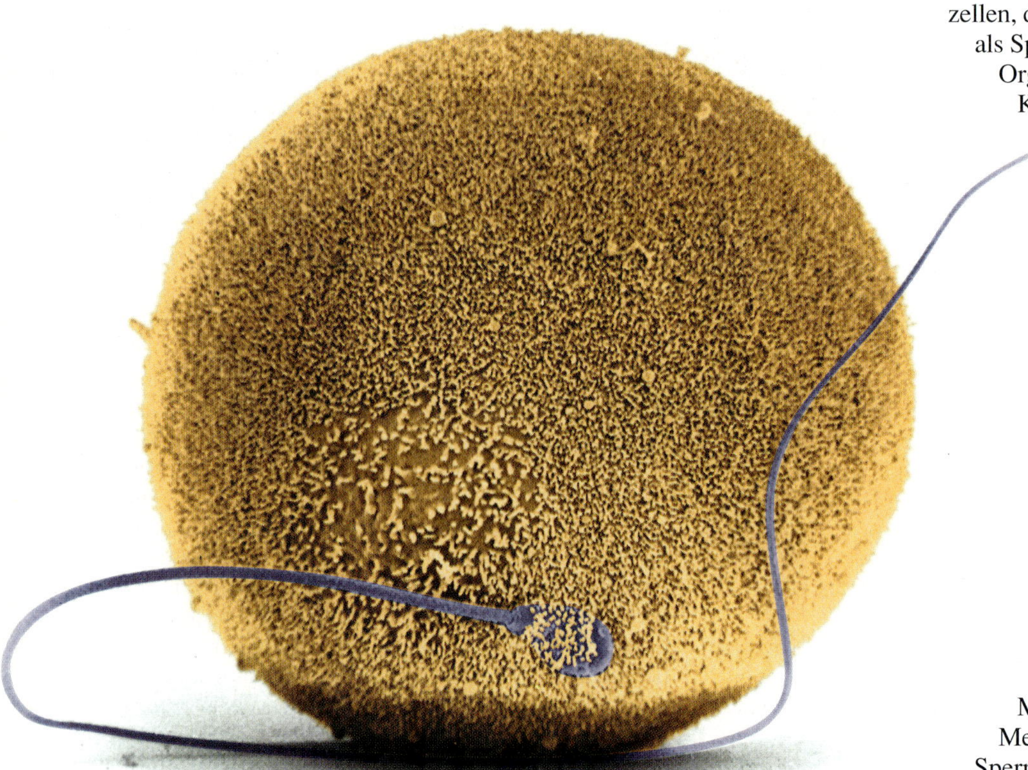

118.1 Eizelle und Spermien vom Hamster (REM-Aufnahme, 4000-fach vergrößert)

Weibchen mancher Tierarten, z. B. Vogelweibchen, müssen sogar einen erheblichen Teil ihrer Körpermasse einsetzen, um – verglichen mit der Zahl der Spermien – nur wenige Eizellen zu produzieren. Rein theoretisch könnte ein einziger Mann mit den von ihm gebildeten Spermien alle Frauen der Erde befruchten. Männchen können also sehr viele Nachkommen haben, bei Weibchen begrenzt die Zahl ihrer Eizellen ihre Reproduktionsrate.

Sexualität und Vermehrung. Auf die Frage „Wozu ist Sexualität da?" würden vermutlich die meisten Menschen antworten: „Zur Vermehrung." Auch diese Antwort ist nicht richtig. Viele Organismen vermehren sich zwar als Folge sexueller Vorgänge, andere Organismen allerdings auch ohne Beteiligung sexueller Prozesse: Viele Einzeller teilen sich einfach längs oder quer und auf diese Weise entstehen jeweils zwei Organismen. Blattläuse, Bienen und Renneidechsen können sich aus unbefruchteten Eizellen entwickeln. Vermehrung kann also auch ohne Sexualität erfolgen. Also hat Sexualität eine andere Funktion.

Biologen verstehen unter Sexualität die Bildung eines neuen Organismus, der genetisches Material von zwei Elterntieren enthält. Diese Definition trifft auf alle bekannten sexuellen Vorgänge zu. Alle Verhaltensweisen, die unmittelbar diesem Zweck dienen und damit im Zusammenhang stehen, bezeichnet man als **Sexualverhalten.** Dazu gehören alle Verhaltensweisen, die zwischen der Partnersuche und der Partnerwahl und dem Abgeben bzw. Aufnehmen von Gameten liegen. Geschlechtsorgane und sexuelle Verhaltensweisen sind die proximaten Mittel und Mechanismen, durch die eine Vereinigung des Erbgutes ermöglicht wird. Auch bei sexuellem Verhalten hat es in der Evolution Funktionsänderungen und -wechsel gegeben: Verhaltensweisen aus anderen Funktionskreisen sind zu sexuellen Verhaltensweisen geworden, wie z. B. das Balzfüttern bei Seeschwalben. Ursprünglich sexuelle Verhaltensweisen wie die Berührung der Hoden dienen bei Schimpansen und Bonobos zur Beruhigung oder Tröstung.

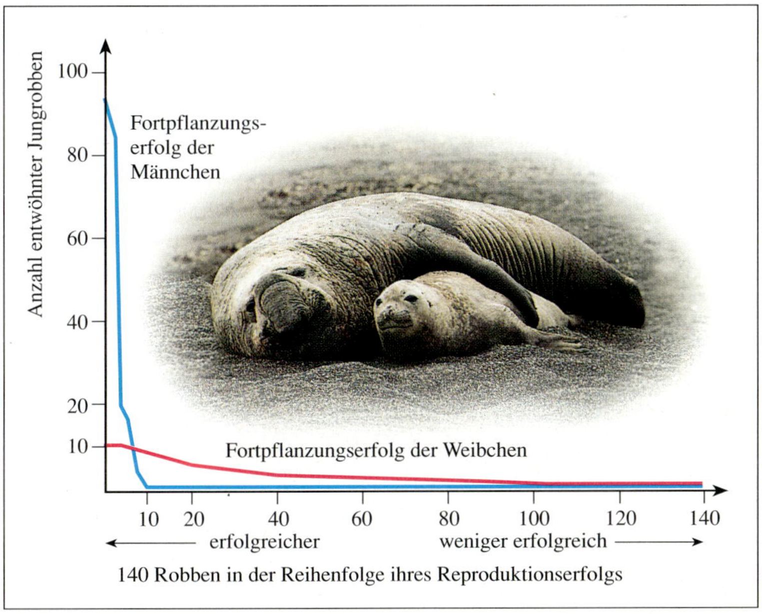

119.1 Sexualdimorphismus und Fortpflanzungserfolg bei See-Elefanten

Anisogamie und Interessenkonflikte. Aus der Anisogamie resultieren grundsätzliche Unterschiede zwischen Männchen und Weibchen im Hinblick auf die Maximierung ihres Reproduktionserfolges: Männchen können enorme Mengen von Spermien erzeugen. Sie verbrauchen dazu nicht viel Biomasse, ihre Kosten sind also gering. Ein Männchen könnte seine Gene durch viele Kopulationen an viele Nachkommen weitergeben – wenn die Weibchen, die das Männchen unbedingt dazu braucht, mitmachten. Weibchen müssen aber eine andere Strategie verfolgen, wenn sie den Anteil ihrer Gene in der nächsten Generation maximieren wollen. Weibchen müssen, weil die Anzahl ihrer Eizellen geringer ist, möglichst viele Nachkommen durchbringen. Viele Kopulationen mit vielen Männchen verbessern ihren Reproduktionserfolg keineswegs. Ihnen nützen Nahrung, Schutz und Hilfe für sich selbst und für ihre Nachkommen viel mehr. Für jedes Weibchen ist es wichtig, dass seine Nachkommen vorteilhafte Erbanlagen haben, die ja zur Hälfte vom Vater stammen. Daher sollte man erwarten, dass Weibchen wählerisch sind, dass für sie Klasse mehr als Masse zählt, während es bei Männchen genau umgekehrt ist. Zwischen diesen kommt es zu starker Konkurrenz, da alle Männchen viele Kopulationen anstreben. Die geschlechtsspezifischen Interessenkonflikte zwischen Weibchen und Männchen beeinflussen das Sexualverhalten, die Partnerwahl und die Paarungssysteme bei Tieren ganz entscheidend.

4.9.2 Sexuelle Selektion: Konkurrenz und Partnerwahl

Die Anzahl der Eizellen und damit der Nachkommen ist bei Weibchen begrenzt. Vor allem Vögel und Säugetiere haben – verglichen mit anderen Tiergruppen – wenige Junge. Daher ist es für weibliche Tiere besonders wichtig, viele Nachkommen durchzubringen, also dafür zu sorgen, dass sie überleben und selbst auch wieder möglichst viele gesunde Nachkommen haben. Die Zahl der Enkel wäre, wenn man dieser Überlegung folgte, ein noch besseres Maß für die direkte Fitness als die Zahl der Kinder. Wie viele der aus den Eiern geschlüpften Jungen oder der Neugeborenen überleben, hängt ganz wesentlich davon ab, wie sie versorgt und geschützt werden und welche Eigenschaften sie haben. Die Eigenschaften werden durch Gene von Mutter und Vater und durch Umwelteinflüsse bestimmt. Wenn sich der Vater an der Brutpflege beteiligt, hat er einen weiteren wichtigen Einfluss auf das Durchkommen der Jungen. Für Weibchen ist daher die richtige Wahl ihres Sexualpartners, des Vaters ihrer Nachkommen, für die Fitnessmaximierung wichtig.

Partnerwahl durch Weibchen – nichtgenetische Vorteile. Bei manchen Vogelarten wie z.B. Seeschwalben lassen sich die Weibchen während der Balz von ihren Bewerbern füttern. Sie haben dadurch einen erheblichen Energiegewinn, den sie in die Produktion von Eiern investieren können. Zugleich testen sie die Kandidaten auf ihre Tüchtigkeit in der Nahrungsbeschaffung. Das ist vorteilhaft, weil das Männchen sein Weibchen während des Brütens füttern muss, damit die Eier nicht allein gelassen und gefährdet werden. Außerdem füttert das Männchen später die Jungen. Die Wahl eines tüchtigen Ernährers ist für die Weibchen die beste Voraussetzung, um viele Jungvögel durchzubringen.
Die Weibchen vieler Vogelarten und vieler Säugetiere wählen ihre Paarungspartner danach aus, ob sie ein gutes Brutrevier besitzen oder ob sie ein stabiles Nest gebaut haben. Ein gutes Revier und ein widerstandsfähiges Nest fördern die Ernährung und den Schutz der heranwachsenden Jungtiere und der Weibchen selbst.

Partnerwahl durch Weibchen – genetische Vorteile. Kränkliche und schwache Jungtiere überleben seltener als gesunde und kräftige. Physische Stärke und Gesundheit sind zu einem großen Teil genetisch bedingt. Die Erbanlagen für diese Eigenschaften stammen wie alle Erbanlagen zu je 50 % von der Mutter und vom Vater eines Individuums. Daher ist es für weibliche Tiere sehr wichtig, solche Männchen als Partner auszuwählen, die selbst gute Gene besitzen. Die **„Good-Genes-Hypothese“** ist eine Erklärung für das Partnerwahlverhalten von Weibchen: Nach ihr wählen Weibchen ihren Kopulationspartner nach äußeren, für sie erkennbaren Eigenschaften aus, die zuverlässige Anzeichen für gute Erbanlagen sind. Viele Weibchen bevorzugen ältere Männchen gegenüber jungen. Wenn es einem Tier nämlich gelingt, alt zu werden, ist das allein schon ein Hinweis für seine Überlebensfähigkeit, die zumindest teilweise genetisch bedingt ist. Auch die Wahl von Männchen, die in der Konkurrenz mit anderen Männchen erfolgreich waren, die z. B. Reviere gewinnen konnten oder eine hohe Rangposition haben, ist die Bevorzugung guter Gene. Ebenso weisen Fähigkeiten, wie lang ausdauernd singen oder quaken können, auf eine gute physische Verfassung hin und damit auf gute Gene. Bei Wildkatzen und Rehen testen die Weibchen ihre Bewerber, indem sie tagelang Scheinfluchten vor ihnen ausführen. Dabei achten sie immer darauf, dass die Bewerber sie nicht ganz aus den Augen verlieren. Schließlich wird nur ein Männchen akzeptiert, das durchgehalten hat. Bei einigen Vogelarten bevorzugen Weibchen solche Männchen, die besonders lange oder farbenprächtige Federn haben. Hennen einiger Hühnerarten wählen Hähne mit großen, kräftig gefärbten Kämmen zur Paarung. Diese Merkmale sind zuverlässige Kennzeichen für einen guten Gesundheitszustand, der auf gute Gene hinweisen könnte. Tiere mit starkem Parasitenbefall können lange Federn nicht so gut ausbilden, sie werden von Weibchen zumeist nicht gewählt. Parasitenfreie oder -arme Männchen müssen ein gutes Immunsystem haben, und das wird vererbt. Viele Vogelweibchen achten sehr auf eine symmetrische Ausbildung von Mustern oder Federlängen. Man kann das experimentell zeigen, wenn man künstlich Asymmetrien erzeugt. Der Verpaarungserfolg solcher Männchen ist dadurch stark verringert. Unsymmetrische Ausbildungen kommen oft durch Krankheiten oder Parasiten zustande. Auch diese Wahl von Weibchen kann man als die Wahl guter Gene deuten.
Eine besondere Variante der „Good-Genes-Hypothese“ erklärt die Ausbildung von hinderlichen Organen wie dem Pfauenschwanz. Die **„Handicap-Hypothese“** sagt, dass nur besonders lebenstüchtige Tiere trotz dieses Handicaps überleben können. Weibchen, die Pfauen mit besonders langen Schwanzfedern bevorzugen, wählen also die guten Gene, die ihre Erwählten an die Jungen vererben. Das ist zugleich auch

das Einzige, was Pfauenhähne für ihre Nachkommen tun. Mit einem ganz anderen Erklärungsansatz wies R. A. FISHER schon in den 30er Jahren darauf hin, dass Weibchen, die ein besonders ausgeprägtes Merkmal eines Männchens bevorzugen, Söhne bekommen, von denen ein Teil dieses Merkmal erbt und deswegen später auch wieder von Weibchen bevorzugt wird. Nach diesem Effekt nennt man diese Hypothese auch **„Sexy-Sons-Hypothese"**. Die Entstehung dieses Mechanismus ist komplex: Sowohl das von den Weibchen bevorzugte Merkmal der Männchen, als auch das Wahlverhalten der Weibchen muss genetisch festgelegt sein. Außerdem ist es fraglich, wann und warum die Weibchen begannen, Männchen mit einem bestimmten Merkmal zu bevorzugen. Dies kann durchaus zufällig geschehen sein, es ist aber auch möglich, dass die Männchen durch das erst ab der Geschlechtsreife sexy wirkende Merkmal zunächst Überlebensvorteile hatten. Hat das Wechselspiel aber erst einmal begonnen, verstärken sich die Wahl der Weibchen und die Ausbildung des Merkmals gegenseitig. Deshalb nennt man diese Hypothese auch **„Runaway-Selektion-Hypothese"**. Es bilden sich so immer extremere weibliche Präferenzen und immer aufwendigere männliche Merkmale aus, die eigentlich der natürlichen Selektion zum Opfer fallen müssten. Diese Entwicklung wird jedoch dann beendet, wenn die aufwendigen Organe wie die langen Schwanzfedern beim Pfau ihre Besitzer so belasten, dass sie gegenüber nicht so extrem ausgestatteten Artgenossen nicht mehr konkurrenzfähig sind und seltener überleben. Dabei spielen ökologische Bedingungen wie z. B. die Menge der Raubfeinde eine wichtige Rolle.

Die „Sexy-Sons-Hypothese" und die „Good-Genes-Hypothese" sagen bei vielen Beispielen etwas anderes voraus, schließen sich aber keineswegs immer aus: Eine auffällige Färbung eines Vogels kann sehr wohl ein Hinweis auf gute Gene sein und zugleich die Aussicht auf attraktive Söhne verbessern.

Sexuelle Konkurrenz zwischen Männchen. Weil Spermien so viel kleiner als Eizellen sind und deswegen weitaus mehr Spermien als Eizellen gebildet werden können, konkurrieren bei den meisten Tierarten Männchen um paarungsbereite Weibchen. Die Konkurrenz der Männchen kann als direkte Auseinandersetzung zwischen den Männchen oder als Werben um die Gunst der Weibchen klassifiziert werden. Die Auswirkungen der Konkurrenz unter den Männchen und der Wahl durch die Weibchen bezeichnet man als sexuelle Selektion. Die Strategie der Männchen besteht stets darin, möglichst viele Eizellen zu befruchten.

Der Sinn von „Brautgeschenken"

Bei vielen Insekten- und Spinnenarten verpaaren sich die Weibchen nur mit Männchen, wenn diese ihnen ein Beutetier („Brautgeschenk") präsentieren, das sie noch während der Kopulation fressen. Männchen mit kleinen Beutetieren werden oft nicht beachtet.

A1 Beschreiben Sie die Grafiken zur Kopulation bei Schnabelfliegen (räuberische Insekten).

A2 Erläutern Sie die Vorteile, die Weibchen und Männchen durch große Brautgeschenke haben.

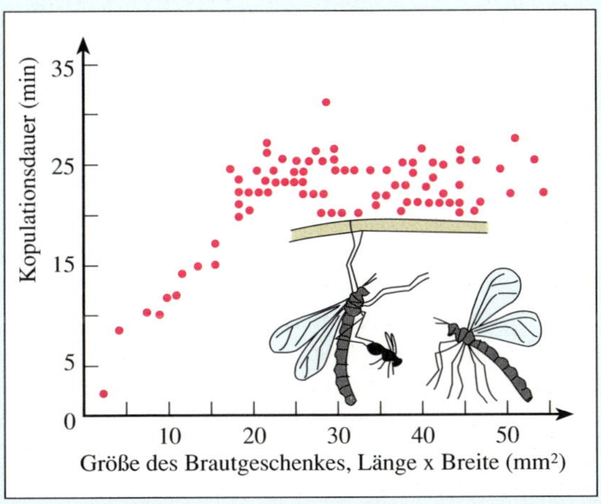

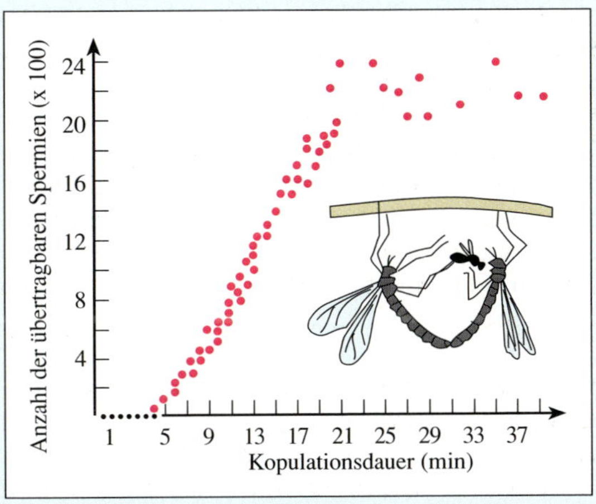

Bei Wölfen, vielen Primaten- und Huftierarten entscheidet die Rangordnung in der Gruppe über den Zugang zu den Weibchen. Das ranghöchste Männchen hat ein Paarungsmonopol oder begattet zumindest die meisten Weibchen.
Bei Steppenpavianen führten erste Untersuchungen allerdings zu einem zunächst widersprüchlich erscheinenden Ergebnis: Obwohl bei ihnen eine klare Rangordnung zu beachten ist, kopulierten hochrangige und niederrangige Männchen gleich oft. Genauere Analysen ergaben jedoch, dass die dominanten Männchen die Weibchen an den Tagen für sich monopolisierten, an denen sie empfängnisbereit waren.
Männchen konkurrieren auch um Reviere, um Laich- und Brutplätze oder um Sandstrände, die zur Geburt und Jungenaufzucht geeignet sind. Weibchen wählen dann diese Reviere oder Orte und damit indirekt den Partner. Bei der Konkurrenz um Dominanz und Reviere sind kampfstarke Männchen im Vorteil. Bei Arten mit direkter Konkurrenz um die Reproduktion findet man daher häufig besonders deutlich ausgeprägte Sexualmerkmale bei der Körpergröße. See-Elefanten, Löwen und Paviane sind Tierarten, bei denen die Männchen deutlich größer und schwerer sind als die Weibchen, denen die enorme Körpergröße und -fülle der Männchen wenig nützen würde. Ein schlanker, leichter See-Elefant-Bulle hätte aber keine Chance, ein Stück Sandstrand gegen einen Konkurrenten zu verteidigen, der doppelt so schwer ist.

Werbungsverhalten der Männchen. Winkerkrabben winken mit ihrer überdimensionalen Schere, Fregattvögel locken durch Rufe und das Schwenken ihres roten Singballes, der nur in der Paarungszeit ausgebildet wird. Laubenvögel bauen große Schaunester oder Lauben, die sie mit auffällig gefärbten Gegenständen schmücken. Wenn Weibchen Männchen als Paarungspartner auswählen, zeigen Männchen intensives Werbungsverhalten. In der Evolution haben sich sehr unterschiedliche Methoden entwickelt, mit denen Männchen um Weibchen werben. Singvögel haben ihren Namen von ihrem charakteristischen Singen, das neben der Reviermarkierung dem Anlocken von Partnerinnen dient. Lautäußerungen und Bewegungen mit auffälligen Organen sind bei vielen Arten die Mittel, mit denen Männchen auf sich aufmerksam machen. Das Verhalten der Weibchen ist auf das der Männchen abgestimmt: Viele weibliche Tiere reagieren angeborenerweise auf das Werbeverhalten der Männchen, das für sie regelrecht eine Testfunktion hat. Weibliche Laubenvögel inspizieren z. B. die Lauben vieler Männchen, ehe sie mit dem Besitzer einer Laube kopulieren.

Bei manchen Vogel- und Säugetierarten, z. B. bei Birkhühnern und einigen Antilopenarten, findet eine **Gruppenbalz** statt: Viele Männchen versammeln sich an einem Balzplatz und werben durch Laute oder Bewegungen für sich. Weibchen kommen oft von weit her und haben damit die Auswahl unter vielen Männchen. Dabei können Dominanz und territoriales Verhalten gleichzeitig bedeutsam sein: Besonders zentrale oder etwas erhöhte Plätze sind heiß umkämpft und können nur von dominanten Tieren erobert werden. Viele Weibchen entscheiden sich dann für die Besitzer dieser Positionen. Auch bei vielen Frosch- und Krötenarten kämpfen die Männchen zunächst um gute Plätze, von denen aus sie dann Weibchen durch lautes Quaken anlocken.

Spermienkonkurrenz. Bei verschiedenen Primatenarten fiel Wissenschaftlern schon sehr früh auf, dass sie sehr unterschiedlich große Hoden haben, nicht nur absolut, sondern auch in Relation zum Körpergewicht. Große Hoden können mehr Spermien erzeugen als kleinere und genau das ist der Sinn dieser Besonderheit. Wenn es ein Männchen nämlich geschafft hat, ein Weibchen zu begatten, ist damit sein Fortpflanzungserfolg keineswegs sichergestellt, weil andere Männchen das Weibchen eventuell vorher auch schon begattet haben oder anschließend begatten könnten. Es kommt dann zur Spermienkonkurrenz im Genitaltrakt des Weibchens, denn nur ein Spermium befruchtet jeweils eine Eizelle. Männchen mit einer großen Menge Sperma mit vielen Spermien darin sind dabei im Vorteil. Tierarten, bei denen die Weibchen mit vielen Männchen kopulieren, wie Schimpansen, haben größere Hoden, monogame Arten wie Gibbons erzeugen in ihren kleinen Hoden viel weniger Spermien.
Libellen haben ein besonderes Anhängsel am Hinterleib, mit dem sie vor einer Begattung das Sperma aus einer früheren Kopulation entfernen können. Vermutlich erzeugen manche Arten auch Spermien, deren Funktion es ist, fremde Spermien zu verkleben und damit befruchtungsunfähig zu machen, um so die Konkurrenten auszuschalten.

Sicherung der Vaterschaft. Bei innerer Befruchtung (Reptilien, Vögel und Säugetiere) ist es für ein Männchen, das ein Weibchen begattet hat, nicht feststellbar, ob die Jungtiere, die später aus den Eiern schlüpfen oder geboren werden, seine eigenen sind oder von anderen Männchen stammen. Für Männchen, die sich an der Brutpflege beteiligen, ist das aber besonders wichtig. Fremde Junge entwickeln sich auf Kosten der eigenen Nachkommen, sie schaden also. Zusätzliche Investitionen in die Brutpflege fremder Kinder sind noch nachteiliger. Verhaltensweisen, die sicherstellen oder es wahrscheinlicher machen, dass Männchen das volle Reproduktionspotential des Partners nutzen und nur in eigene Nachkommen investieren, haben daher einen hohen Selektionsvorteil. Nashornvögel mauern z. B. ihr Weibchen in einer Baumhöhle ein. Sie müssen es deswegen zwar mit Nahrung versorgen, können aber sicher sein, dass nach ihnen keine weiteren Männchen mit dem Weibchen kopulieren können. Das Einmauern dient als multifunktionale Verhaltensweise auch zugleich dem Schutz des Weibchens und später der Jungen vor Fressfeinden. Bei Lachtauben hat man beobachtet, dass Tauber mit Weibchen, die nach kurzer Balzphase Paarungsbereitschaft signalisieren, zwar kopulieren, aber keine Paarbindung eingehen und sich auch nicht später an deren Brutpflege beteiligen. Tauber bevorzugen für eine Paarbindung „spröde“ Weibchen, die sie erst lange anbalzen müssen, um bei ihnen Handlungsbereitschaft zum Verpaaren zu erzeugen. Sie erhöhen durch dieses Verhalten die Wahrscheinlichkeit, dass sie selbst die Eier befruchten und in eigene Junge investieren.

Weibliche Untreue. Männchen erhöhen durch zahlreiche Kopulationen ihren Reproduktionserfolg. Sie sind dabei oft überhaupt nicht wählerisch. Das gilt auch für fest verpaarte Männchen. Sie bewachen zwar ihr eigenes Weibchen, um dessen Reproduktionspotential für sich zu haben und um nicht in fremde Junge zu investieren, versuchen aber, zusätzlich mit anderen Weibchen zu kopulieren. Dieses Verhalten ist eine erfolgreiche Strategie zur Fitnessmaximierung, da Spermien und Kopulationen keine großen Kosten bereiten. Warum aber lassen sich Weibchen auf Seitensprünge ein? Für Weibchen ist es vorteilhaft, wenn ihnen Männchen bei der Brutpflege helfen. Das hat man bei vielen Vogelarten nachgewiesen. Bei der Brutpflege helfen jedoch nur verpaarte Männchen. Nicht jedes Weibchen kann sich mit einem besonders attraktiven Männchen verpaaren. Manche Weibchen müssen nehmen, was übrig bleibt. Ein wenig attraktives Männchen, das bei der Jungenaufzucht hilft, ist erfolgversprechender als ein attraktives, das nicht hilft. Durch Seitensprünge kommen Weibchen aus diesem Dilemma heraus. Ein wenig attraktives Männchen wird als Partner erwählt – wohl oder übel, weil kein besseres mehr zu haben ist. Dieses Männchen hilft bei der Jungenaufzucht. Durch Seitensprünge mit attraktiven Männchen kommt ein Teil der Jungen jedoch zu besseren Genen. Vermenschlicht betrachtet haben wir hier eine Doppelmoral bei Männchen und Weibchen. Männchen: Eigene Seitensprünge sind vorteilhaft, die des weiblichen Partners werden zu verhindern versucht. Weibchen: Ein wenig attraktives Männchen ist als Ernährer willkommen, nicht aber als alleiniger Gengeber.

Erfolg und Risiko

Männliche Feldheuschrecken locken ebenso wie Grillen und Zikaden durch Zirpen Weibchen an. Die Männchen bemühen sich unter viel Energieaufwand, möglichst laut zu zirpen. Durch das Zirpen werden neben den Weibchen auch Satellitenmännchen angelockt, die sich in der Nähe der zirpenden Männchen aufhalten und versuchen, angelockte Weibchen abzufangen und mit ihnen zu kopulieren. Das Zirpen lockt ebenfalls parasitäre Fliegen an. Diese Fliegen legen ihre Eier in den Körper der Heuschrecken. Die sich daraus entwickelnden Larven fressen die Heuschrecken von innen her auf und verursachen so ihren Tod.

Ein Experiment brachte die folgenden Daten:

Anzahl übertragen	zum Lautsprecher gelockt		
	Weibchen	Satellitenmännchen	parasitäre Fliegen
Ruhe	0	0	0
80 dB Zirpen	7	7	3
90 dB Zirpen	21	16	18

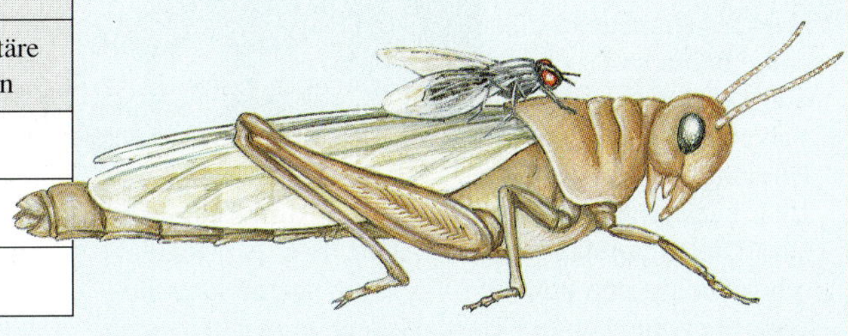

A1 Stellen Sie je eine Nutzen-Kosten-Analyse für leises und lautes Zirpen auf.

A2 Vergleichen Sie den jeweiligen Erfolg und das Risiko der Strategien selbst zu zirpen bzw. Satellit zu sein.

4.9.3 Paarungssysteme

Vielfach liest man in der populärwissenschaftlichen Literatur von den „Eheformen“ bei Tieren. Begriffe aus dem menschlichen Bereich auf Tiere zu übertragen ist – allein aus Gründen der Verständigung – häufig nahe liegend oder sogar unvermeidbar. Bei einem Begriff wie der „Ehe“ wird es allerdings problematisch: Eine Ehe ist ein gesellschaftlich sanktionierter Vertrag zwischen zwei Personen. Tiere schließen aber keine Kontrakte. Noch problematischer ist, dass der Begriff der Ehe eher etwas darüber aussagt, wer mit wem zusammenlebt, als wer sich mit wem paart und fortpflanzt. Daher haben Biologen den Begriff des „Paarungssystems“ eingeführt, der sich im Unterschied zum bekannteren Begriff des „Sozialsystems“ nur auf die sexuellen Beziehungen zwischen den Individuen einer Population bezieht. Auch darüber, wer sich um die Aufzucht der Kinder kümmert, sagt der Begriff des Paarungssystems nichts aus: Entgegen anders lautenden Vermutungen kümmern sich beispielsweise bei vielen monogamen Tierarten nur die Mütter um die Jungen.

Prinzipiell sind vier verschiedene Paarungssysteme möglich: **Monogamie** (sexuelle Beziehungen zwischen einem Männchen und einem Weibchen), **Polygynie** (zwischen einem Männchen und mehreren Weibchen), **Polyandrie** (zwischen einem Weibchen und mehreren Männchen) und **Promiskuität** oder **Polygynandrie** (zwischen mehreren Männchen und mehreren Weibchen). Die drei letztgenannten Formen fasst man auch unter dem Oberbegriff der **Polygamie** zusammen. Dafür, dass Paarungssysteme auch innerartlich erheblich variieren können (also nicht genetisch festgelegt sind), liefern Heckenbraunellen das bekannteste Beispiel, bei denen sowohl monogame als auch polygame Paarungssysteme vorkommen.

Rollenumkehr

Seepferdchen, eine Fischgattung mit etwa 25 Arten, betreiben eine hoch entwickelte Brutpflege. Es sind die Männchen, die sich um den Nachwuchs kümmern. Bei ihnen bilden die Knochenplatten, die den ganzen Körper des Fisches umgeben und schützen, an der Bauchseite eine Höhlung, in der sich eine verschließbare Hauttasche befindet.

Bei der Paarung verhakeln sich Männchen und Weibchen mit ihren Schwänzen, und das Weibchen legt mithilfe einer Legeröhre bis zu 200 Eier in die Brusttasche des Männchens. Das Männchen verschließt die Tasche sofort, indem es die Haut zusammenzieht, und befruchtet die Eier. Die Eier nisten sich dann in kleine Höhlungen des weichen schwammartigen Gewebes der Brustbeutelhaut ein. Die Blutgefäße in der Haut des Brustbeutels schwellen an und ernähren die heranwachsenden Jungen. Eier, die keine Nische finden, entwickeln sich nicht. Nach einigen Wochen entleert das Männchen unter großen Anstrengungen den Brutbeutel, indem es die schon relativ großen Jungen mit losen Gewebefetzen ausstößt. Die Jungen leben von nun an selbstständig.

Durch diese aufwendige Brutpflege investieren die Männchen weit mehr in die Nachkommen als die Weibchen, die nach einer Eiablage schnell wieder neue Eier erzeugen können, während das Männchen noch Brutpflege betreibt. Manche erfolgreiche Weibchen haben deswegen mehr Nachkommen, als ein Männchen durchbringen kann. Oft konkurrieren mehrere Weibchen um ein brutbereites Männchen, das sie anscheinend am Geruch erkennen. Unter diesen Bedingungen sind Männchen knappe Ressourcen. Manchmal wechseln Weibchen kurz nach einer Eiablage zu einem anderen Männchen, dem sie ebenfalls Eier in den Brutbeutel legen. So minimieren sie das Risiko für ihre Jungen. Verglichen mit Vögeln oder Säugetieren ist das Paarungs- und Brutpflegeverhalten der Seepferdchen eine perfekte Umkehr der Geschlechterrollen mit allen sich daraus ergebenden Auswirkungen.

Monogamie

Ein Männchen und ein Weibchen haben eine gewisse Zeit oder dauerhaft Sexualbeziehungen miteinander.

Ursachen – Auswirkungen – Vorkommen

1. Männchen und Weibchen betreiben zusammen elterliche Fürsorge für die Jungen. Bei schwierigen ökologischen Bedingungen bietet dieses System gute Möglichkeiten, Junge durchzubringen. Bei vielen Vogelarten (bei manchen Arten nur dann, wenn wenig Nahrung vorhanden ist).
2. Die Weibchen leben weit verstreut, z. B. aufgrund knapper Ressourcen. Ein schon verpaartes Männchen hat wenig Aussichten, noch unverpaarte Weibchen zu finden, muss aber sein Weibchen und damit seine Reproduktionschancen gegen andere Männchen verteidigen. Bei vielen Vogelarten.
3. Das verpaarte Weibchen hält andere Weibchen fern, dadurch kommt die gesamte Hilfe des Partners seinen eigenen Jungen zugute. Bei Wölfen und einigen anderen Säugetierarten.
4. Weibchen verlangen von den Männchen große Vorleistungen, z. B. ein aufwendiges Nest, ehe sie sich mit ihnen verpaaren. Ein Männchen kann diese Vorleistung kaum mehrmals erbringen, die Bewachung des Weibchens und die Hilfe bei der Jungenaufzucht bringt den bestmöglichen Fitnessgewinn. Bei Webervögeln und Beutelmeisen.

Polyandrie

Ein Weibchen verpaart sich in einer Fortpflanzungssaison mit mehr als einem Männchen.

Ursachen – Auswirkungen – Vorkommen

1. Ein Weibchen hat mehrere Partner, die sich an der Brutpflege beteiligen. Bei Männchenüberschuss, der durch eine höhere Sterberate der Weibchen bedingt sein kann. Oft von relativ knappen Ressourcen wie Brutrevieren oder sehr weiträumiger Ressourcenverteilung bestimmt. Bei Heckenbraunellen eins von mehreren Paarungssystemen.
2. Ein Weibchen erhält „Brautgeschenke" in Form von Nahrung oder anderen Ressourcen von mehreren Männchen, mit denen es kopuliert. Bei manchen Spinnen- und Insektenarten.
3. Ein Weibchen profitiert davon, dass es von mehreren Männchen befruchtet wird. Dadurch werden mehr Eizellen befruchtet und die Nachkommen haben eine größere genetische Vielfalt, was unter wechselnden ökologischen Bedingungen und bei großer Gefährdung durch Parasiten besonders vorteilhaft ist. Bei Insektenarten.

Polygynie

Ein Männchen verpaart sich mit mehr als einem Weibchen in einer Fortpflanzungssaison. In polygynen Systemen haben die erfolgreichen Männchen Vorteile, da sie so mehr Eizellen befruchten können. Andere Männchen haben keine oder nur wenige Nachkommen.

Ursachen – Auswirkungen – Vorkommen

1. Männchen verteidigen mehrere Weibchen und monopolisieren sie damit für die Weitergabe ihrer Gene. Nur starke Männchen sind dazu in der Lage, da um die Weibchen heftig konkurriert wird. Bei Hirschen und anderen Huftierarten.
2. Männchen verteidigen Ressourcen, die von fortpflanzungsbereiten Weibchen genutzt werden. Heftige Konkurrenz der Männchen um diese Ressourcen. Bei Ochsenfröschen, die zum Laichen geeignete Uferbereiche verteidigen, und bei Kolibris, die Reviere mit nektarhaltigen Blüten monopolisieren.
3. Männchen verteidigen Balzplätze oder Paarungsterritorien, die von Weibchen nur aufgesucht werden, um einen Paarungspartner zu finden. Heftige Konkurrenz unter den Männchen; die Weibchen wählen oft gezielt Männchen zur Paarung aus. Bei vielen Hühnervögeln, z. B. bei Birkhühnern, und bei Antilopenarten.
4. Männchen wandern umher und versuchen paarungsbereite Weibchen zu finden und zu befruchten. Bei Wildkatzen und anderen Katzenarten. Bei manchen Vogelarten als zusätzliche Strategie in hauptsächlich monogamen Beziehungen.

Polygynandrie (Promiskuität)

Männchen und Weibchen haben jeweils mehrere Sexualpartner.

Ursachen – Auswirkungen – Vorkommen

1. Männchen und Weibchen leben in Gruppen zusammen und kopulieren jeweils mit mehreren oder zahlreichen Sexualpartnern. Bei Schimpansen, Bonobos und anderen Primaten.
2. Männchen und Weibchen gehen nur kurze und lose (oder gar keine) Bindungen zu Partnern ein, die sie je nach Gelegenheit oft wechseln. Bei Hamstern, Spinnen, Insekten.

Treue – ein leerer Wahn?

Der Rotschulterstärling lebt in Sumpfgebieten in Ontario in Kanada. Rotschulterstärlinge bilden Brutpaare, die jeweils ein Revier besetzen und verteidigen. Oberflächlich betrachtet sind die Tiere anscheinend monogam. Man konnte bei ihnen allerdings öfter Fremdkopulationen beobachten. Mithilfe genetischer „Fingerabdrücke“ wurde daher erforscht, wie groß der Anteil der Nachkommen ist, bei denen das jeweilige Paarmännchen der Vater ist. Die Abbildung zeigt eine Karte eines Sumpfgebietes. In der Karte sind die Grenzen der Reviere eingezeichnet. Die roten Zahlen (rechts vom Strich) der Zahlenpaare geben an, wie viele Junge das revierbesitzende Paar aufgezogen hat. Die grüne Zahl (links) jedes Zahlenpaares ist die Anzahl der Jungen, die vom Paarmännchen stammen. Die Differenz rechte minus linke Zahl entspricht den durch Fremdkopulationen gezeugten Jungen. Die Pfeile entspringen im Revier des betreffenden Männchens; die Zahlen in den Kreisen auf den Pfeilen geben die Anzahlen der von ihnen gezeugten Jungen an. Mit A, B, C und D sind Reviere bezeichnet, deren Besitzer keine Jungen großgezogen haben.

Ein erheblicher Teil der Jungen wurde nicht von den Paarmännchen, sondern von fremdgehenden anderen Männchen gezeugt. Aus den Pfeilen ist ersichtlich, dass diese anderen Männchen meist Nachbarn waren. Manche Männchen waren besonders erfolgreich beim Begatten fremder Weibchen, andere wurden nur oder überwiegend betrogen, wenige andere Männchen gingen nicht fremd und wurden nicht betrogen.

Bei einigen Vogelarten hat man ähnliche Verhältnisse festgestellt. Bei anderen vermutet man, dass es ähnliche Verhältnisse gibt. Weil man aber solche sehr aufwendigen Untersuchungen bisher noch nicht oft durchführen konnte, weiß man das nicht genau. Bei vielen Arten konnte man Abwehrmaßnahmen des Männchens gegen Kopulationen durch fremde Männchen beobachten: Oft bewachen Männchen ihr Weibchen, was aber nicht immer möglich ist, wenn z. B. das Nest mit ersten Eiern oder das Revier verteidigt werden muss und das Weibchen Futter sucht. Männchen, die eine Zeit lang von ihrem Weibchen getrennt waren, kopulieren oft sofort mehrmals mit dem Weibchen, wenn sie wieder mit ihm zusammenkommen.

A1 Erläutern Sie, inwiefern fremdgehende Männchen den Paarmännchen schaden.

A2 Welchen Sinn hat das Verhalten der Paarmännchen, nach vorübergehender Trennung vom Weibchen sofort mehrmals mit ihm zu kopulieren?

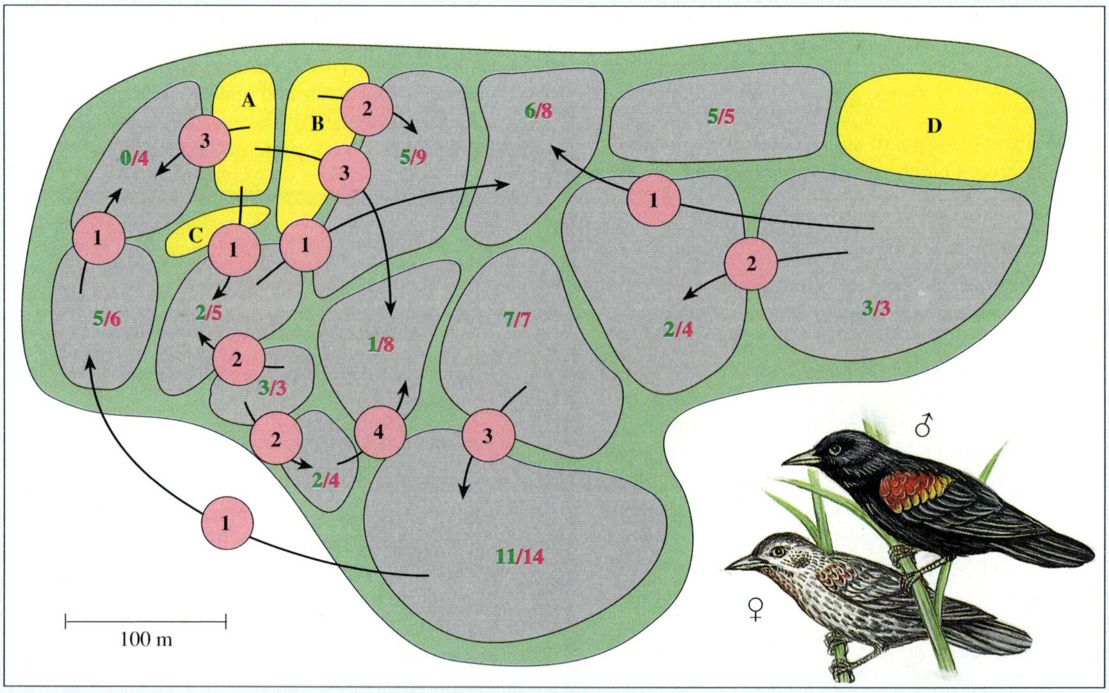

4.9.4 Dominanz und Reproduktionserfolg

Der Reproduktionserfolg von Hirschen hängt von ihrer Stärke ab: Nur kräftige Hirsche haben Chancen, ein Rudel von Hirschkühen zu erobern, während der Brunstsaison erfolgreich zu verteidigen und mit den Kühen Nachkommen zu zeugen. Schwächere Hirsche haben zumeist nur sehr wenige Nachkommen oder gar keine.

Auch unter Hirschkühen gibt es eine Dominanzstruktur. Rangniedere Hirschkühe eines Rudels grasen in kleinen Untergruppen, die zumeist aus einer älteren Hirschkuh, ihren noch unselbstständigen Jungen und schon ausgewachsenen Töchtern bestehen. Dominante Tiere sichern sich und ihren Jungen die besten Weidegründe. Für Jungtiere ist der erste Winter ihres Lebens die kritische Zeit, in der sich ihr Überleben entscheidet. Viele Jungtiere sterben in diesem ersten Winter, junge Männchen häufiger als junge Weibchen. Das ist dadurch zu erklären, dass junge Weibchen im Herbst mehr Fettreserven anlegen als junge Männchen, die mehr in Muskel- und Knochenmasse investieren. Das ist für sie im Hinblick auf die spätere Konkurrenz mit den anderen Männchen vorteilhaft. Je höher das Gewicht eines männlichen Kalbes bei der Entwöhnung durch die Mutter im Sommer ist, je größer seine Fettreserven zu diesem Zeitpunkt schon sind, desto besser sind seine Überlebenschancen im ersten Winter und umso höher sind sein Körpergewicht und seine Stärke als ausgewachsenes Tier. Weil dominante Mütter sich die besten Weidegründe sichern, sind sie selbst gut genährt und können ihre Jungen im Mutterleib und nach der Geburt besser versorgen. Anfangs begleiten die Jungen die Mutter und können so auch gute Futterstellen nutzen. Die Jungen ranghoher Mütter haben also bessere Bedingungen als die rangniederer.

Die Abbildungen (mit Durchschnittswerten, die aus stark schwankenden Zahlen errechnet wurden) zeigen die Auswirkungen: Hirsche, die Söhne rangniederer Mütter sind, haben keine Nachkommen. Sie werden nicht so kräftig, dass sie sich in der Konkurrenz der Hirsche um Rudel durchsetzen können. Söhne hochrangiger Mütter dagegen haben durchschnittlich acht bis neun Nachkommen. Je höher der Rang seiner Mutter war, umso größer ist der Reproduktionserfolg eines Hirsches. Bei Hirschkühen hat der Rang ihrer Mutter keinen vergleichbaren entscheidenden Einfluss auf ihre Nachkommenzahl. Der beobachtete durchschnittliche Unterschied machte nur knapp ein Jungtier aus.

Aus diesen Daten lassen sich folgende Hypothesen ableiten, wie Hirschkühe ihre Fitness maximieren könnten:

- Dominante Hirschkühe müssten mehr männliche als weibliche Nachkommen haben, weil die Söhne sich durchschnittlich durch einen hohen Reproduktionserfolg auszeichnen.
- Bei mittelrangigen Hirschkühen ist zu erwarten, dass die Anzahl von Töchtern und von Söhnen etwa gleich groß ist.
- Rangniedere Mütter profitieren von Söhnen kaum oder überhaupt nicht, da diese kaum konkurrenzfähig sind. Rangniedere Hirschkühe sollten deswegen mehr Töchter als Söhne haben.

Umfangreiche Untersuchungen über lange Zeiträume brachten die Ergebnisse, die in der Abbildung 127.2 wiedergegeben werden. Sie bestätigen zumindest in groben Zügen die aufgestellten Hypothesen: Die meisten der niederrangigen Mütter hatten weniger männliche als weibliche Kälber geboren. Bei ihnen liegen mehr Punkte unter der gestrichelten 50-%-Linie als darüber. Die ranghohen Mütter dagegen hatten mehr männliche Jungtiere als weibliche: Hier liegen fast alle Punkte überhalb der 50-%-Linie.

Welche physiologischen Mechanismen den unterschiedlichen Geschlechtsverhältnissen zugrunde liegen, ist allerdings noch ungeklärt.

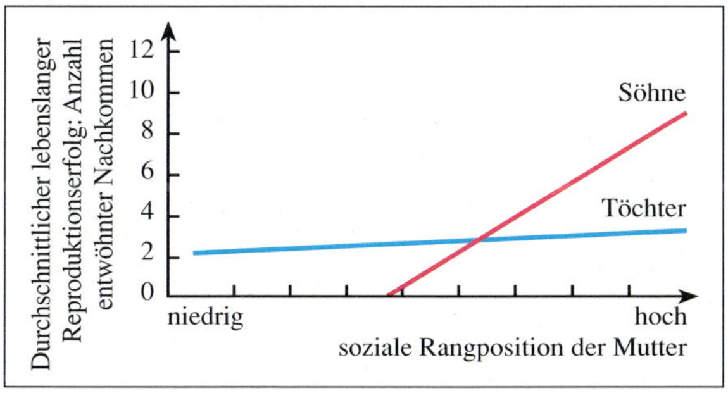

127.1 Sozialer Rang und Reproduktionserfolg

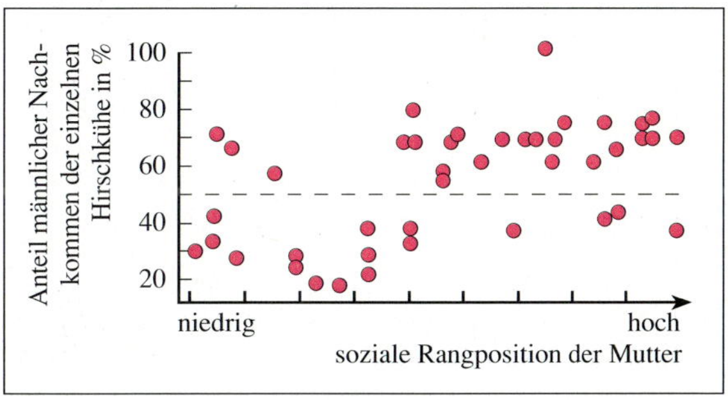

127.2 Rang und Anteil männlicher Nachkommen

4.9.7 Menschliches Sexualverhalten

Die meisten Menschen meinen, das menschliche Sexualverhalten habe sich von seiner eigentlichen Funktion, der Fortpflanzung, emanzipiert. Mit den Mitteln der Biologie sei es nicht mehr erklärbar. Was ist richtig an dieser Aussage? Die Antwort ist ganz einfach: nichts. Zunächst einmal ist Fortpflanzung nicht die „eigentliche Funktion" der Sexualität. Bei Pantoffeltierchen beispielsweise führt Sexualität – die Vereinigung des Erbgutes zweier Individuen – keineswegs zu einer Vermehrung der Individuenzahl. Zu einer obligatorischen Koppelung der beiden Vorgänge ist es erst spät in der Evolution gekommen. Das bedeutet freilich nur, dass bei Säugetieren wie uns – wenn man von eineiigen Mehrlingen, geklonten Schafen und ähnlichen Sonderfällen absieht – Fortpflanzung ohne Sexualität und das dazugehörige Sexualverhalten nicht mehr möglich ist. Sexualverhalten ohne Fortpflanzung ist aber durchaus möglich und auch im Tierreich weit verbreitet. Selbst bei Stachelschweinen finden Paarungen statt, die nicht der Fortpflanzung dienen.

Aber ist es nicht so, dass – im Gegensatz zu Tieren – das menschliche Sexualverhalten von seiner hormonellen Grundlage unabhängig ist und sich damit von den Zwängen der Biologie befreit hat? Ist es nicht so, dass Menschen ständig paarungsbereit sind, Tiere dagegen nur dann, wenn die Weibchen einen Eisprung haben? Und sind nicht auch der weibliche Orgasmus, der unauffällig erfolgende Eisprung und Sexualität in der Schwangerschaft und im Alter typisch menschliche Merkmale?

Richtig daran ist nur, dass das menschliche Sexualverhalten von hormonellen Einflüssen weniger abhängig ist, als dies bei den meisten Tieren der Fall ist. Aber die Weibchen vieler anderer Primatenarten paaren sich ebenfalls zu Zeiten, in denen keine Befruchtung möglich ist, die Ovulation erfolgt vielfach ohne äußerlich erkennbare Anzeichen, und physiologische Messungen zeigen, dass auch Affenweibchen einen Orgasmus haben können (was sie dabei empfinden, wissen wir natürlich nicht).

Auch der außerordentliche Variantenreichtum des menschlichen Sexualverhaltens und die Tatsache, dass sich Menschen – trotz der Vielfalt der möglichen „Stellungen" – bevorzugt von Angesicht zu Angesicht paaren, sind keine menschlichen Besonderheiten. Beides findet man auch bei Bonobos.

Für die Evolution der so genannten weiblichen „Dauerrezeptivität" – also der „dauernden" weiblichen Paarungsbereitschaft – und der „verheimlichten" Ovulation gibt es unterschiedliche Erklärungsansätze. Manche Biologen glauben, dass durch die permanente sexuelle Bereitschaft die Paarbindung gestärkt und damit sichergestellt würde, dass sich der Vater an der Aufzucht der extrem abhängigen gemeinsamen Kinder beteiligt. Gegen eine solche Erklärung spricht aber, dass a) die Entkoppelung des Sexualverhaltens von der Zeugung schon früh in der Primatenevolution erfolgte, b) sich die Väter vieler monogam lebender Primatenarten keineswegs an der Aufzucht ihrer Kinder beteiligen und c) ausgerechnet in der Stillzeit die weibliche Libido erheblich herabgesetzt ist. Ob eine der anderen unten aufgeführten Hypothesen mehr für sich hat, ist derzeit noch völlig offen.

Hypothesen zur Evolution des weiblichen Sexualverhaltens beim Menschen

1. Die dauernde weibliche Paarungsbereitschaft steht im Dienst der Paarbindung und fördert so die Beteiligung des Vaters an der Aufzucht der gemeinsamen Kinder.
2. Die verheimlichte Ovulation zwingt den Mann in eine Paarbindung, da er bei Kenntnis des Ovulationszeitpunktes die Familie verlassen und nach neuen Paarungschancen suchen könnte.
3. Die heimliche Ovulation erleichtert es Frauen, Seitensprünge mit möglicherweise attraktiveren Partnern zu begehen.
4. Die dauernde Attraktivität erleichtert es den Frauen, sich in den Besitz wertvoller Ressourcen zu bringen.
5. Die heimliche Ovulation ist als Selbsttäuschung entstanden, damit Frauen trotz der Angst vor einer schweren Geburt dennoch konzipieren.
6. Die heimliche Ovulation und dauernde Paarungsbereitschaft trägt zur Verschleierung der Vaterschaft bei, wodurch das Infantizidrisiko gesenkt wird.

Eheformen. Überall auf der Welt gibt es eine kulturell institutionalisierte und reglementierte Form des Zusammenlebens der Geschlechter: die Ehe. Die bei uns übliche – und vom Gesetz vorgeschriebene – Monogamie ist allerdings keineswegs die einzige Eheform, die sich beim Menschen findet. Geht man von der Anzahl der Kulturen aus, in denen **Monogamie** *vorgeschrieben* ist, handelt es sich sogar eher um die Ausnahme: Es sind nur 16 Prozent (was nicht bedeutet, dass weltweit 16 Prozent der Menschen monogam leben würden). In den weitaus meisten menschlichen Kulturen (83 Prozent) ist dagegen **Polygynie** erlaubt. Dass auch hier die Mehrzahl der Menschen monogam lebt, entspringt eher der Not als der Neigung: Wenn manche Männer mehrere Ehefrauen haben, haben notgedrungen viele andere entweder gar keine oder maximal eine Ehefrau. **Polyandrie** ist beim Menschen – wie auch bei anderen Säugetieren – extrem selten: Sie findet sich nur in 4 von über 850 Kulturen (0,5 Prozent). Noch seltener ist **Polygynandrie** – sexuelle Beziehungen zwischen mehreren Partnern beiderlei Geschlechts.

Doppelte Sexualmoral. Auch in nominell monogamen Gesellschaften sind außereheliche Sexualkontakte keineswegs selten. In den meisten Kulturen werden allerdings Frauen, die vor oder während der Ehe mit anderen Männern verkehren, als „Hure“ oder „Nymphomanin“ diskriminiert, während Männern gleiches Verhalten oft augenzwinkernd zugestanden wird oder sie sogar als „Draufgänger“ oder „tolle Hechte“ eine gewisse Verehrung genießen. Auch in die Rechtsprechung vieler Länder hat dieser doppelte Standard Einzug gehalten: In über 60 Prozent aller untersuchten Kulturen war oder ist es Frauen – zuweilen unter Androhung der Todesstrafe – verboten, außerehelichen Sex zu haben. Ehebruch von Männern wird dagegen erheblich seltener und meist nur als „Kavaliersdelikt“ geahndet. In vielen, insbesondere schwarzafrikanischen Kulturen ist es auch immer noch üblich, jungen Frauen die Klitoris zu entfernen oder ihre äußeren Schamlippen zuzunähen. Derartige brutale Praktiken nehmen den Frauen die Lust an der Sexualität und verhindern – ebenso wie die Keuschheitsgürtel des europäischen Mittelalters und die von Eunuchen bewachten Harems des Orients – außereheliche Affären. Vordergründig ist all dies Produkt einer patriarchalisch geprägten Kultur; ultimat dient es allerdings den Fitnessinteressen der Männer, die auf diese Weise ihren eigenen Fortpflanzungserfolg auf Kosten ihrer Rivalen (und der sexuellen Freiheit der Frauen) erhöhen.

129.1 Polygynie („Vielweiberei“) beim Menschen

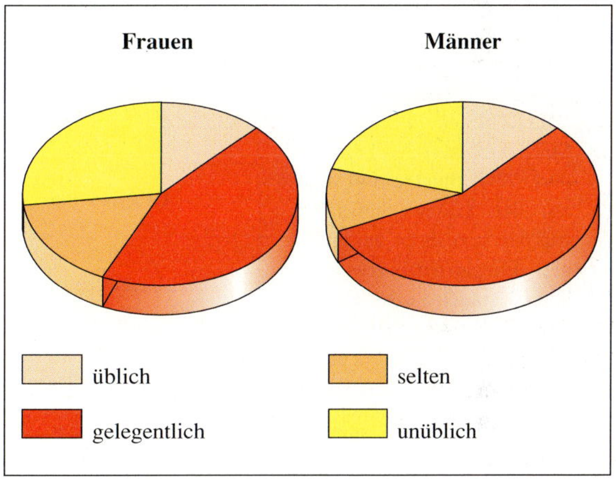

129.2 Häufigkeit außerehelichen Geschlechtsverkehrs in 55 menschlichen Kulturen

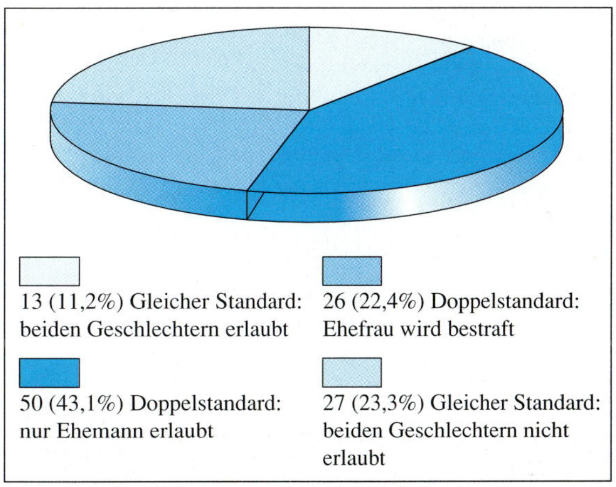

129.3 Doppelter Standard in Bezug auf eheliche Untreue in 106 menschlichen Kulturen

Partnerwahl beim Menschen

Heiratsannoncen sind für Menschen, die nicht auf diesem Weg nach einem Partner suchen, ein Quell steter Erheiterung. Für Wissenschaftler stellen sie allerdings eine Fundgrube dar: Auch wenn nicht alles, was dort angeboten wird, der Wahrheit entspricht – über die *Erwartungen* von Menschen an ihre Partner geben sie recht genau Auskunft. Typisch ist, dass sich Männer in der Regel jüngere, gut aussehende Frauen wünschen, Frauen dagegen etwas ältere, gut situierte Männer. Entsprechend offerieren Frauen (viel häufiger als Männer) Jugend und Schönheit, Männer dagegen (viel häufiger als Frauen) wirtschaftliche Unabhängigkeit.

> **Schriftsteller,** ökon. + zeitl. unabh. (51, 1,78, 74, 210 m³, 180 PS, 1 Rad, 14 Kochtöp., 6100 Büch., z.Zt. 24 Gläs. Eingemacht.) s. klu. + schö. Frau, ca. 35, f. Liebes-Leben (+ Kind?)

Sind derartige Wünsche das Ergebnis kulturell bedingter Wertvorstellungen? Der amerikanische Psychologe DAVID BUSS ging dieser Frage nach und ließ mehr als 10000 Menschen aus 33 Ländern und 37 Kulturkreisen rund um den Globus befragen, was sie von ihren zukünftigen Ehepartnern erwarten. Die Befragten konnten für jedes Merkmal zwischen 0 („unwichtig") und 3 Punkte („unverzichtbar") vergeben.

Ergebnisse der „BUSS-Studie"

	Mittlere vergebene Punktzahl Frauen	Männer
Sexuelle Unberührtheit:		
Iran	2,23	2,67
(West-) Deutschland	0,17	0,34
Schweden	0,28	0,25
Gutes Einkommen:		
Indonesien	2,55	1,42
(West-) Deutschland	1,81	1,14
Holland	0,94	0,69
Gutes Aussehen:		
Bulgarien	1,95	2,39
(West-) Deutschland	1,32	1,92
Südafrika (Zulus)	0,88	1,17

Erwartungsgemäß standen liebevolle, verständige und warmherzige Partner und Partnerinnen überall auf der Welt ganz hoch im Kurs. Bei anderen Merkmalen wurden kulturelle Einflüsse deutlich: In Ländern wie Irland oder dem Iran hielten die meisten Männer und Frauen Keuschheit vor der Ehe für unverzichtbar, während in Skandinavien kaum noch jemand Wert auf „Jungfräulichkeit" legte.

> **Wo ist mein Kuschelbär?** Attraktive und feminine Sie, 43. J. jung, sehnt sich nach einer liebevollen Partnerschaft mit einem humorvollen und kultivierten männlichen Wesen (Akad./Unternehmer, bis 50 J., ab 180 cm). Dein Brief + Foto erreicht mich in …

Auch hinsichtlich des Geldes, das der oder die Zukünftige verdienen sollte, gab es erhebliche Unterschiede in der Bewertung. Für die befragten Niederländerinnen war dieser Aspekt vergleichsweise unwichtig, während Indonesierinnen viel Wert darauf legten, dass ihr Partner gut verdient. Das eigentlich Bemerkenswerte aber war, dass in *allen* 37 Kulturen die Frauen *mehr* Wert auf die Einkommensaussichten des Mannes legten als umgekehrt die Männer auf das Einkommen der Frauen. Auf gutes Aussehen legten dagegen überall die Männer mehr Wert. Überall auf der Welt bevorzugten Männer auch jüngere Frauen, Frauen dagegen etwas ältere Männer. Und auch hinsichtlich der Keuschheit vor der Ehe stellten die Männer in 32 Kulturen – einschließlich Westdeutschlands und den USA – höhere Anforderungen an ihre Zukünftige als umgekehrt.

Partnerwahlkriterien beim Menschen sind also keineswegs nur von kulturellen Zufälligkeiten oder gesellschaftlichen Normen abhängig. Sie entsprechen genau dem, was Evolutionsbiologen voraussagen: Da Frauen für die erfolgreiche Aufzucht ihrer Kinder Ressourcen benötigen, bevorzugen sie Männer, die ihnen materielle Sicherheit bieten können. Männer bevorzugen dagegen Frauen, die ihnen möglichst viele Kinder gebären können und die Gewähr dafür bieten, dass die geborenen Kinder auch tatsächlich ihre eigenen sind. Die Einschränkung der sexuellen Freizügigkeit von Frauen ist ein Mittel, um die eigene Vaterschaft zu sichern, die Wahl möglichst junger Frauen erhöht die zu erwartende Kinderzahl. Nur die Sache mit der Schönheit erscheint rätselhaft: Schönheitsideale sind schließlich der Mode unterworfen. Aber Jugend und Schönheit haben viel miteinander zu tun – gerade beim weiblichen Geschlecht: Wenn man Menschen verschiedener Kulturkreise Bilder von Frauen vorlegt, werden diese umso schöner beurteilt, je jünger sie sind.

> **„Ich sehe Dir in die Augen, Kleines…",** möchte ich von Dir (ehrl., berufl. erfolgr., liebevoll, gebild., blond) hören. Sie, flotte 50, anschmiegs., femin., zärtl., belesen und sehr neugierig

Auffallend ist auch, dass Unregelmäßigkeiten im ansonsten bilateralsymmetrischen Körperbau überall auf der Welt als unschön empfunden werden. Derartige Unregelmäßigkeiten zeigen, dass die körperliche Entwicklung nicht ganz so verlaufen ist, wie sie sollte – was sich negativ auf den Fortpflanzungserfolg auswirken kann.

Fitnessmaximierung. Das Sexualverhalten und die Partnerwahl von Menschen entspricht in vieler Hinsicht dem, was Biologen von einer Tierart erwarten, die – bewusst oder unbewusst – bestrebt ist, ihre Fitness zu maximieren. Aber tun Menschen dies tatsächlich? Weiß nicht jeder, dass gerade die Menschen, die es sich am ehesten leisten könnten, die wenigsten Kinder bekommen? Viele Statistiken zeigen in der Tat, dass in modernen Industriegesellschaften die Kinderzahl unabhängig vom Einkommen ist oder Menschen aus „unteren" Sozialschichten sogar mehr Kinder bekommen als Leute aus „besseren Kreisen". Ist die Theorie, dass das Streben nach Status und Reichtum letztlich der Fitnessmaximierung dient, mithin falsch?

Ganz so eindeutig liegen die Fakten nicht. Dazu ein Beispiel: Am 3. November 1996 starb in Bangui, der Hauptstadt der Zentralafrikanischen Republik, JEAN-BEDEL BOKASSA – ehemals selbst ernannter Kaiser dieses Landes. Er hinterließ 54 Kinder. BOKASSA ist keineswegs ein Einzelfall: Anthropologen haben herausgefunden, dass in praktisch allen traditionellen bzw. vorindustriellen Gesellschaften – einschließlich der unsrigen – ein enger Zusammenhang zwischen Macht, Reichtum und Fortpflanzungserfolg besteht bzw. bestand.

In vielen modernen Industriegesellschaften ist dieser Zusammenhang aber offensichtlich verloren gegangen. Allerdings verhalten sich die Menschen auch bei uns immer noch so, *als ob* sie ihren Fortpflanzungserfolg maximieren wollten: Untersuchungen in Kanada zeigen, dass Männer mit einem überdurchschnittlichen Einkommen auch überdurchschnittlich viele Sexualpartnerinnen haben und überdurchschnittlich viele Kinder zeugen würden – wenn diesem ultimaten Ziel des Geschlechtsverkehrs nicht moderne Verhütungsmethoden im Weg stünden (die Zeugungswahrscheinlichkeit der kanadischen Männer wurde anhand der Häufigkeit ihres Geschlechtsverkehrs und der Anzahl ihrer Partnerinnen berechnet).

Fitnessmaximierung – das zeigen diese Befunde – ist also auch beim Menschen kein bewusstes Handlungsmotiv. Dennoch stellt sich die Frage, warum so viele Menschen durch die Anwendung von Verhütungsmitteln ihre Fitness faktisch minimieren. Mit letzter Sicherheit lässt sich diese Frage noch nicht beantworten, aber eines spielt zweifellos eine Rolle: In modernen Gesellschaften werden Kinder zunehmend zum Kostenfaktor – sie behindern also ausgerechnet jenen proximaten Mechanismus, der einst für eine hohe Kinderzahl sorgte: den sozialen Aufstieg.

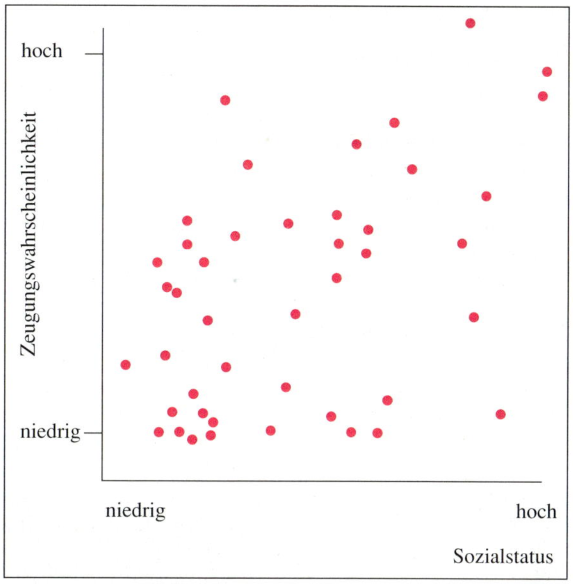

131.1 Sozialer Status und sexueller Erfolg unverheirateter kanadischer Männer

Homosexualität

Homosexuelle werden immer noch in erheblichem Ausmaß diskriminiert. Selbst manche Biologen, die wissen müssten, dass Sexualverhalten keineswegs nur der Fortpflanzung dient, brandmarken Homosexualität gelegentlich als „pervers" oder „deviant" (abartig). Dabei ist homosexuelles Verhalten auch im Tierreich keineswegs selten. Insbesondere Bonobos – neben den Schimpansen unsere nächsten Verwandten im Tierreich – besitzen ein reiches Repertoire homosexueller Verhaltensweisen, die sie oft – und offensichtlich lustvoll – einsetzen. Homosexuelles Verhalten ist also durchaus nicht unnatürlich. Allerdings hat man bei Tieren bisher noch keine bevorzugte oder ausschließliche Ausrichtung sexuellen Verhaltens auf gleichgeschlechtliche Partner gefunden. Gene, die – wie man inzwischen weiß – für eine solche sexuelle Orientierung mitverantwortlich sind, sind im Tierreich offensichtlich einer strengen Gegenselektion ausgesetzt, da sie zu einer Fitnessminderung führen: Strikte Homosexualität bedeutet Kinderlosigkeit. Beim Menschen ist diese Gegenselektion offenbar in erheblichem Maße außer Kraft gesetzt, da die Gesellschaft viele Homosexuelle nötigt, ihre natürlichen Neigungen zu unterdrücken und sich in heterosexuellen Beziehungen fortzupflanzen.

4.10 Investitionen in die Nachkommen

4.10.1 Quantität oder Qualität?

Das Große Barriere-Riff vor der Ostküste Australiens ist das größte von Lebewesen errichtete Bauwerk der Erde. Milliarden von Korallentieren scheiden mit ihrem Körper Kalkskelette aus, aus denen das „Gebirge" unterhalb der Meeresoberfläche besteht. Die Tiere selbst – sie gehören zu den Hohltieren – sind sehr einfach gebaut. Einmal im Jahr trübt sich das Wasser im Riffgebiet, denn zu diesem Zeitpunkt entlassen alle Korallentiere in großen Mengen ihre Keimzellen ins Wasser.

Sowohl Eizellen als auch Samenzellen treiben im Wasser und treffen zufällig aufeinander. Aus den Zygoten entwickeln sich neue Korallentiere, die sich irgendwo festsetzen und – wenn die Umstände günstig sind – neue Korallenstöcke bilden. Letzteres ist nur möglich, wenn die jungen Entwicklungsstadien den zahlreichen Fischschwärmen entgehen konnten, die sich während der Laichzeit der Korallen zum Nahrungserwerb im Riff einfinden.

Durch die afrikanische Savanne zieht eine Herde von Elefanten. Mehrere Elefantenkühe haben neben sich kleine Elefanten, ihre Kinder. Jede Kuh führt nur ein Junges. Sie ist sorgsam bemüht, dem Kind zu helfen, wenn es Schwierigkeiten hat. Sie beschützt es vor Löwen und Hyänen, aber auch vor der Sonne, indem sie mit ihrem Körper Schatten gibt. Sie ernährt es mit einer gehaltvollen Milch, die sie in Milchdrüsen produziert. Sie widmet mehrere Jahre ihres Lebens der Aufzucht dieses einen Kindes.

132.1 r-Strategie: Korallentiere bei der Eiabgabe

132.2 K-Strategie: Elefantenkuh mit einem Jungen

Die Beispiele zeigen zwei völlig unterschiedliche Methoden, durch die sich Tiere vermehren. Sie haben aber eines gemeinsam: Die Tiere investieren sehr viel; sie nehmen beträchtliche Kosten in Kauf, um sich fortzupflanzen. Der Korallenpolyp produziert Unmengen von Keimzellen, die Elefantenkuh pflegt ihr Junges mit aufopfernder Hingabe und sie produziert eine ergiebige Spezialnahrung, damit das Kind optimal aufwächst. Die Unterschiede aber sind enorm: Der extrem hohen Keimzellenzahl der Korallen stehen nur wenige Junge gegenüber, die die Elefantenkuh in ihrem Leben aufzieht. Der Korallenpolyp überlässt seine Nachkommen ihrem Schicksal, während die Elefantenkuh sich sorgsam kümmert, dass das Kind überlebt. Der Nachkomme der Koralle ist eine blanke Zygote, die im Meer überleben muss, das Elefantenjunge wird während der gesamten Embryonalzeit im Körper der Mutter geschützt und kommt als „fertiges Tier" auf die Welt, das nach kurzer Zeit schon laufen kann.

Warum investieren Tiere solch enorme Kosten in ihre Vermehrung? Der einzige Grund dafür ist: Sie sorgen dadurch optimal für die Weitergabe ihrer Erbinformation in die nächste Generation.

Warum aber sind so unterschiedlichen Strategien in der Evolution entstanden? Entscheidend sind die **Umweltbedingungen,** unter denen die Tiere normalerweise leben. Wenn ein **Ökosystem instabil** ist, das heißt, wenn Wetterbedingungen, Beutegreifer oder Parasiten in unregelmäßigen Abständen dafür sorgen, dass eine Population tief greifend dezimiert wird, dann können die entvölkerten Siedlungsräume schnell wieder gefüllt werden. Die Selektion begünstigt hier Tierarten, die schnell sehr viele Nachkommen erzeugen, die aber nur sehr spärlich ausgestattet sind. Wenn die Eltern in sehr viele Nachkommen investieren müssen, kann die Investition in das einzelne Junge nur sehr klein sein.

Die Tiere stehen in einem **Expansionswettbewerb.** Die Natur selektiert die Lebewesen mit den höchsten Wachstums**r**aten. Daher hat die Selektion den Namen **r-Selektion,** die Strategie dieser Tiere heißt **r-Strategie.** Beispiele sind die Seesterne und Seeigel, die sehr viele Eier und Samenzellen ins freie Wasser abgeben. Dort bleiben sie sich selbst überlassen. Auch die Korallentiere vermehren sich so.

In einem **stabilen Ökosystem** sind die meisten ökologischen Nischen voll besetzt. Die Ressourcen sind begrenzt, das natürliche Gleichgewicht ist ausgewogen. Die Tiere konkurrieren um die Ressourcen, und es kommt darauf an, dass die Jungen möglichst gute Chancen im Konkurrenzkampf bekommen. Dieser ist ein **Verdrängungswettbewerb.** Die Selektion fördert Eltern, die bei relativ geringen Fortpflanzungsraten hohe Aufwendungen in das einzelne Junge investieren. Da sich die Selektion aus der Tragfähigkeit des Ökosystems, also aus seiner **K**apazität, ergibt, nennt man sie **K-Selektion,** die Strategie der kleinen Fortpflanzungsraten bei hoher Investition ist demnach die **K-Strategie.** Da hohe Investitionen auch einen großen zeitlichen Aufwand erfordern, sind durch K-Selektion immer länger lebende Elternindividuen entstanden. Tiere mit K-Strategie sind z. B. Vögel und Säugetiere, die alle Brutpflege betreiben. Die Einteilung in r- und K-Strategen könnte den Eindruck erwecken, dass die Natur hier eine scharfe Trennung vorgenommen hat. Tatsächlich aber sind die Übergänge fließend, denn das Ergebnis der Evolution ist ein Kompromiss zwischen den Optima der Selektionsprozesse für alle Vermehrungsfaktoren. Wenn also ein Fisch pro Jahr etwa 6000 Eier produziert, ist er im Verhältnis zu einer Auster, die es auf eine halbe Milliarde Eier bringt, ein K-Stratege. Im Verhältnis zu einem Elefanten aber entspricht seine Vermehrungsweise eindeutig der r-Strategie.

r-Strategie	**K-Strategie**
raschere Individualentwicklung geringere Körpergröße kürzere Lebensspanne höhere Vermehrungsraten früherer Fortpflanzungsbeginn kürzere Geburtenabstände höhere Wurfgröße geringere elterliche Fürsorge kleineres (leistungsschwächeres) Gehirn	langsamere Individualentwicklung höhere Körpergröße längere Lebensspanne geringere Vermehrungsraten späterer Fortpflanzungsbeginn längere Geburtenabstände geringere Wurfgröße ausgeprägtere elterliche Fürsorge größeres (leistungsstärkeres) Gehirn
r-Selektion	**K-Selektion**
Klimabedingungen variabel und wenig vorhersehbar	Klimabedingungen konstant oder vorhersagbar schwankend
variable Sterblichkeitsverhältnisse, häufig katastrophale Bevölkerungseinbrüche, häufig extreme Kindersterblichkeit; Mortalitätsfaktoren weitgehend unabhängig von der Populationsdichte (z. B. Winterkälte, Trockenzeiten)	Sterblichkeit abhängig von der Populationsdichte; relativ stabile Sterberaten; relativ geringe Kindersterblichkeit
Populationsgröße extrem schwankend, selten im Gleichgewicht befindlich, selten an die Tragekapazität grenzend	Populationsgröße relativ konstant; im Gleichgewicht an der Grenze der Tragekapazität
häufig Möglichkeit der Neu- oder Wiederbesiedlung von Habitaten durch räumliche Ausbreitung (opportunistische Habitatnutzung)	gesättigte Habitate, keine Erschließung neuer Habitate möglich (konsistente Habitatnutzung); kaum räumliche Ausbreitung
zusammenfassend:	
variable Umwelt innerartliche Konkurrenz unregelmäßig, eher schwach	stabile Umwelt innerartliche Konkurrenz stark ausgeprägt

133.1 Merkmale von r-Strategie und K-Strategie bzw. r-Selektion und K-Selektion

4.10.2 Brutpflege

Die Tiere in der Abbildung treiben Brutpflege. Sie bauen ein Nest oder sie tragen ihre Eier oder die Jungen mit sich herum. Brutpflege umfasst das Nähren, Beschützen und Betreuen von Eiern oder Jungen durch einen Elternteil oder durch beide. Dazu gehören das Bauen und Verteidigen von Nestern oder Bruthöhlen, das Versorgen der Jungen mit Nahrung und die Betreuung bis zum Erreichen der Unabhängigkeit von den Eltern. Brutpflege finden wir bei Vögeln und Säugern – diese haben sogar ihren Namen von der Art der Brutpflege –, aber auch bei Fischen, Amphibien und bei einigen Reptilien. Auch für einige Saurier ist Brutpflege mit großer Wahrscheinlichkeit nachgewiesen. Sogar bei Insekten und einigen Krebsen kommt Brutpflege vor. Brutpflege erfordert ein hohes Maß an Investitionen durch die Eltern. Diese Investitionen zahlen sich aus, weil durch die Brutpflege die Reproduktionschancen der Jungen verbessert werden. Die Aufwendungen werden aber nicht gleichmäßig von beiden Eltern erbracht. Am häufigsten ist die alleinige Pflege durch die Mütter. Es gibt auch die gleichmäßige Pflege durch beide Eltern. Am seltensten ist die alleinige Pflege durch die Väter.

134.1 Verschieden Formen der Brutpflege. A Stichling, B Geburtshelferkröte, C Amsel, D Känguru

Brutpflege nur durch die Weibchen. Es gibt mehrere Möglichkeiten, die alleinige Brutpflege der Weibchen zu erklären: **1.** Für die Weibchen besteht die größte Wahrscheinlichkeit, dass die Kinder ihre eigenen sind. Damit enthalten sie sicher 50 % ihrer Gene. Das Männchen kann nie sicher sein, dass es der Vater ist. Die Wahrscheinlichkeit, dass seine Gene in den Kindern vorhanden sind, ist demzufolge kleiner. Seine Kosten-Nutzen-Bilanz ist schlechter als die des Weibchens, das durch die Brutpflege seine Fitness maximiert. **2.** Bei innerer Befruchtung muss das Männchen nach der Begattung nicht unbedingt beim Weibchen bleiben. Es kann sich auch entfernen und sein Glück beim nächsten Weibchen versuchen. Das erste Weibchen bleibt aber mit der Brut zurück und muss sie aufziehen.

Brutpflege durch beide Eltern. Wenn das Männchen nach der Befruchtung beim Weibchen bleibt, hat es durch aggressives Verhalten anderen Männchen gegenüber die Möglichkeit, dafür zu sorgen, dass kein anderes Männchen sein Weibchen ebenfalls befruchtet. Wenn es sein Weibchen verließe, hätte es zwar die Chance, noch andere Nachkommen mit einem anderen Weibchen zu haben. Es hat aber keinen Einfluss darauf, dass seine Kinder von den Weibchen auch gut versorgt werden. Wenn es bleibt, gleicht es den Verlust an weiteren Nachkommen dadurch aus, dass es sich um seine Kinder, deren Vater es mit hinreichender Wahrscheinlichkeit ist, intensiv kümmert. Seine Kosten-Nutzen-Bilanz ist dann möglicherweise besser als bei weiteren Verpaarungen. Bei vielen Vögeln und manchen Säugetieren finden wir dieses Verhalten.

Brutpflege durch die Männchen. Bei manchen Tieren, besonders bei solchen mit äußerer Befruchtung, kommt es vor, dass die Weibchen ihre Eier ablegen, bevor das Männchen sie befruchtet. Dann kann sich das Weibchen davonmachen, während das Männchen noch dabei ist, die Eier zu besamen. Jetzt ist das Männchen mit den befruchteten Eiern allein und muss sich um sie kümmern, während das Weibchen sich durchaus noch anderen Männchen widmen kann. Das Verhalten des Stichlings ist ein bekanntes Beispiel dafür. Das Männchen baut ein komfortables Nest, in dem es die Eier regelmäßig säubert und mit frischem sauerstoffreichem Wasser versorgt. Beim Seepferdchen, einem Fisch, der in südostasiatischen Meeren vorkommt, macht das Männchen sogar eine regelreche „Schwangerschaft" durch: Das Weibchen legt seine Eier in eine Bruttasche am Bauch des Männchens, wo sie besamt werden. Das Männchen trägt die jungen Fische dann längere Zeit mit sich herum, bis sie so weit ausgewachsen sind, dass sie „geboren" werden können.

Aufopfernde Mutterliebe?

Spinnen lösen bei den meisten Menschen Ekel und eine unüberwindliche Abneigung aus. Die Bilder auf der rechten Spalte werden keine Begeisterung bei den Betrachtern hervorrufen. Trotzdem rührten populärwissenschaftliche Veröffentlichungen das Publikum zu Tränen, als bekannt wurde, dass es Spinnen gibt, deren Weibchen am Ende der Brutpflegezeit ihren Körper von innen her auflösen, damit die jungen Spinnen, ihre Kinder, noch über den Tod der Mutter hinaus Nahrung haben. Aufopfernde Mutterliebe im Tierreich!

Es gibt eine Reihe von Spinnenarten, deren Weibchen tatsächlich ihren Körper am Ende ihres Lebens als Nahrung für die Jungen zur Verfügung stellen. Die hier oben und in der Mitte dargestellte Spinne *Stegodyphus pacificus* kommt in Afghanistan vor. Sie lebt in einer Wohnhöhle. Für die Aufzucht der Jungen erweitert sie die Höhle so weit, dass sie den großen Eikokon darin aufhängen kann. Von der Eiablage an nimmt sie keine Nahrung mehr zu sich und verlässt die Höhle auch nicht mehr. Wenn man ihr im Laborversuch Nahrung anbietet, verschmäht sie diese. Wenn die Eier voll entwickelt sind, schlüpfen daraus bis zu 600 Jungspinnen. Diese Zahl kann stark schwanken. Die Mutter ernährt die Jungen, indem sie ihnen mit den Mundwerkzeugen Körperflüssigkeit einflößt. Man kann das nachweisen, indem man das Körperinnere der Mutter mit radioaktiven Isotopen markiert. Vom ersten Tag nach dem Schlüpfen an ist die Radioaktivität auch in den Kindern nachweisbar.

Einige Zeit nach dem Schlüpfen der Jungen stirbt die Mutter. Das kann schon nach drei Tagen oder auch erst nach 30 Tagen sein, je nachdem, wie viele Junge zur Welt kommen. Je mehr Junge sie hat, desto früher stirbt sie. Der tote Körper der Mutter dient ihren Kindern als Nahrung. Sie saugen sie aus. Auch dies konnte durch Markierung mit radioaktiven Isotopen nachgewiesen werden. Der Nahrungsvorrat reicht für die Zeit bis zu vier Wochen nach dem Schlüpfen. In dieser Zeit können sich die Jungspinnen dreimal häuten.

Es mag so aussehen, als opfere sich die Spinnenmutter dadurch für ihre Jungen auf, dass sie ihnen den Inhalt ihres Körpers als Nahrung zur Verfügung stellt. Tatsächlich aber hat sich diese Vermehrungsmethode in der Evolution so entwickelt, weil die Kosten-Nutzen-Bilanz für die Spinne auf diese Weise optimal ist. Sie investiert alles, was sie hat, und erreicht dadurch eine höchstmögliche Fitness.

135.1 ***Stegodyphus pacificus.*** Weibchen in der Wohnhöhle

135.2 ***Stegodyphus pacificus.*** Das noch lebende Weibchen wird von den Kindern ausgesaugt.

135.3 Die afghanische *Eresus*-Spinne. Die fast tote Mutter wird von den Kindern ausgesaugt.

4.10.3 Der Eltern-Kind-Konflikt

Mäuse sind wahre Weltbürger. Sie kommen in gemäßigten, subtropischen und tropischen Gebieten vor, sie leben in Steppen und Halbwüsten, sie bewohnen Äcker, Reisfelder, Müllhalden, Korallenatolle, Salzmarschen und Kohlebergwerke. In Scheunen und anderen Gebäuden werden sie dem Menschen lästig, sowohl auf dem Lande als auch in der Stadt. Die kleinen Fortpflanzungsgemeinschaften der Hausmäuse bestehen aus einem dominanten Männchen mit mehreren erwachsenen Weibchen und ihren Würfen. Ein Weibchen kann alle vier Wochen durchschnittlich fünf bis acht Junge zur Welt bringen. Sie sind bei der Geburt taub, blind und nackt und können ihre Körpertemperatur noch nicht regulieren. Während der ersten zwölf Lebenstage sind die kleinen Mäuse völlig von der Mutter abhängig. Sie verwendet 57% ihrer Zeit für die Brutpflege, die wiederum zu 93% aus Säugen besteht. In der restlichen Zeit säubert sie die Kinder, repariert das Nest und fängt Ausreißer wieder ein. Nach 13 Tagen ist den Jungen das Fell gewachsen, und sie können hören und sehen. Mit etwa siebzehn Tagen beginnen sie das Nest zu kurzen Erkundungen zu verlassen, sie fressen dann auch schon etwas feste Nahrung. Bis jetzt hat die Mutter die Kinder zum Saugen animiert, indem sie sich in ihre Nähe legte und die Jungen sozusagen „aufforderte“ zu trinken. Nun aber entzieht sie sich mehr und mehr ihren Kindern, die ihr aber nachlaufen und sich an ihre Zitzen hängen. Die Entwöhnungsphase hat begonnen. Die Mutter ist allerdings nie aggressiv gegenüber den Jungen, sondern sie läuft weg und hält sich länger in anderen Nestbereichen auf. Mit etwa 23 Tagen sind die Jungen entwöhnt.

136.1 Hausmaus mit Jungen im Nest. Die Mäusemutter pflegt ihre Jungen 23 Tage lang. Dann sind sie entwöhnt.

Die Mutter investiert in die Nachkommen, indem sie sie säugt und pflegt. Dafür bringt sie hohe Kosten auf, die ihre Kondition vermindern. Nach einiger Zeit werden die Jungen aber immer selbstständiger, sodass sie sich selbst versorgen können. Nichtsdestoweniger haben die Jungen ein Interesse daran, ihre eigenen Kosten zu minimieren, indem sie sich weiter von der Mutter ernähren lassen. Davon haben sie den größten Nutzen. So ist ihre Kosten-Nutzen-Bilanz günstiger, als wenn sie sich selbst ernähren. Für die Mutter wird die Kosten-Nutzen-Bilanz immer schlechter, denn ihre Kosten werden im Hinblick auf die nächste Schwangerschaft immer höher, da sie durch weitere Brutpflege geschwächt wird.

So ergibt sich ein Konflikt zwischen den Interessen der Mutter und der Kinder, den man als **Eltern-Kind-Konflikt** bezeichnet. Die Investitionen der Eltern bedeuten eine Einbuße an künftigen Nachkommen. Diese Kosten sollten nicht größer werden als der Fitnessgewinn, der durch die Investition in die gegenwärtigen Nachkommen erzielt wird. Wenn die künftigen Nachkommen Vollgeschwister der gegenwärtigen Nachkommen sind, beträgt ihr Verwandtschaftskoeffizient r = 0,5. Dann sollte ein Nachkomme so lange Zuwendungen fordern, bis die Kosten der Eltern dafür doppelt so hoch sind wie sein eigener Nutzen. Die Abbildung zeigt, dass der Konflikt zwischen Elterninvestition und Nutzen für den Nachkommen in dem Bereich liegt, in dem das Verhältnis von Kosten zu Nutzen für die Eltern zwischen eins und zwei liegt. Die Mäusemutter realisiert dies, indem sie die Jungen nach 23 Tagen entwöhnt hat, obgleich diese es noch gern hätten, weiter verwöhnt zu werden.

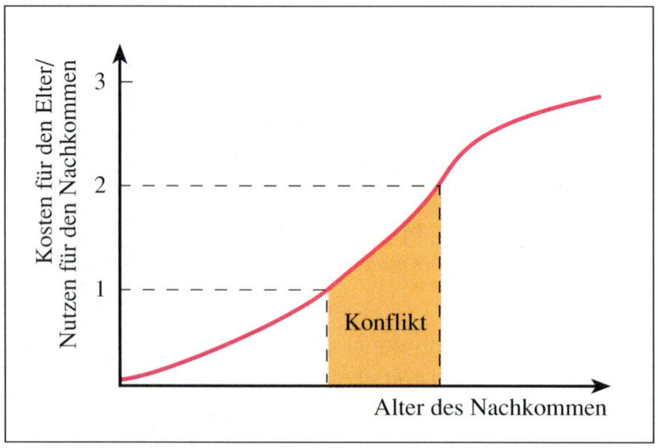

136.2 Grafische Darstellung des Eltern-Kind-Konflikts

Natürliche Geburtenregelung

Mäuseweibchen stoßen ihre Embryonen ab, wenn sie den Partner wechseln. Das kann man im Labor nachweisen, indem man eine trächtige Maus in einen Käfig setzt, in dem vorher ein Männchen gelebt hat, und der daher mit dem Urin des Männchens kontaminiert ist. Der Schwangerschaftsabbruch ist sinnvoll: Ein neues Mäusemännchen würde sofort die Jungen seines Vorgängers auffressen. Dem kommt das Weibchen durch die Abtreibung zuvor. Ähnliches wurde für Hausschweine nachgewiesen: In den Teilen der Gebärmutterwand der Sau, in denen sich befruchtete Eizellen eingenistet haben, wird ein Hormon gebildet, das die Schwangerschaft aufrechterhält. Sind zu wenige befruchtete Eier im Uterus angekommen, bilden die leer gebliebenen Teile ein Anti-Hormon, das dafür sorgt, dass die wenigen Embryonen abgestoßen werden. Wenn am zwölften Tag der Schwangerschaft weniger als fünf Embryonen im Uterus sind, wird abgebrochen. Normalerweise bekommt eine Sau neun bis elf Ferkel. Der Selektionsdruck in Richtung auf einen Schwangerschaftsabbruch ist offensichtlich: Die Kosten für die Aufzucht von wenigen Ferkeln sind höher als der Nutzen. Bei einem größeren Wurf ist das Kosten-Nutzen-Verhältnis günstiger.

Ähnliche Kosten-Nutzen-Verhältnisse treten bei anderen Methoden der Geburtenregelung auf: Spitzhörnchen und verschiedene Mäusearten werden unfruchtbar, wenn in ihrem Wohngebiet zu viele Artgenossen leben. In schlechten Mäusejahren zeigen Eulen keine Paarungsbereitschaft. Sind die Ernährungsbedingungen schlecht, fressen Goldhamsterweibchen und Hausschweine einen Teil ihrer Jungen auf, um die restlichen durchbringen zu können.

Fitnessmaximierung in Ostfriesland

Der deutsche Biologe ECKART VOLAND und seine Mitarbeiter saßen monatelang über ostfriesischen Kirchenbüchern und sie entzifferten mühevoll die Taufdaten, Heirats- und Begräbnisurkunden. Sie rekonstruierten Familiengeschichten und Lebensläufe über Generationen und Dorfgrenzen hinweg. Am Schluss lagen aus 13 benachbarten ostfriesischen Kirchspielen die wesentlichen Lebensdaten und Beziehungen von etwa 50 000 Personen aus 16 320 Familien im 18. und 19. Jahrhundert in einer elektronischen Datenbank vor.

Warum beschäftigten sich die Biologen mit einer so staubigen Materie, wie es die Kirchenbücher des 18. Jahrhunderts sind?

Sie interessierten sich unter anderem dafür, wie viele Kinder, ob Söhne oder Töchter, in den einzelnen Familien welches Alter erreicht haben, wie viele Taufpaten sie hatten und welche materiellen Bedingungen in den Familien herrschten. Eines der Ergebnisse zeigt Abbildungen 137.1: Je mehr Söhne ein Bauer bekam, desto größer war die Wahrscheinlichkeit, dass jüngere Söhne vor Vollendung des ersten Lebensjahres starben. In Familien ohne Landbesitz bestand dieser Zusammenhang nicht. Eine geringe Zahl von Söhnen hatte im ersten Fall einen offensichtlichen Vorteil: Beim Tod des Vaters wurde das Erbe aufgeteilt. Der älteste Sohn bekam den Hof. Die anderen Geschwister wurden von ihm ausgezahlt. Das schwächte die wirtschaftliche Leistungsfähigkeit des Hofes. Aber brachten die Bauern etwa ihre späteren Söhne gezielt um? Gewiss nicht. Doch die persönliche Zuwendung und Pflege war bei den Erstgeborenen zweifellos intensiver als bei den jüngeren Brüdern. Das lässt sich auch daran ablesen, dass die älteren Söhne mehr Paten hatten als die jüngeren. Man maß ihnen eine größere Bedeutung bei. Möglicherweise wurden die jüngeren Söhne auch nur für eine kürzere Zeit gestillt. Unter den damaligen medizinischen Verhältnissen verlieh die unbewusste Förderung den älteren Söhnen eine größere Überlebenswahrscheinlichkeit.

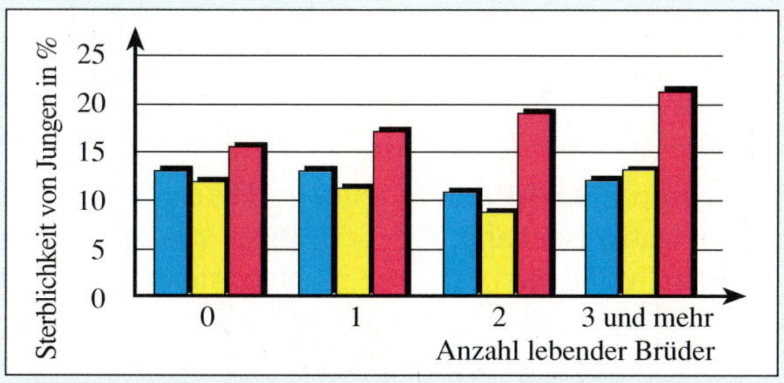

137.1 Abhängigkeit der Wahrscheinlichkeit, dass ein Junge im ersten Lebensjahr starb von der Anzahl seiner lebenden Brüder. Rote Säulen: Bauernsöhne, blaue Säulen: Arbeitersöhne, gelbe Säulen: Bevölkerungsmittel

4.10.4 Kooperative Jungenaufzucht

1935 teilte der Amerikaner A. SKUTCH mit, er wisse von zehn Vogelarten, bei denen Artgenossen die Eltern bei der Aufzucht der Jungen unterstützen. Man sah darin kein Problem, da das zum Konzept der Arterhaltung passte. Erst Mitte der sechziger Jahre erkannte man, dass hier ein Problem liegt, das HAMILTON mit der Theorie der **Verwandtenselektion** löste. Inzwischen ist die Hilfe von Artgenossen bei der Aufzucht von Jungtieren nicht nur bei Vögeln, sondern auch bei Säugetieren und Fischen nachgewiesen.

Besonders gut untersucht sind die Graufischer, die in Ostafrika leben. Die Weibchen brüten in Nisthöhlen, die oft von Schlangen und Waranen heimgesucht werden. Dadurch entsteht in der Population ein Männchenüberschuss.

Manche überzähligen Männchen warten ab, bis sie ein Weibchen bekommen, andere helfen brütenden Paaren. Das ist dann sinnvoll, wenn die Helfer ihren Eltern beistehen, denn sie erhöhen ihre **indirekte Fitness** dadurch, dass sie ihren Geschwistern das Überleben sichern. Es wurde aber auch beobachtet, dass junge Männchen Brutpaaren halfen, mit denen sie nicht verwandt waren. Dabei ist charakteristisch, dass sie am Anfang von dem Männchen des Brutpaares abgewehrt werden. Erst nach mehreren hartnäckigen Versuchen dürfen sie mithelfen. Sie werden von dem alten Männchen als Konkurrenten angesehen, und das mit Recht. Die Jungmännchen „spekulieren" nämlich darauf, später die Bruthöhle oder vor allem das Weibchen übernehmen zu können. Ihre Kosten bei der Aufzucht der fremden Jungen sind also eine Investition in ihre spätere eigene, **direkte Fitness.** Es konnte auch beobachtet werden, dass die verwandten Helfer größere Fische zum Füttern brachten als die nicht verwandten. Diese hielten sich merklich zurück mit ihrer Hilfe, was verständlich ist, da sie so ihre Investitionen in Grenzen hielten, um nicht zu stark verausgabt das Erbe antreten zu können.

Bei Fischen wird Helferverhalten vor allem bei Buntbarschen beobachtet. Jungfische beiderlei Geschlechts helfen beim Schutz und bei der Pflege der Eier ihrer Eltern und später bei der Aufzucht der Jungen. Gelegentlich kommt es aber auch zu zwischenartlicher Hilfe: In Afrika leben Buntbarsche, die ihre Jungen zusammen mit Welsen aufziehen. Man beobachtete sie beim gemeinsamen Bewachen von Schwärmen, in denen Jungfische beider Gattungen schwammen. Möglicherweise liegt der Selektionsvorteil dieser Mischpflege in der gemeinsamen Feindabwehr. Es konnte nachgewiesen werden, dass die jungen Welse eine größere Überlebenswahrscheinlichkeit haben, wenn in ihrem Schwarm auch junge Buntbarsche mitschwammen. Ein Vorteil für die Buntbarschjungen ist bisher nicht nachgewiesen. In dieser Methode der gegenseitigen Hilfe liegt allerdings auch die Gefahr, dass Betrüger ihre Jungen in den Schwarm abgeben und sich dann aus dem Staube machen. Sie können sich dann von neuem vermehren und überlassen die Kosten der Aufzucht den anderen. Dies ist beobachtet worden.

Auch bei Säugetieren gibt es die kooperative Jungenaufzucht. Hausmausweibchen leben oft mit einer Schwester zusammen. Sie pflegen und säugen ihre Kinder gemeinsam. Ein einzelnes Weibchen kann in seiner Lebenszeit von sechs Monaten durchschnittlich 2,8 Würfe mit insgesamt 13 Jungen großziehen. Zusammen mit einer Schwester kommt sie in der gleichen Zeit auf durchschnittlich 3,3 Würfe mit insgesamt 21 Jungen. Wenn sie mit ihrer Nestgenossin nicht verwandt ist, sind es immer noch 3,2 Würfe mit 15 Jungen. Die gemeinsame Jungenaufzucht bringt also für diese Tiere eine Erhöhung der Fitness. Wahrscheinlich ist ein wesentlicher Faktor dafür die Thermoregulation im Nest: Wenn sich viele Tiere zusammenkuscheln, kühlt das Nest nicht so schnell aus. Wenn eine Mutter nicht genug Nahrung findet, kann die andere das Milchdefizit ausgleichen.

Brutparasitismus – Methoden wie bei der Mafia?

Biologen beobachteten in der Sierra Nevada (Südspanien) Häherkuckucke, die ihre Eier in die Nester von Elstern legen. In einem Experiment nahmen sie aus 29 Nestern die Kuckuckseier heraus, 28 Nester ließen sie unberührt. Als sie die Nester nach einiger Zeit inspizierten, bot sich ihnen ein Bild der Verwüstung: Die Nester, aus denen sie die Kuckuckseier entfernt hatten, waren zerstört, die Eier aufgeschlagen, die Küken getötet. Beutegreifer konnten die Untat nicht begangen haben, sie hätten die Eier ausgeschlürft und die Jungen gefressen. Offensichtlich beobachten die Kuckucksweibchen sämtliche Nester, in die sie Eier gelegt haben. Ist die Brut in Ordnung, geschieht nichts. Fehlt das Ei oder der junge Kuckuck, trifft die Wirtseltern die Vergeltung: Das Nest wird zerstört. Übt das Kuckucksweibchen Rache? Hat es bei den Schutzgelderpressungen der kriminellen Unterwelt zugeschaut? Bei ALFRED BREHM hätte es vielleicht so gestanden. Wir sagen heute: Das Kuckucksweibchen hindert die Wirtseltern gezielt an der Fortpflanzung, die seine Brut nicht richtig pflegen. Es selektiert so die duldsamen Eltern, bei denen der junge Kuckuck gut aufgehoben ist.

139.1 Teichrohrsänger füttert jungen Kuckuck

Man hat lange darüber nachgedacht, wie der Brutparasitismus der Kuckucke in der Evolution entstanden sein könnte. Eine mögliche Vorstellung ist: Kuckucke sind entwicklungsgeschichtlich sehr alte Vögel. Früher ernährten sie sich von Insekten und ihren Larven und brüteten ihre Jungen normal aus. Im Laufe der Entwicklungsgeschichte entstanden aber die Singvögel, die den Kuckucken durch ihre Wendigkeit beim Fliegen und ihre geringere Größe überlegen waren. Sie traten in eine scharfe Nahrungskonkurrenz zu den Kuckucken, die nun auf behaarte Raupen und giftige Schmetterlinge ausweichen mussten, die von den Singvögeln verschmäht werden. Für die Verdauung dieser Nahrung haben sie eine besonders widerstandsfähige Magenschleimhaut. Haarige Raupen und giftige Schmetterlinge sind aber als Nahrung für Jungvögel völlig ungeeignet. Einige Kuckucksweibchen waren schon beim Stehlen von Eiern, die sie heute noch gern verspeisen, an Singvogelnester gekommen, in die sie nun ihre eigenen Eier legten. Das System funktioniert bis heute. Allerdings muss der weibliche Kuckuck eine Menge investieren, um zu einem Fortpflanzungserfolg zu kommen. Die Kuckucksfrau muss herausfinden, ob Wirtsvögel in der Nähe brüten, deren Eier so gefärbt sind wie ihre eigenen. Wenn die Wirtsvögel nicht am Nest sind, muss sie schnellstens ein Ei aus dem Nest nehmen – manchmal frisst sie es gleich – und durch ein eigenes ersetzen. Dann beginnt für die Weibchen der spanischen Häherkuckucke die lange Beobachtungszeit.

Brutparasitismus gibt es auch bei vielen anderen Vögeln: Felsenschwalben tragen eigene Eier in fremde Felsenschwalbennester. So verringern sie durch die Verteilung das Risiko, dass ein ganzes Gelege durch eine Katastrophe vernichtet wird. Bei den Schneegänsen wurde der Brutparasitismus dadurch nachgewiesen, dass man molekulargenetische „Fingerabdrücke" der Brutpaare und ihrer Jungen anfertigte. Teilweise waren die Eltern treu und hatten nur eigene Küken im Nest. Bei anderen hatte die Gans offensichtlich eine Beziehung zu einem anderen Ganter gehabt, denn die Küken waren mit dem Vater am Nest nicht verwandt. Man fand aber auch Küken, die mit den Eltern überhaupt keine genetische Übereinstimmung zeigten. Sie waren offensichtlich untergeschoben.

Auch einige Fische überlassen die Aufzucht der Jungen gern anderen. Im Maul maulbrütender Buntbarsche im Tanganjika-See (Tanganjika, Mittelafrika) fand man Jungfische eines Zitterbartwelses. Diese waren nur hier, jedoch in keinen anderen Bereichen des Sees anzutreffen.

AUFGABEN

A1 Man brachte in einer großen Voliere Augenring-Sperlingspapageien-Weibchen mit Männchen zusammen, die einzeln in kleine Käfige gesperrt waren.
Die Männchen hatten vorher in der Voliere als Gruppe zusammengelebt. Nach einiger Zeit des Zusammenlebens wurden sie gefangen und in kleine Käfige gesteckt, die wiederum zu den Weibchen in die Voliere gebracht wurden. Die Abbildung unten (Versuch 1) gibt die Wahlen der Weibchen bezogen auf die Rangstellung der Männchen wieder:

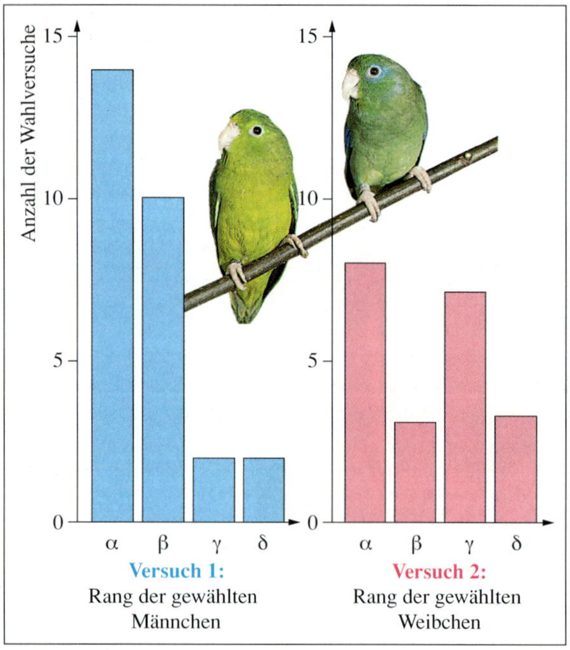

a) Deuten Sie Versuch 1. Gehen Sie dabei auf den Sinn der Versuchsschritte ein.

Man führte den Versuch auch genau umgekehrt aus (Versuch 2): Die Weibchen waren zunächst zusammen in der Voliere, dann wurden sie in Einzelkäfige in die Voliere gesetzt, und die Männchen konnten ihre Partner wählen bzw. ihre Präferenz zeigen.

b) Deuten Sie die Ergebnisse des Versuchs 2.

A2 Kohlmeisen sind territoriale Vögel. Oft sind nicht genügend Reviere vorhanden, sodass nicht alle männlichen Tiere ein eigenes Revier erobern können. Manchmal verpaaren sich auch revierlose Tiere und versuchen, in Randzonen besetzter Reviere möglichst unbemerkt zu brüten. Die Tabelle gibt den Reproduktionserfolg von Revierbesitzern und den Erfolg der am Rande der Reviere heimlich brütenden, als „Floater“ bezeichneten Tiere wieder.

	Territoriums-inhaber	Eindringlinge („Floater“)
durchschnittliche Gelegegröße	9,29	8,56
Anteil der Eier, aus denen ein flügge gewordenes Jungtier hervorging	85 %	48 %
Anteil der Nester, in denen Jungtiere flügge geworden sind	100 %	58 %
durchschnittlich flügge gewordene Jungtiere pro Paar	8,00	4,08

a) Erklären Sie die Beobachtungsergebnisse.
b) Welches könnten die Gründe für den geringeren Reproduktionserfolg der "Floater" sein?

A3 Haussperlinge rufen öfter Artgenossen mit "Tschirp"-Rufen zu einer Futterstelle. Es kommt aber auch vor, dass sie Futter völlig ruhig und ganz allein verzehren. Bei Versuchen richtete man eine Futterstelle in unterschiedlicher Entfernung vom Beobachter, dem potentiellen Feind der Sperlinge, und einem Gebüsch, das den Vögeln als Schutz und Deckung dient, ein. Man zählte aus, wie viele "Tschirp"-Rufe ein einzelner Sperling pro Minute ausstieß, um Artgenossen herbeizurufen.

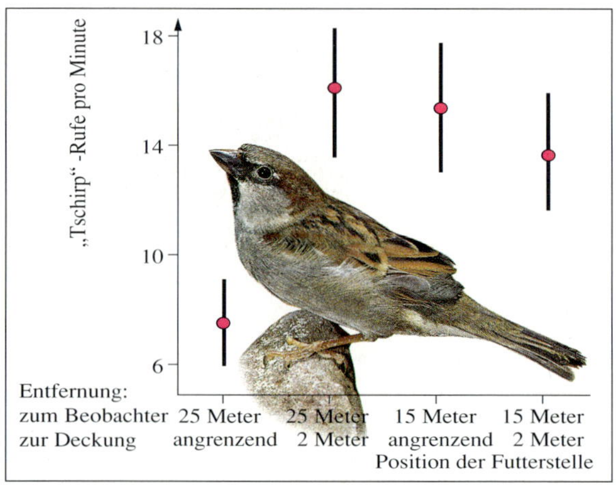

a) Erläutern Sie die Grafik.
b) Welchen Nutzen und welche Kosten hat der Aufenthalt in einer Gruppe für einen Sperling?
c) Erläutern Sie den Sinn des in der Grafik dargestellten Verhaltens der Sperlinge.
d) In der Grafik sind zwei widersprüchliche Daten enthalten. Welche Daten sind das und wieso widersprechen sie sich?

AUFGABEN

A4 Bei Kalifornienmöwen und bei Bisons hat man den elterlichen bzw. den mütterlichen Aufwand für ihre Jungen ermittelt und in Beziehung zum jeweiligen Alter der Tiere gesetzt. Die Ergebnisse der Untersuchungen sind in den beiden folgenden Grafiken wiedergegeben:

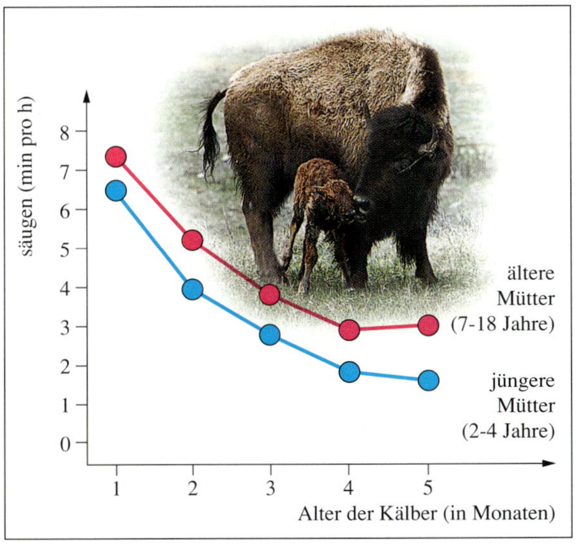

a) Fassen Sie die Ergebnisse der Untersuchungen kurz zusammen.
b) Erläutern Sie, inwiefern die sich altersbedingt verändernden Verhaltensweisen fitnessmaximierend sind.
c) Welche anderen Ursachen könnten die festgestellten Verhaltensunterschiede auch noch haben?

A5 Orang-Utans weisen nur während der Paarungszeit polygyne Sozialstrukturen auf, Gorillas leben dagegen ständig in Weibchengruppen mit einem herrschenden Männchen. Schimpansen leben in Mehr-Männchen-Gruppen, in denen viele Männchen bei jedem Weibchen zur Kopulation kommen (Promiskuität). Menschen leben zumindest lebensabschnittsweise überwiegend monogam. Die Tabelle vergleicht die männlichen Sexualmerkmale bei den Großen Menschenaffen und bei Menschen:

	Orang-Utan	Gorilla	Schimpanse	Mensch
Hodengewicht in % Körpergewicht	0,063	0,031	0,300	0,079
Penislänge (cm)	4	3	8	13
Ejakulat-Volumen (ml)	1,2	0,4	1,1	2,5
Anzahl Spermien pro Ejakulat	91×10^6	65×10^6	603×10^6	175×10^6
Ausprägung des Sexualdimorphismus	stark	stark	mäßig	mäßig

Setzen Sie die männlichen Sexualmerkmale der vier Arten zu dem jeweiligen Paarungssystem in Beziehung.

A6 Bei Löwen in der Serengeti in Afrika ermittelte man die folgenden Verhaltensunterschiede:

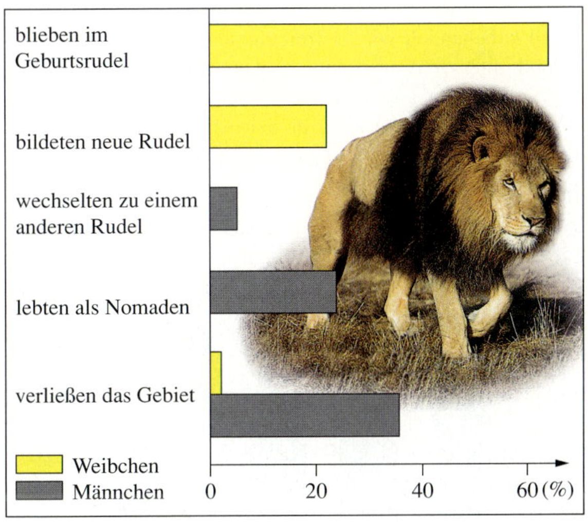

a) Fassen Sie die wichtigsten Ergebnisse der Beobachtungen zusammen.
b) Welche Auswirkungen haben die wiedergegebenen Verhaltensweisen?

AUFGABEN

A7 Rauchschwalben bauen in Mitteleuropa ihr Nest meist im Inneren von Gebäuden. Um die Brutreviere gibt es heftige Konkurrenz unter den Männchen. Sie erobern zunächst ein Revier, sichern es eine Zeit lang gegen Konkurrenten ab und beginnen dann, um eine Partnerin zu werben. Rauchschwalben haben einen V-förmigen Schwanz, da die äußeren Schwanzfedern länger als die übrigen sind. Diese sind bei den Männchen sehr viel länger als bei den Weibchen, sie weisen aber bei verschiedenen Männchen deutliche Längenunterschiede auf.

Rauchschwalben bilden feste Paare während einer Brutsaison. Auch schon verpaarte Männchen versuchen immer wieder mit anderen Weibchen zu kopulieren. Besonders bei der im Flug ausgeführten Balz der Männchen kommen die Schwanzfedern zur Geltung. Durch auffällige Flugmanöver versuchen die Männchen, Weibchen in ihre Reviere zu locken, wo weitere Balzhandlungen stattfinden, die meist auf den zukünftigen Nistplatz hinweisen. Man fing Rauchschwalben ein, nachdem sie ihre Reviere erkämpft und eingenommen hatten. Die gefangenen Männchen wurden nach einem der folgenden vier Verfahren behandelt:

- Männchen der ersten Gruppe (A) wurden die äußeren Schwanzfedern gekürzt (Schwanzlänge nun 8 cm).
- Bei der zweiten Gruppe (B) verlängerte man die äußeren Schwanzfedern, indem man jeweils ein Stückchen Feder anklebte (Schwanzlänge nun 12 cm).
- Den Tieren der ersten Kontrollgruppe wurde ein Stück der äußeren Schwanzfedern abgeschnitten und wieder angeklebt (Schwanzlänge normal, 10 cm).
- Die Tiere der zweiten Kontrollgruppe wurden gefangen und unbehandelt wieder freigelassen. Es wurde anschließend untersucht, wie lange es dauerte, bis die Männchen ein Weibchen angelockt und sich verpaart hatten. Die Versuchsergebnisse sind in der Abbildung unten links wiedergegeben:

Weitere Ergebnisse der Untersuchungen:

- Ungefähr 85% der Männchen der Gruppe B brüteten ein zweites Mal, dagegen nur 10% der Gruppe A.
- Männchen der Gruppe B kopulierten doppelt so oft mit der Partnerin eines Nachbarn wie die der Gruppe A.
- Männchen der Gruppe B hatten in einer Brutsaison durchschnittlich acht flügge gewordene Junge, die Kontrollmännchen fünf und die Männchen der Gruppe A nur drei.

a) Erläutern Sie, warum man diesen Versuch in der geschilderten Weise durchgeführt hat.
b) Beschreiben und erklären Sie die Ergebnisse. Welchen Vorteil haben Männchen mit langen Schwanzfedern?
c) Stellen Sie Hypothesen auf, welchen Nutzen die Weibchen aus ihrem Wahlverhalten ziehen.

In den untersuchten Rauchschwalbenpopulationen variierte der Parasitenbefall erheblich. Insbesondere Blut saugende Milben kamen bei fast allen Schwalben vor. Die Wissenschaftler tauschten frisch geschlüpfte Nestlinge paarweise zwischen Nestern aus. Sie ermittelten die Anzahl der Milben bei den fast flüggen Jungvögeln, bei ihren Vätern und Müttern und bei ihren Pflegeeltern. Sie setzten die gewonnenen Werte zueinander und zu anderen Messwerten in Beziehung. Zwischen dem Ausmaß des Befalls bei den Stiefeltern und den Jungen gab es keinen Zusammenhang, wohl aber zwischen der Länge der Schwanzfedern der Männchen und dem Milbenbefall ihrer Nachkommen, wie die Abbildung unten rechts zeigt.

d) Erklären Sie die Ergebnisse. Warum hat man die frisch geschlüpften Nestlinge in andere Nester gebracht?
e) Welche Hypothesen zum Wahlverhalten der Weibchen werden durch die Ergebnisse gestützt?

GLOSSAR

Aggregation: zufällige Ansammlung von Tieren einer Art

Aggression: sämtliche Verhaltensweisen, die gegen ein Individuum gerichtet sind, um es zu schädigen

Altruismus: Verhalten zugunsten eines Artgenossen unter Inkaufnahme von Kosten

Anisogamie: Unterschiedlichkeit von männl. und weibl. Keimzellen

Anonymer Verband: Tierschwarm ohne Rangordnung und gegenseitige Kenntnis

Beutegreifer: Tiere, die Tiere fangen und fressen; früher: Raubtier

Despotische Gesellschaft: Gruppenstruktur mit deutlich ausgeprägten Rangunterschieden

Direkte Fitness: Maß dafür, wie viele Kopien der eigenen Gene durch eigene Fortpflanzung in die nächste Generation gebracht werden

Dominanz: höhere Stellung in einer Rangordnung

Egalitäre Gesellschaft: Gruppenstruktur mit geringen sozialen Unterschieden

ESS: evolutionsstabile Strategie; Satz von Verhaltensregeln, die durch die Evolution nicht veränderbar sind

Frustration: Störung einer zielgerichteten Aktion eines Lebewesens

Frustrations-Aggressions-Theorie: Theorie, die aggressives Verhalten als Folge von Frustrationen erklärt

Gesamtfitness: Summe aus direkter und indirekter Fitness

Geschlechtsdimorphismus: männliche und weibliche Tiere einer Art haben unterschiedliche körperliche Eigenschaften

Hackordnung: hierarchische Abfolge in einer durch Rangordnung bestimmten Gruppe

Hormon: Botenstoff, von Geweben oder Drüsen produziert, der andere Organe des Körpers in einen bestimmten Zustand versetzt

Indirekte Fitness: gibt an, wie viele Kopien der eigenen Gene durch Verwandtenunterstützung in die nächste Generation gebracht werden

Individualisierter Verband: Gruppe, deren Mitglieder einander persönlich kennen

Kommentkampf: Auseinandersetzung zwischen Artgenossen, die nicht auf die Verletzung oder Vernichtung des Gegners zielt

Kommunikation: Signalübertragung von einem Sender zu einem Empfänger

Konfusionseffekt: in großen Schwärmen von Beutetieren fällt es dem Beutegreifer schwer, ein einzelnes Tier zu fangen

Kooperation: Verhaltensweise von zwei oder mehr Individuen, die dem beiderseitigen Nutzen dient

K-Strategie: Vermehrungsstrategie von Lebewesen, die in Ökosystemen mit begrenzten Ressourcen leben; wenige Nachkommen, intensive Pflege

Lerntheorie der Aggression: Theorie, die Lerneinflüssen eine zentrale Bedeutung für die Entstehung aggressiven Verhaltens beimisst

Migration: Tierwanderung

Mimikry: kopieren spezifischer Signale eines wehrhaften Tieres zur Abwehr von Beutegreifern

Monogamie: sexuelle Beziehungen zwischen einem Weibchen und einem Männchen

Nepotistischer Altruismus: Inkaufnahme von Kosten zugunsten von Verwandten

Polyandrie: sexuelle Beziehungen zwischen einem Weibchen und mehreren Männchen

Polygynie: sexuelle Beziehungen zwischen einem Männchen und mehreren Weibchen

Promiskuität (Polygynandrie): sexuelle Beziehungen zwischen mehreren Männchen und mehreren Weibchen

Rangordnung: hierarchische Gruppenstruktur

Revier: räumlich begrenzter Bereich, den ein Individuum oder eine Gruppe für sich beansprucht und verteidigt

Reziproker Altruismus: mit Fitnesskosten verbundene Hilfeleistung, die zu einem späteren Zeitpunkt vom Empfänger der Hilfe zurückerstattet wird

r-Strategie: Vermehrungsstrategie von Tieren, die in Ökosystemen mit reichen Ressourcen leben; viele Nachkommen, wenig oder keine Brutpflege

Satelliten-Taktik: Taktik, bei der ein subordiniertes Männchen das Werbeverhalten eines dominanten Männchens ausnutzt, um Weibchen zu befruchten

Sexualverhalten: Verhaltensweisen, die ursprünglich der Vereinigung des Erbgutes zweier Individuen dienen, vielfach aber eine andere Bedeutung erlangt haben (z. B. Partnerbindung)

Spieltheorie: Theorie, die versucht, optimales Verhalten in Wettbewerbssituationen durch mathematische Methoden zu ermitteln

Strategie: komplexer Plan zur Durchführung eines Vorhabens; in der Verhaltensbiologie genetisch bestimmter Satz von Regeln zur Erreichung eines Ziels

Subordination: Gegenteil von Dominanz; ein Individuum unterwirft sich einem dominanten Gruppenmitglied

Taktik: flexible Verhaltensvariation innerhalb einer Strategie

Territorium: Revier

Triebtheorie der Aggression: Theorie, die aggressives Verhalten auf angeborene Strukturen zurückführt

Verdünnungseffekt: Verminderung des Risikos für ein Individuum, gefangen und gefressen zu werden, wenn es mit Artgenossen in einer größeren Gruppe lebt

Verwandtenselektion: Hilfe gegenüber Verwandten, die deren Fortpflanzungschancen und damit auch die Weitergabe von Kopien der eigenen Gene an die nächste Generation fördert

Verwandtschaftskoeffizient: Maß für den Anteil gemeinsamer Gene, die von einem gemeinsamen Vorfahren stammen

5 Wie einzigartig ist der Mensch?

Die vier naturwissenschaftlichen Kränkungen des Menschenbildes

Die kosmologische Kränkung
KOPERNIKUS 1543

Im Jahr 1543 beweist KOPERNIKUS, dass die Erde nicht der Mittelpunkt der Welt, sondern ein ganz gewöhnlicher Planet ist, der sich um die Sonne dreht.

Die biologische Kränkung
DARWIN 1859

Obwohl DARWIN in seiner „Entstehung der Arten" den Menschen nur in einem einzigen Satz erwähnt *(„Licht wird auch fallen auf den Ursprung des Menschen und seine Geschichte"),* sind die Konsequenzen jedermann klar: *„Vom Affen sollen wir abstammen?"*, soll sich die Frau des Bischofs von Worcester empört haben. *„Mein Lieber, wir wollen hoffen, dass das nicht wahr ist. Aber wenn es wahr ist, wollen wir beten, dass es sich nicht herumspricht!"*

Die psychologische Kränkung
FREUD 1895

FREUD weist nach, dass das Unbewusste eine viel größere Macht über unser Verhalten hat, als wir uns eingestehen: *„Die dritte und empfindlichste Kränkung aber soll die menschliche Größensucht durch die heutige psychologische Forschung erfahren, welche dem Ich nachweisen will, dass es nicht einmal Herr ist im eigenen Hause, sondern auf kärgliche Nachrichten angewiesen bleibt von dem, was unbewusst in seinem Seelenleben vorgeht."*

Die soziobiologische Kränkung
DAWKINS 1976

Aufbauend auf der Erkenntnis WILLIAM HAMILTONs, nach der der Erfolg von Genen nicht davon abhängt, dass sie dem Organismus nützen, sondern nur davon, dass sie sich selbst nützen, erklärt RICHARD DAWKINS Organismen – also auch uns Menschen – zu kurzlebigen Vehikeln ihrer selbstsüchtigen Gene: *„Sie sind in dir und in mir, sie schufen uns, Körper und Geist; und ihr Fortbestehen ist der letzte Grund für unsere Existenz."*

Schon mehrfach war in diesem Buch vom Verhalten des Menschen die Rede. Dabei haben wir so getan, als gebe es im Prinzip keinen Unterschied zwischen dem Verhalten von Menschen und dem von Tieren. Ein solches Vorgehen wird nicht auf ungeteilte Zustimmung stoßen: Ist es nicht offensichtlich, dass sich der Mensch – auch und gerade in seinem Verhalten – grundlegend vom Tier unterscheidet? Ist nicht der Einfluss der Kultur auf das menschliche Verhalten so übermächtig, dass noch vorhandene biologische Anteile, wie etwa das Lächeln oder andere Formen des menschlichen Ausdrucksverhaltens, in der Bedeutungslosigkeit versinken?

Für die meisten Angehörigen unseres Kulturkreises ist es eine Selbstverständlichkeit, dass der Mensch von seinem Wesen her etwas grundlegend anderes ist als „das Tier". Der von der abendländischen Philosophie und Religion beschworenen „Sonderstellung" des Menschen in der Welt des Lebendigen hatte CHARLES DARWIN mit seiner Deszendenztheorie – der Abstammung des Menschen von äffischen Vorfahren – zwar einen empfindlichen Schlag versetzt: Für SIGMUND FREUD handelte es sich um die zweite große Kränkung der „naiven" menschlichen „Eigenliebe" durch die Naturwissenschaft. Aber selbst überzeugte Darwinisten, wie der als „DARWINs Bulldogge" bekannt gewordene THOMAS HENRY HUXLEY (1825–1895), beeilten sich zuzugeben, dass der Mensch zwar von den Tieren abstammen möge, aber doch „mit Sicherheit nicht dazugehöre". Und auch KONRAD LORENZ betonte den „großen Hiatus" – die Kluft – zwischen den „höchsten Tieren" und dem Menschen.

Die „Sonderstellung" des Menschen wird in erster Linie mit seinen **geistigen Fähigkeiten** begründet: Bewusstsein, Vernunft, Werkzeuggebrauch, Sprache und Kultur gelten als Merkmale, die nur dem Menschen zu eigen sind. Die moderne Verhaltensforschung lässt an dieser Interpretation allerdings erhebliche Zweifel aufkommen. Wollen wir die Hypothese von der menschlichen „Sonderstellung" prüfen, verdienen naheliegenderweise unsere nächsten Verwandten im Tierreich unsere besondere Aufmerksamkeit: die nichtmenschlichen Primaten.

5.1 Das Gehirn des Menschen im Vergleich

Die materielle Basis des menschlichen Geistes ist ein Organ, das immer noch viele Rätsel aufgibt: das Gehirn. Das menschliche Gehirn besteht wie das der übrigen Wirbeltiere aus fünf Hauptteilen:

1. Das **verlängerte Mark** oder **Nachhirn** ist die direkte Verlängerung des Rückenmarks. Es ist an der Steuerung lebenswichtiger Körperfunktionen, wie etwa der Atmung oder des Blutkreislaufs, wesentlich beteiligt.
2. Das **Kleinhirn** ist ein motorisches Koordinationszentrum, das die Feinregulierung der Muskeln steuert und Informationen von Auge, Ohr und anderen Sinnesorganen erhält.
3. Das **Mittelhirn** enthält wichtige sensorische Zentren, ist aber auch für die Bewegungs- und Handlungskontrolle zuständig.
4. Das **Zwischenhirn** enthält mit dem *Hypothalamus* unter anderem ein Zentrum zur Steuerung lebenswichtiger Körperfunktionen und Verhaltensweisen wie Schlafen, Wachen, Atmung, Sexualverhalten und Aggression.
5. Das **Vorder-** oder **Endhirn** steht ursprünglich (bei Fischen, Amphibien und Reptilien) im Dienste des Geruchssinns (olfaktorische Erregungsverarbeitung). Bei Vögeln und Säugern ist es stark vergrößert und übernimmt die Funktion eines übergeordneten Integrationszentrums für sensorische und motorische Informationen. Bei Säugern ist der entwicklungsgeschichtlich jüngste Teil der Großhirnrinde, der **Neocortex,** zum anatomisch und funktionell dominierenden Teil des Gehirns geworden. Beim Menschen, dessen Neocortex – wie auch bei vielen anderen Säugern – stark aufgefaltet ist, finden sich hier wichtige Assoziationszentren und Areale, die für die Spracherkennung und Sprachproduktion von Bedeutung sind.

Hirnforscher kommen zu dem Ergebnis, dass sich das Gehirn des Menschen von dem anderer Säugetiere und speziell dem anderer Primaten in seinem Aufbau nicht prinzipiell unterscheidet. Selbst die vor über 100 Jahren von dem französischen Anatomen PAUL BROCA und dem deutschen Neurologen CARL WERNICKE entdeckten Sprachzentren sind keine absolute Neuerwerbungen des Menschen: In den Gehirnen von Affen und Menschenaffen finden sich in der gleichen Region Zellansammlungen, deren Verletzung ebenfalls zu einer Störung der lautlichen Kommunikation führt.

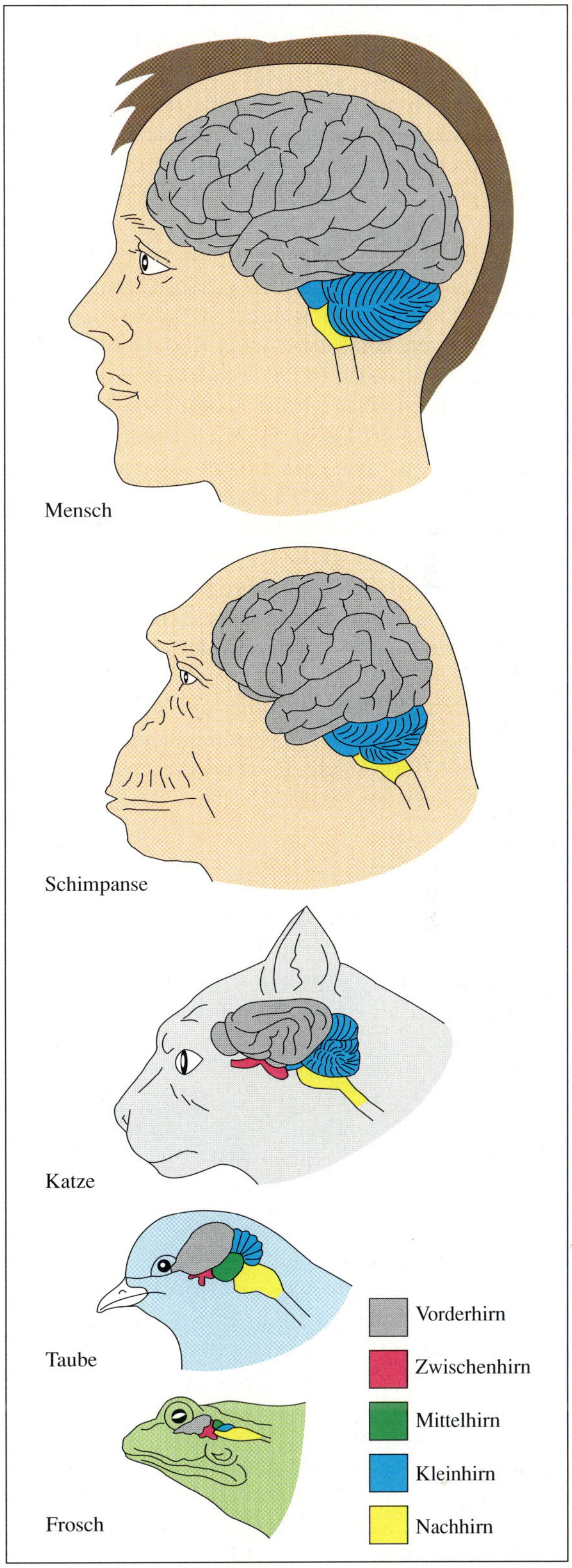

145.1 Gehirne verschiedener Wirbeltiere im Vergleich

Auch der Windungsreichtum des menschlichen Gehirns ist als Maß für eine herausragende Intelligenz wenig brauchbar: Abgesehen davon, dass der Windungsreichtum von der Größe des Gehirns abhängt, besitzen Delfine eine erheblich stärker gewundene – wenngleich aus weniger Zellschichten zusammengesetzte – Großhirnrinde als Menschen.

Unterscheiden sich Menschen von anderen Tieren dadurch, dass sie ein besonders großes Gehirn haben?

Auf den ersten Blick trifft auch dies nicht zu: Das Gehirn von Pottwalen (8500 Gramm) oder Elefanten (5000 g) ist erheblich größer als das von Menschen (Durchschnittswert: 1400 g). Auch bezogen auf die Körpermasse ist das Gehirn des Menschen nicht besonders groß: Ein 100 g schwerer Halbaffe wie der Koboldmaki mit einem Hirngewicht von 3 g hat relativ gesehen ein größeres Gehirn als ein 70 kg schwerer Mensch mit einem Hirngewicht von 1400 g. Es gibt einen Zusammenhang zwischen der Größe von Tieren und ihrer Hirnmasse, der allerdings nicht linear ist: Kleinere Tiere haben relativ zu ihrer Körpermasse größere Gehirne als größere Tiere. Man bezeichnet diesen Zusammenhang als *Hirn-Allometrie*. Berücksichtigt man diesen Umstand, zeigt sich, dass der Mensch bezogen auf seine Körpermasse tatsächlich das größte Gehirn unter den Tieren hat:
Der Wert für den Menschen liegt am weitesten oberhalb der so genannten Allometriegeraden, die den Durchschnittswert für Säugetiere allgemein angibt. Danach hat der Mensch ein 4½-mal größeres Gehirn als ein Durchschnittssäugetier gleicher Größe. Eine Spitzmaus von der Größe eines Menschen hätte sogar ein 23-mal kleineres Gehirn als dieser. Das klingt beeindruckend, kann allerdings nicht darüber hinwegtäuschen, dass viele andere Tiere ebenfalls deutlich über dem für Säugetiere errechneten Durchschnittswert liegen. Auch die Gehirne von Affen und Menschenaffen sind im Mittel immerhin doppelt so groß wie das eines „Durchschnittssäugers“. Und die Delfine und anderen Zahnwale sind dem Menschen in Bezug auf ihr Hirngewicht sogar dicht auf den Fersen.

Fazit: Die Hirnforschung gibt uns keinerlei klaren Anhaltspunkt dafür, dass dem Menschen eine „Sonderstellung“ im Tierreich zukommt. Das Gehirn des Menschen ist zwar größer und in vieler Hinsicht offensichtlich auch erheblich leistungsfähiger als das von Affen, Menschenaffen und Delfinen, aber die Unterschiede scheinen eher quantitativer als qualitativer Art zu sein.

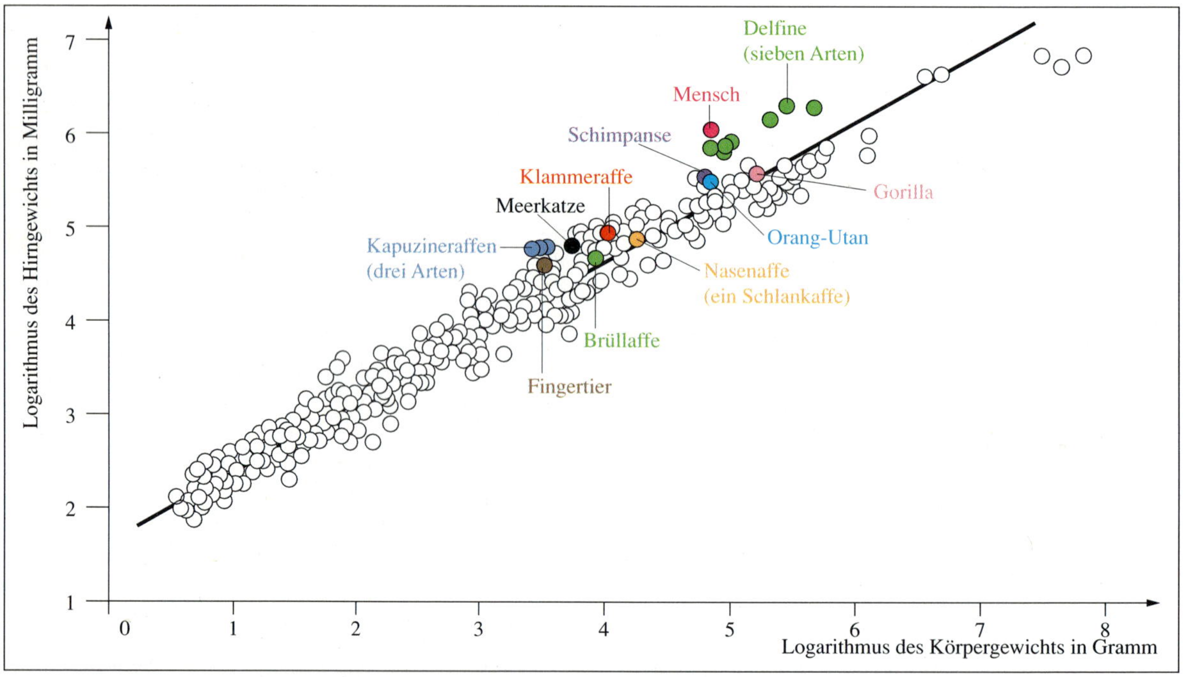

146.1 Die Beziehung zwischen Gehirn- und Körpergewicht bei 477 Säugetierarten in doppeltlogarithmischer Darstellung (bei linearer Einteilung der Rechtsachse erhielte man eine Kurve).

5.2 Die Vernunft

Für ARISTOTELES (384–322 v. Chr.) war der Mensch das einzige Lebewesen, das Vernunft (griech.: *„logos“*) besitzt. Ähnlich urteilte THOMAS VON AQUIN (1225–1274), der seit 1879 offizieller Philosoph der katholischen Kirche ist: *„Nun unterscheidet sich aber der Mensch von den sonstigen, unvernünftigen Geschöpfen darin, dass er Herr seiner Handlungen ist.“*
Risse hat dieses Selbstbild nicht erst bekommen, als SIGMUND FREUD die Macht des Unbewussten entdeckte: Schon IMMANUEL KANT (1724–1804) sah in dem Menschen eher ein „animal rationabile“ – ein zur Vernunft *befähigtes* Tier.
Dass zumindest auch manche Tiere zur Vernunft befähigt sind, wissen wir spätestens seit den 20er Jahren unseres Jahrhunderts, als der deutsche Psychologe WOLFGANG KÖHLER (1887–1967) seine Versuche über die Intelligenzleistungen von Menschenaffen veröffentlichte. KÖHLERs Schimpanse Sultan war nicht etwa durch Herumprobieren darauf gekommen, dass man zwei Bambusstangen ineinander stecken kann und sich mit diesem neuen Werkzeug eine außerhalb der eigenen Reichweite liegende Banane angeln kann: Ihm war das sprichwörtliche Licht aufgegangen – er hatte das Problem im Kopf gelöst. Wenn unter Vernunft also zu verstehen ist, dass man „Herr seiner Handlungen ist“ und sein Verhalten intelligent und flexibel an herrschende Umweltbedingungen anpassen kann, dann besitzen zweifellos auch Schimpansen Vernunft.
KÖHLER ging es nach seinen eigenen Worten nicht darum zu zeigen, dass der Schimpanse „ein Wunder an Klugheit sei“; aber für ihn war klar, dass die Fähigkeit zu einsichtigem Verhalten kein menschliches Spezifikum ist. Damit bestätigte er, was CHARLES DARWIN schon 1871 in seinem Buch über die Abstammung des Menschen vermutet hatte: *„So groß nun auch nichtsdestoweniger die Verschiedenheit an Geist zwischen dem Menschen und den höheren Thieren sein mag, so ist sie doch sicher nur eine Verschiedenheit des Grads und nicht der Art.“*

Dass Affen in der Lage sind, unterschiedliche Dinge – z. B. Äpfel, Birnen und Pflaumen – einer gemeinsamen Kategorie – in diesem Falle Obst – zuzuordnen, ist ebenfalls lange bekannt. Abstraktes Denken und die Fähigkeit zur Kategorienbildung sind also ebenfalls keine spezifisch menschlichen Fähigkeiten.

147.1 Der Schimpanse Sultan beim Zusammenstecken zweier Bambusstangen

147.2 Der Orang-Utan Buschi stapelt Kisten aufeinander, um sich auf diese Weise Zugang zu einer Banane zu verschaffen.

148.1 Makaken wie dieser Berberaffe erkennen in ihrem Spiegelbild zeitlebens einen fremden Artgenossen.

148.2 Schimpansen haben die Fähigkeit zur Selbsterkenntnis.

5.3 Das Bewusstsein

Nur wenige Prozesse, die in unserem Gehirn ablaufen, dringen bis in die Sphäre unseres Bewusstseins. Dennoch steht außer Frage, dass wir uns unserer selbst bewusst sind: Wir denken über uns, unser Leben und sogar über unseren Tod nach. Besitzen auch Tiere ein Bewusstsein? Die Frage ist schwer zu beantworten: Auch über das, was in anderen Menschen vorgeht, können wir streng genommen nur über Analogieschlüsse urteilen.
Zumindest von Schimpansen und anderen Menschenaffen wissen wir, dass sie über die Fähigkeit zur **Selbsterkenntnis** verfügen: Wenn man ihnen unbemerkt einen Farbfleck auf die Stirn malt und sie sich dann im Spiegel sehen, berühren sie den Fleck an sich selbst – und nicht etwa an ihrem Gegenüber im Spiegel. Sich selbst im Spiegel zu erkennen, ist weniger trivial als es scheint: Kinder lernen dies erst im Alter von 1½ Jahren, und „gewöhnliche" Affen halten ihr Spiegelbild offenbar grundsätzlich für einen fremden Artgenossen. Für viele Primatenforscher ist dies ein Indiz dafür, dass sich die eigentliche „Kluft" – was die kognitiven Fähigkeiten angeht – nicht zwischen *Menschen* und anderen Tieren auftut, sondern zwischen *Menschenaffen* und anderen Tieren.
Viele Beobachtungen an Schimpansen zeigen auch, dass diese sich nicht nur selbst erkennen, sondern sich auch über ihr eigenes Verhalten und ihre Wirkung auf andere durchaus im Klaren sind: So beobachtete FRANS DE WAAL, wie ein Schimpanse, der von einem ranghöheren Artgenossen bei einem Schäferstündchen mit einem Weibchen überrascht wurde, seinen erigierten Penis hinter seinen Händen versteckte; ein anderer verbarg seinen ängstlichen Gesichtsausdruck vor einem Rivalen so lange, bis er sich wieder in der Gewalt hatte. Derartige Beobachtungen sind ohne ein gewisses Maß an **Selbstbewusstsein** nicht erklärbar.
Von Elefanten und Schimpansen gibt es auch Hinweise, dass sie eine – wenn auch vielleicht nur sehr vage – **Vorstellung vom Tod** haben: „Elefantenfriedhöfe" gehören zwar ins Reich der Legende, aber Berichte von Elefanten, die immer wieder zu den Knochen toter Artgenossen zurückkehren und sie berühren, sind verbürgt. Der Tod naher Angehöriger löst bei Elefanten und Menschenaffen Verhaltensweisen und physiologisch messbare Reaktionen aus, die denen trauernder Menschen absolut vergleichbar sind. Ob den Tieren bewusst ist, dass sie selbst sterblich sind, wissen wir allerdings nicht.

5.4 Die Technik

„Es ist oft gesagt worden, daß kein Thier irgend ein Werkzeug gebrauche. Der Schimpanse knackt aber im Naturzustande eine wilde Frucht, ungefähr einer Walnuß ähnlich, mit einem Steine.“ Mit diesem Satz widerlegte DARWIN das bislang geltende Dogma, dass der Mensch das einzige Wesen ist, das Werkzeuge verwendet. Wir wissen heute, dass Werkzeuggebrauch nicht auf Primaten beschränkt ist: Seeotter benutzen Steine, um hartschalige Meerestiere zu knacken, Spechtfinken benutzen Dornen, um an Insektenlarven zu gelangen, Krebse pflanzen sich mit Nesselzellen bewehrte Seeanemonen auf die Scheren, um sich vor Feinden zu schützen, und bestimmte Raubwanzen locken mithilfe getöteter Termiten weitere Termiten aus ihrem Bau, um sie zu fressen. Inwieweit all dies Ausdruck „intelligenten“ – also weder genetisch starr programmierten noch auf einfachen Lernvorgängen beruhenden – Verhaltens ist, ist noch umstritten; ein Verständnis für den Zusammenhang von Ursache und Wirkung ist aber zumindest Menschenaffen, die ein ganzes Arsenal unterschiedlicher Werkzeuge für unterschiedliche Zwecke benutzen, nicht abzusprechen.

Anfang der sechziger Jahre unseres Jahrhunderts fiel ein weiteres Dogma: JANE GOODALL entdeckte, dass Schimpansen Zweige präparieren, um damit Termiten aus ihrem Bau zu angeln. Schimpansen benutzen also nicht nur Werkzeuge, sie stellen sie auch selbst her! *„Jetzt müssen wir entweder Werkzeug neu definieren, oder wir müssen Mensch neu definieren, oder wir müssen Schimpansen als Menschen akzeptieren“*, bemerkte der berühmte Anthropologe LOUIS LEAKEY (1903–1972), als er davon erfuhr. Fortan galt als spezifisch menschlich die Benutzung von Werkzeugen zum Zwecke der Werkzeugherstellung – wozu Menschenaffen zumindest im Experiment allerdings auch in der Lage sind – oder die gezielte Werkzeugherstellung zur Werkzeugherstellung.

Es ist selbstverständlich keine Frage, dass die Menschheitsgeschichte auch die Geschichte eines beispiellosen technologischen Fortschritts ist – angefangen mit dem Faustkeil bis hin zum Internet; aber ebenso selbstverständlich würden wir keinen Moment zögern, auch Angehörige einer Kultur mit einer „primitiven“ steinzeitlichen Technologie als Menschen zu bezeichnen. Die ständigen Grenzverschiebungen in der Definition „spezifisch menschlichen“ Verhaltens zeigen, dass jeder Versuch einer Grenzziehung willkürlich ist.

149.1 Eine neukaledonische Krähenart stochert mit unterschiedlich präparierten Zweigen nach Nahrung.

149.2 Seeotter beim Aufschlagen einer Muschel mithilfe eines Steines

149.3 Schimpanse beim Termitenangeln

5.5 Die Sprache

Die Wortsprache des Menschen gilt als das klarste und vielleicht wichtigste Merkmal, das Menschen von Tieren unterscheidet. Zweifellos verfügt keine Tierart über eine Sprache von der Art, wie sie dem Menschen zu Eigen ist. Über komplexe Kommunikationssysteme verfügen allerdings auch viele Tiere – die Tanz-„Sprache" der Bienen oder die noch viel weniger erforschten „Gesänge" der Wale gehören zu den bekanntesten Beispielen. Was also ist das Besondere an der menschlichen Sprache?

Bis vor kurzem glaubte man noch, dass alle Formen tierischer Kommunikation im Gegensatz zur Wortsprache des Menschen angeboren seien und auch angeborenermaßen verstanden würden. Möglicherweise trifft dies für viele Tierarten auch zu – sogar für manche Primaten: Die südamerikanischen Totenkopfaffen beherrschen Laboruntersuchungen zufolge schon wenige Tage nach der Geburt das gesamte Lautrepertoire ihrer Art und reagieren auf die Laute von Erwachsenen auch dann angemessen, wenn sie isoliert aufgezogen wurden.
Neuere Forschungen zeichnen allerdings ein komplexeres Bild: Wenn man Rhesusaffenkinder von Japanmakaken aufziehen lässt, übernehmen diese viele Laute von ihren Pflegeeltern – ihr Verständigungssystem ist also nicht vollständig genetisch determiniert. Freilandbeobachtungen und -experimente an Grünen Meerkatzen, einer katzengroßen afrikanischen Affenart mit einem reichhaltigen akustischen Repertoire, zeigen, dass die Lauterzeugung, der richtige Lautgebrauch und die Reaktion auf die Rufe anderer in verschiedenem Maße sowohl von angeborenen Dispositionen als auch von Erfahrung beeinflusst werden. Insofern gleicht die Lautentwicklung von Meerkatzen der Sprachentwicklung beim Menschen: Auch hier spielen sowohl angeborene Prädispositionen als auch Erfahrung und Lernen eine Rolle. Zwar kommt kein menschliches Kind mit einer angeborenen Prädisposition, ausgerechnet die deutsche Sprache zu lernen, auf die Welt, aber über eine angeborene Sprachkompetenz, die uns befähigt, irgendeine menschliche Sprache zu erlernen, verfügen wir alle.
Auch die weit verbreitete Ansicht, dass nur beim Menschen Sprache willkürlicher Kontrolle unterläge, spezifische Bedeutungsinhalte übermitteln soll und situationsgerecht und zur Verwirklichung sozialer Absichten eingesetzt werde, ist durch die Primatenforschung widerlegt worden. Die bereits erwähnten Meerkatzen beispielsweise besitzen verschiedene Warnrufe: Ein lautes Bellen warnt vor Leoparden und anderen Raubkatzen, ein kurzes doppelsilbiges Husten warnt vor Adlern und ein keckernder Laut warnt vor Pythons und anderen gefährlichen Schlangen. Jeder der drei Warnrufe hat unterschiedliche Reaktionen zur Folge: Bei Leopardenalarm flüchten die Affen auf die Bäume, wo sie vor den schwereren und weniger behenden Leoparden in Sicherheit sind, bei Adleralarm flüchten sie ins Gebüsch und bei Schlangenalarm richten sie sich auf und suchen den Boden ab.

Ein klarer Hinweis dafür, dass diese Lautäußerungen willkürlicher Kontrolle unterstehen, ist der **„Publikumseffekt":** Meerkatzenweibchen warnen häufiger, wenn sie mit eigenen – anstatt fremden – Kindern zusammen sind, und Meerkatzenmännchen warnen häufiger, wenn sie mit Weibchen – anstatt anderen Männchen – zusammen sind. Diese Befunde zeigen auch, dass die Tiere ihre Laute situationsgerecht und zur Verwirklichung ihrer sozialen Absichten einsetzen; die Laute haben die Funktion, das Verhalten der Adressaten zu beeinflussen.
Warnrufe und andere Lautäußerungen nichtmenschlicher Primaten als „Sprache" zu bezeichnen, mag manchem natürlich überzogen vorkommen. Allerdings haben sie eindeutig den Charakter von Wörtern, die den Adressaten ganz bestimmte Bedeutungsinhalte übermitteln. Als Träger der Gedanken sind Wörter aber die Grundlage jeder Sprache – Meerkatzen verfügen also zumindest über diese Grundlage einer Sprache.

Viele Linguisten halten allerdings die **Syntax** für das wesentliche Element der menschlichen Sprache. Unter einer Syntax versteht man die in einer Sprache üblichen Verbindungen von Wörtern zu Wortgruppen und Sätzen, beziehungsweise die korrekte Verknüpfung sprachlicher Einheiten. Hinweise dafür, dass sich Tiere syntaktischer Regeln bedienen, sind noch recht mager; allerdings zeigen Experimente mit Menschenaffen und Delfinen, dass diese Tiere durchaus in der Lage sind, syntaktische Regeln zu verstehen. Der einer künstlichen Zeichensprache mächtige Bonobo Kanzi, von dem schon früher in diesem Buch die Rede war, benutzt auch selbst spontan einfache syntaktische Regeln. Ob Delfine bei ihrer natürlichen Kommunikation – über die man noch wenig weiß – syntaktische Regeln anwenden, ist derzeit noch unbekannt. Dennoch kann man angesichts dieser Beobachtungen nicht behaupten, dass Tiere generell keine syntaktische Kompetenz besäßen.

5.6 Die Kultur

Was ist eigentlich Kultur? Unglücklicherweise existieren für diesen schillernden Begriff ungefähr so viele Definitionen, wie es Wissenschaftler gibt, die sich mit dem Thema beschäftigen. Die Meinung vieler Geistes- und Sozialwissenschaftler, dass Kultur *per definitionem* ein menschliches Spezifikum sei, teilen die meisten Biologen allerdings nicht: Für sie ist Kultur ganz allgemein die **Weitergabe von Information durch Verhalten,** insbesondere durch **Lernen und Lehren.** Auf diese Weise kann es zu Verhaltensunterschieden zwischen den Individuen verschiedener sozialer Gruppen oder Populationen kommen, die – obwohl sie nicht genetisch fixiert sind – von Generation zu Generation weitergegeben werden. Derartige **Traditionsbildungen** kennt man nicht nur vom Menschen, sondern auch von vielen Tieren, insbesondere Säugetieren und Vögeln.

151.1 Ein männlicher Seidenlaubenvogel lockt ein Weibchen in seine mit blauen Gegenständen dekorierte Laube.

Beispiel 1. Die Laubenvögel Neuguineas sind nahe Verwandte der Paradiesvögel. Ihren Namen verdanken sie dem Umstand, dass die unscheinbar gefärbten Männchen kunstvolle Gebilde aus Zweigen bauen, die sie mit allerhand bunten Materialien – Federn, Blüten, Früchten, Schneckenhäusern, aber auch Kronkorken und anderen Zivilisationsprodukten – verzieren. In diesen „Lauben" verpaaren sie sich mit den Weibchen. Die 18 Laubenvogelarten unterscheiden sich in der Konstruktion und Dekoration ihrer Lauben, aber es gibt auch Unterschiede, die keine genetische Grundlage haben: In verschiedenen Tälern Neuguineas benutzen verschiedene Populationen derselben Art unterschiedlich gefärbte Plastikchips, um ihre Lauben zu dekorieren: Manche bevorzugen blaue Chips, andere rote. Ebenso wie menschliche Moden breiteten sich auch diese unterschiedlichen Vorlieben durch einfache Imitation in der jeweiligen Population aus.

Beispiel 2. In Großbritannien wird nichthomogenisierte Milch in Flaschen vor die Haustür geliefert. Einige Meisen lernten es, die Aluminiumkappen der Flaschen aufzupicken, um sich Zugang zur oben abgesetzten Sahne zu verschaffen. Diese zweifellos nüzliche Erfindung breitete sich innerhalb kurzer Zeit über die gesamten britischen Inseln aus. Seit einiger Zeit wird in England auch entrahmte Milch in Flaschen mit blauen Deckeln verkauft. Dass man sich um diese Flaschen nicht zu kümmern braucht, machte unter den britischen Meisen ebenfalls schnell die Runde.

151.2 Britische Blaumeise beim Öffnen einer Milchflasche und Aufschlürfen der Sahneschicht.

Beispiel 3. Eines der bekanntesten Beispiele für innovatives Verhalten und Traditionsbildung im Tierreich liefern die Kartoffeln und Weizen waschenden Rotgesichtsmakaken der japanischen Insel Koshima. Anfang der 50er Jahre begannen japanische Zoologen das Sozialverhalten dieser Affen zu erforschen. Um die anfangs noch scheuen Tiere an sich zu gewöhnen, streuten die Forscher Süßkartoffeln am einzigen Sandstrand der Insel aus. Im September 1953 beobachteten sie, wie ein $1\frac{1}{2}$-jähriges Weibchen namens Imo eine der sandigen Kartoffeln zu einem Bach schleppte und im Wasser säuberte, bevor sie sie aß. Wenige Wochen später übernahmen Imos Mutter und einige Gleichaltrige dieses Verhalten. Bald bürgerte es sich auch ein, die Kartoffeln nicht mehr im Süßwasser, sondern im Meer zu waschen, und zwar auch dann, wenn sie nicht schmutzig waren – die Affen hatten das Würzen erfunden. Fünf Jahre nach der Erfindung wuschen fast alle jüngeren Tiere ihre Kartoffeln, während sich die meisten Erwachsenen – vor allem die Männchen – als konservativ und weniger lernoffen erwiesen. Diejenigen, die das Kartoffelwaschen allerdings schon als Jugendliche gelernt hatten, behielten es auch als Erwachsene bei und gaben es an ihre Kinder weiter.
1956 machte Imo eine weitere Erfindung: das Weizenwaschen. Weizenkörner lassen sich aus trockenem Sand nicht gut herausklauben und vor allem stört der Sand zwischen den Zähnen. Imo nahm also eine Hand voll Sand mit Weizen und warf alles ins Wasser; der Sand sank sehr schnell und der Weizen ließ sich viel besser aufklauben. Auch dieses Verhalten übernahmen andere Tiere; allerdings verlief die Ausbreitung wesentlich langsamer und blieb weitgehend auf die nähere Verwandtschaft Imos beschränkt.

Beispiel 4. In einigen Teilen Westafrikas knacken Schimpansen hartschalige Nüsse mithilfe hölzerner oder steinerner Hämmer und Ambosse. Bei anderen westafrikanischen Schimpansen ist diese Technik unbekannt – die Nüsse sind ebenso wie die zum Knacken notwendigen Werkzeuge vorhanden. Frei lebende Schimpansen liefern aber ein noch eindrucksvolleres Beispiel für kulturelles Verhalten: Sie sind in der Lage, sich durch die Aufnahme bestimmter Pflanzen mit pharmakologisch wirksamen Inhaltsstoffen von Darmparasiten zu befreien. Auch hinsichtlich dieser naturheilkundlichen Verfahrensweisen gibt es Hinweise für populationstypische Unterschiede; um ein genetisch fixiertes Verhaltensprogramm handelt es sich also zweifellos nicht.

Menschliche Kultur. Es ist klar, dass der Mensch in viel stärkerem Maße ein Kulturwesen ist als alle anderen Tiere: Noch kein Tier – auch kein Schimpanse – hat jemals eine Symphonie komponiert, ein Buch geschrieben oder gelesen, eine Kathedrale oder Moschee gebaut oder ein Auto konstruiert. In dieser Hinsicht ist der Mensch zweifellos einzigartig und der Unterschied zu allen übrigen Tieren immens. Einzigartigkeit ist allerdings kein Charakteristikum, das allein den Menschen auszeichnet: Jeder Organismus – ob es sich um Mammutbäume, Menschen, Buckelwale oder Küchenschaben handelt – ist auf seine Weise einzigartig. Hinzu kommt, dass auch in kultureller Hinsicht der Unterschied zwischen Menschen und Tieren eher quantitativer als qualitativer Art ist, eine Grenzziehung also außerordentlich willkürlich erscheint. Die vor allem in der abendländischen Philosophie und Religion verbreitete Tendenz des Menschen, für sich selbst eine „Sonderstellung" im Tier-

152.1 Rotgesichtsmakaken auf der Insel Koshima.
A Weibchen mit Jungem, B beim Waschen von Süßkartoffeln, C beim Waschen von Weizen

reich zu proklamieren, wird von vielen Biologen heute daher als äußerst problematisch angesehen.
Die homozentrische Sicht der menschlichen „Sonderstellung“ hilft uns auch überhaupt nicht, die Ursachen menschlichen Verhaltens und der menschlichen Kultur zu verstehen – zumal auch ein Merkmal wie Kultur eindeutig eine biologische Grundlage hat. Wie kam es zu dem ungeheuren kulturellen Vorsprung, den Menschen zweifellos besitzen? Und ist Kultur wirklich ein Gegensatz zu dem, was wir unter „Natur“ verstehen?
Die Antwort auf die erste Frage ist ziemlich eindeutig: Kultur beruht auf der erfolgreichen Speicherung und Weitergabe erworbenen Wissens und erworbener Fähigkeiten. Beides ist, wie wir gesehen haben, nicht auf den Menschen beschränkt. Auch die Weitergabe erworbenen Wissens durch Lehren ist kein menschliches Spezifikum: Schimpansenmütter unterrichten ihre Kinder zumindest gelegentlich in der schwierigen Technik des Nüsseknackens. Das menschliche Gehirn ist aber zweifellos ein leistungsfähigerer Informationsspeicher als das aller anderen Tiere. Mit der Erfindung der Schrift vor vielleicht 5000 Jahren und – viel später – der Schallplatte, des Tonbands und des „Elektronengehirns“ wurden weitere Informationsspeicher geschaffen, die auch die Möglichkeiten der Weitergabe erworbenen Wissens – zusätzlich zu der in dieser Hinsicht schon enorm effizienten menschlichen Sprache – ungeheuer erweitert. Abgesehen davon ist die kulturelle „Vererbung erworbener Eigenschaften“ der genetischen Informationsweitergabe in vieler Hinsicht überlegen:

- Informationen können nicht nur einmal – wie bei der Verschmelzung der beiden Keimzellen – erworben werden, sondern viele Male im Laufe des Lebens;
- Informationen können nicht nur an die eigenen Nachkommen, sondern auch an andere Mitglieder der Population weitervermittelt werden. Der Informationsfluss kann dadurch geradezu einen seuchenartigen Verlauf nehmen;
- Informationen können sehr viel selektiver erworben bzw. weitergegeben werden, im Laufe des Lebens verändert und damit auch verbessert werden.

Zusammen mit den neu geschaffenen Möglichkeiten der Speicherung und Weitergabe von Informationen hat dies in der menschlichen Geschichte zu einer geradezu explosionsartigen Entwicklung geführt.
Kultur und Natur sind allerdings keine Gegensätze: Erstens ist auch die menschliche Kultur selbstverständlich an ein biologisches Substrat – das Gehirn – gebunden. Zweitens ist Kultur als ein überaus erfolgreiches Mittel der Daseinsbewältigung in der Natur selektionsbegünstigt. Und drittens entpuppen sich selbst kulturell tradierte Normen und Wertvorstellungen nur zu oft als Fortsetzung der Biologie mit anderen Mitteln: Sie dienen der Fitnessmaximierung von Individuen. Die so weit verbreitete doppelte Sexualmoral ist dafür nur ein Beispiel. Soziobiologen sind sogar der Meinung, dass auch Bereiche wie Religion, Kunst und Wissenschaft, die mit unserer Biologie scheinbar kaum noch etwas zu tun haben, ohne Berücksichtigung der evolutionsbiologischen Perspektive – also der ultimaten Ursachen unseres Verhaltens – unverstanden bleiben werden.

AUFGABEN

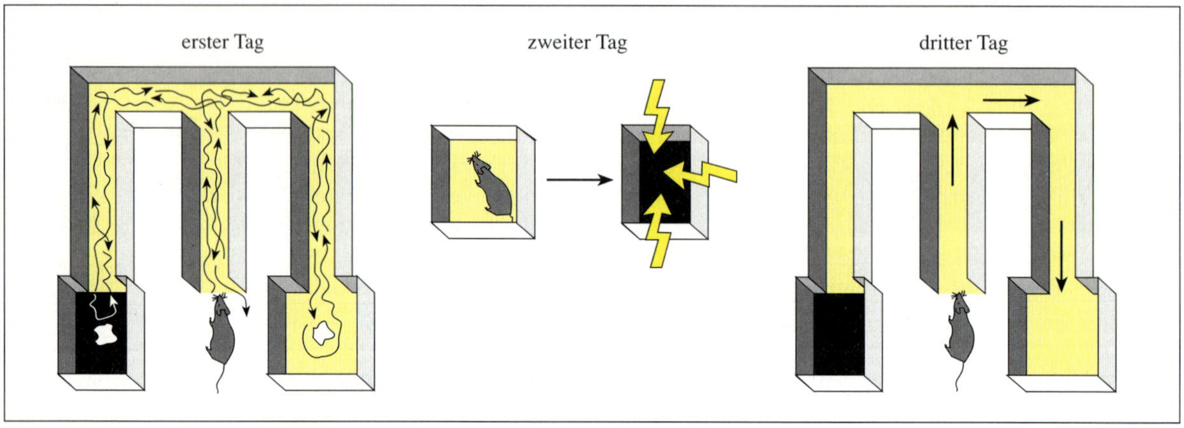

A1 E. C. TOLMAN machte um 1950 den folgenden Versuch mit Ratten (Abbildung oben):
1. Er ließ eine Ratte ein zweiarmiges Labyrinth erkunden. An beiden Enden befand sich jeweils ein Kasten mit Futter. Der eine Kasten war breit und weiß gestrichen, der andere war schmaler und dunkel gestrichen. Beide Arme waren für die Ratten, was das Futter anbelangt, gleich lohnenswert. Angeborenerweise bevorzugen Ratten enge dunkle Räume.
2. Am nächsten Tag wurde die Versuchsratte zuerst in eine einzelne große weiße Kiste mit einer kleinen Futtermenge gesetzt, die sie fraß. Danach wurden ihr in einer engen, dunklen Kiste Stromstöße versetzt.
3. Am dritten Tag setzte man die Ratte in den Eingang des Labyrinths und ließ sie frei laufen. Die Zeichnungen geben die Versuchsanordnung, den Versuchsverlauf und das Verhalten der Ratte wieder.
a) Beschreiben Sie das Verhalten der Ratte im dritten Versuchsschritt.
b) Wie kommt es zu diesem Verhalten?

A2 Mit mehreren Schimpansen machte E. MENZEL den folgenden Versuch:
Er trug jeweils einen Schimpansen in einem großen Gehege herum und zeigte ihm eine Reihe von Verstecken mit Futter. Die Reihenfolge, in der die Verstecke gezeigt wurden, war willkürlich, aber immer so gewählt, dass sie nicht auf kürzestem Weg aufgesucht wurden. Nach einiger Zeit setzte man den jeweiligen Schimpansen an den Anfangspunkt der Zeigetour und beobachtete, wie er die Verstecke aufsuchte. Die Schimpansen suchten nur Stellen auf, an denen sie zuvor Futterköder gesehen hatten. Von den zahlreichen durchgeführten Versuchen sind in der Abbildung unten zwei wiedergegeben. Die Zahlen und die roten Linien geben die Reihenfolge an, in der man dem Schimpansen die Verstecke zeigte. Die blauen Pfeile geben an, in welcher Reihenfolge er die Verstecke dann später aufsuchte. Verstecke, zu denen kein blauer Pfeil führt, wurden ausgelassen.

Welche Aussagen über die kognitiven Leistungen der Schimpansen lassen die abgebildeten Marschrouten zu?

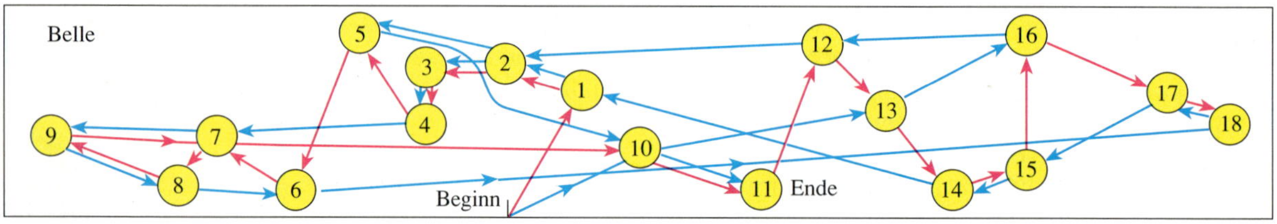

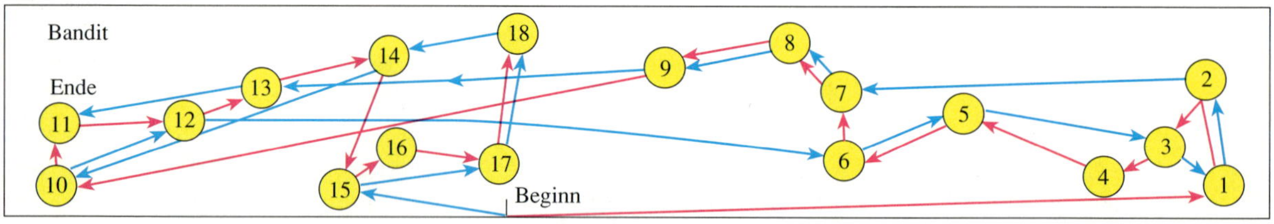

AUFGABEN

A3 KONRAD LORENZ entdeckte, dass bei Dohlen die Kenntnis von Feinden durch Nachahmung und Traditionsbildung vermittelt wird. Er beobachtete, dass Dohleneltern regelrecht Scheinangriffe auf Feinde wie z. B. Katzen ausführen, wenn sie mit ihren Jungen zusammen sind. Junge Dohlen greifen später die von ihren Eltern angegriffenen Tiere auch an. LORENZ veranschaulichte einige Besonderheiten tierischer Traditionsbildung und den Unterschied zur menschlichen Wissensübermittlung durch eine Karikatur.

155.1 Feinderkennung, wie K. LORENZ sie zeichnete

a) Welche Eigenschaften tierischer Traditionsbildung werden in dieser Zeichnung angesprochen?
b) Wie könnten Menschen vergleichbare Informationen weitergeben?
c) Kann man die Dohlen als Lehrer bezeichnen, wie es LORENZ' Karikatur impliziert?

A4 Mit Schimpansen machte man das folgende Experiment: In einer Versuchsapparatur konnten in drei Behältern Leckerbissen versteckt werden, von denen der Versuchsschimpanse immer nur einen öffnen durfte. Der Schimpanse konnte sehen, dass es nur einen Leckerbissen gab. Durch eine Sichtblende konnte er nicht sehen, in welchen Behälter der Versuchsleiter den Leckerbissen steckte. Er konnte aber an den Geräuschen erkennen, dass ein Behälter geöffnet und wieder zugeklappt worden war. Wenn er den richtigen Behälter öffnete, bekam er den Leckerbissen, bei falscher einmaliger Wahl ging er leer aus. In dem Raum befand sich während des Versteckens eine weitere Person, eine dritte kam erst danach von außen herein. Die beiden letztgenannten Personen zeigten jeweils auf einen Behälter. Der Schimpanse öffnete signifikant häufiger als nach dem Zufallsprinzip den Behälter, den ihm die Person zeigte, die beim Verstecken dabei war.
Der Versuchsschimpanse konnte einige Tage lang mit einem Eimer spielen, was er auch intensiv tat. Dabei stülpte er sich den Eimer oft über den Kopf. Der geschilderte Versuch wurde dann so abgewandelt, dass beide Personen beim Verstecken des Leckerbissens im Raum waren, eine von ihnen hatte dabei den Eimer über den Kopf gestülpt. Der Schimpanse richtete sich anschließend nicht nach den Hinweisen der Person mit dem Eimer über dem Kopf, sondern nach der anderen.
Mit Kindern führte man den folgenden Versuch durch: Zwei Kinder, nennen wir sie Fritz und Yvonne, konnten sehen, wie der Versuchsleiter eine Tafel Schokolade in einen Deckelkorb steckte und den Deckel wieder schloss. Fritz wurde dann aus dem Raum geführt, und der Versuchsleiter nahm die Schokolade aus dem Korb und legte sie in eine Kiste, die er auch zudeckelte. Fritz kam wieder in den Raum. Yvonne wurde gefragt, wohin Fritz jetzt ginge, um die Schokolade zu holen. Jüngere Kinder antworteten immer, Fritz ginge zur Kiste, um die Schokolade zu holen, wo sie ja auch war. Ältere Kinder (ungefähr ab vier Jahren) antworteten mit zunehmendem Alter öfter richtig. Aber auch manche Acht- oder Neunjährigen gaben noch falsche Antworten.

a) Analysieren Sie die kognitiven Leistungen der Schimpansen in den beiden ersten Versuchsschritten. Welche Bedeutung haben dabei die eigenen Erfahrungen des Versuchsschimpansen mit dem Eimer?
b) Was muss Yvonne überlegen, um die richtige Antwort geben zu können?
c) Was kann man aus den Ergebnissen des Versuchs mit den Kindern schließen?
d) Vergleichen Sie die kognitiven Leistungen der Schimpansen mit denen der Kinder.

A5 Auf Seite 152 wird geschildert, wie japanische Rotgesichtsmakaken durch die Ausbildung von Traditionen eine ganze Reihe völlig neuer Verhaltensweisen erwarben. Diese neuen Verhaltensweisen führten dazu, dass die Makaken das flache Wasser im Strandbereich als Lebensraum nutzen.

a) Welche ökologischen Auswirkungen könnte die Nutzung des Strandes haben?
b) Welche evolutionsbiologischen Auswirkungen können sich aus solchen Verhaltensänderungen ergeben?

Epilog: Natur, Verhalten und Moral

Wissenschaft soll wertfrei und unabhängig sein: unabhängig von Ideologien und Glaubenssätzen, unabhängig aber auch von den Interessen bestimmter Personen oder Personengruppen. Aber auch scheinbar wertfreie Naturwissenschaft kann ihre Unschuld verlieren. Der Physik passierte dies, als 1945 die erste Atombombe gezündet wurde. Heute steht die „Jahrhundertwissenschaft Biologie" im Kreuzfeuer von Politik, Ideologie und Moral: Dürfen wir alles tun, was wir können? Welche ethischen Folgerungen ergeben sich aus biologischen – auch und gerade verhaltensbiologischen – Erkenntnissen für unser eigenes Selbstverständnis und unser Verhalten gegenüber Mitmenschen und Tieren? Fragen wie diese werden in der Öffentlichkeit außerordentlich kontrovers diskutiert. Evolutions- und Verhaltensbiologen wird dabei immer wieder der Vorwurf gemacht, sie würden mit ihren Thesen reaktionären, rassistischen und sexistischen Ideologien den Boden bereiten. Aus diesem Grund erscheint es uns notwendig, am Schluss dieses Buches auf einige der Probleme im Spannungsfeld zwischen Verhaltensbiologie, Politik und Moral einzugehen.

Verhaltensbiologie und das Selbstverständnis des Menschen. „Mutter Natur", so suggeriert es uns täglich die Werbung, ist sauber, gesund, verträglich und gut. Tiere erscheinen vielen als die „besseren Menschen": Wer die Menschen kennt, heißt es, der liebt die Tiere.

Ein falsches Naturbild – so der Anthropologe CHRISTIAN VOGEL (1933–1994) – ist zwangsläufig mit einem falschen Menschenbild gekoppelt: Denn was der Natur an moralischen Qualitäten angedichtet wird, das setzt zugleich voraus, dass auch der Mensch in seinem natürlichen Urzustand einen moralisch guten Charakter gehabt habe, der nur durch die Zivilisation, durch ein Übermaß an Intellekt und Eigensucht verbildet und verdorben worden sei. Genauso sah es der französische Philosoph JEAN-JAQUES ROUSSEAU (1712–1778): „Der wilde Mensch, sage ich, war gut."

Die „Klassische" Verhaltensforschung unterstützte dieses Bild und erweckte mit ihrer Annahme einer „arterhaltenden Zweckmäßigkeit" den Eindruck, in der Natur gehe „Gemeinnutz vor Eigennutz". Die ideologische Brisanz eines solchen – wie wir heute wissen, *falschen* – Naturbildes liegt auf der Hand: Welch ein Triumph für totalitäre Regimes, wenn ihr Slogan „Du bist nichts, dein Volk ist alles" eine natürliche Rechtfertigung erhielte! Erst die Erkenntnisse der Soziobiologie haben dieser Aussage ihre pseudowissenschaftliche Grundlage entzogen.

Natürlich ist auch die Soziobiologie nicht vor ideologischen Vereinnahmungen gefeit. Kritiker beklagen, nun werde der Egoismus zu einem Prinzip erhoben, nach dem wir leben sollten! „Die Soziobiologie", stellt der (Sozio-)Biologe HUBERT MARKL dagegen unmissverständlich fest, „hat uns *gar nichts* darüber zu sagen, was gut oder böse ist, wie wir handeln sollen oder nicht." Wissenschaftsgläubigkeit verführt zwar immer wieder zu der „Wunschvorstellung, man könne die ‚richtigen' Prinzipien und sittlichen Normen menschlichen Zusammenlebens durch naturwissenschaftliche Analysen ermitteln und legitimieren" (VOGEL). Aber eine Natur, in der Kindestötungen ebenso wie Verwandtenhilfe, Konkurrenz ebenso wie Kooperation einzig und allein entstanden sind, weil sie der Fitnessmaximierung dienen, ist moralisch vollkommen indifferent. Aus biologischen Fakten lassen sich somit grundsätzlich keine moralischen Forderungen herleiten. Philosophen und Naturwissenschaftler prangern jeden Verstoß gegen diesen Grundsatz daher zu Recht als *„naturalistischen Fehlschluss"* an.

Gänzlich bedeutungslos für unsere Ethik sind naturwissenschaftliche Erkenntnisse aber nicht, denn dass wir keine moralisch vollkommenen Wesen sind, hat evolutionsbiologische Ursachen. Kooperation und gegenseitige Hilfe sind zwar durchaus natürlich, aber wie schon CHARLES DARWIN ausführte, hält sich unser Mitleid und Altruismus Fremden gegenüber in Grenzen: *„Diese Gefühle und Dienste erstrecken sich aber durchaus nicht auf alle Individuen derselben Species, sondern nur auf die derselben Gemeinschaft."* Die Kenntnis über die Ursprünge dieser doppelten Moral sollte uns allerdings dazu verhelfen, sie zu überwinden.

Alle Macht den Genen? Im Jahr 1969 erschien in den USA eine Studie, in der behauptet wurde, dass schwarze Amerikaner im Durchschnitt einen um 15 Punkte niedrigeren Intelligenzquotienten („IQ") besäßen als weiße und im Übrigen Unterschiede in der Intelligenz beim Menschen zu 80 Prozent genetisch bedingt seien. Damit seien alle Bemühungen, minderbegabte Schüler zu fördern, zum Scheitern verurteilt.

Sind wir also tatsächlich nur hilflose Marionetten unserer übermächtigen Gene? Hat unsere Umwelt, das soziale Milieu, in dem wir aufwachsen, keinerlei nennenswerten Einfluss auf unsere Fähigkeiten und unser Verhalten? Und: Ist Intelligenz eine Frage der Hautfarbe?

Verhaltensbiologen wird oft unterstellt, sie würden mit ihrem Hinweis auf die genetischen Grundlagen sozialen Verhaltens einem Fatalismus das Wort reden und Phänomene wie Mord, Untreue, Täuschung, Habgier und Ähnliches wenn nicht salonfähig machen, so doch entschuldigen oder gar rechtfertigen. Ganz unschuldig sind die Biologen – zumindest manche von ihnen – an diesem in der Öffentlichkeit entstandenen Bild nicht. Allerdings hat gerade die Soziobiologie deutlich gemacht, welche Bedeutung Umweltbedingungen und soziale Konstellationen für das Verhalten von Tieren und Menschen haben: Löwen- und Langurenmännchen sind keineswegs zwanghafte Kinder„mörder", sondern passen ihr Verhalten flexibel an die jeweils herrschenden Umstände an.

Dass die Gene auch unsere Psyche und unser Verhalten beeinflussen und für Unterschiede zwischen Menschen mitverantwortlich sind, ist unter Verhaltensbiologen freilich unstrittig. Genetisch ist schließlich jeder Mensch – abgesehen von eineiigen Zwillingen – ein Unikat. Inwieweit Gene aber für Intelligenzunterschiede verantwortlich sind, wird immer noch sehr kontrovers diskutiert. Sicher ist, dass Gene einen gewichtigen Einfluss haben – die Schätzungen reichen von 30 bis über 70 Prozent. Aber ganz gleich, welcher Wert der Wahrheit näher kommt: Genetisch „determiniert" sind komplexe Merkmale wie Intelligenz dennoch nicht. Die Gene geben zwar einen Rahmen vor, aber auf die Höhe des Intelligenzquotienten nimmt eine Vielzahl von Umweltfaktoren Einfluss – von der Versorgung des Kindes im Mutterleib bis hin zur geistigen Förderung in Schule und Elternhaus. Die „Macht" der Gene ist also eindeutig begrenzt.

Und wie steht es mit der hochbrisanten Frage der Hautfarbe? Als Ende der siebziger Jahre bekannt wurde, dass Japaner im Durchschnitt einen um 11 Punkte höheren IQ aufweisen als weiße Amerikaner, gab es keine Diskussion über biologisch bedingte „Rassenunterschiede" in der Intelligenz – man kritisierte vielmehr das schlechte amerikanische Schulsystem. Neuere Untersuchungen an adoptierten und in Waisenhäusern aufgewachsenen Kindern bestätigen, dass das soziale und geistige Milieu, in dem Kinder aufwachsen, einen erheblichen Einfluss auf ihre Intelligenzleistungen hat, ihre Hautfarbe dagegen keine Rolle spielt.

Ethische Folgerungen aus der Verhaltensbiologie für den Umgang mit Tieren. Im Jahr 1993 machte eine von dem australischen Philosophen PETER SINGER und seiner italienischen Kollegin PAOLA CAVALIERI aus der Taufe gehobenen Initiative von sich reden: die „Deklaration über die Großen Menschenaffen". Darin wurde gefordert, dass grundlegende Menschenrechte, wie das Recht auf Leben, der Schutz der individuellen Freiheit und das Verbot der Folter, auch auf unsere nächsten Verwandten im Tierreich ausgedehnt werden sollten: Schimpansen, Bonobos, Gorillas und Orang-Utans seien uns selbst in ihren geistigen und emotionalen Eigenschaften so nahe, dass es geboten sei, sie wie unseresgleichen zu behandeln. Eine Reihe namhafter Wissenschaftler und Wissenschaftlerinnen, unter ihnen die weltberühmte Schimpansenforscherin JANE GOODALL, schlossen sich dieser Forderung an. Andere, wie der ebenfalls durch seine Verhaltensstudien an Schimpansen bekannt gewordene Niederländer FRANS DE WAAL, äußerten Kritik: Die ohnehin so oft missachteten Menschenrechte würden dadurch nur noch mehr verwässert.

Letztlich ist die Frage, wie man Menschenaffen oder andere Tiere behandeln soll, natürlich keine, die in den Zuständigkeitsbereich der Naturwissenschaft fällt; aber die Verhaltens- und Evolutionsbiologie liefern Argumente, die bei der Beantwortung der Frage berücksichtigt werden sollten. Ein zentrales Argument in der Tierschutzdebatte ist die **Leidensfähigkeit** von Tieren. Die Gefühlswelt von Tieren ist uns zwar prinzipiell *nicht direkt zugänglich;* das bedeutet aber *nicht*, dass darüber keinerlei begründete Aussagen möglich wären: Dass andere Menschen dieselben Wahrnehmungen, Empfindungen und Gefühle haben wie wir, können wir schließlich auch nur aus Analogieschlüssen ableiten. Die menschliche Psyche aber hat – ebenso wie körperliche Merkmale – eine evolutionäre Geschichte. Schon aus diesem Grunde ist anzunehmen, dass die Gefühlswelt von uns verwandtschaftlich nahe stehenden Tieren von der unseren nicht grundsätzlich verschieden ist. Für unseren Umgang mit Tieren sollte dies nicht ohne Folgen bleiben.

Register

Fette Seitenzahlen weisen auf ausführliche Behandlung im Text hin; ein * hinter den Seitenzahlen verweist auf das Glossar; f. = die folgende Seite; ff. = die folgenden Seiten,

A

Aal 77
AAM (angeborener auslösender Mechanismus) **13,** 15*, **43 ff.,** 49
Abstammung von Verhalten **39**
abstrahieren **60**
Adaption **54**
adäquater Reiz **28,** 67*
Affe 21, 36, 60, 81, 145, 148, 152
AGASSIZ, LOUIS 25
Aggregation **84,** 143*
Aggression 95, 102, **105, 107,** 143*
Aggressionsverhalten **97**
aggressive Mimik 102
aggressives Verhalten **97, 98, 101, 104, 114**
Aggressivität 79, 101, 117
Aktionspotential (AP) 29, **31 f.,** 34, 67*
akustische Signale **36**
Alarmrufe **75**
Allzweckreviere 71
Alter **44,** 46
Altruismus **22, 86,** 87 f., **90,** 143*
Ameise 36, 84, 89
AMM 46
Amsel 69, 134
Anarchie 95
Anekdote 61, 64, 67*
angeboren **43**
ANGST, WALTER 97
Angst-Angriffs-Matrix **80**
Anisogamie **118 f.,** 143*
anonymer Verband **84,** 143*
Antilope 122, 125
Antrieb 49
Appetenz **43**
Appetenzverhalten 48 f., **103**
VON AQUIN, THOMAS 147
ARISTOTELES 16, 147
Arterhaltung **22,** 23, 25, 27*, 28, **40,** 106
Artgenossentötung **106**
Attrappenversuche **13, 65**
aufladende Reize 46
Aufzucht unter Erfahrungsentzug 12
Augenring-Sperlingspapagei 140
Auslöser **46, 56**
Auslösung von Instinktverhalten **45**
Außenseiteraggression **105**
außerartliche Aggression **98**
außerehelicher Geschlechtsverkehr **129**
Austernfischer 69
averbale Begriffsbildung **60**
– Denkvorgänge **60,** 67*
– Wertvorstellungen **60**
Aversion **48,** 49
AXELROD, ROBERT 112 f.
Axone 47
Aztekenmöwe 58

B

Balz 39, **40, 47,** 79, 122, 142
BATESsche Mimikry 81
bedingte Aktion 52 f.
– Appetenz **48,** 49
– Aversion **48,** 49
– Hemmung **48,** 49
– Reaktion **48,** 67*
bedingter Instinkt 48, 49
– Reflex **48**
– Reiz **48**
Behaviorismus **21,** 27*, 53, 67*
Belohnung **102**
Berberaffe 148
Bereitschaft **43 f.,** 67*, 102
BERNOULLI-Effekt 10
Beschädigungskampf **105**
Besitzer-Effekt **73**
Besitzverhalten beim Menschen **73**
Beuteerwerb **114**
Beutegreifer **74,** 78, 143*
Beutelmeise 125
Bewusstsein **148**
Biene 37, 44, 86, 89, 119, 150
Bienenfresser 86
Bienentanz **36**
biogenetische Grundregel **40**
biologische, innere Uhr 30
Biolumineszenz **38**
Biotop-Prägung **57**
Birkenspanner 74
Birkhuhn 122, 125
Bison 77, 141
Blattlaus 119
Blaumeise 151
Bluff **81**
BOKASSA, BEDEL 131
Bonobo 62, 64, 94, 125
BOREL, EMILE 110
Bourgeois **117**
Braunbär 51
Braunnacken-Ammer 70
„Brautgeschenke“ **121**
BREHM, ALFRED EDMUND 16 f., 20, 26, 139
BROCA, PAUL 145
Brüllaffe 106, 146
Bruthelfer 22
Brutparasitismus 57, **139**
Brutpflege 125, **134,** 136
Brutreviere 71
Buchfink 54, 65
Bulle 100
Buntbarsch 80, 86, 138 f.
BUSS, DAVID 130
„Buss-Studie“ **130**

C

CARVELLO, CREIGHTON 34
CAVALIERI, PAOLA 157
CHAGNON, NAPOLEON 108
Chamäleon 38, 60
chemische Signale **36**
– Sinne **29**
chemotaktisch **36**
Chikadee-Meise 65
circadiane Rhythmen **44,** 67*

D

Dachs 44
DALY, MARTIN 108
DARWIN, CHARLES ROBERT 15, **18 f.,** 23 ff., 86, 88, 112, **144,** 147, 149, 156
DAWKINS, RICHARD 25, **144**
Delfin 146, 150
DEMOKRIT 16
denken **8,** 27, 62
despotische Gesellschaft **95,** 143*
Dickhornschafe 115
direkte Fitness **25, 88,** 90, **138,** 143*
Distanzierung **104**
Dohle 75, 155
dominante Weibchen **94**
Dominanz **92, 95 f., 127,** 143*
Dominanzhierarchien **92**
DONNINGER 113
doppelte Sexualmoral **129**
drohen **100, 114**
Drohsignal 79

E

EAAM **45,** 67*
EAM **45,** 67*
egalitäre Gesellschaft **95,** 143*
Egoismus 111
„Egoismus der Gene“ **86,** 89
„Ehe“ 124, **129**
EIBL-EIBESFELDT, IRENÄUS 20, 52, 106
Eichhörnchen 52
Eidechse 44, 81
einsichtiges Handeln **8, 61**
Einzelreviere **71**
Eizellen **118**
Elefant **82,** 85, 100, 132, 146, 148
Elster 139
Eltern-Kind-Konflikt **136**
Empathie **64,** 67*
Endhirn **145**
endogene Antriebserzeugung **103**
endogene Rhythmik 46
endogener Antrieb 46
Entelechie 16, 27*
Ente 45, 56
Entstehung von Signalen **78**
– Verhalten **40**
Entwicklungszustand **44**
Erbkoordination **43,** 44, 67*
erbkoordinierte Endhandlung 49
erbkoordinierte Handlungsfolge 56
Eresus-Spinne 135
Erfahrungen 46
Erhaltung der Art **86**
Erkundungsverhalten **50, 51, 53**
Ernährungsverhalten **68**
ESS (evolutionsstabile Strategie) 116, 143*
Ethik 156
Ethogramm **12,** 15*
Eule 44, 55, 137
Evolution 28, 33, 40, 80, 88, 105, 109, 115 f., 122, 128, **128,** 135, 139
evolutionäre Geschichte **6, 11**
– Psychologen **15**
– Psychologie **108**

F

Falke 114, **116 f.**
Familiensinn **86**
Fasanenvögel 40, 80
Feinderkennung 155
Feldheuschrecke 123
Felsenschwalbe 139
Fingertier 146
Fischadler 55, 69
Fische 105
FISHER, R. A. 121
Fitness **9,** 15*, 25, 78, **88,** 90, 134, **138,** 143*
Fitnessgewinn 81
Fitnessmaximierung **22, 131, 137,** 153, 156
Fledermaus 44
Fleisch fressende Tiere *(Karnivoren)* **68**
Flucht **75,** 78
Forschung am Menschen **15**
Fortpflanzung **118**
Fortpflanzungserfolg **71, 119**
Fortpflanzungsmonopol 94
FOSSEY, DIAN 14
Fregattvogel 122
Freilandbeobachtungen **14**
FREUD, SIGMUND **144,** 147
VON FRISCH, KARL RITTER 6, 20, 37, 52
Frosch 44, 115, 122
Frustration 143*
Frustrations-Aggressions-Theorie **102,** 143*
Fuchs 48
Futterlocken **40**

G

GALDIKAS, BIRUTÉ 14
Gänseküken 56
Gazelle 74
Geburtenregelung **137**
Geburtshelferkröte 134
Gedächtnis 34 f.
Gedächtnis-Gas **35**
Gefährdung **76**
Gefangenendilemma **111,** 115
Gefühle 64
Gehirn **33,** 100, **145 f.**
Gehörknöchelchen 29
Gehorsam **96**
geistige Fähigkeiten **144**
Gene 6, 87 f., **107, 157**
„genetischer Fingerabdruck“ **14,** 67*, 126
Geruchssinneszellen 29
Gesamtfitness **25,** 67*, **88,** 143*
Gesamtfitnessmaximierung **88**
Gesangsprägung 57
Geschlechtsdimorphismus **118,** 143*
geschlossene anonyme Verbände 84
Geschmackssinneszellen 29
Geschwisterverwandtschaft **87, 89**
Gesundheitszustand 46
Gewalt **108**
Gewinn- und Verlust-Schema **111**
Gewinnchancen **105**
Gewöhnung **54,** 67*
Gibbon 122
Glanzfasan 40
Gleichgewichtssinn 33
Gnu 77
Goldhamster 137
Goldregenpfeifer 76
GOODALL, JANE 14, 72, 92, 149, 157
„Good-Genes-Hypothese“ **120**
Gorilla 14, 106, 141, 146
graduierte Signalhandlungen **80**

Grasmücke 42, 77
Graufischer 138
Graugans 45
GRIFFIN, D. F. 26 f.
Grille 99, 115, 123
Großhirnrinde 100
Grüne Meerkatze 94
Gruppenbalz **122**
Gruppenbildung **69, 74**
Gruppenreviere **71**
Gruppenselektion **22,** 27*, **86**
Gruppenwohl **22**
Guppy 47

H

Habituation **46, 54**
Hackordnung 85, **92,** 96, 143*
Häherkuckuck 139
Halbaffe 146
HALDANE 37, 88
HAMILTON, W. D. 22 f., 25, 87, 138, 144
HAMILTON-Ungleichung **88**
Hamster 9, 118, 125
„Handicap-Hypothese" **120**
Handlungsbereitschaft **46,** 49, 73, 100, 103
Handlungskette **47,** 67*
Hanumanlangur 106
Haplo-Diploidie 89
Hase 75
Hassreaktion **54, 65**
Haubentaucher 79
Haushahn 40
Haushunde 81, 100
Haussperling 140
Haustiere 41
Haut 30
Heckenbraunelle 139
HEINRICH, BERND 83
HEINROTH, OSKAR 20
Helferverhalten **138**
Hemmung **48,** 49
Hengst 100
HERDER 43
Heuschrecke 38
Hierarchie 93 ff.
Hirn-Allometrie 146
Hirsch 47, 86, 105, 115, 118, 125, 127
VON HOLST, ERICH 20
Homosexualität **131**
hormonale Steuerung 46
Hormone **44,** 71, **99 f.,** 143*
HRDY, SARAH 106
Huftiere 104, 122
Huhn 60, 80, 85, 92, 96, 120, 125
Hühnervögel 80, 125
Humanethologen **15**
Humanethologie 67*
Humansoziobiologen **15**
Hummel 89
Hund 48 f., 60, 64, 78 f., 98 f.
Hundsaffe 17
Hunger **50**
HUXLEY, THOMAS HENRY 144
Hyäne 93
Hypophyse 33

I

Igel 58, 75
IMMELMANN, K. 97
indirekte Fitness **25, 88,** 90, **138,** 143*
individualisierter Verband **85,** 143*
Individualselektion **22,** 67*
Infantizid (Kindestötungen) **23,** 67*, **106 f.**
Infektionsrisiko 85
Informationsabgabe **36**
Informationsverarbeitungssysteme **28, 31**
Infrarotstrahlung 29
Innenohr 29
innerartliche Aggression **98**
innere Faktoren **44**
innere Uhr 30
Instinkt 15*, **103**
Instinkthandlungen **8,** 16, **20, 49**
Instinkthierarchie **47**
Instinktverhalten **43**
Intelligenz **60**
Intelligenzquotient 157
Investitionen in die Nachkommen **132**
ISMAIL, MOULAY 96

J

Jagdfasan 40
Jagdreviere 71
Japanmakaken 150

K

Kalifornienmöwe 141
Kameraauge 29
Kampf **100**
Kampfhund **99**
Kampfstärke **105**
Känguru 134
Kaninchen 118
KANT, IMMANUEL 147
Kanzi **62 f.,** 150
Kapuzineraffe 146
Karibu 77
KASPAR-HAUSER-Experiment **12,** 15*
Kastration 100
Katharsishypothese 102
Katta 94
Katze 55, 79, 98, 125
Kehlkopf **37**
Kiebitz 76
Killergene 99
„Kindchenschema" 106
Klammeraffe 146
Klassische Ethologie **20, 22,** 25, 27*
Knutt 76
Koboldmaki 146
Kognition **60,** 67*
kognitive Ethologie **26,** 27*
– Leistungen **60**
KÖHLER, WOLFGANG 26, 61, 147
Kohlmeise 66, 68, 70, 140
Kommentkampf **105, 114,** 143*
Kommunikation **36,** 38, **78,** 81, 143*, 145
Komplexaugen 29
konditionale Strategie **109**
Konditionierung **48**
– instrumentale **52 f.**
– operante **52 f.**
Konfusionseffekt **75,** 143*
Königstiger 114
Konkurrenz **76,** 85, 95, **104, 120**
Kooperation **90,** 111 f., 117, 143*
kooperativ 117
kooperative Jungenaufzucht **138**
KOPERNIKUS **144**
Korallenfisch 38
Korallentiere 132 f.
Kornweihe 70, 77
Kosten **9**
– eines Reviers **71**
Kosten-Nutzen-Analyse 114
Kosten-Nutzen-Bilanz 135 f.
Kosten-Nutzen-Verhältnis 137
Kragenechse 38
Krähe 69, 149
Krallenaffe 86
KREBS, JOHN 70
Krebse 75, 149
Kreuzspinne 39
Krieg **72, 108**
Kröte 115, 122
K-Selektion **133**
K-Strategie **109, 133,** 143*
Kuckuck 139
Kuhstärlinge 24
Kultur **151,** 153
KUMMER, HANS 61

L

Labyrinth 154
Lachmöwe 10, 75 f.
Lachs 77
Lachtaube 123
Laubenvogel 122, 151
Laufkäfer 81
LEAKEY, LOUIS 149
Leerlaufhandlung **44,** 67*, **103**
Leopard 150
Lernarten 57
Lerndisposition **44, 58,** 67*
lernen **8, 49, 58,** 67*, **101, 102**
Lernerfahrung **59**
Lerntheorie der Aggression **102,** 143*
Lernverhalten **48**
Leuchtbakterien 38
Leuchtkäfer 38, 81
Lexigramme 63
Lexik **63,** 67*
Libelle 122
Lichtsinn **29**
Lob **102**
LORENZ, KONRAD 13, 15, **20,** 21 ff., 27*, 43 f., 56, 92, 95, 97, **103,** 106, 144, 155
Löwe 7, 23, 69, 86, **88,** 122, 141

M

Magnetsinn **30**
Makake 94, 100, 148
Mantelpavian 61
MARKL, HUBERT 97, 156
MARX, KARL 25
mathematische Spiele 110
Maus 44, 48, 99, 101, 136 ff.
mechanische Sinne **30**
Meeresschildkröte 77
Meerkatze 146, 150
Meiose 87
Mensch 146
MENDEL 39
Menschenaffen 14, 61, 145, 148 ff.
menschliche Kultur **152**
menschliches Sexualverhalten **128**
MENZEL, EMIL 64, 154
Metamorphose **44**
Migration **77,** 143*
MILGRAM-Experiment **96**
Mimikry **81,** 143*
molekularbiologische Methoden **14**
molekulargenetische „Fingerabdrücke" 139
Monarchfalter 77
Mönchsgrasmücke 42
Monogamie **124 f., 129,** 143*
Moral **156**
moralistische Aggression **105**
Mord **108**
motorische Prägung **56**
Motte 44
Möwe 45, 46, 109
Murmeltier 8, 59, 81, 90
Muscheln 75
Muskeln **28,** 47
Muskelzellen **31**
Mutterliebe **135**

N

Nachahmung **55**
nachgiebig **114**
Nacktmull **91**
Nahrungsprägung **57**
Nahrungsreviere 71
Nahrungssuche 76
naive Tierbeobachtung **16 f.**
Nasenaffe 146
Nashornvögel 123
„naturalistischer Fehlschluss" 156
Neocortex **145**
nepotistische Rangordnungen **93**
nepotistischer Altruismus **90,** 143*
Nervennetz **34**
Nervensystem **28,** 47
Nervenzellen **31**
Neugierverhalten **50, 53**
VON NEUMANN, JOHN 110
„neuronale Netze" 34
NO-Synthese 35
Nutzen **9, 58, 77**
Nutzen-Kosten-Bilanz 104
Nutzen-Kosten-Rechnungen 68

O

Objektprägung **56**
O'BRIEN, DOMINIC 34
offene anonyme Verbände 84
optische Signale **38**
Orang-Utan 14, 141, 146
Orientierung im Raum 33
Ortsprägung **57**

P

Paarungssysteme **124**
Partnerwahl **120**
– beim Menschen **130**
Pavian 61, 81, 94, 106, 122
PAWLOW, IWAN PETROWITSCH 21, 49
PAYNE, KATHERINE 82
PETERS, NICOLAUS 41
Pfau 40, 80, 120
Pfauenauge 78
Pfaufasan 40
Pferd 26
Pflanzenfresser (Herbivoren) **68**
Pheromone **36,** 67*
Pigmentzellen 38
Polyandrie **124 f., 129,** 143*
Polygynandrie (Promiskuität) **124, 125, 129,** 143*
Polygynie **124 f., 129,** 143*
Pottwal 146
Prädator 68
Prädisposition 150
Prägung **45, 56,** 67*
– auf das eigene Junge **57**
– bei Brutparasiten **57**

Prägungsarten **57**
Prägungskarusell **56**
Präriehunde 10
Präriekröte 115
Prellsprünge 74
Prinzip der Arterhaltung 23, 27*, 28, **40**
Promiskuität (Polygynandrie) **124, 125,** 143*
proximate Erklärung 7
proximate Ursachen 15*, **28,** 67*, **93**
– aggressiven Verhaltens **99**
– Wirkursachen **6**
Psychologen **15**
Psychologie 16
„Publikumseffekt“ **150**

Q

Qualle 84

R

Rabe **83**
Rangordnung 22, **85, 92,** 143*
Rangwechsel **93**
RAPOPORT, A. 113
Rasse **42**
Ratte 13, 21, 34, 50, 55, 58 f., 154
Raubwanze 149
Rauchschwalbe 142
Reaktion **48,** 67
Reflexe **8,** 21, **48, 49**
Reh 54, 120
Reiz **28, 48,** 67*
Reizschwelle **28,** 67*
Reizsummenphänomen **46,** 67*
relativer Ressourcenwert **24, 104**
Renneidechse 119
Rennmaus 50
Reproduktionserfolg **127**
Ressourcen 24
Revier **70 f.,** 73, 117, 140, 143*
Reviermarkierung 9, 78, 79
Revierverhalten **70**
Revierverteidigung 73
Rezeptoren 29
reziproker Altruismus **90,** 143*
Rhesusaffe 93, 95, 101, 150
Ritualisierung **40,** 67*, **79 f.**
Robbe 77
Roboterbiene **37**
Rohrweihe 77
Rollenumkehr **124**
Rotgesichtsmakake 152
Rothirsch 114
Rotkehlchen 13, 71
Rotschulterstärling 126
ROUSSEAU, JEAN-JAQUES 156
r-Selektion **133**
r-Strategie **109, 133,** 143*
Rubinkehlkolibri 77
Rückenmark **33**
Rückenschwimmer 47
Rückkopplung 35
Rudelgröße 101
Ruhepotential **31,** 67*
„Runaway-Selektion-Hypothese“ **121**

S

Samtfalter 65
Sandregenpfeifer 76
Satelliten-Taktik **115,** 143*
Saurier 11
SAVAGE-RUMBAUGH, SUE 62 f.
Schabe 44
Schallsinn **29**
Schimpanse 14, 19, 26, 55, 61 f., 64, 69, 72, 92 ff., 101, 105 ff, 122, 125, 141, 146 ff., 152 ff.
SCHJELDERUP-EBBE, THORLEIF 92
Schlangen 75, 86
Schlüsselreiz **13,** 15, **43 ff.,** 67
Schmerzsinn 30
Schmetterling 78
Schmetterlingsraupe 75
Schneegans 139
Schwalbe 77
Schwebfliege 81
Schwein 137
Schwellenwert **32**
Schwertträger 39
Seeanemone 149
See-Elefant 122
Seeigel 84
Seeotter 149
Seepferdchen **124,** 134
Seestern 84
Seidenlaubenvogel 151
Seitenlinienorgan 29
Selbstbewusstsein **148**
Selbsterkenntnis **148**
Selektion 15*, **18,** 22, 40, 67*, 79, 95, **120**
– K-Selektion **133**
– r-Selektion **133**
Selektionsdruck 89
Selektionsvorteil 40, 79
Selektionswert **11**
SELG, H. 97
SELTEN, REINHARD 110
Semantik **63,** 67*
sensible Phase 57
Sexualdimorphismus 94, **119**
Sexualität **118 f.,** 128
Sexualverhalten **119,** 143*
sexuelle Konkurrenz **121**
„Sexy-sons-Hypothese“ **121**
Siamang 36
Signalfälschung **81**
Signalstoffe **36**
SINGER, PETER 157
Singvögel 40, 42, 55, 122, 139
Sinnesorgane **28**
Sittich 52
SKINNER, B. F. 13, 21, 26, 53
SKINNER-BOX 13, **53,** 67*
Skorpion 44, 75
SKUTCH, A. 138
SMITH, J. MAYNARD 22, 113
„Sonderstellung“ des Menschen 144
sozial lebende Insekten **85**
soziale Hautflügler **89**
– Insekten 89
– Intelligenz **64**
– Strukturen **84 f.**
sozialer Rang **127**
– Status **131**
– Verband **84, 107**
Soziobiologie **16, 24 f.,** 27*, 67*
Spechtfinken 149
Speicherung von Informationen **34**
Spermien **118**
Spermienkonkurrenz **122**
Spiegelbild **148**
spieltheoretische Modelle 117
Spieltheorie 109, **110,** 143*
Spielverhalten **50 f., 53**
Spinnen 39, 75, 125, 135
Spitzhörnchen 66, 137
Spitzmaus 146
Sprache **37, 63, 82, 150**
Sprachzentren 145
Stachelleguan 71
Stachelschwein 75
Stammbäume 11
Stammhirn 33, 100
Standvögel 77
Stegodyphus pacificus 135
Steinbock 101
Steinkauz 54, 65
Steppenpavian 122
Stichling 47, 99, 134
Stickstoffmonooxid 35
Stinktier 44
Storch 42, 77
Strandläufer 76
Strategie **25, 109,** 143*
K-Strategie **109, 133,** 143*
r-Strategie **109, 133,** 143*
Strickleiternervensysteme **33**
STRUM, SHIRLEY 81
Subordination **92,** 143*
Sundkrähe 69
super-normaler Reiz **46**
Symbol 63
Synapse **32,** 34, 67*
Syntax 63, 67*, **150**
Syrinx **38**

T

Taktik **109,** 143*
tarnen **74**
Taube 21, 52, 60, 114, **116 f.**
Technik **149**
Temperatursinn **29**
Termite 55, 84 f.
Territorialverhalten beim Menschen **73**
Territorium **71 f.,** 143*
Testosteron **44,** 71, 100
Theorie der natürlichen Selektion **18**
Thomsongazelle 74
THORNDIKE, E. L. 21
Tiefseefische 38
Tierpsychologie **16**
TINBERGEN, NIKOLAAS 10, 13, 18, 20, 24, 27*, 46
TIT FOR TAT 112, **113**
TOLMAN, E. C. 154
Tonkeanamakake 95
Totenkopfaffe 150
Tradition **55**
Traditionsbildungen **151,** 152
Transmitter 35
Treue **126**
Triebenergie **44,** 67*
Triebtheorie der Aggression **103,** 143*
Tüpfelhyäne 69, 94
Turmfalke 54

U

ultimate Erklärung 7
– Ursachen **9,** 15*, **22,** 67*, **68, 95, 104**
– Zweckursache **6**
unbedingter Reflex **48**
– Reiz **48**
uneigennütziges Verhalten **22**
UNGAR, GEORGES 34
Unterwerfung 78

V

Vampirfledermaus 90
Verdrängungswettbewerb **133**
Verdünnungseffekt **75,** 143*
Vererbung von Verhalten **39**
Verhaltensänderung **42,** 56
Verhaltensforschung, vergleichende **20 f.**
Verhaltensmechanismen **28**
Verhaltensökologie **24 f.,** 27*
Verhaltensstrategien **109**
verheimlichte Ovulation **128**
verlängertes Mark **145**
Vermehrung **119**
Vernunft **147**
Versöhnung **107**
Versuch und Irrtum **55**
Versuche mit Zootieren, zahmen Tieren und Tieren im Labor **13**
Verwandtenselektion **88, 138,** 143*
Verwandtschaft **87**
Verwandtschaftskoeffizient **87,** 136, 143*
Vögel 6, 22, 37, 42, 54, 68, 71, 79
VOGEL, CHRISTIAN 156
Vogelgesang 9
VOLAND, ECKART 137
Vorderhirn **145**

W

DE WAAL, FRANS 107, 148, 157
Wachtelmännchen 48
Wale 77, 150
Wärmeaugen 29
Warnrufe **81**
Warnsignale 78
Waschbär 44
Webervögel 125
weibliche Paarungsbereitschaft **128**
– Untreue **123**
Weißkopfseeadler 114
Wels 138
Werbungsverhalten **122**
Werkzeuggebrauch **26, 149**
Werkzeugherstellung 149
WERNICKE, CARL 145
Wespe 48, 75, 81, 84, 89
Wiesel 71
Wildgans 77
Wildhund 69
Wildkatzen 71, 120, 125
WILLIAMS, G. 22
WILSON, EDWARD O. 22, 25, 97
– MARGO 108
Winkerkrabbe 80, 122
Wirkursache, proximate **6**
Witwenvogel 57
Wolf 80, 97, 101, 104, 122, 125
Wolfsrudel 85
Wüstenmaus 58
WYNNE-EDWARDS, V. C. 22

Y

Yanomami 108

Z

Zahnkärpfling 99
Zahnwal 146
Zebrafink 56
Zeitsinn **30**
Ziesel 75
Zikade 123
ZIMEN, ERIK 101
Zitterbartwels 139
Zugvögel **42,** 77
Zweckursache, ultimate **6**
Zwergmanguste 94
Zwergwels 48